亞里斯多德問什麼是「是」，什麼不是
康德跟人反覆討論「靈魂會不會死」的原因？
黑格爾的《邏輯學》其實跟「邏輯」無關？

邏輯與哲學

雞蛋問題×不可說的倫理×電車難題
你其實沒你想像的那麼有邏輯！

作者——王路

10個知名哲學家 ×10 本大師經典著作＝100 分的邏輯先修課！
有了邏輯，思考有條理，說話更有憑有據！

目錄

目錄 ——————————————

參考文獻

目錄

導論

　　學界中一直有一種普遍的看法，認為西方哲學的主要特徵是邏輯的、分析的。我十分贊同這種看法。自亞里斯多德創建邏輯以來，邏輯一直是西方哲學的工具，一直為西方哲學家所用。特別是到了二十世紀，隨著現代邏輯的產生和發展，西方哲學的方式發生很大的變化，形成了著名的「語言轉向」，致使西方哲學的邏輯分析的特徵更為顯著。在某種意義上，分析哲學或語言哲學，甚至就是邏輯分析的代名詞。

　　今天也有一種看法，認為分析哲學已經衰落或過時，因而分析哲學的方法，即邏輯分析的方法也已經過時了，因為它注定解決不了哲學的根本問題。我不同意這種看法。在我看來，分析哲學或語言哲學確實不再像幾十年以前在美國那樣唯一地占據主導地位。在哲學的版圖上，歐陸哲學確實似乎足以與分析哲學分庭抗禮，科學哲學、政治哲學、倫理學、心之哲學等等，乃至各種後現代主義哲學，似乎也都有一席之地。但是應該看到，分析哲學仍然是主流哲學，分析哲學的方法，即邏輯分析的方法仍然到處在使用。

　　如果思考一下，從以上兩種觀點其實可以發現一些問題。首先，如果認為西方哲學的主要特徵是邏輯分析，而如今邏輯分析已經過時，那麼是不是可以認為西方哲學那種主要的邏輯分析特徵就要中斷了？其次，邏輯分析的方法固然是分析哲學或語言哲學的主要特徵，難道就不是其他一些哲學的主要特徵嗎？以歐陸哲學為例，難道它就沒有展現出邏輯分析的特徵嗎？最後，由於語言轉向，分析哲學顯示了與傳統哲學完全不同的面貌，但是歐陸哲學並沒有這樣的變化。在這種意義上，即使可以認為分析哲學的衰落導致邏輯分析方法的過時，難道西方傳統哲學那種邏輯分析的特徵在歐陸哲學上也沒有了嗎？這幾個問題直觀上是自然的。但是我認為，在它們的背後實際上還隱藏著一個更為深刻的問題。這就是：什麼是邏輯分析？

什麼是邏輯分析？

　　提出這個問題似乎有些怪，人們既然說西方哲學的主要特徵是邏輯分析，怎麼會不知道什麼是邏輯分析呢？如果不懂什麼是邏輯分析，怎麼能夠斷定邏輯分析的方法過時了呢？這個問題其實一點也不怪。這是因為，人們雖然都會說「邏輯」，對邏輯的理解卻有可能完全不一樣。在我看來，對邏輯大致有兩種理解。一種是日常的理解，比如人們常說的「那是你的邏輯」、「他做事是沒有什麼邏輯的」等等。前一句話中的「邏輯」的意思大致相當於「道理」或「觀點」，後一句話中的「邏輯」則是指「規律」。這樣理解的邏輯當然是非常有歧義的。另一種理解則是依據邏輯這門學科。然而，即使這樣，對邏輯的理解仍然有不同。一方面，邏輯既經歷了傳統的時代，也進入了現代的階段，而傳統邏輯與現代邏輯的區別是很大的。另一方面，在歷史上，自亞里斯多德創建了邏輯以來，想發展邏輯的大有人在。隨著這些發展，亞里斯多德的邏輯被稱為形式邏輯，與它不同的則還有歸納邏輯、先驗邏輯、思辨邏輯、辯證邏輯等等，而這些所謂的邏輯與亞里斯多德邏輯又有根本的區別。結果，儘管今天邏輯已經是一門成熟的科學或學科，但是對邏輯的理解仍然是有歧義的。比如人們經常論證說到「歷史與邏輯的統一」，這裡的「邏輯」究竟是形式邏輯意義上的，還是先驗邏輯意義上的，或是其他某一種邏輯意義上的呢？

　　綜上所述，無論是在日常的意義上還是在學科的意義上，對於邏輯的理解是有歧義的。如果依照這樣歧義的理解，那麼所謂的「邏輯分析」充其量只能是一種籠統的表達，因為字面上還看不出這樣的邏輯分析究竟是一種什麼樣的分析。不過有一點倒是清楚的：那些認為分析哲學衰落、邏輯方法過時的人一般指的或主要指的只是形式邏輯意義上的邏輯，尤其是現代邏輯。而從哲學史的角度來看，諸如歸納邏輯、先驗邏輯、思辨邏輯、辯證邏輯等

的發展，在不同程度上也都持有形式邏輯有局限性或過時甚至無用的看法。這說明，無論是批評邏輯還是要發展邏輯，人們都離不開形式邏輯意義上的邏輯，離不開對這種邏輯的論述。無論這樣的批評是不是有道理，不管持這種觀點的人懂不懂形式邏輯意義上的邏輯或現代邏輯，由此倒是為我們提供了一條理解邏輯分析的思路，即要從形式邏輯意義上的邏輯出發，圍繞著這樣的邏輯來考慮邏輯分析。因此，就邏輯分析而言，學科意義上的邏輯，尤其是形式邏輯，應該具有一個核心的位置。

　　有人可能會問：既然邏輯可以有日常意義的理解，也可以有學科意義上的理解，為什麼我們卻要在學科的意義上來理解邏輯分析呢？既然可以談論形式邏輯、歸納邏輯、先驗邏輯、思辨邏輯、辯證邏輯等等，為什麼一定要從形式邏輯出發來理解邏輯分析呢？我認為，當我們談論邏輯分析的時候，我們是站在方法論的立場上來說的，因而把這種分析看作是一種方法。而作為一種方法，邏輯剛好具有這樣的性質。這是因為，雖然邏輯有自己研究的對象，形成自己的理論和體系，有自己的方法和規律，但是當它被用於其他學科的時候，它本身又具有工具的性質，因而具有方法論的意義。特別是自邏輯產生以來，很長一段時間，它與哲學融合在一起，甚至在許多人看來，它不僅是哲學的一部分，而且就是哲學的一種工具和研究方法。因此，當我們談論邏輯分析的時候，從邏輯這門學科出發是非常自然的。正是依據邏輯這門學科的性質和內容，我們了解到日常表達中的「邏輯」是有歧義的。此外，也正是從學科的意義上說，「邏輯」這一概念是用不著什麼修飾的。所謂先驗邏輯、思辨邏輯，不過是哲學著作中的一些概念，在邏輯裡是沒有的。換句話說，在作為科學或學科的邏輯中，根本就沒有什麼先驗邏輯、思辨邏輯，一般也沒有辯證邏輯；有些邏輯教科書確實包含歸納作為一部分，但是這並不構成邏輯的主體或主要部分。因此，只要是從學科的意義上來理

解邏輯分析，就一定要從邏輯這門學科的主體或最主要的內容來理解，而這一定是指形式邏輯。

這裡我還想簡單強調一點，正像書中指出的那樣，引入「形式」一詞來修飾和說明邏輯，最初是康德做的事情。他想以此與自己所說的「先驗邏輯」相區別，並使先驗邏輯具有邏輯的可靠性。在我看來，邏輯就是邏輯，根本不需要「形式」二字來修飾。邏輯可以具有形式的特徵，甚至也可以具有形式化的特徵，但是決定是邏輯或不是邏輯的，並不是形式，也不是形式化。

自亞里斯多德以來，邏輯經歷了兩個階段：一個是傳統的階段；另一個是現代的階段。在這兩個階段，邏輯表現出很大的不同。結果之一是傳統邏輯與哲學融合在一起，而現代邏輯使邏輯成為一門科學，並從哲學獨立出來。換句話說，現代邏輯需要專門的學習和掌握。相比之下，傳統邏輯雖然也需要學習與掌握，但是在許多地方與哲學是相似的，比如分析概念的內涵和外延，談論本質定義，論證思維規律等等。因此，邏輯既可以在傳統的意義上來理解，也可以在現代的意義上來理解。過去學哲學的人一般都學過邏輯，而且也都認為自己懂邏輯，不過那是在傳統邏輯的意義上。今天卻不是每一個學哲學的人都學過現代邏輯，而且即使學過，也不會都認為自己懂邏輯，當然這只是在現代邏輯的意義上。問題是，從傳統邏輯到現代邏輯，儘管邏輯的形式和能力發生了很大的變化，但是邏輯的本質沒有變，而且，正是由於現代邏輯的發展，我們更加清楚地理解了邏輯的本質。[01] 因此，我們不僅在現代邏輯的意義上，而且在傳統邏輯的意義上都可以問：什麼是邏輯分析？

實際上，這裡還有一個更深層的問題，即邏輯與哲學的關係。由於邏輯一直是西方哲學的工具，因此從理解哲學特徵的角度來理解什麼是邏輯分析，就不單純是邏輯方法的問題，而是與哲學密切相關的問題。而從邏輯分

01　參見王路：《邏輯的觀念》，商務印書館 2000 年版。

析的角度來理解西方哲學，也就不單純是哲學本身的問題，而是與邏輯方法密切相關的問題。說到底，理解什麼是邏輯分析將會更加有助於我們理解西方哲學。此外，傳統哲學與現代哲學有很大的不同，這種不同的原因有各式各樣，但是由於它們一直使用邏輯，而傳統邏輯與現代邏輯又有很大的不同，因此從邏輯分析的角度出發，我們至少可以看到它們有什麼不同，為什麼會有這樣的不同。探討邏輯分析就不單純是理解西方哲學的問題，而且有助於我們深入地理解邏輯與哲學的關係。

我認為，邏輯與哲學密切相關，使用不同的邏輯方法將導致不同的哲學。

亞里斯多德邏輯

萊布尼茲（Leibniz）認為，我們應該建立一種普遍的、沒有歧義的語言，透過這種語言，可以把推理轉變為演算。一旦發生爭論，我們只要坐下來，拿出紙和筆算一算就行了。這裡，他實際上提出了兩個想法：一個是構造形式語言；另一個是建立演算。這正是現代邏輯的兩個基本特徵，也是亞里斯多德邏輯與現代邏輯的主要區別。根據現代邏輯史家的解釋，亞里斯多德的三段論系統可以是一個公理系統，也可以是一個自然演繹系統，因此也是演算。[02] 但是，由於他的邏輯系統是形式的，而不是形式化的，因而與現代邏輯系統也有一些重大區別，與現代邏輯的解釋也有一些差異。這些區別與差異基本是邏輯本身或邏輯史研究範圍之內的問題，因此這裡不予考慮。需要指出的是，圍繞著形式語言，亞里斯多德邏輯和現代邏輯的區別是很大的，由此也對哲學產生了不同的重大影響。下面在論述亞里斯多德邏輯的時候，語言特徵是我們重點考慮的問題。

02　參見王路：《亞里斯多德的邏輯學說》，中國社會科學出版社 2005 年第二版，第 4 章。

導論

　　亞里斯多德邏輯是從自然語言出發的，而不是像現代邏輯那樣從人工語言出發。這樣它就有兩個特徵：它是形式的；它卻不是形式化的。首先，它使用字母變數替代句子中表達概念的詞，這樣就抽象出句子的形式，比如「S 是 P」。其次，在這樣的句子的基礎上可以考慮不同形式的命題，比如加上否定，就得到「S 不是 P」，加上不同的量詞，就得到「所有 S 是 P」，「有 S 是 P」，「所有 S 不是 P」，「有 S 不是 P」等等。然後，用這樣的句子可以構成推理，比如「所有 M 是 P，所有 S 是 M，所以所有 S 是 P」。人們一般認為，這樣形成的邏輯是形式的，因為「所有 S 是 P」這樣的句子並不是一個確定的句子，而只是一種句子形式。用不同的詞代入其中的 S 和 P，就形成不同的命題。因此，亞里斯多德邏輯的形式的特徵是明白無誤的。但是，在這些句子形式中，顯然還保留了一些自然語言，比如「是」、「不」、「所有」等等，因此人們說亞里斯多德邏輯還不是形式化的。這就形成了亞里斯多德邏輯與現代邏輯的非常重大的區別。

　　第一種區別是，亞里斯多德邏輯的句法形式與古希臘的日常語言形式是一樣的。比如，在以上各種形式之中，最基本的形式是「S 是 P」。而且，這不僅是邏輯的基本句子形式，也是日常語言的基本句子形式。這樣一來，邏輯的形式沒有完全脫離自然語言的語法形式。直觀上看，句子的邏輯的形式局限在一種主謂結構之中。這樣就產生了許多問題。比如，對於「S 是 P」，從語法的角度說，「是」是系詞，它將主語「S」和謂語「P」連繫起來，或者，「P」是謂語，「是 P」是對主語「S」的一種情況的表述。但是，從邏輯的角度看，「S」和「P」表示兩個類，透過「是」連繫起來，因而表示兩個類之間的關係。問題是，這樣一來，許多複雜的關係都無法表達出來。比如，「哲學家是智者」中的主項「哲學家」表達的是類，而「亞里斯多德是哲學家」中的「亞里斯多德」表達的是個體，而不是類。這樣一來，僅僅

以「S 是 P」這種形式就無法從邏輯上區別出個體與類之間的關係和類與類之間的關係。又比如,「亞里斯多德是哲學家」中的「是哲學家」表達的是性質,而「亞里斯多德是柏拉圖的學生」中的「是……學生」表達的不是性質,而是關係。這樣一來,僅僅以「S 是 P」的形式也無法從邏輯上表達性質和關係的區別。而且,這還僅僅是最簡單的情況。所以,由於句子的邏輯形式局限在自然語言的句子的語法形式之中,因而使邏輯受到自然語言的束縛。有人甚至稱基於「S 是 P」這樣的主謂形式的邏輯是邏輯的「敗壞」(corruption)。[03]

　　第二種區別是,亞里斯多德沒有明確地區別句法和語義。他對邏輯的性質的說明是比較籠統的。比如,他認為邏輯是研究推理的,而「一個推理是一個論證,在這個論證中,有些東西被規定下來,由此必然地得出一些與此不同的東西」,我把他這種對邏輯的性質的說明稱為「必然地得出」[04]。它與現代邏輯的說明,即推理的有效性,是完全一致的。不同的是,由於它沒有明確地區別句法和語義,因此他沒有分別從這兩個方面來說明什麼是「必然地得出」,儘管他提供的三段論系統及其說明足以使人們了解到什麼是「必然地得出」。

　　實際上,亞里斯多德並不是沒有語義說明的。比如,他認為,語句表達思想,但是「並非每一個語句都是命題,只有本身含真假的語句才是命題」[05],這樣就從真假的角度限定了所考慮的範圍,從而也說明他的邏輯主要是二值的。又比如,他認為,一組反對命題不能都是真的,但是一組反對命題的矛盾命題有時候可以都是真的[06];全稱肯定命題和相應的全稱否定命

03　參見 Geach, P.T.：*Logical Matters*, University of California Press 1980, p.44-61。
04　參見王路：《邏輯的觀念》,第 41-47 頁。
05　Aristotle: *The Works of Aristotle*, vol. I, ed. by Ross, W.D., Oxford 1971, 17a13.
06　參見同上書,17a23-24。

題必然一個是真的，另一個是假的[07]；一個單稱肯定命題和一個相應的單稱否定命題必然一個是真的，另一個是假的[08]等等。但是，他沒有把句法和語義明確地區別開來。比如，他在論述模態命題的時候還有如下論述：

這可能是。　　　　　這不可能是。

這是或然的。　　　　這不是或然的。

這是不可能的。　　　這不是不可能的。

這是必然的。　　　　這不是必然的。

這是真的。　　　　　這不是真的。[09]

這裡，他似乎把「真」看作是與「必然」和「可能」等這樣的算子相同的東西。這樣一來，「真」似乎成為句法方面的東西，而不再屬於語義方面。不過亞里斯多德只對模態算子有句法說明，而對「真」沒有句法說明，由此也說明這樣的排列是有問題的。所以，亞里斯多德雖然也有一些語義說明，但是由於他的語義說明是與句法說明混在一起的，而且有時候並沒有鮮明的區別，因此，這種區別即使亞里斯多德本人是清楚的，也不太容易為人所知。

除此之外，亞里斯多德邏輯與現代邏輯還有一個區別。《工具論》（Organon）是亞里斯多德留下來的邏輯著作，也是後人學習和研究邏輯的經典文獻。傳統邏輯是在亞里斯多德基礎上形成的，也是後來學校裡講授的內容。因此在現代邏輯產生之前，或在一些不注重現代邏輯的人那裡，邏輯往往是在傳統邏輯的意義上理解的，甚至談到亞里斯多德邏輯，也以傳統邏輯或以《工具論》為依據。人們不僅對於亞里斯多德邏輯存在著一些誤解，而且也對理解邏輯本身帶來一些問題。比如，《工具論》是後人編輯的亞里斯多德的著作，名稱也是編者取的，因此把這樣一些著作編輯在一起反映了編

07　參見同上書，17a26。

08　參見同上書，17a28。

09　參見同上書，22a15。

者的看法。這些著作無疑是亞里斯多德的，問題是：亞里斯多德是不是把它們都看作是邏輯著作？《工具論》中的六篇著作涉及了邏輯、語言、思維、哲學等非常廣泛的範圍，亞里斯多德是不是把它們都看作是邏輯？又比如，傳統邏輯是後人在亞里斯多德邏輯基礎上形成的。其中不僅包含了亞里斯多德的許多思想，尤其是他的主要邏輯成果三段論，而且還增加了一些內容，特別是歸納法。問題是，傳統邏輯的內容與亞里斯多德邏輯是不是相符合？傳統邏輯的觀念與亞里斯多德的邏輯觀念是不是一致？這兩個例子是常識，不需要過多解釋。但是深入思考一下卻可以看出，由此引發的問題明確地歸結為一點：什麼是亞里斯多德邏輯？或者，亞里斯多德的邏輯觀是什麼？甚至引申一步，什麼是邏輯？我認為，作為史學研究，可以深入地分析和思考這些問題。但是從邏輯本身的角度，還是應該圍繞亞里斯多德所說的「必然地得出」來思考。這樣一來，我們就有一個標準，而且是與現代邏輯相一致的標準，以此可以判定什麼是亞里斯多德邏輯，以及什麼是邏輯。而根據這種標準，他的三段論系統，以及圍繞三段論系統的那些論述，包括構成三段論推理的命題的形式的論述，以及與真相關的論述，無疑是邏輯。

現代邏輯

與亞里斯多德邏輯相比，現代邏輯的語言特徵也十分明顯，即它完全採用人工語言的方式，這樣就使現代邏輯也有兩個特徵：它是形式的，又是形式化的。比如，一階邏輯中相應於亞里斯多德邏輯中四種不同的命題形式是：$\forall x (Fx \to Gx)$，$\exists x (Fx \wedge Gx)$，$\forall x (Fx \to \neg Gx)$，$\exists x (Fx \wedge \neg Gx)$。在這四個句子中，沒有任何自然語言保留下來，它們的每一個符號都有明確的含義：「x」是個體變數符號，表示個體；「F」和「G」是謂詞符號，表示謂詞；「→」、「∧」和「¬」是命題連結詞，分別表示蘊涵、合取和否定；「∀」

和「∃」是量詞符號，分別表示全稱量詞和存在量詞。第一個句子可以讀作：對任一 x，如果 x 是 F，那麼 x 是 G。意思相當於亞里斯多德邏輯中的「所有 S 是 P」。最後一個句子可以讀作：有一 x，x 是 F 並且 x 不是 G。意思相當於亞里斯多德邏輯中的「有 S 不是 P」。顯然，這四個句子完全是形式化的。僅從句子的表述這一點就可以看出，現代邏輯與亞里斯多德邏輯形成了十分明顯的區別。

第一種區別是，現代邏輯脫離了自然語言的語法形式，因而擺脫了自然語言的束縛。首先，從前面對 ∀ x（Fx → Gx）的解釋可以看出，這裡的 F 和 G 分別相當於亞里斯多德邏輯中「所有 S 是 P」中的 S 和 P，因而那裡主項和謂項的區別在這裡消失了。也就是說，這裡的謂詞與語法形式中的主語和謂語是有區別的。比如，在「哲學家是智慧的」這句話中，「哲學家」是語法主語，「是智慧的」是語法謂語。但是根據 ∀ x（Fx → Gx）的解釋，它們都是謂詞，這在「對任一 x，如果 x 是哲學家，那麼 x 是智慧的」的解讀中是顯然的。因此，謂詞是同一層次的東西，邏輯的謂詞與語法中的主語和謂語的區分沒有關係。其次，同樣是從對 ∀ x（Fx → Gx）的解讀，我們看到了表示個體的「x」，而這在「哲學家是智慧的」這句話中是看不見的，在「所有 S 是 P」中則是看不清楚的。亞里斯多德邏輯沒有個體詞做主詞，因此 S 表達的是類，遇到了個體詞做主語的句子，比如「蘇格拉底是人」，則把它看作表示類的名詞來處理。由於個體與類是有區別的，因此用表達類的方式來處理個體只是一種將就的辦法，實際上是存在不少問題的。而在一階邏輯這裡，除了 x 這樣表示個體變數的符號以外，還有 a、b、c 這樣表示個體常元的符號。比如「蘇格拉底是人」這個句子可以表示為「Fa」。這裡，謂詞 F 沒有變化，不同的只是跟著它的不是個體變數 x，而是個體常元 a。有了表達個體的方式，我們可以處理表達關係的情況。比如「亞里斯多德是

柏拉圖的學生」這句話表達為「Sab」，這裡，「S」是謂詞，表示「是⋯⋯
的學生」，a 和 b 分別表示亞里斯多德和柏拉圖。由此可見，謂詞總是要
以個體詞做變數的，無論是個體變數還是個體常元。這不僅說明了類與個
體的關係，而且也說明，謂詞與個體詞是不同層次的東西。第三，從 $\forall$ x
$(Fx \rightarrow Gx)$ 可以看出量詞的性質。它後面跟一個括號，表明它所限定的一個
範圍。這樣一方面表明了句子中個體發揮作用的範圍，另一方面也表明了對
與個體相關的謂詞的限制。因此量詞與謂詞是不同層次的東西。而這在日常
語言中是看不出來的，比如「所有哲學家是智慧的」這個句子中，「所有」
這個量詞只是對主語「哲學家」的修飾和限定，「所有 S 是 P」也是同樣。
現代邏輯的量詞處理，在複雜量詞的情況下就顯得更為重要。比如「有的人
是所有人都喜歡的」可以表達為「$\exists$ x $(Rx \wedge \forall y (Ry \rightarrow Xyx))$」。這裡
的 x 和 y 是兩個不同的個體變數，表示不同的個體。存在量詞 $\exists$ x 和全稱量
詞 $\forall$ y 表明了個體變數的範圍，透過這樣的限制說明了句子中「有的人」中
的「人」與「所有人」中的「人」是有不同所指的，因而表達了它們之間的
「喜歡」的關係。由此可以看出，不同量詞所限定的範圍是不一樣的，因而
含有量詞，尤其是含有複雜多個量詞的句子，所表達的情況是非常複雜的。
第四，從 $\forall$ x $(Fx \rightarrow Gx)$ 還可以看出一個十分重要的特徵，即自然語言中
連接主語和謂語的那個系詞不見了。也就是說，在現代邏輯語言中，沒有一
個符號表示這個「是」。雖然在我們的解讀中作為系詞的「是」依然可以出
現，比如「如果 x 是 F」，但是這僅僅是一種解讀，而且也不是必然的，因
為可以不這樣讀，而用其他讀法，比如「如果 x 具有 F」，或者像弗雷格所
說，「如果 x 處於 F 之下」。這說明，「是」僅僅是自然語言中的東西，而
不是一階邏輯中的東西。特別需要指出的是，這裡所說的自然語言，主要指
的是希臘語以及印歐語系的語言，而不是指其他語系的語言，比如古漢語。

導論

我們僅僅是在對照亞里斯多德邏輯和現代邏輯論述這裡的區別。我強調這一區別，不僅是因為它確實是現代邏輯與亞里斯多德邏輯的區別之一，而且是因為，正如本書將試圖說明的那樣，它在涉及邏輯與哲學的關係的問題上，表現出十分重要的意義。

　　第二種區別是，現代邏輯明確區別了句法和語義。這樣它可以分別從句法和語義兩個方面對邏輯研究的對象進行說明。一方面，我們說邏輯研究推理，另一方面，我們說邏輯研究真。一階邏輯的形式系統展現了前一個部分，對這種形式系統的語義說明展現了後一個部分。比如在 $\forall x（Fx \to Gx）$ 和 $\exists x（Fx \wedge \neg Gx）$ 這兩個句子中有「$\to$」、「$\wedge$」和「$\neg$」這樣的命題連結詞與「$\forall$」和「$\exists$」這樣的量詞。為了理解這兩個句子，就需要有對它們的解釋。解釋一個命題連結詞是什麼意思，即是對它的語義說明。具體一點來說，「$A \to B$」的意思是：不能 A 是真的而 B 是假的，也就是說，或者 A 和 B 都是真的，或者 A 和 B 都是假的，或者 A 是假的而 B 是真的。「$A \wedge B$」的意思是：$A \wedge B$ 是真的，當且僅當 A 是真的，並且 B 也是真的。「$\neg A$」的意思是：如果 $\neg A$ 是真的，A 就是假的，如果 $\neg A$ 是假的，A 就是真的。這樣的解釋說明了這些命題連結詞的含義是什麼。解釋一個量詞是什麼意思，也是對它的語義說明。具體地說，$\forall x（Fx \to Gx）$ 的意思是：如果 a 是 F，那麼 a 是 G，並且如果 b 是 F，那麼 b 是 G，並且……；因此，$\forall x（Fx \to Gx）$ 是真的，當且僅當所有個體滿足 F 和 G 的相關情況。$\exists x（Fx \wedge \neg Gx）$ 的意思是：a 是 F 並且 a 不是 G，或者 b 是 F 並且 b 不是 G，或者……；因此，只要有一個個體滿足 F 和 G 的相關情況，$\exists x（Fx \wedge \neg Gx）$ 就是真的。從這些解釋可以看出，命題連結詞的含義是透過真和假來說明的。由於它們的「真」是透過其命題變數的真假決定的，因此它們表現為一種真值函項。量詞不是真值函項，但是透過「滿足」這一概念，也可以得到對量詞表達式

的真假的解釋。由此可見，在這樣的解釋中，「真」是其最核心的概念。現代邏輯的發展不僅突出了「真」這一概念，而且提供了對它的精確說明以及一系列重要成果。這與亞里斯多德邏輯構成了一個鮮明的區別。我強調這一點，不僅在於這一事實本身，更為重要的是，正如本書將試圖說明的那樣，它在涉及邏輯與哲學的關係的問題上也表現出十分重要的意義。

此外，現代邏輯自弗雷格的《概念文字》（*Begriffsschrift*）以來已經形成一門科學，一門研究推理的有效性的科學。它以一階邏輯為基礎，沿著不同方向蓬勃發展，尤其是形成了模態邏輯以及非標準模態邏輯，這樣一個廣大的邏輯系統群，對哲學的研究和發展發揮非常重要的推動作用。在現代邏輯的研究發展過程中，人們也討論什麼是邏輯的問題，比如，模態邏輯是不是邏輯？二階或高階邏輯是不是邏輯？但是，這樣的討論主要是探討不同邏輯系統的性質之間的區別，以及它們對相關哲學問題的討論帶來什麼樣的問題和影響。因此就邏輯本身來說，邏輯的對象是清楚的，絕不再像亞里斯多德的《工具論》所提供的內容那樣模糊。在這種情況下，當人們談論邏輯的時候，看法可能有所不同，但是，從一階邏輯出發，從以一階邏輯為基礎的模態邏輯出發，以及從以模態邏輯為基礎的非標準模態邏輯出發等等來討論問題，卻是沒有什麼疑問的。

作為學科的邏輯

我在《「是」與「真」——形而上學的基石》一書最後一章的最後一節「如何理解形上學」中指出，理解西方形上學至少要面對語言、思想和學術這樣三個層面的問題。學術層面的問題涉及學科分類，由於學科的建立，因而有了學科意義上的東西，比如邏輯、形上學。由於它們密切相關，因此我們在討論西方形上學的主要問題的時候，「絕不能忽略與之相關的這種學科

意義上的內容。……忽略這樣的內容，大概是要出問題的」。[10] 由於那本書主要集中在語言的層面上，因此雖然在一些地方談到邏輯與哲學的關係，但是並沒有把它作為最主要、最核心的問題來談；雖然提出了這個問題並且進行了一些論述，但是並沒有把它作為一個專門的問題進行充分的深入細緻的討論。那些遺留下來的問題就成為本書的主要任務。

我強調在學科的意義上理解邏輯和哲學，這是因為邏輯是一門學科，哲學也是一門學科，我們是在學科，即它們理論傳承的意義上談論它們之間的關係，而不是談論日常所說的「邏輯」和「哲學」，比如「辯證邏輯」、「愛情哲學」、「處世哲學」等等。但是理解西方哲學，即使在學科的意義上，為什麼要考慮邏輯和哲學的關係？不考慮難道就不行嗎？知道西方哲學的主要特徵是邏輯分析難道還不夠嗎？為什麼一定非要知道什麼是邏輯分析不可呢？如前所述，這兩個問題其實是相互連繫的。前者是後者更深層次的問題。因此我們可以先考慮後一個問題，然後再考慮前一個問題。

就邏輯分析而言，實際上有兩個部分：一個部分是它作為一種知識性的東西被談論；另一個部分是它作為一種能力被掌握和運用。如果邏輯和邏輯分析僅僅是一種知識性的東西，一種訊息，即有這麼一回事情，比如一個人可能知道「邏輯是一門學科，是亞里斯多德創立的」，也可能知道「現代邏輯與亞里斯多德邏輯不同，技術性非常強」，甚至還可能知道「西方哲學的主要特徵是邏輯分析的」，那麼不明白什麼是邏輯分析也就沒有什麼關係。正所謂知其然，不知其所以然，當然是可以的。但是，如果邏輯和邏輯分析是一種能力，那麼就絕不僅僅是知道有那麼一回事，而是一定能夠運用邏輯和邏輯分析，並且對它本身說出個大概來。當然，這種能力可能有大有小，有強有弱，因而導致對邏輯和邏輯分析的理解和掌握也是不同的。比如，一

10　王路：《「是」與「真」──形而上學的基石》，人民出版社 2003 年版，第 430 頁，參見第 427-433 頁。

個人懂亞里斯多德邏輯，因而他知道三段論，知道前提和結論之間的推理，還會知道這樣的一些格和式，甚至知道運用這樣的格和式來分析一些推理，由此說明哲學的邏輯分析特徵。此外，他還知道現代邏輯與亞里斯多德不同，甚至知道現代邏輯的主要特徵是使用符號語言，構造演算，但是他不知道如何使用符號語言，也不知道如何構造演算，更不知道那些關於形式系統的定理。他對亞里斯多德邏輯不僅有知識性的理解，而且有使用和分析的能力。但是對於現代邏輯，他只有知識性的理解，而沒有能力掌握它，因而沒有使用和分析的能力。在這種情況下，他對邏輯的理解，他運用邏輯的那種能力，僅僅是亞里斯多德邏輯意義上的，而不是現代邏輯意義上的。這樣的能力當然是比較弱的。但是，假如連這種能力也沒有，那麼對邏輯和邏輯分析肯定不會運用，而且是什麼也說不出來的。

因此，對於從事哲學研究，尤其是西方哲學研究的人來說，就應該考慮一下：當我們說西方哲學的主要特徵是邏輯分析的，我們究竟是不是知道什麼是邏輯分析？

毫無疑問，我強調的是對邏輯分析的理解和掌握，這是因為邏輯與哲學有十分密切的關係，邏輯對於哲學十分重要，因而理解邏輯分析對於理解西方哲學是至關重要的。從知識性的角度說，自亞里斯多德以來，他的《工具論》很長時間一直是邏輯和哲學研究的經典文獻，他創立的邏輯一直是哲學家使用的工具。在中世紀，邏輯與語法和修辭被並稱為「三藝」，是進入神學院學習的基礎課。現代邏輯產生以後，隨著現代邏輯的發展和普及，它在課堂上逐漸取代了傳統邏輯，而且也成為哲學家使用的工具，並導致哲學中的「語言轉向」，產生了分析哲學和語言哲學。這些情況已經是哲學史上的常識，學過哲學的人幾乎都會這樣說。但是，如果我們問，亞里斯多德邏輯是如何影響傳統哲學的，現代邏輯是如何導致語言轉向的，那麼知道以上說法的人是不是還能夠回答呢？我認為，這至少是一個可以思考的問題。

導論

　　從事哲學研究的人一般都會同意，哲學研究不是知識性的學習，而是訓練和培養不斷深入的、批判性的思考能力。說得通俗一些，就是能夠不斷地問是什麼和為什麼。在這種意義上，對於研究西方哲學的人來說，明白為什麼邏輯會對哲學發揮作用和如何發揮作用，肯定比僅僅知道邏輯對哲學有用要有意義得多。因為這種作用的揭示將不僅僅停留在邏輯與哲學的關係這一層面上，而且一定會有助於我們更為深刻地理解西方哲學。

　　以上我們主要是圍繞語言、句法和語義簡要介紹了亞里斯多德邏輯和現代邏輯，目的在於介紹它們的同時也說明它們之間的顯著區別。我們看到，一方面，亞里斯多德邏輯從日常語言出發，保留了系詞「是」作為邏輯常項，因此突現了它，而現代邏輯從人工語言出發，因而消除了這個「是」。另一方面，現代邏輯透過區別句法和語義，使「真」這個概念突現出來，並形成了重要的理論成果，而亞里斯多德邏輯雖然多次談到它，但是由於沒有句法和語義的明確區別，因而沒有使「真」這個概念完全突現出來。探討邏輯與哲學的關係無疑可以有多種方式和途徑，而我則試圖從亞里斯多德邏輯和現代邏輯的區別出發，即從與「是」和「真」相關的問題的角度出發來探討這個問題。

　　亞里斯多德邏輯是西方人發明的，所謂保留日常語言中的系詞「是」也是西方語言中的，因此西方人在哲學討論中使用起他們的邏輯是自然的，談論起他們語言中的那個「是」也是自然的。這並不是說他們對邏輯的理解就沒有區別，比如亞里斯多德對邏輯的理解與黑格爾對邏輯的理解就完全不同，也不是說他們對「是」的理解就毫無差異，比如有人可能在系詞的意義上理解，而有人可能在「存在」的意義上理解。但是無論他們對邏輯的看法如何不同，他們所理解的邏輯的基本句式是一樣的，都是「S 是 P」，都以「是」為核心。不管他們對「是」的理解的差異多大，他們談論的都是一個

共同的概念，都是那個「是」。正是在這樣的理解中，展現了一種邏輯和哲學的關係，因為邏輯的基本句式與哲學的核心概念是相通的，而這相通的一點正是那個「是」。

而我們在學習和研究西方哲學的過程中，涉及它們的時候，我們的理解就不一定像西方語言的理解那麼自然。因為在我們的語言中，「是」並非一直是「系詞」，尤其是，它的語法作用，並非像西方語言中的系詞那樣一直是必不可少的，而且在語法方面，我們的語言沒有明確的變形規則，因而理解「S 是 P」固然沒有問題，但是把「是」作為一個獨立的概念來理解卻非常困難。因此也就不難理解，為什麼多年以來許多人一直把西方哲學中的這個核心概念理解為「存在」。除了西方人所說的「是」也含有「存在」的意思之外，字面上的通順可行大概是更主要的理由，因為「存在」無疑是一個概念。不能說這樣的理解一點道理都沒有，但是我認為，這樣的理解有一個最大的問題，這就是閹割了邏輯與哲學的關係。因為從字面上絲毫看不出「S 是P」與「存在」有什麼關係，因而前面所說的西方邏輯與哲學在「是」這一點的相通，被徹底地阻斷了。

現代邏輯也是西方人發明的，但是由於它是從人工語言出發，脫離了自然語言，因此對於我們來說，它展現了普遍性的特徵。也就是說，我們和西方人今天對邏輯的理解是一樣的，運用也是一樣的，絲毫沒有語言方面的差異。在現代邏輯中，「是」這個概念不見了，突出了「真」這個概念。相應地，在應用現代邏輯的哲學中，「是」也不再是討論的核心，許多人甚至根本不再討論它，但是「真」這個概念突現出來，成為哲學討論的核心概念，比如人們討論真之載體、真之條件以及各種真之理論。這個「真」就是或主要是「是真的」那種意義上的東西。但是長期以來，我們把它理解為「真理」。問題是，「真理」是不是「是真的」的名詞形式？它最根本的意思

是不是就是「是真的」所指的東西？當然，我們對「真」這個概念也可以提出完全相同的問題。我認為，在中文語境中，邏輯學家在討論時總是使用「真」這個概念，並且確實是在「是真的」這種意義上理解的，而且他們一般不討論真理；而哲學家有時候也會談到「真」這個概念，但是當他們更經常地談論「真理」的時候，他們並不是在「是真的」這種意義上理解的。因此，不論在字面上「真」有什麼問題，至少它展現了邏輯的理解和含義。此外，邏輯學家不討論這個概念的其他含義，並不意味著它就沒有其他含義。因此「真」這種理解既反映了邏輯的理解，同時也沒有排除其他理解，因為它展現了「是真的」這種含義，而所有其他含義，假如有的話，也是從「是真的」這裡來的。而「真理」這一概念的本意並不是「是真的」這種意義上的東西。所以，當我們討論西方哲學的時候，如果我們使用「真」這一概念，我們至少從字面上可以看到邏輯與哲學的連繫，因而為這樣的理解保留了空間。而若是使用「真理」這一概念，也就從字面上斷送了這樣的理解。所以，我不反對我們自說自話地討論真理，但是從理解西方哲學的角度出發，我認為我們應該使用「真」而不是「真理」這一概念。

「是」與「真」是西方語言中的基本詞彙，也是邏輯和哲學討論中十分核心的兩個概念。無論邏輯學家和哲學家對它們的理解有什麼不同，它們在邏輯學家和哲學家的討論中卻是相同的。也就是說，邏輯學家可以有自己對它們的理解，哲學家也可以有自己對它們的理解，而且這樣的理解可以是不同的，但是不可能邏輯學家談論的「是」和「真」，與哲學家談論的「是」和「真」是不同的。正因為這樣，邏輯學家的研究才會有助於哲學家們的研究，邏輯才會是哲學的工具，才會對哲學發揮作用。如果他們所談的是不同的東西，那麼其間還怎麼能夠有連繫呢？邏輯又怎麼能夠為哲學家所用呢？邏輯還怎麼會對哲學發揮作用呢？有人可能會說，即使邏輯所談的與哲學所

談的是不同的東西，邏輯也會為哲學所用，邏輯也會對哲學發揮作用。我認為，在方法論的意義上，這種說法也許是有道理的。問題是邏輯不是憑空產生的，它是應哲學的需要而產生的，因此它自產生之日起，就一直與哲學密切連繫在一起，而且這種連繫的一部分結果是，邏輯考慮的一些概念和問題本身就是哲學的概念和問題。這一點正在「是」與「真」這兩個概念上展現得最為清楚。而且，我們並不是單純地探討邏輯和哲學的關係本身，而是在如何理解西方哲學的意義上探討這個問題。這樣一來，哲學史的考慮，文本的考慮就必須始終在我們的視野之內。

從邏輯的角度出發來理解西方哲學，我們就會清楚地看到為什麼傳統哲學的核心概念是「是」，而現代哲學，主要是分析哲學和語言哲學的核心概念卻不再是「是」。這與它們使用不同的邏輯無疑有很大關係。看到這種差異，深入地研究這種差異，我們還可以看到，亞里斯多德邏輯雖然凸顯了句子中的系詞「是」，反映了句子的語法結構，導致哲學的討論也主要圍繞著謂詞對主詞的表述，比如亞里斯多德的範疇論，康德的分析 —— 綜合說，黑格爾的個別 —— 一般說等等，但是，對「是」所表達的複雜內容卻往往無法說清楚。而現代邏輯雖然消除了句子中的系詞「是」，卻更深刻地揭示了句子的邏輯結構，提供了對「是」的新的解釋，說明它可以表達類與類的關係或包含關係（「哲學家是思想家」），也可以表達個體與類的關係或屬於關係（「亞里斯多德是哲學家」），還可以表達個體與個體的關係或相等關係（「晨星是昏星」）等等。有了這個視角，我們不僅可以看到哲學史發展的變化，因而理解為什麼可以從談「是」到不談「是」，也可以透過這種變化而看到哲學史的延續，因而不僅理解人們為什麼不再談「是」，而且也可以理解人們對「是」的一些新解，比如說，「是」乃是變數的值。語言帶有民族性特徵，它的語法結構只是句子的表面形式，因此如果一種邏輯帶有這樣的

導論

性質，勢必會有一定的局限性。一種哲學如果應用這樣的邏輯，則一定會展現這樣的特徵。現代邏輯使我們比較深刻地理解到這一點，從而使我們這些非西方人可以更好地理解西方哲學。

從邏輯的角度出發來理解西方哲學，我們還會清楚地看到為什麼分析哲學和語言哲學的核心概念是「真」，而傳統哲學的核心概念卻不是「真」。這也與它們使用的邏輯有直接的關係。透過對這種差異的思考我們還發現，傳統哲學雖然不是以「真」為核心概念，但是卻不是沒有對「真」的思考，尤其是在一些大哲學家那裡，對「真」的論述還很多。以亞里斯多德為例，他的哲學中除了有對「是」的論述之外，也有許多對「真」的論述，十分典型的是他認為「把哲學稱為關於真的知識也是正確的」[11]。連繫他說的哲學研究「是本身」，不是可以明顯地看到「是」與「真」的一種連繫嗎？當然，人們可以問，即使他有關於真的論述，即使他的論述表明「是」與「真」有密切的連繫，這是不是就展現了邏輯與哲學的連繫？這確實是一個問題。但是，如果我們有邏輯的意識，了解到邏輯與哲學有密切的關係，注意到可以有這樣一種從邏輯與哲學相連繫，來理解西方哲學的角度，就會重視和考慮亞里斯多德有關「真」的論述。在這種情況下，如果說在上述論述中邏輯與哲學的連繫還不十分明顯的話，那麼在他那段名言 ——「否定是的東西或肯定不是的東西就是假的，而肯定是的東西和否定不是的東西就是真的」[12] —— 中，邏輯和哲學的關係表現得還不充分嗎？這樣一來，我們至少可以看到，探討「真」其實是有邏輯思考的，儘管在傳統哲學中不是那樣明確。透過這樣的角度看哲學史，我們就可以看到，從亞里斯多德的哲學到

11　Aristoteles: *Metaphysik*, Buecher VII -XIV, griech. -Deutsch, in d. uebers. von Bonitz, H.; Neu bearb., mit Einl. u. Kommentar hrsg. von Seidl, H., Felix Meiner Verlag 1984, S.73.

12　Aristoteles: *Metaphysik*, Buecher I - VI, griech. -Deutsch, in d. uebers. von Bonitz, H.; neu bearb., mit Einl. u. Kommentar hrsg. von Seidl, H., Felix Meiner Verlag 1984, S.171.

分析哲學，雖然「是」的討論中斷了，但是「真」的討論卻是一直延續的。這會促使我們深入地思考西方哲學的許多問題。比如，這裡是不是有專門的語言方面的問題？如果有，怎麼樣？沒有，又怎麼樣？又比如，如果「是」的討論中斷了，而「真」的討論一直延續，那麼哲學中最核心、最普遍的問題究竟是「是」，還是「真」？這些問題本身無疑是非常複雜的，但是至少有一點是清楚的，即我們是透過對邏輯分析的理解看到這一點的。換句話說，邏輯的理解可以為我們開闢一條理解西方哲學的途徑，而且是貫通整個哲學史的理解途徑。

自弗雷格的《概念文字》（*Begriffsschrift*）發表之後，邏輯有了迅速的發展，人們稱這以後的邏輯為現代邏輯，而稱這之前的邏輯，即亞里斯多德邏輯以及以它為基礎而形成的邏輯為傳統邏輯。我們借用這一說法，把相應於現代邏輯以前的哲學稱為傳統哲學，把現代邏輯產生之後的哲學稱為現代哲學。這不是一種嚴格的說法，只是為了行文方便。

傳統哲學是現代邏輯產生之前的哲學，肯定不會受到現代邏輯的影響。因此，它的邏輯分析的特徵應該主要是亞里斯多德式的。即使這同一種特徵，其實也還是有區別的。如果仔細閱讀西方哲學史，我們就會發現，有一些著名哲學家同時也是邏輯學家，他們不僅有哲學著作，而且也有邏輯著作。這種現象在中世紀最為突出，有邏輯著作的哲學家非常多。哲學史上也有不少哲學家沒有邏輯著作。還有一些哲學家反對邏輯，最著名的是英國經驗主義的鼻祖培根（Bacon），他甚至命名他的著作為《新工具》（*Novum Organum*），向亞里斯多德邏輯提出了質疑和挑戰。看到哲學史上的這些現象，大概很容易想到，所謂邏輯分析一定是因人而異的。在那些有邏輯著作的哲學家那裡，邏輯分析可能會顯著一些，而在那些沒有邏輯著作的哲學家那裡，邏輯分析也許不會那麼明顯。我倒是認為這個問題不能一概而論，而

應該從文本出發進行具體的分析。這是因為，有邏輯著作的哲學家顯然對邏輯有學科意義上的考慮，但是沒有邏輯著作的哲學家未必就沒有這樣的認知。而且，有邏輯著作的哲學家對邏輯的認知不一定就正確，而沒有邏輯著作的哲學家也不見得對邏輯懷有錯誤的看法。即使對那些批評邏輯的人，也不能輕易地說他們對邏輯的認知不是學科意義上，或者他們的著作中沒有邏輯分析。比如培根，即使在他批評邏輯的時候，他的批評也不能是違反邏輯的。總之，這實際上是一個非常複雜的問題。

下面我們以亞里斯多德、康德、黑格爾、弗雷格、維根斯坦、達米特和戴維森為例，具體地說明什麼是邏輯分析，從而說明邏輯在傳統哲學中和現代哲學中所發揮的作用。然後我們以柏拉圖為例，說明在沒有邏輯的時候，人們在哲學研究中如何追求邏輯，如何向著邏輯的方向努力。透過對這些人的思想的探討，我們試圖說明邏輯作為一門學科的重要性。透過對邏輯所發揮作用的探討，透過對哲學家們的邏輯追求的分析，我們試圖說明，什麼是西方哲學中貫穿始終的東西。

第一章　亞里斯多德的《形上學》

　　亞里斯多德（Aristotle）不僅是邏輯的創始人，而且是形上學的開拓者。直觀上說，他開創了邏輯，並且認為邏輯是一切科學和證明的基礎，因而在他的形上學中，在他的分析論證過程中，不可能不使用邏輯。實際上，他確實使用了邏輯。比如，他在論證中經常談到三段論（推理），常常提到「中詞」、「大詞」等等。由於這些都是邏輯術語，因此理解這些討論無疑要連繫他的三段論。特別是他明確指出，應該在進入具體的學習之前就掌握邏輯，而不應該到了學習的時候再來研究邏輯。[01] 作為邏輯的開創者，而且又是如此明確倡導邏輯的人，我們確實沒有理由懷疑他使用邏輯。即便如此，真正說明他的邏輯在他的哲學中是如何發揮作用的，仍然需要具體分析他的著作。

　　在《形上學》（*Metaphysics*）第四卷，亞里斯多德明確地提出要研究「是」本身，他認為，這樣一種研究與任何所謂專門的研究都不同，因為它研究最普遍的東西。雖然他對這種研究與專門的研究進行了一些區別，但是在這一卷裡，他接下來卻集中探討了矛盾律及其相關的東西，包括排中律。直觀上就有一個問題：矛盾律及其相關問題的探討是不是研究「是」本身？

　　一般認為，亞里斯多德關於是本身的探討主要集中在實體（ousia）及其相關的問題上，而圍繞實體討論的七、八、九三卷，尤其是第七卷，則是《形上學》這部著作的核心。因此這裡就有兩個問題：亞里斯多德在探討實體之前為什麼要探討矛盾律？矛盾律的探討與實體的探討有什麼關係？當然，有了這兩個問題，自然就會產生另一個問題：矛盾律和實體的探討與研究是本身有什麼關係？下面我們分別論述這幾個問題。

01　參見 Aristoteles: *Metaphysik*, Buecher Ⅰ-Ⅵ, S.135；Aristotle: *The Works of Aristotle*, vol. Ⅷ, by Ross, W.D., Oxford 1954, 1005b。

關於矛盾律

矛盾律的表述是：一事物不能同時既是又不是。它表達的實際上是無矛盾律，而它所針對的看法是：同一事物可以既是又不是。亞里斯多德認為，矛盾律是「所有原理中最不可爭議的」[02]，不應該要求對這條原理進行證明，否則就是缺乏教育。亞里斯多德圍繞矛盾律進行了深入的探討，批評了當時許多違反矛盾律的錯誤看法。他想說明，違反矛盾律最終一定會導致矛盾。《形上學》整個第四卷幾乎都是關於矛盾律的討論，內容十分豐富，學者們對它的看法也不一樣。比如，羅斯（Ross）認為，亞里斯多德一開始關於矛盾律的討論可以分為七個論證，後來的討論則是基於這些論證[03]；盧卡希維茨（Lukasiewicz）認為，亞里斯多德關於矛盾律的討論既有本體論的論證和邏輯的論證，也有一些心理學的論證[04]；周禮全則認為，亞里斯多德關於矛盾律的討論有語義方面、邏輯方面、事實與實踐方面這樣三類論證[05]。儘管學者們的看法不盡相同，但是他們一般都認為亞里斯多德在這裡有邏輯的論證。當然，他們關於邏輯論證的看法並不完全一樣。但是這些觀點至少說明我們可以從邏輯的角度來考慮亞里斯多德關於矛盾律的論述。

理解亞里斯多德的有關論述，這些學者的研究成果很有幫助，他們提供的不同思考角度也令人深受啟發。但是我認為，更值得重視的是亞里斯多德

02　參見 Aristoteles: *Metaphysik*, Buecher Ⅰ - Ⅵ，S.139。

03　參見 Ross, W.D.: *Aristotle's Metaphysics, A Revised Text with Introduction and Commentary*, vol.I, Oxford 1924, p.261-272。又見汪子嵩等：《希臘哲學史》第 3 卷（人民出版社 2003 年版），該書按照羅斯的解釋比較詳細地闡述了亞里斯多德的這七個論證。

04　參見 Lukasiewicz, J.: *Ueber den Satz des Widerspruchs bei Aristoteles*, uebersetzt von Barski, J., in *Zur modernen Deutung der Aristotelischen Logik*, herausgegeben von Oeffenberger, N., Band V., Georg Olms Verlag 1993。

05　參見周禮全：〈亞里斯多德論矛盾律與排中律〉，載《周禮全集》，中國社會科學出版社 2000 年版，第 304-340 頁。

本人一開始的一些論述，這些論述屬於羅斯所劃分的七個論證中的第一個論證，也是這個論證的開始部分，它們與盧卡希維茨所說的邏輯的論證或周禮全所說的語義方面的論證相關。由於這些論述處於亞里斯多德論證的起點，因此對它們的理解有助於理解後面的論證乃至整個論述。下面讓我們看一看這些論述：

　　首先，「是」或「不是」這個詞有確切的含義，因而並非所有事物都會是如此並且不如此，這至少本身是真的。其次，如果「人」有一種含義，那麼這可以是「兩足動物」；所謂有一種含義，我是這樣理解的：如果「人」意謂某種東西，那麼某物若是人，則這某種東西就會是「是一個人」對這某物所意謂的。即使一個人要說一個詞有幾種含義，只要它們是數量有限的，就沒有什麼區別；因為對各個定義可能會賦予不同的詞。例如，我們可能會說「人」不是有一種含義，而是有幾種含義，其中的一種含義會有一個定義，即「兩足動物」，而如果數量有限，則可能還會有幾種其他含義；因為對各個定義可能會賦予一個專門的名字。然而，如果定義是沒有限制的，而且人們甚至要說這個詞有無窮多含義，那麼推理顯然就會是不可能的。因為不具有一種含義就是沒有任何含義，而如果詞沒有含義，我們相互之間的推理，且實際上我們自己的推理，也就都毀了。因為如果我們不考慮一個事物，那麼考慮任何事物就是不可能的；但是如果這是可能的，一個名字就會被賦予這個事物。

　　因此讓我們假定，一如剛開始所說，名字有含義並且有一種含義；如果由於我們不把「有一種意義」等同於「表示有關一個主體的某種東西」，因而「人」不僅表示有關一個主體的某種東西，而且有一種意義，那麼「是一個人」與「不是一個人」剛好應該有相同的含義，就是不可能的，因為根據這種假定，甚至「愛好音樂的」、「白的」和「人」都會有了一種意義，因

而所有事物都會有了一種意義；這是因為它們都會有了相同的意義。[06]

為了討論的方便，我把這一段引文的意思簡要分析為以下三點：

第一，「『是』或『不是』這個詞有確切的含義，因而並非所有事物都會是如此並且不如此，這至少本身是真的。」

第二，「如果『人』有一種含義，那麼這可以是『兩足動物』；所謂有一種含義，我是這樣理解的：如果『人』意謂某種東西，那麼某物若是人，則這某種東西就會是『是一個人』對這某物所意謂的。……如果詞沒有含義，我們相互之間的推理，而且實際上我們自己的推理，也就都毀了。」

第三，「因此讓我們假定，一如剛開始所說，名字有含義並且有一種含義；如果『人』不僅表示有關一個主體的某種東西，而且有一種意義，那麼『是一個人』與『不是一個人』就不可能剛好有相同的含義。」

這三點的意思十分明確。簡單地說，它們可以歸為三句話：第一，「是」和「不」這兩個詞有確切的含義，因此「是」和「不是」有確切的不同含義；第二，其他語詞，比如「人」，有確切的含義；第三，因此「是」或「不是」這個詞加上其他語詞，比如「是人」，或「不是人」，也有確切的不同含義。有了這明確的三點，因此不能說「一事物既是又不是」。比如，不能說「一事物既是人又不是人」。直觀上看，這是非常清楚的從語言層面上進行的說明，應該沒有什麼理解的問題。但是如果我們仔細分析一下，就可以看出，這裡的論述還是有區別的。

一種區別是，同樣是語言層面的說明，對「是」和「不是」的說明顯然比較簡單。「本身是真的」是非常明確的說明，沒有任何曲解的餘地，因此也就用不著解釋（也許正是因為可以這樣理解，英文把它翻譯為「顯然是真

---

06 Aristoteles: *Metaphysik*, Buecher Ⅰ-Ⅵ, SS.140-143; Aristotle: *The Works of Aristotle*, vol. Ⅷ, 1006a29-1006b15.

的」[07]）。也許正是由於用不著解釋，因此讀亞里斯多德的書，人們對這一點就沒有疑問。但是，既然是用不著解釋，為什麼亞里斯多德還要說它？而且還要把這個問題放在一開始就說？表面上看，這是因為它與矛盾律相關，因為它涉及矛盾律的表達方式，因此探討矛盾律，就不能不討論它。但是，如果我們想到，亞里斯多德討論矛盾律主要是針對那種「一事物既是又不是」的說法，即那種在他看來違反矛盾律的說法，似乎這個問題本身並不是用不著解釋的。因為「既是又不是」的說法與亞里斯多德的說明正好相反，因而這樣說的人大概不會贊同亞里斯多德的說法，也不會認為他的說法是用不著解釋的。所以我們要問：亞里斯多德的語言分析為什麼會導致在這樣一個好像並不是不用解釋的問題上斷言「本身是真的」？換言之，即使他認為這「本身是真的」，即用不著解釋，他的這種看法是從哪裡來的？

從字面上看，這裡可以有一種理解：亞里斯多德說得簡單是因為他認為「是」和「不是」這兩個詞本身在語言上就是沒有歧義的，因此不能說「一事物是如此又不是如此」。在這種意義上，似乎亞里斯多德僅僅是進行一種語言分析。但是，這樣一來，「本身是真的」這個斷言似乎就有問題。因為你可以有對「是」和「不是」的理解，別人也可以有對「是」和「不是」的理解，別人怎麼就不能說「一事物既是又不是」呢？而且許多人不也正是這樣說的嗎？

我認為，這裡的分析確實是語言層面的，但是它絕不是像語言層面所顯示的那樣簡單，因為它的背後是有非語言層面的東西支持的。這種非語言層面的東西就是邏輯。對於邏輯學家來說，「是」和「不是」是矛盾的，是就不能不是，不是就不能是。這是顯然的。這是二值邏輯的典型特徵，也是亞里斯多德邏輯的典型特徵。因此，「一事物既是又不是」肯定是假的，而它

07　參見 Aristotle: *The Works of Aristotle*, vol. Ⅷ , 1006a29；又見 Kirwan, C.: *Aristotle's Metaphysics, books Γ, Δ, and E*, tr.with notes, Oxford University Press 1971, p.9。

的否定，「並非一事物既是又不是」，就是真的。從這樣一種邏輯視野出發來看問題，把這樣的斷定看作「是」本身的特徵則是非常自然的。由此出發，對「是」和「不是」做出如上語言層面的分析也是自然的。前面我們說過，亞里斯多德認為研究形上學要具備邏輯的修養，不能臨時抱佛腳。因此理解亞里斯多德的這種語言分析，應該把它放在邏輯的背景下。這是因為，亞里斯多德在邏輯著作中，比如在〈解釋篇〉中，對「是」和「不是」已經有十分明確和詳細的論述，而這裡的討論只是基於那裡的研究成果，因此他用不著再多說什麼。

相比之下，對與「是」和「不是」不同的語詞的說明則要複雜一些：不僅解釋得更多，而且還是透過舉例來說明的。一般來說，對語詞的說明需要基於語言學知識，這方面亞里斯多德有什麼研究和理論，我們不是非常清楚。但是他的說明意圖卻是清楚的，即一個詞是有含義的。至於他的具體說明是不是清楚，則需要具體分析。這裡，我認為有兩點值得注意，一點是亞里斯多德以「人」為例，他給的解釋是「兩足動物」。這是亞里斯多德在形上學討論中經常使用的一個例子，也是希臘哲學家們經常討論的一個例子。另一點是他說的「所謂有一種含義，我是這樣理解的」。這裡的「理解」是亞里斯多德個人的，至少亞里斯多德認為是他個人的，因而它不是當時流行的，也不是他總結的前人的理解。[08] 因此這種理解就值得我們重視。下面我們就來看一看亞里斯多德的這種理解。

「人」是一個詞，有一種含義，即意謂某種東西，比如「兩足動物」，這是容易理解的，因為可以說「人是兩足動物」。在這一前提下，就有了「如果『人』意謂某種東西，那麼某物若是人，則這某種東西就會是『是一個人』對這某物所意謂的」這樣的理解。這句話不太好理解，它的意思是說：

08　這裡涉及亞里斯多德的研究和寫作方式，從《形上學》這樣的著作可以看出，他總是先闡述或綜述前人和已有的研究成果，然後才提出自己的看法。因此我認為，這裡所說的「我的理解」具有獨特性。

如果蘇格拉底是人，則可以說蘇格拉底是兩足動物。也就是說，由於「人」的含義是「兩足動物」，因此「兩足動物」可以意謂「人」所意謂的東西。不論亞里斯多德的解釋是不是有道理，這至少是一種解釋的方式，而且是他自己的。因此，我們理解亞里斯多德的解釋首先就要理解他的這種解釋方式。實際上，基於這種解釋方式，引文中其他的意思也是清楚的。比如，「理性動物」只是「人」的一種含義，因而「人」可以有許多含義，比如「愛好音樂的」、「白的」、「會文法的」等等，因而可以說「人是愛好音樂的」，「人是白的」，「人是會文法的」等等。但是這並不會影響以上的解釋，即在這些含義的前提下，如果蘇格拉底是人，則可以說蘇格拉底是愛好音樂的，蘇格拉底是白的，蘇格拉底是會文法的等等。按照這樣的理解，一個詞無論有多少含義其實也是沒有關係的，但是亞里斯多德要求一個詞的含義必須在數量上是有限的。這明顯是亞里斯多德對語詞含義本身的一種看法，即一個詞的含義不能是有無窮的。但是亞里斯多德的這種說明方式卻不是局限在語詞本身。他所說的「某物」其實是指任何東西，比如 x，與此相似，其各種不同含義也可以是不確定的東西，比如 F、G、H、I 等等。這樣一來，亞里斯多德的理解其實就是：在 G、H、I 等等是 F 的含義的前提下，如果 x 是 F，就可以說 x 是 G，x 是 H，x 是 I 等。由此可以看出，這樣的理解顯然不是語言層面的語詞含義的分析。這樣一種以「如果……那麼」方式的說明顯然也不是語言學家對語言含義的經驗分析。

　　亞里斯多德的這種說明與現代邏輯的理解十分相似，尤其是看到他說的「推理」，就更容易使人接受這樣的理解。因此如果按照現代邏輯來解釋，那麼不僅比較容易，而且也沒有太大不一致的地方。但是由於亞里斯多德並沒有形成現代邏輯意義上的量詞理論，因此儘管相像，我們也不能按照量詞理論的方式來解釋它。如此一來，我們就要問，為什麼亞里斯多德會有這樣的解釋？

　　我認為，雖然亞里斯多德的解釋不是依據現代邏輯，但是它同樣是依據邏輯，這就是他自己的邏輯理論。由於他的邏輯理論與現代邏輯也有相似之處，且現代邏輯比他的邏輯理論強，因此在他基於他自己的邏輯理論進行解釋的地方，基於現代邏輯來解釋也是可行的。正因為如此，以上解釋即使是基於現代邏輯，也不是沒有道理的。只不過在史學研究的意義上，我們還是應該看一看亞里斯多德本人的邏輯理論。

　　亞里斯多德主要有兩個邏輯理論，一個是〈論辯篇〉中的四謂詞理論，另一個是〈前分析篇〉中的三段論理論。上述討論所涉及的主要是他的四謂詞理論。根據這一理論，一個謂詞可以是主詞的定義、固有屬性、偶性。由於這一理論排除了個體詞做主詞，因此它的主詞也是類概念。如果把一個類看作種，那麼對這個類的表述就是屬。這樣一來，就有了種與屬的關係，比如屬顯然謂述種，而定義是屬加種差，謂述的也是種等等。[09] 對於種和屬的關係，亞里斯多德有非常詳細的論述。比如他認為，屬謂述種的本質範疇，如果某個屬謂述某個種，那麼這個屬本身和它的更高的屬都謂述這個種[10]，因為所有更高的屬都應該謂述這個種[11]。這顯然是論述了種和屬的一種關係，即如果「S 是 P」中的 S 是種，而 P 是屬，那麼凡是 P 的屬也是 S 的屬，因而也可以謂述 S。又比如，如果「P 是 Q」中的 Q 是 P 的屬，那麼它也是 S 的屬，因而可以說「S 是 Q」。但是在亞里斯多德論述屬和種的關係的時候，他常常把他論述的這種關係施用於個體詞，由此也說明他的邏輯理論可以應用於對個體詞的分析。比如他認為，個體分享種，也分享屬。[12] 這裡的意思顯然是說，如果 x 是種，那麼 x 也是屬。即在「S 是 P」的前提下，如果 x 是

09　參見亞里斯多德的〈論辯篇〉（Aristotle: *The Works of Aristotle*, vol. Ⅰ, by Ross, W.D.）；又見王路：《亞里斯多德的邏輯學說》。

10　Aristotle: *The Works of Aristotle*, vol. Ⅰ, 122a35-38.

11　同上書，122a6。

12　同上書，121a39。

S，那麼 x 是 P。又比如他認為，定義必然也謂述種和分享種的東西。[13] 這裡的意思也很清楚，對於「S 是 P」，如果 P 是定義，謂述 S，那麼 S 就是種，而在這種情況下，分享種的東西即「x 是 S」中的 x，也分享 P。也就是說，如果 x 是 S，那麼就一定可以說 x 是 P。具體到上述引文的說明，「人」與「兩足動物」正是種和屬的關係。

對照亞里斯多德在〈論辯篇〉的論述與上述引文就可以看出，它們是有區別的。在〈論辯篇〉中，亞里斯多德說的是「種」、「屬」、「定義」、「分享」等，而在上述引文中說的是「詞」、「含義」、「意謂」等等。但是經過以上分析，可以十分清楚地看出，這樣的區別也僅僅是表述方式的不同，而在這種不同的表述方式的背後隱藏著差不多完全一樣的論述思路和方式。因此可以認為，在《形上學》中，由於探討的東西不同，因此亞里斯多德從語言層面上進行了論述，但是這種論述所依據的是他的邏輯理論。

另一種區別是，對「是」和「不是」的說明更加明確，明確到說「是」或「不是」、「這個詞」，而對其他「詞」本身的說明並不是那樣明確，不明確到僅僅以「人」為例。表面上看，前一種說明是對「是」本身和「不」本身的說明，因為「不是」正是「不」和「是」相加的結果，而對其他語詞的說明只是圍繞著「是」來說的，而沒有涉及「不是」，即沒有涉及「不」。由此也就說明，上述第三點結論，即「是一個人」和「不是一個人」的區別，主要取決於「是」和「不是」，而不是取決於一般的語詞本身。在這種情況下似乎可以認為，亞里斯多德最主要的區別還是在「是」和「不是」上面，而像「人」這樣的概念則處於一個不是那麼重要的地位，因而可以理解，對於語詞本身含義的分析並不是那麼重要。

13　同上書，122b10。

　　我認為，這裡一定要結合亞里斯多德的邏輯來考慮。在亞里斯多德論述邏輯理論的時候，「是人」也是一個例子，不過這是〈解釋篇〉中常用的一個例子，而到了〈前分析篇〉中，它就不怎麼用了。這裡的區別是，在〈解釋篇〉中，亞里斯多德雖然探討了句子的基本形式，卻沒有使用字母變數，而在〈前分析篇〉中，他使用了字母變數。從字面上考慮，「是人」肯定是有含義的，但是從邏輯的角度考慮，這個問題就有些複雜。由於「是人」非常自明，因此雖然它本身有含義，但是亞里斯多德在使用它的時候，是不是要求考慮它本身的含義就是個問題。按照習慣，邏輯學家舉的例子總是非常自明的，目的是為了顯示例子所表現的句子或推理的句法結構。因此應該考慮，亞里斯多德用「人」是表達一個具體的概念，還是借助它那自明的含義表示一個概念變數？當然，這只是一個可以進一步思考和研究的問題。[14] 但是有一點卻是準確無誤的，這就是：「是」這個詞在亞里斯多德邏輯中卻是恆定的，即它是一個邏輯常項。從這種理解出發，無論有什麼歧義，至少有一點是清楚的：「是」的恆定作用是明白無誤的。在這種意義上，無論是把「人」當作一個確切的概念來理解，即理解「是人」本身的含義，還是不把它當作一個確切的概念來理解，即理解「如果 x 是人，那麼 x 是兩足動物」，都沒有什麼關係。因此，這些理解都是圍繞著如何理解「是」這個問題，因此說明亞里斯多德特別強調的是什麼東西。

　　根據以上解釋，亞里斯多德的其他論述和論證也是非常容易理解的。下面我們舉幾個例子來說明一下。

　　比如，在第四卷接下來的說明中，亞里斯多德指出，由於一事物不可能既是又不是相同的東西，因此說它是「人」和說它是「非人」乃是有歧義的。「這裡的問題主要不是在於，同一事物是不是能夠名義上同時既是一個

14　參見王路：《「是」與「真」── 形而上學的基石》，人民出版社 2003 年版，第 148-158 頁。

人又不是一個人，而在於，同一事物是不是能夠實際上同時既是一個人又不是一個人。」[15] 亞里斯多德還認為，這些說明也適合於說明「不是人」。既然「是白的」和「是人」已經是不同的了，那麼「是人」和「不是人」就意謂不同的東西。由於「不是人」與「人」是更對立的，因而「它一定更有理由意謂不同的東西」[16]。

　　我的問題是：在這一段說明中，「非人」是什麼意思？由於亞里斯多德的論述還涉及「不是人」，涉及與「白的」等語詞的比較，因此我們也應該把這兩個詞連繫起來看。首先可以問：「非人」究竟是指一個具體的語詞，還是泛指與「人」不同的語詞？這裡，我們其實又遇到與前面同樣的問題。如果它本身是一個具體的語詞，則說明古希臘人就是這樣說話的，即他們說「非人」。而如果它泛指與「人」不同的語詞，比如「白的」、「愛好音樂的」等等，則它具有一種表示詞項變數的作用。在這種意義上，亞里斯多德說的「是白的」則是「是非人」的一個具體實例。因此，「是非人」只是一種與「是人」不同的表述，它與「不是人」不同。由此亞里斯多德想說明，「是人」與「是非人」是不同的，但是「是人」與「不是人」是更不同的，即它們是對立的。

　　但是另一方面又可以問：難道「非」這個詞本身就沒有否定的含義嗎？換句話說，前面已經說過，亞里斯多德明確說明一個詞有確定的含義，因此「人」與「白的」肯定各自有確定的含義，它們的含義一般來說肯定是不同的。但是如果真說它們之間有反對甚至對立的關係，則似乎是有問題的。比如「人是白的」和「人是兩足動物」儘管表達的意思不同，卻很難說它們是對立的或反對的命題。這樣一來，上述理解就有了問題。因此，亞里斯多德這裡的說明和論述並不像看上去那樣簡單。

15　Aristotle: *The Works of Aristotle*, vol. Ⅲ, 1006b18-22.

16　同上書，1007a1-4。

我認為，這裡應該連繫亞里斯多德的邏輯思想來理解。在邏輯著作中，亞里斯多德稱加在名詞上的詞「不」或「非」為不定詞，他認為把「不」或「非」這樣的詞加到名詞上，會產生不定命題，比如「S 是非 P」。這裡，「非」是與「P」結合在一起的。從形式上看，這是一個與「S 是 P」一樣的肯定命題，而從內容上看，它又似乎是一個與「S 不是 P」一樣的否定命題。因此它自身是一個不確定的命題。這樣就會對探討命題之間的邏輯關係帶來問題。比如，使用不定命題來表達，會使所表達的屬性不確定，因而導致命題的分類失去唯一性，即不知道應該把「S 是非 P」看作肯定的還是否定的。又比如，由於不定命題常常只是表達偶性，因此不利於判定命題的真假。所以，亞里斯多德雖然探討了這類命題，但是最終在自己的邏輯系統中排除了這類命題。[17] 雖然在邏輯中經過討論最終可以排除像「S 是非 P」這樣的不定命題，但是由於它是一類表達方式，因此在形上學的討論中也是不能迴避的。但是，既然這裡討論的是相同的問題，因此那裡的思想同樣也是適用的。所以可以認為，一方面，「是人」與「是非人」是不同的，兩者具有相反的含義，而這種相反的含義是以「是」的方式展現的。另一方面，「是」與「不是」也是不同的，但是這種不同比前一種不同的力量更強，因為它表示的是一種根本的對立。由此可以看出，亞里斯多德實際上是進一步說明了「是」與「不是」的含義是明確的，強調的仍然是不能違反矛盾律。

又比如，亞里斯多德認為，「如果當肯定為真時否定為假，而且當否定為真時肯定為假，那麼就不可能同時真的肯定和否定同一事物。但是也許他們可能會說這就是有待解決的問題」[18]。這一段話非常短，沒有任何進一步的解釋。有學者認為它是亞里斯多德提出的七個論證之一。雖然簡要，但是在亞里斯多德邏輯的背景下，連繫前面說的三點，則沒有什麼理解的困難。

17　參見王路：《亞里斯多德的邏輯學說》，第 82-84 頁。

18　Aristotle: *The Works of Aristotle*, vol. Ⅲ , 1008a34-1008b2.

這裡實際上明確提出了斷定與否定、真與假的關係。之所以沒有進一步論證，乃是因為他在邏輯著作中已經有過明確的論述。根據他的看法，肯定命題是指某物對某物的肯定的斷定，而否定命題指某物對某物的否定的斷定。[19]因此這裡所謂的肯定是指說「是」，而所謂的否定是指說「不是」。在這種前提下，亞里斯多德的意思很明白，如果「是」是真的，「不是」就是假的，如果「不是」是真的，「是」就是假的。因此，所謂不能同時肯定和否定同一事物，乃是指不能說「一事物既是又不是」。

再比如，亞里斯多德在探討矛盾律的過程中談到了眾多古希臘流行的觀點，包括普羅達哥拉斯（Protagoras）、阿那克薩哥拉（Anaxagoras）、德謨克利特（Democritus）、赫拉克利特（Heraclitus）、克拉底魯（Cratylus）等人的觀點。僅以他關於普羅達哥拉斯的觀點的一些討論為例。亞里斯多德認為，普羅達哥拉斯的學說也是由於違反矛盾律而形成的。這是因為，從某方面來說，如果所有意見和現象都是真的，那麼所有陳述一定同時是真的和假的。因為許多人持有相互衝突的信念，並認為誰與他們的意見不同誰就是錯誤的。因此同一事物必然既是又不是。另一方面，如果同一事物既是又不是，那麼所有意見就一定是真的。因為那些錯的人和那些對的人在他們的意見中相互對立。這樣一來，如果現實如同有關觀點使人以為的那樣，那麼所有人的信念都將是對的。[20]

普羅達哥拉斯的學說以「人是衡量萬物的標準」聞名遐邇。簡單地說，人說什麼就是什麼，即世界的情況以人的認知而定。亞里斯多德的論證則是從「人是衡量萬物的標準」得出了「一事物既是又不是」，並從「一事物既是又不是」得出了「人是衡量萬物的標準」。從「人是衡量萬物的標準」出發可以得出，每一個人都以自己的觀點為準。但是，由於人們相互之間會有

19　Aristotle: *The Works of Aristotle*, vol. Ⅰ, 17a25-26.
20　Aristotle: *The Works of Aristotle*, vol. Ⅲ, 1009a7-15.

完全不同的意見和看法，因此他們這些不同觀點的陳述就會是不同的，即就會有些是真的，有些是假的，只不過他們各自認為自己的觀點是正確的，而別人的不同觀點是錯誤的。對同一事物，張三可能會認為是，李四可能會認為不是，因此結果就會是：一事物既是又不是。而從「一事物既是又不是」出發可以得出，假定這一情況是真的，那麼一定會有如下結果：對同一事物，「是」表述的觀點是真的，「不是」表述的觀點也是真的。這樣就形成了正確觀點與錯誤觀點的對立。但是由於現實是依人的看法而定的，所以所有人的信念都是對的，因此人是衡量萬物的標準。

還有，亞里斯多德認為「是」和「不是」是矛盾的陳述，而矛盾的陳述不能同時為真。他明確指出：

> 矛盾陳述之間不能有仲介物，我們必須對一個主項，不是肯定任一謂項，就是否定任一謂項。首先，如果我們定義真和假是什麼，那麼這一點是清楚的。說是者不是，或者不是者是，就是假的，而說是者是，不是者不是，就是真的；因而誰說任何事物是或不是，他就要說什麼是真的或什麼是假的；但是，是者和不是者都不被說成是或不是。[21]

這一段主要談論的是「是」與「真」的關係，因此談到「是」與「不是」，「真」與「假」是很自然的。但是值得注意的是它還清楚地談到「主項」和「謂項」、「肯定」和「否定」。前面我們已經說過亞里斯多德關於肯定和否定的論述，因此所需要考慮的只有「主項」和「謂項」。而在這一點上，「S 是 P」這樣一種表達方式和結構立即突現出來。這樣一來，亞里斯多德的幾層意思就十分清楚地表達出來。

第一，「S 是 P」是一種最基本的表達，其中，S 是主項，P 是謂項；S 是所要表達的東西，P 是對 S 的表達；P 的表達有兩種情況，一種情況是對

21　Aristotle: *The Works of Aristotle*, vol. III , 1011b25-30.

S 的肯定，即「S 是 P」，另一種情況是對 S 的否定，即「S 不是 P」。

　　第二，一個表達，即一個肯定或否定，或者說，一個肯定的斷定或一個否定的斷定，可能是真的，也可能是假的。因此，如果「S 是 P」是真的，那麼「S 不是 P」就是假的；如果「S 是 P」是假的，那麼「S 不是 P」就是真的；並且反之亦然。

　　第三，事物的實際情況是一回事，對事物情況的表達是另一回事。因此，如果事物的實際情況是「S 是 P」，而我們也認為「S 是 P」，那麼我們這種認知就是真的；但是如果我們認為「S 不是 P」，那麼我們這種認知就是假的。如果事物的實際情況是「S 不是 P」，而我們也認為「S 不是 P」，那麼我們這種認知就是真的；但是，如果我們認為「S 是 P」，那麼我們這種認知就是假的。

　　亞里斯多德雖然沒有像我們這樣以「S 是 P」這種方式，而是以「說是者是」或「說是者不是」這種方式來論述，但是在他的邏輯背景下，連繫他在前面關於「是」和「不是」的說明，再連繫他這裡所說的「主項」和「謂項」、「肯定」和「否定」、「真」和「假」，看出以上三層意思是沒有什麼困難的。第一層是句法的層面，第二層是語義的層面，這兩層都屬於邏輯的考慮。而第三層則是形上學的層面，即它要說明什麼是「真」。由此也可以看出，亞里斯多德關於什麼是「真」這個形上學的探討依賴於邏輯。因此，理解亞里斯多德邏輯，對我們理解他這裡的哲學思想是有幫助的。

　　從以上論述可以看出，亞里斯多德在討論矛盾律的過程中，首先確定了「是」的含義，因此我也強調要重視對亞里斯多德關於「是」的論述和理解，並且強調要在他的邏輯的背景下來理解。亞里斯多德首先確定它的定義，簡單地說，因為這是討論的起點。我強調要重視它，則沒有這麼簡單。因為我認為，這裡不僅涉及對亞里斯多德關於矛盾律的論述的理解，而且涉

及對亞里斯多德整個形上學思想的理解。因此需要多說幾句。

直觀上可以問：為什麼亞里斯多德的討論要從確定「是」這個詞的含義開始？從《形上學》這部著作來看，亞里斯多德考慮它的表述方式的地方非常多。比如他在第四卷明確地說，「一事物可以在許多種意義上被說成『是』」[22]；在第五卷中也說，「事物被說成『是』，可以在偶性的意義上，也可以依其自身」[23]；而在第七卷中又說，「正如我們在本書前面論述詞的各種意義時指出的那樣，在好幾種意義上，人們都可以說一事物『是』」[24]。在這麼多地方，不斷重複論述這同一個問題，可以說明亞里斯多德非常重視這個「是」。但是如果仔細分析一下，還可以看出，這些論述說明「是」乃是一種表達方式。當然，「是」的意義絕不在於它僅僅是一種表達方式。因為從語言的角度說，它是希臘語中一種普遍的表達方式，可以在不同的意義上進行表述，而從邏輯的角度說，它是「S 是 P」這種最基本的句子結構中最核心的要素，導致與推理的有效性相關，因而與命題的真假相關。因此，明確它的含義，不僅涉及有關它的表述，而且涉及與它的表述相關的一系列問題，其中最主要的就是「真」的問題。因此可以說，亞里斯多德非常重視「是」的表達方式。

我們就可以進一步問：為什麼亞里斯多德會重視「是」的這種表達方式？在我看來，這裡可能有兩個原因。一個原因是比較明顯的。既然提出要研究「是本身」，怎麼能不重視「是」的表達方式呢？如果連「是」的含義都不清楚，哪裡還談得上研究「是」本身呢？另一個原因需要一些分析。由於「是」乃是「S 是 P」中的核心要素，因而是亞里斯多德邏輯中的核心要素，而邏輯又是研究形上學必須要具備的修養，因此必須重視邏輯在形上學

22　Aristotle: *The Works of Aristotle*, vol. III , 1003a33.

23　同上書，1017a7。

24　同上書，1028a10。

研究中的作用。在這種意義上，重視「是」的表述也就是重視邏輯，重視這種研究哲學的視野和方法。無論明顯還是不明顯，經過以上對亞里斯多德關於矛盾律的討論的分析，這兩個原因還是可以看得非常清楚的：他討論問題的方式，區別出的問題的層次，或隱含的所討論的問題，剛好都說明了這兩個原因。

確認過以上兩點之後，仍然可以再問：既然確定「是」的含義與理解矛盾律相關，因而與討論「是」本身相關，那麼矛盾律的討論與是本身的討論有什麼關係呢？此外，矛盾律的討論又與第七卷討論的實體有什麼關係呢？

關於實體

亞里斯多德在第七（八和九）卷中聚焦於探討了實體的問題。學者們一般都認為這是《形上學》最核心的部分。下面我著重探討亞里斯多德在第七卷的一些論述。

正如在討論亞里斯多德有關矛盾律的論述時那樣，這裡我依然非常強調亞里斯多德在一開始，即其第一章對實體的論述。我認為，這些論述不僅有助於我們理解他後面的論述，而且有助於理解他整個形上學思想。亞里斯多德說：

正如我們在本書前面論述詞的各種意義時指出的那樣，在好幾種意義上，人們都可以說某事物「是」什麼；因為在某種意義上，所謂的「是」乃是所是者或這東西，而在另一種意義上，它意謂質或量，或者其他像它們一樣做謂述的東西。由於「是」有所有這些含義，顯然「是」者最主要乃是那表示事物實體的所是者。因為當我們談到某事物是什麼質的時候，我們說它是好的或壞的，而不說它長度是三肘長或它是一個人；但是當我們說它是什麼的時候，我們不說「白的」、「熱的」或「三肘長」，而說「一個人」或「一個神」。所有其他東

西被稱為是，乃是因為它們有些是這種第一意義上是者的量，有些是它的質，還有一些是它的屬性，還有一些是它的其他屬性。……只有透過是其所是，有上述規定的東西才是是者。由此可以得出，那種是第一性是者——不僅是特定意義上的是者，而且是絕對的是者——的東西就是實體。

現今，「第一性」是在討論關於實體的許多意義時，最常被採用的。然而，從各方面來說，實體本身就具備第一性，無論是根據定義，還是根據人們的認知。因為沒有任何東西能夠與其他種類的定性分離；只有實體可以做到這一點。因此實體根據定義是第一性的。因為在定義中必須包含著實體本身的定義。而且我們認為，當我們知道某種事物是什麼，比如人是什麼，火是什麼，而不是僅僅知道它的質，它的量，或它的地點的時候，我們才算是真正理解它。因為我們只有知道量或質是什麼，才能知道這些事物的性質。這個早就提出並且至今仍在被討論，被學者提及，總是使人充滿疑問的問題，即「是者是什麼？」這個問題討論的實體是什麼？關於這個問題，有人說是一，有人說是多；有人說是有限的，有人說是無限的。因此我們必須將其優先於其他邏輯問題，仔細、詳盡地思考：有一種東西，它是這種意義上的是者。而這種東西究竟是什麼？[25]

為了討論的方便，我同樣把這段話分成如下三點：

第一，「是」表示「所是者」[26] 和「這東西」，在這種意義上，它表示實體；「是」在另一種意義上表示質、量或其他謂述方式。

第二，真正認知一事物，就是知道它的實體，即知道它是什麼。

第三，「是者是什麼？」這個問題正是「實體是什麼？」

---

25 Aristoteles: *Metaphysik*, Buecher VII -XIV, SS.2-7; Aristotle: *The Works of Aristotle*, vol. VIII, 1028a10-1028b8.

26 對於亞里斯多德這裡所說的「ti esti」，有人主張翻譯為「是什麼」，我認為這個翻譯也很好，而且我曾經詳細討論過這個問題（參見王路：《「是」與「真」——形而上學的基石》，第 145-148 頁）。這裡採用「所是者」，主要是為了與一般的「是」即「是什麼」相區別。

　　直觀上看，這三點是相互連繫的，因此形成了一個比較清晰的思路。由於在「是」的諸種含義中「所是者」是主要的，而對我們的認知來說，這種含義也是最重要的，因此我們就要考察這種含義。當然，用亞里斯多德的話來說，「是」的這種含義就是實體，因此他要考察的是實體。反過來考慮也是一樣：他要考察實體，因為實體對我們的認知最重要，而且它也是「是」所表達的一種主要含義。但是如果我們仔細思考一下，還是會發現問題的。

　　首先是一個最直觀的問題，即亞里斯多德要從對「是」本身的思考轉到對「實體」的思考。這樣就有一個問題，形上學的核心概念究竟是「是」本身，還是實體？必須看到，雖然亞里斯多德在這裡從是本身轉到實體，由此往後開始討論實體，因而關於實體的討論可以說是他的形上學的核心內容，專家們一般也認同這一點，但是他的形上學的核心問題卻是「是」本身，而不是實體。儘管亞里斯多德這裡認為人們關於實體的看法不一致，因而需要探討實體是什麼，但是這並不意味著形上學主要是研究實體的學說。從字面上看，亞里斯多德在第四卷明確地說形上學研究是本身，而在第七卷這裡，他把關於是的問題歸為關於實體的問題，似乎實體比是本身乃是更根本的問題。在這種意義上，難道不能說探討實體與探討是本身就是一回事嗎？我認為，理解上述引文的思路對於回答這個問題大概是有幫助的。

　　前面我把這一思路分為三點。現在可以解釋一下它們。簡單地說，第一點是關於「是」的事實描述，第二點是關於強調實體的理由，第三點是轉向實體。比較而言，理由的主觀性多些，而事實描述的客觀性多些。因此我們先看第一點。

　　在這第一點上可以看到，一方面，「是」乃是一種表述方式，「說一事物是」和「作謂述的東西」顯然都表明了這一點。另一方面，「是」又具有表述的含義，而且不止有一種含義，「所是者」、質、量等則是這方面的說明。由此可見，實體僅是從「是」的表述含義方面引申出來的東西，而且僅

是它的諸種含義中的一種含義，儘管是一種主要的含義。看到這些，就可以明白，實體與是本身還是有很大區別的。探討實體乃是在是本身這一主題下的具體研究，它可以是探討是本身的一種方式或角度，但是它絕不等同於探討是本身。

雖然「是」有諸種含義，但是亞里斯多德認為實體是其最主要的含義，因為這對我們的認知來說最為重要。這種看法符合他關於智慧層次的區分，即要考慮那種最高的智慧。從認知的角度說，這就是「最完全的知道」。從他的具體說明來看，「這是人」，即實體的表述，比「這是白的」，即質的表述，是更完全的認知。這樣就為他轉而研究實體提供了理由。應該說，這些看法雖然是他自己的，是主觀的，卻也不是沒有道理的。無論我們是不是同意他的觀點，至少我們在這第二點上沒有什麼理解的問題。

有了這樣一個開場白，經過第二章綜述了一些關於實體的不同看法，亞里斯多德從第三章開始了對實體的討論。他首先說：

> 實體一詞即使沒有更多的含義，至少也適用於四種主要對象；因為是其所是和普遍的東西，以及屬於被看作是各事物的實體，第四還有基質。[27]

這段話的意思比較明確，沒有什麼理解的問題。它說明實體主要在四種意義上理解：是其所是，普遍的東西，屬和基質。至於說這四種東西是什麼，則有待以後討論說明。而對它們的說明是否清楚，則更是以後的問題。重要的是這裡指明了一個討論方向，因此對實體的討論可以是非常具體的，幾個方面也是清楚的。實際上，亞里斯多德關於實體的討論正是圍繞這四個問題展開的，區別不過是在有的問題上討論得多一些，有的問題上討論得少一些；有些地方的討論清晰一些，而有些地方的討論不是那麼清晰。

27　Aristoteles: *Metaphysik*, Buecher Ⅶ-ⅩⅣ, S.7; Aristotle: *The Works of Aristotle*, vol. Ⅷ , 1028b32-35.

　　對亞里斯多德有關實體的論述，人們有許多不同的解釋和看法。其中主要問題之一是關於第一段引文中「這東西」的理解。

　　羅斯（William David Ross）認為，「所是者」（ti esti）與「這東西」（tode ti）這兩個短語說明了亞里斯多德實體學說有兩個方面。「所是者」乃是某物的所是者，即對「是什麼？」這個問題的回答；「而『這東西』（this）不是任何事物的這東西；它不過是個個體」[28]。這種觀點在西方比較普遍，比如德文譯本甚至直接把它翻譯為「Einzelnes」（Dieses-da）[29]。基於這種看法，把「這東西」理解為「個體」的為多。我們學界一般贊同這種觀點，有人甚至延伸其意義，認為「每一『這某物』的存在是一件直接的、不經判斷與表述的事實，眾多的『這某物』就構成人所面對的這個世界。……亞里斯多德實體論的初衷亦是精要即在於此」[30]。

　　「這東西」（tode ti）的個體解釋主要基於兩點，一點是根據希臘語的語法，另一點是連繫〈範疇篇〉。根據語法，「tode」是一個具有很強指示代詞意義的詞，也可以被看作是一個指示代詞，「ti」是一個不定代詞。兩者結合起來表示一個不確定的個體。特別是在有的地方，亞里斯多德還談到「toionde」及其與「tode ti」的區別，前者指普遍的，意思是「這樣的」，或「這類的」，與「這東西」形成對照。[31] 因此英文的「this」和德文的「Dieses-da」的翻譯都是沒錯的，不僅從字面上反映了這個短語的希臘文語法，而且也可以反映出這個短語所表達的意思。在這種意義上，中文翻譯「這東西」或「這某物」也大致相當。

28　Ross, W.D.: *Aristotle's Metaphysics, A Revised Text with Introduction and Commentary*, Vol. 2, Oxford 1924, p.159.

29　參見 Aristoteles: *Metaphysik*, Buecher VII -XIV, S.7。

30　顏一：〈實體（ousia）是什麼？——從術語解析看亞里斯多德的實體論〉，《世界哲學》2002 年第 2 期，第 74 頁。

31　參見汪子嵩等著：《希臘哲學史》第 3 卷，第 727-728 頁。

根據〈範疇篇〉，亞里斯多德區別出第一實體和第二實體，第一實體是個體東西，第二實體是種和屬，即類。而且他明確地說，第一實體是「最真的、第一性的和最確定的意義」的實體[32] 連繫《形上學》對「基質」的說明，即「其他所有事物都謂述它，而它本身不謂述其他任何事物」[33]，正符合〈範疇篇〉對第一實體的說明。這說明亞里斯多德對實體的考慮依然延續了〈範疇篇〉的考慮。因此，如果把亞里斯多德這裡說的「所是者」和「這東西」理解為類和個體，則符合亞里斯多德在〈範疇篇〉中關於第一實體和第二實體的區分，也比較符合常識。

這樣的翻譯和理解不僅符合希臘文的語法，而且也符合亞里斯多德在〈範疇篇〉的相關論述，同時也展現了亞里斯多德思想的延續和發展，因此似乎很有道理。但是它卻對人們理解亞里斯多德在《形上學》中的論述造成很大麻煩，因為基於這種個體實體的理解，亞里斯多德有關實體的許多論述，比如關於本質的論述、關於定義的論述、關於普遍的東西的論述等等，都是有問題的。對於這樣的問題，不少人認為這是因為亞里斯多德本人在許多地方說得不清楚，有人懷疑亞里斯多德是否始終能夠控制住有關實體這兩個對立的方面，他是否始終能夠使它們協調一致[34]，有人則乾脆認為亞里斯多德在《形上學》中存在著個體和普遍的雙重矛盾[35]。在我看來，這裡的問題其實並不在亞里斯多德本人，主要還是在於對亞里斯多德的理解。為了討論的方便，我把所有這些問題簡單地歸結為一個問題：亞里斯多德所說的實體究竟是一個種類，還是一種個體？

32　參見 Aristotle: *The Works of Aristotle*, vol. Ⅰ, 2a12-18。

33　Aristoteles: *Metaphysik*, Buecher Ⅶ-ⅩⅣ, S.9.

34　參見 Frede, M./Patzig, G., C.H., *Aristoteles "Metaphysik Z," Text, uebers.u.Kommentar*, Beck'sche Verlagsbuchhandlung, Muenchen 1988, Band Ⅱ, S.12-13

35　參見汪子嵩等著：《希臘哲學史》第 3 卷，第 728 頁。

帕茲希認為[36]，有關第一實體和第二實體這樣的解釋包含著一些偏見。「這些偏見可能看上去是很自然的，但是在亞里斯多德 Z 卷的解釋過程中卻證明是錯誤的。」[37] 根據他的看法，當人們說「蘇格拉底是一個人」的時候，實際上是說蘇格拉底是什麼。這裡蘇格拉底被歸為某種普遍的東西，即「是人」這種性質，無論這是不是涉及本質，涉及某種普遍的東西卻是肯定的。亞里斯多德絕不懷疑，像「人」這樣的謂詞表達式能夠作普遍理解。因此「蘇格拉底是一個人」這個句子使人理解到，什麼樣的形式和什麼樣的質料構成了蘇格拉底。但是亞里斯多德似乎懷疑這類句子其實並未完全解釋清楚「蘇格拉底」的意義，即蘇格拉底的實體。當人們說出蘇格拉底是一個人的時候，人們是在談論一個確定的、個體的人，即在他身上可以看到所有我們歸於蘇格拉底的情況。這樣一來，如果只以普遍的方式表達他，比如說他是一個人，那麼這並沒有表達出所談論的這個確定的個體的人，因為「是一個人」並不能涉及蘇格拉底這個特定的個體。因此，像蘇格拉底這樣一個「事物是我們在經驗中遇到的只有與所有情況一起才形成的一個複合對象。但是只要這個對象包括所有的情況，它就不是這個事物本身，即不是實體。實體只是這個複雜對象的實體，但是這個複雜對象的實體不過是這個事物本身」[38]。因此，對於「蘇格拉底是一個人」這個句子不僅可以有兩種理解。一種理解是：它以「人」這個謂詞表達式表示某種普遍的東西，如果這個句子是真的，那麼蘇格拉底與這種東西一定有某種關係。另一種理解是：它以「人」這個表達，甚至是以一種普遍的方式，表示一種確定的個體事物，這個個體事物是經驗對象原本所是的那個東西。

36　參見 Frede, M./Patzig，G., C.H., *Aristoteles "Metaphysik Z," Band* II , S.12-15。

37　同上書，第 12 頁。

38　同上書，第 13-14 頁。

我認為，帕茲希的看法是有道理的。而他之所以有道理，主要在於他把「所是者」和「這東西」都看作是謂詞表述。也就是說，他是在謂詞表述的意義上理解亞里斯多德有關實體的這一區別。在他看來，亞里斯多德「把這種表達某種東西的形式表達為一種『這東西』，因而表達為個體的東西」[39]，因此亞里斯多德這裡似乎認為，「謂詞表達式也能夠表達個體的東西，比如形式」[40]）。這就說明，按照帕茲希的解釋，「所是者」乃是亞里斯多德論述中最核心的東西。而我剛好認為，「是什麼」乃是形上學的出發點，也是亞里斯多德考慮的出發點。從這樣一種看法出發，就可以在對「是什麼」這一問題的回答的基礎上理解實體。因為「蘇格拉底是一個人」乃是對「蘇格拉底是什麼？」這一問題的回答。而這樣的問題顯然與「人是什麼？」這樣的問題不同，因而這樣的回答也與「人是理性動物」這樣的回答有區別。因此也可以說，「是什麼」這一表述可以表達兩種不同的情況。用亞里斯多德的話說，一種情況是「所是者」，這是關於類的表述；另一種情況是「這東西」，這是關於個體的表述。

有了這種區別，其實可以看出，這樣的考慮依然是與第一實體和第二實體的區別相關的，因為它們雖然都屬於謂述，但是顯然一方與類相關，而另一方與個體相關。有了這樣的區別，還可以看出，亞里斯多德在《形上學》中的許多論述就比較容易理解，比如第七卷第八章的論述：一個具體的鐵球是一個球，但是，這個具體的鐵球可以形成和消亡，而它所是的球卻不受形成和消亡的制約。因此，一個具體的鐵球是某種確定的個體的東西，而它所是的那個球本身卻是所有球共同的東西，而這正是那具體的鐵球所是的那東西或實體，更嚴格地說，它的形式。因此「這是一個球」中的「球」是與形

39　Frede, M. /Patzig, G., C. H., *Aristoteles "Metaphysik Z," Band* Ⅱ , S.14.
40　同上。

式連繫在一起的。有了這種區別，還可以看出，儘管「蘇格拉底是一個人」這個句子中的「人」說明一事物的什麼，但是它並不指示某種普遍的東西，而是指示某個特殊的實體，它說的方式是普遍的，但是要說明的卻是個體，這種以普遍的方式對個體所表達的也是實體，因為它正是蘇格拉底這個對象原本所是的東西。

儘管如此，「所是者」與「這東西」畢竟不同。它們各自似乎是清楚的，但是只要我們考慮它們之間的區別，似乎總會覺得有些不太清楚的地方。比如，為什麼一般來說「所是者」是清楚的，而問題總是出在「這東西」上呢？如果說「這東西」對於理解實體最為重要，為什麼探討它的篇幅不如探討「所是者」多呢？在探討實體的四種用法中，為什麼似乎其中三種都是關於「所是者」的，而只有一種是關於「這東西」的呢？尤其是，若想給它們一個解釋，並且使這種解釋不僅能夠在《形上學》中行得通，而且也符合亞里斯多德的其他著作，比如〈範疇篇〉，則還是有不少問題的。在我看來，以往的解釋有一個缺陷，就是忽略了亞里斯多德的邏輯思想以及他對邏輯的強調。我這樣說並不是指它們根本就不考慮亞里斯多德邏輯，因為在一些地方它們也談到亞里斯多德邏輯，並且結合它來分析他的思想。我的意思是說，既然亞里斯多德認為邏輯是探討形上學必須具備的修養，那麼理解他的形上學思想的過程中就應該把他的邏輯作為一種前提，因此應該把他的邏輯的理解貫徹始終。在這種意義上，亞里斯多德邏輯為我們理解他的形上學思想提供了一個視角，甚至開闢了一條思路。

前面我們說過，亞里斯多德邏輯的核心句式是「S 是 P」。這種句式突出了「是」這個邏輯常項，因而使他的邏輯與他的形上學至少從字面上連繫起來，因為他的形上學要研究「是本身」。正如在前面引文所看到的，對「是本身」的論述正是從「是」開始的，而「所是者」和「這東西」正是「是」

的一類意義。但是，邏輯與形上學的連繫絕不應該僅僅停留在字面上。因為僅僅做這種字面的理解，尚無法令人滿意地回答以上問題。因此我們還要進行更深入的考慮。

前面我曾經把亞里斯多德關於實體的那段話分為三點，其中第一點說明，「是」在一種意義上表示「所是者」和「這東西」，在另一種意義上表示質、量或其他謂述方式。由於前一種意義說的是實體，而又說出兩種實體，即「所是者」和「這東西」，因此為人們理解實體帶來麻煩。但是在我看來，造成這種麻煩的主要原因之一是忽略了對亞里斯多德邏輯的考慮。

抽象地說，「S 是 P」這種句式明顯表現出一種主謂結構。其中「是 P」是對主項的表述。由此出發，「所是者」和「這東西」都是容易理解的，因為它們都可以是「是 P」或具有「是 P」這種形式。但是，如果把「這東西」理解為個體，就不能把它理解「是 P」，因為在亞里斯多德那裡，個體詞只能做主詞，不能做謂詞。所以，我們必須把它理解為對個體的表述。具體地說，亞里斯多德是在探討人們談論「說一事物是」的方式，並且把這樣的說明明確地表達為「做謂述的東西」，因此只能在「是 P」的意義上理解「所是者」和「這東西」。這樣一來，「這東西」就是對個體的表述，而不是個體。當然，人們也可以認為，對個體的表述也是個體，不過那是另外的問題了。因為即使它是個體，它也是「是 P」這種意義上的或是以「是 P」這種形式所展現的個體的東西。

由於亞里斯多德在上述引文中區別出兩種意義上的「是」，即除了「所是者」和「這東西」外，還有質、量等等，並且只在對後一種意義的說明中說到「做謂述的東西」，因此能不能認為後一種意義上的東西是在「是 P」的意義上理解的，而「所是者」和「這東西」不是在「是 P」的意義上理解的呢？我認為，這樣理解大概是不行的。一是亞里斯多德沒有這樣明確的說

明；二是從他的論述來看他顯然是在談「是 P」這樣的東西；三是無論注釋家對「這東西」有什麼不同的理解，對「所是者」的理解卻大致相同，一般都把它理解為本質或類似於本質這樣的東西。因此，我們應該把亞里斯多德區分的這兩種意義都理解為「是 P」這種意義的東西。

有人可能會認為，即便如此，也不能脫離文本來考慮。而從文本來看，亞里斯多德這裡兩種意義的分類顯然是一種範疇分類，第一類是實體，第二類是非實體，比如質、量等等。在這種情況下，當然應該連繫亞里斯多德在〈範疇篇〉中關於範疇的論述，於是第一實體和第二實體的區別不僅順理成章，而且也是非常自然的。因此，「這東西」肯定是個體。這樣的考慮似乎是有道理的，這樣的連繫也是應該的。只是由於這樣的考慮不夠深入，這樣的連繫也不夠廣泛，因而這裡得出的結論是有問題的。

亞里斯多德區分出可以在兩種意義上說「一事物是」，確實與他關於範疇的論述相關。他在〈範疇篇〉區別出第一實體和第二實體也是事實。但是應該看到，他在〈論辯篇〉也有關於範疇的論述，而且論述得更詳細。如果我們對照文本來看，就會看出，他在〈論辯篇〉的論述與《形上學》這裡的論述更為接近。首先，在亞里斯多德的著作中，談到範疇的地方很多，但是完整談到範疇分類的地方共有兩處，一處是在〈範疇篇〉，另一處是在〈論辯篇〉。[41] 因此，連繫亞里斯多德關於範疇的論述，不應該只考慮前者，而不考慮後者。其次，從亞里斯多德的研究來看，而且近年來亞里斯多德的研究者趨於認為，〈論辯篇〉是亞里斯多德關於範疇論述的更重要的著作。[42] 因此，忽略〈論辯篇〉中關於範疇的論述來理解亞里斯多德有關範疇的思想，無論如何是不應該的。第三，在〈論辯篇〉中，亞里斯多德論述了「S 是 P」

41　我曾詳細討論過〈範疇篇〉和〈論辯篇〉中範疇分類的不同。參見王路：《亞里斯多德的邏輯學說》，第 37-46 頁；《「是」與「真」──形而上學的基石》，第 159-165 頁。

42　參見同上。

這樣的句式中，謂項 P 對主項 S 的表述關係分為四種，即定義、固有屬性、屬和種差。在此基礎上他說，這樣的謂述也可以表達為十種範疇，即所是者（本質）、量、質、關係、地點等等。這樣的範疇分類顯然是在「是 P」這種意義上說的。它與《形上學》這裡所說的「說一事物是」的意思正好相符。第四，這裡十個範疇的第一個是「所是者」（本質），它與《形上學》所說的「所是者」完全一樣，而〈範疇篇〉中所說的十個範疇中的第一個範疇是「實體」。因此，理解亞里斯多德在《形上學》這裡所說的「是什麼」，當然應該連繫〈論辯篇〉。綜上所述，既然連繫亞里斯多德關於範疇的論述，就應該考慮〈論辯篇〉，至少不應該把它排除在外。而只要連繫〈論辯篇〉來考慮，「所是者」就是一種謂述，即以「是 P」來展現的。這一點清楚了，對於「這東西」的理解也就清楚了。由於「這東西」與「所是者」並列，因此「這東西」也應該是一種謂述，即以「是 P」來展現的。

　　但是，既然看到「所是者」與「這東西」有根本性的區別，那麼能不能認為前者是在「是 P」意義上說的，後者卻不是這樣的呢？確實，如果可以這樣來理解，那麼以上關於個體的理解似乎就不會有什麼問題。但是，如果這樣理解，就會產生另一個問題：這樣的理解實際上是認為，亞里斯多德的論述有問題，因為他把以「是 P」所展現的「所是者」與不是以「是 P」所展現的「這東西」放在了一起，也就是說，他混淆了不應該在「是 P」意義上談論的東西與應該在「是 P」意義上談論的東西。我不認為亞里斯多德的所有論述都非常嚴謹，我也不認為他的著作中沒有任何矛盾之處。但是我認為，對於像亞里斯多德這樣一位邏輯大師，我們首先應該從符合邏輯、嚴謹一致的角度去考慮。而在這裡，嚴謹一致的考慮顯然是把「這東西」理解為「是 P」這種意義上的東西。至於這樣的理解行不行，有什麼問題，則需要沿著這條思路去考慮。我們絕不能從一開始就按照一種含糊不清的認知來考慮。

在這種情況下，即把「這東西」與「所是者」放在同等位置上，我們就需要考慮，究竟還有些什麼問題？直觀上說，僅僅從「是 P」這種形式並不容易區別出「所是者」和「這東西」。只是根據希臘語語法，「這東西」表達的是個體的東西，因而才形成與「所是者」的根本區別。因此可以理解，前者是關於類的表述，後者是關於個體的表述。但是如果深入思考，我們還會看出，亞里斯多德邏輯是一種類邏輯，它排除了個體詞做主項。[43] 就是說，在他的邏輯中，「S 是 P」中的主項 S 和謂項 P 都是類概念，因此從他的邏輯來看，只能考慮「所是者」，而不能考慮「這東西」，因為後者所表達的主項是個體詞。這樣的疑問是顯然的，也是有道理的。這就是說，一方面，根據亞里斯多德邏輯來理解，我們應該把「所是者」和「這東西」都看作謂述表達；而根據語法則區別出了前者是關於類的表達，後者是關於個體的表達。另一方面，同樣是根據亞里斯多德邏輯來理解，「所是者」可以是謂述表達，而「這東西」卻不能是謂述表達。這樣一來，同樣是根據亞里斯多德邏輯來理解，不僅「這東西」與「所是者」的區別可能會出問題，而且這裡似乎還會得出自相矛盾的結論。這樣的解釋不是會很有問題嗎？

我認為，邏輯本身可以是一種理論，同時也可以是一種方法。作為一種邏輯理論，亞里斯多德邏輯說明了類與類之間的一些關係，因而為人們理解這些關係提供了基礎。比如在「S 是 P」中，P 包含 S，或者，P 可以表達 S 的本質，也可以表達 S 的偶性等等。因此，無論是表達本質還是表達偶性，被表達的東西，即 S，都是類，而不是個體。但是在亞里斯多德看來，這樣一種關於類的理論並不是不可以應用到個體上的。他的許多論述表明，他認為這一理論是完全可以用於個體的，比如前面我們曾經說過，他認為，由於屬說明種，因此如果種說明個體，則屬也說明個體；個體分享種，也分享屬

43　參見 Aristotle: *The Works of Aristotle*, vol. Ⅰ, 43a20-43b；王路：《亞里斯多德的邏輯學說》，第136-141 頁。

等等。因此，我們不應該低估邏輯在亞里斯多德眼中的作用，而且還應該看到，在亞里斯多德那裡，理論的方面和理論的應用還是比較清楚的。

　　具體到《形上學》第七卷這裡，亞里斯多德肯定不是在論述邏輯，而是在探討哲學，因此他的討論不會局限在類與類。從字面上說，「所是者」和「這東西」這一論述大致表明這一點。因為前者雖然沒有明確表明是關於類的，但是後者所表達的主項顯然不是類，而是個體。在這種意義上，「所是者」是與它相對的，因此可以看作是關於類的。如果連繫亞里斯多德關於範疇的論述，那麼如上所述，這裡的討論是從「S 是 P」的角度出發的，因此「所是者」是關於類的。但是由於這裡的考慮超出邏輯的範圍，因此也要考慮主項不是類而是個體的情況，因此就有了與「所是者」相對的「這東西」。這樣一來，亞里斯多德關於「所是者」的探討就可以連繫亞里斯多德的邏輯理論來考慮，而他關於「這東西」的探討似乎就不能依據他的邏輯理論來考慮。但是由於他明確地有關於邏輯理論的論述，也有關於邏輯理論的應用的論述，而且在應用中，他明確地說到可以把關於類的一些考慮應用到個體，因此在這種意義上，也可以連繫他的邏輯來考慮「這東西」。最主要的，連繫邏輯來考慮，就可以看出，雖然可以考慮「這東西」，即超出邏輯的範圍，但是最主要的，還是要考慮「所是者」。這與亞里斯多德的論述正好相符：比如在他有關實體的四種用法的說明中，有三種用法是關於類的，即是其所是、普遍的東西和屬，而只有一種用法是關於個體的，即基質。

　　有了上述考慮，我們至少可以肯定一點，亞里斯多德仍然是在圍繞著「S 是 P」來考慮。在這樣的日常表達中，可以有關於類的表述，即「所是者」，也可以有關於個體的表述，即「這東西」。而這兩種不同的表述都是與「是什麼」這一核心問題最直接相關的。提出這一區別，旨在說明，雖然主項不同，但是在「是 P」的意義上謂項是相同的。但是正是由於主項不

同，因而謂項在「是 P」的具體謂述中也會有所區別。因此，指出這種區別不僅應該，而且也正是討論實體所需要的。

綜上所述，亞里斯多德提出的「所是者」與「這東西」是關於實體的區別，而且前者是關於類的，後者是關於個體的。看到這一點是重要的，也是應該的。但是更應該看到，這樣的區別是在謂述意義上的，即是對「是 P」的區別。下面我們根據這樣的理解，因循這種區別，進一步討論亞里斯多德關於實體的論述。

在上述引文中，引出是其所是、普遍的東西、屬和基質的方式本身就表明，亞里斯多德對這四種東西有一個區分，前三種東西是一起說的，並且明確地說它們都被看作是事物的實體，而第四種是單獨說的。這顯然說明基質與前三種東西不同。更引人注目的是，亞里斯多德接著就在這一章（第三章）論述了基質，而對其他幾種東西則分別在隨後諸章中展開討論，這也大致說明，基質與其他幾種東西不同，而且討論的重點並不在基質。這裡，我們也可以認為，基質是關於個體的，而是其所是、普遍的東西和屬是關於類的。下面，我們就從類和個體的角度來討論亞里斯多德關於實體的論述。

在關於類的三類實體中，首先需要說明的乃是「是其所是」。它也是亞里斯多德首先說明的。是其所是乃是關於類的，而不是關於個體的。所謂是其所是，西方文獻中有翻譯為「本質」的，也有翻譯為「如此是」的[44]，意思主要是說，本該是什麼就是什麼，用亞里斯多德的話說，就是「依你的實質而是的東西」或「依自身而是的東西」[45]。但是在我看來，值得注意和重視的卻是亞里斯多德談論它的方式。在他看來，一事物只有有定義，才會有

44　例如參見《形上學》的英譯本（*The Works of Aristotle*, vol. Ⅷ, ed.by Ross）和德譯本（*Aristoteles: Metaphysik*, Buecher Ⅶ-ⅩⅣ）。我也曾詳細討論過這個術語的翻譯，其中涉及苗力田先生的看法，因為採用「是其所是」這個譯名是他的建議。參見王路：《「是」與「真」── 形而上學的基石》，第 142-145 頁。

45　Aristoteles: *Metaphysik*, Buecher Ⅶ-ⅩⅣ, S.13.

是其所是；凡不是一個屬的種的東西就不會有是其所是，只有種才會有是其所是。[46] 這是在討論是其所是開始不久就提出的論述，非常明確，沒有什麼歧義，因此很容易理解。它說明兩點，一點是種有是其所是，因此是其所是適用於種，而種顯然不是個體，而是類。另一點是亞里斯多德引入了「定義」，有定義的才會有是其所是，這樣就從字面上讓人理解：定義和是其所是乃是差不多相同的東西。由此也就說明，他要透過定義來說明是其所是。

　　前面我們曾經說過理解亞里斯多德關於實體的論述的思路：他首先提出要研究是本身，但是把是本身的問題轉化為實體的問題，隨後又把實體的問題具體化為是其所是、普遍的東西、屬和基質這樣四個問題。現在我們看到，他在探討是其所是的時候反覆談到定義，他似乎是想透過定義來說明是其所是。在前面的引文中我們也看到他談到定義。而且無論是在前面的引文中，還是在具體的討論中，對於什麼是定義沒有進行解釋。這樣談論定義的方式給人一種感覺，究竟什麼是定義乃是顯然的。我認為，這樣的思路和說明是清楚的，也是有道理的。因為它展現了一種論述方式：以清楚的東西說明不太清楚的東西。在這樣的說明過程中，可以把最清楚的不需要說明的東西看作是基礎的東西，由此出發來說明想要說明的東西，如同在關於「是」的含義的說明中，亞里斯多德認為矛盾律是最基本的原理一樣。當然，如果在對定義的討論中還會看到用來說明定義的東西，我們就可以認為還有比定義更為基礎的東西。但是在我看來，在亞里斯多德關於實體的四種用法的討論中，定義是自明的東西，是不需要解釋的。這個思路說明，定義在亞里斯多德的論述中具有十分重要的作用。

　　透過定義來說明，許多問題是顯然的。比如，亞里斯多德提出的一種主要定義是屬加種差，因此透過定義來進行探討，就可以說明為什麼是其所是

46　參見同上書，第 15 頁。

乃是實體。因為定義所要說明的乃是一事物的所是者。屬可以對種進行歸類，種差可以對種在屬下的性質進行規定，從而使它與屬下的其他種得到區別，因而說它是什麼，即說明它的本質。這樣就透過定義說明了一事物的是其所是，即它的本質。

又比如，由於種屬於屬，屬是對種的說明，由於種是類，而不是個體，因此也可以說明，屬是關於類的，而不是關於個體的。此外，由於屬和種差還有區別，因此屬還不是定義。也就是說，僅有屬，並不能說明一事物的所是者，即不能說明一事物的本質。透過與定義的比較也就說明，同樣是說明實體，屬和是其所是還是有區別的。

再比如，普遍的東西是實體，因為它可以出現在是其所是之中。但是它不是定義，因此它不能以是其所是實體那樣的方式是實體，也就是說，它不是以屬加種差的方式來表示實體。比如說人是動物。動物是普遍的東西，出現在人中，表示是人的實體，但是僅憑動物還不能說明人是什麼，因為沒有種差，說明不了本質。透過與定義的比較，說明了普遍的東西為什麼是實體。

當然，以上說明並不是沒有問題的，比如屬和普遍的東西的區別似乎就不是那樣清楚。但是圍繞著定義進行討論，就有許多資源可以利用，比如屬、種差等等，這樣就可以逐步說明所討論的實體。問題是這樣的說明畢竟只適用於類，而不適用於個體。當涉及個體的時候又該如何解釋呢？

我認為，仍然可以因循上述方法來思考。對類的說明確實不適合對個體的說明。因此，定義不適合個體，所以是其所是也不適合於個體，普遍的東西和屬也不適合於個體。但是這只是在實體的意義上，即它們無法說明一個個體的所是者。而具體到對個體究竟是什麼的表達，以上思考並不是沒有用的。比如說「蘇格拉底是人」。這顯然是一個非常自然的表達，而且是一個關於一個個體的表達。直觀上看，由於個體不能定義，因此「人」不能是定義，而且即使對人有再多的修飾和說明，也不會是定義，比如「蘇格拉底是

白淨的、有教養的人」。由於屬是對種的說明，因此無論怎樣理解，「人」也不是屬。「是人」就沒有說明蘇格拉底的「所是者」。但是，儘管可以說「人」不是定義、不是屬，卻無論如何也不能說「人」不是普遍的東西，因為可以說蘇格拉底是人、柏拉圖是人、亞里斯多德是人等等。但是，由於這裡說的「人」不能說明蘇格拉底這樣的個體，因此，亞里斯多德才會說，普遍的東西不是實體；任何共同的謂詞都不表示一個這東西，而表述一個這樣的東西。[47] 因此，「人」並不能使我們理解蘇格拉底，一定還有其他東西。也就是說，在「人」下，還要有很多限制說明，這些限制說明要足以使我們知道所說的是蘇格拉底。

正是在這裡，亞里斯多德關於形式和質料的區別獲得了極其重要的意義。一個個體是一個可感覺物。「這東西」則是對這樣的可感覺物的說明。「tode」指明所描述的唯一對象，「ti」表示我們可感覺到的能夠說明該個體的所有東西。比如，對於蘇格拉底這樣一個個體，「ti」就應該表示「人」以及「人」下所有這樣的限制說明。不過，這畢竟僅僅是一種語言表達形式，一種謂述形式。究竟「這東西」是什麼，仍然需要具體的說明。這樣的說明就是引入「基質」，而對基質的闡述實際上是依據形式和質料的區別。一個個體可感覺物是什麼？它是一個形式和質料的複合構成物。在這種複合構成中，它的形式是它本來所應該是的東西，它的質料是展現出它的形式的東西。因此，它的形式總是在先的。以這樣的形式和質料的複合構成，我們可以說明一個可感覺物到底是什麼，因而也可以認知一個可感覺物到底是什麼。透過這樣的說明，亞里斯多德說明了「這東西」這種意義上的實體。

由此我們就可以理解，為什麼亞里斯多德說基質是質料、形式以及形式和質料的複合體，並且還說，形式先於質料，並且先於形式和質料的複合

47　Aristoteles: *Metaphysik*, Buecher VII -XIV, SS.61-62.

體。因為一個個體，或者說一個可感覺物，是由諸多成分構成的一個複合體。這也就是為什麼我在前面贊同帕茲希的解釋的原因。因為，在實體的意義上，即使是對一個個體的說明，也需要有普遍的東西，比如在對蘇格拉底是什麼的說明中，就需要「人」這樣的普遍的東西。因為這是他原本所是的東西，只不過只有這樣的東西還不夠，還需要有其他一些東西。問題是，在對定義的說明中，可以明確地說需要屬加種差，透過屬和種差，我們可以理解所說明的對象。但是關於個體，卻無法說明除了這普遍的東西外，還需要一些什麼東西。這正是類與個體的一個重大區別。質料雖然會對我們的理解上帶來一些問題，但是畢竟提供了一種解釋。此外，正因為形式具有普遍性，因此亞里斯多德不僅在論述基質的時候談論形式，而且在談論所是者的時候，在談論普遍的東西的時候，也會談論形式。正因為這樣，形式在他的形上學論述中是一個非常重要的概念。有了以上的認知，我們可以說亞里斯多德說的「這東西」意思是清楚的，他對這東西的許多論述也是清楚的。但是在我看來，最清楚的大概還是他關於個體的表述和類的表述的區別。

　　從以上區別可以看出，在亞里斯多德看來，「是什麼」乃是最基本的表述。由於其主項有類與個體的不同，因此謂項表述就會不同，分為「所是者」和「這東西」。但是，無論如何，實體仍然是關於「是什麼」的最根本的考慮。因為無論是問一個類「是什麼？」還是問一個個體「是什麼？」最重要的回答都是要說明它是什麼，最完滿的認知都是要認知它是什麼。這樣的認知和說明就是對實體的說明。只是由於所說明的個體和類的差異造成了說明的不同，就是說，同樣是實體，卻是有一些差異的，因為類的是什麼與個體的是什麼乃是不同的。

是本身

　　以上討論了亞里斯多德關於矛盾律和實體的論述。一般來說，研究實體屬於研究是本身，這是沒有什麼疑問的，有疑問的只是關於矛盾律的討論。因為人們一般認為，這一部分屬於邏輯，而不屬於哲學。比如在傳統邏輯教科書中，關於思維規律的論述就包含對矛盾律和排中律的論述。從這種看法出發，就會產生一個問題：為什麼亞里斯多德提出探討是本身，卻先論述了矛盾律，然後論述了實體？我認為，探討這個問題是有意義的。因為透過回答這個問題我們可以進一步思考：亞里斯多德所說的是本身究竟是什麼？還可以思考：邏輯與哲學有什麼樣的關係？或者至少在亞里斯多德這裡它們是一種什麼關係？

　　最簡單的回答是：關於矛盾律的論述和關於實體的論述，乃是研究是本身的兩個不同的部分。矛盾律是公理或原理，是對所有「是」都適用的。因此談論是本身，也要討論矛盾律等公理或原理。這一點從亞里斯多德自己的論述中可以看得非常清楚。人們一般認為，亞里斯多德借用數學中「公理」一詞指矛盾律和排中律，他認為研究公理和研究實體都屬於「是本身」這門學問。[48] 這種看法大致不錯。但是亞里斯多德只是借用數學公理做類比，說研究數學中的所謂公理和研究實體「屬於同一門科學，而且是哲學家的科學」，「研究推理的原理也屬於哲學家」[49]。亞里斯多德實際上是從數學的公理過渡到推理的原理。正是在這樣的原理中，亞里斯多德指出，最可靠的原理是「不能發生誤解的」、「既是最為知曉的，又是非假設的」[50]。而這條原理就是矛盾律。因此，無論是從用語上，還是從說明上，亞里斯多德對矛盾律的論述與數學公理的論述還是有區別的。

48　參見汪子嵩等：《希臘哲學史》，第 3 卷，第 700 頁。

49　Aristoteles: *Metaphysik*, Buecher Ⅰ - Ⅵ, S.135.

50　參見同上書，第 136 頁。

　　我認為，亞里斯多德稱矛盾律為原理，並稱它為推理的原理，而沒有把它混同於數學公理，這一區別是非常重要的。由於是本身乃是最普遍的，因此屬於它的研究也應該是最普遍的。雖然數學家不會談論數學公理的真假，數學公理畢竟屬於數學。無論數學多麼抽象而普遍，它終究局限於數學這門學科，因而不是最普遍的。因此若是借用數學的公理來說明矛盾律，對於說明是本身的普遍性大概多少還是會有一些問題的。在古希臘，除了像畢達哥拉斯學派認為數學是最普遍的之外，許多人也不懷疑數學的普遍性。亞里斯多德本人則認為數學、物理學與可稱之為神學的東西是理論科學，但是這些還不是最普遍的。在亞里斯多德看來，物理學不是最普遍的，數學中有一部分不是最普遍的，比如幾何學和天文學，有一部分是普遍適用的，比如普通數學。亞里斯多德對數學的看法可能與當時的學科分類有關。但是既然他提出研究是本身，並且說明這種「是」不屬於哪一門具體的學科，而是最普遍的，那麼只要以數學來進行說明，就會多少存在上述疑問，即它是不是最普遍的？即使亞里斯多德沒有這樣的疑問，我們今天也會有這樣的疑問。亞里斯多德的上述區別說明他可能認為在一定程度上可以把數學看作是普遍的，所以對數學公理的普遍性的論述有些模糊。但是從第一哲學的層次上，在最普遍的程度上，他對矛盾律論述卻沒有這樣的問題。

　　我強調這裡的區別，更為重要的是我認為，在亞里斯多德看來，研究推理的原理屬於哲學家，因而推理的原理乃是最普遍的。雖然如此，仍然會有一個問題。由於亞里斯多德是借用數學做了類別，因此可以問：若是可以把數學理解為一門具體的科學，那麼推理不也是一門具體的學科嗎？如果數學不是普遍的，難道推理會具有普遍性嗎？

　　在亞里斯多德以前，邏輯還沒有作為一門獨立的學科出現，也沒有「邏輯」這個名稱。亞里斯多德創立了邏輯這門學科，但是他稱這樣的東西為

「分析」，稱這樣研究的對象為「推理」（三段論）[51]。他認為，我們透過證明獲得知識，而所謂證明就是產生科學知識的推理。[52] 他沒有像弗雷格那樣明確地說「數學與邏輯比其他學科與邏輯的連繫更為緊密；因為數學家的全部活動幾乎都是進行推理」[53]，但是他以數學來類比邏輯，可見他不是沒有這樣的認知的。他沒有把邏輯與數學、物理學等學科並列，而是說從事哲學研究時就應該掌握它。可見他把邏輯看作是哲學研究的方式或基礎。因此從學科的意義上講，邏輯和數學無疑是一樣的，即可以說它們都是具體的學科。這樣就需要思考，邏輯的性質是什麼？為什麼亞里斯多德要考慮邏輯？為什麼他要借助數學公理的類比來考慮邏輯的原理？

亞里斯多德認為邏輯是研究推理的，即研究一種從前提到結論的推論關係「A ⊢ B」，這種關係具有「必然地得出」的性質。[54] 由於這種關係是純形式的，因此具有普遍性。亞里斯多德認為，這種研究能夠提供一種方法，有了這種方法，「我們就將能夠對我們提出的每一個問題，從普遍接受的意見出發進行推理，而且當我們面對一個論證的時候，我們也將能夠避免說出自相矛盾的話」[55]。這裡所說的「每一個問題」和「一個論證」都是沒有確切所指的，因而也具有普遍性。這就說明，邏輯這門學科的研究是具有普遍性的。因此，雖然亞里斯多德對於邏輯與數學的關係沒有明確的說明，但是由於他認為數學具有一定的普遍性，而從他對邏輯的說明來看，邏輯研究推理，這樣的研究也有普遍性，因此在普遍性這一點上，它與數學有相似之

51　亞里斯多德使用的「推理」一詞是「syllogismus」。我們一般把它翻譯為「三段論」。在不講三段論的格與式的地方，德譯文一般都譯為「推理」，英譯文則有時譯為「推理」，而在講三段論的格與式的地方，英譯文一般保留這個詞原形，而有些德譯文仍然譯為「推理」。關於這個術語，我曾經進行過詳細討論。參見王路：《亞里斯多德的邏輯學說》。

52　參見 Aristotle: *The Works of Aristotle*, vol. Ⅰ, 71b16-19。

53　弗雷格：《弗雷格哲學論著選輯》，王路譯，王炳文校，商務印書館 1994 年版，第 225 頁。

54　參見王路：《邏輯的觀念》。

55　Aristotle: *The Works of Aristotle*, vol. Ⅰ, 100a18-22.

處。此外，我們看到，他認為數學中有一部分不是普遍的，我們卻看不到他認為邏輯有什麼地方不具有普遍性，因而我們無法判定，在他看來，究竟是數學更普遍還是邏輯更普遍。但是我們至少可以肯定，邏輯肯定是一門具有普遍性的學科，因為推理不僅在任何學科、包括數學都要使用，而且在日常表達和一般辯論中也是需要用到的。因此，亞里斯多德探討推論的原理，從普遍性這一點上來說，與是本身的研究無疑是一致的。矛盾律本身是不是邏輯的原理，當然是可以討論的。但是亞里斯多德認為它是。既然邏輯具有普遍性，而矛盾律這樣的原理又是邏輯的原理，因此自然也具有普遍性。在這種意義上，探討它與探討最普遍的是本身也是一致的。

除了普遍性這一點以外，矛盾律與實體還有字面上的連繫。前面說過，實體是亞里斯多德在研究「是什麼」的時候提出的，提出實體是為了把研究「是什麼」轉化為研究「實體」。因此，實體是研究「是什麼」的方式或思路。而就「是什麼」來說，它的提出來自人們說「一事物是如此這般」。由於人們所說的「是」乃是有不同的意義，而「是什麼」是其最主要的意義，因此需要考慮它。這就說明，實體首先是與人們說一事物是什麼的這種謂述方式相關的。因此，實體首先是與一種表述方式相關的。矛盾律說的是：一事物不能既是又不是。這正是關於表述方式的。因此在與表述方式相關這一點上，矛盾律與實體正是一致的。

具體一些說，「一事物是什麼」的表述有不同的意義。因此探討是本身就需要說明，這些不同的意義是什麼。矛盾律說明，「是」這個詞本身的意思是確定的，因此，如果一事物是什麼，它就不能不是什麼。矛盾律的討論不僅規定了「是」的含義和用法，說明了「是」本身的意思是清楚的，而且展現了一種外延的、二值的邏輯原則。它揭示了我們一般的判斷活動的性質，也符合這樣的判斷活動，因此適合於對「是什麼」這樣的表達的說明。但是，這只是「是什麼」這樣的表達的一個方面。從另一個方面看，「是」

的意思仍然是不清楚的，因為它可以表達本質的東西和偶性的東西，因而有「所是者」和「這東西」與質、量、關係等範疇的區別。而經過這樣的區別，亞里斯多德告訴我們，在這些東西中，最重要的是認知「是什麼」。因為只有認知了一事物是什麼，我們才真正知道了一事物。同樣，由於是者的不同，即表達主體的不同，表達也會不同。比如，如果主體是類，那麼表達就是「所是者」，如果主體是個體，表達就是「這東西」。而對於質、量等其他範疇，則沒有這樣的區別。

從亞里斯多德的論述也可以看出，形上學的核心是有層次的。「是本身」是最核心的東西。它是抽象的，而圍繞它所討論的兩個方面 —— 矛盾律和實體 —— 卻是具體的，因為矛盾律和實體都有明確的內容。

就矛盾律而言，它本身是抽象的。在「一事物不能既是又不是」中，「一事物」沒有確切的所指，「是」也沒有確切的內容，僅僅展現了一種形式，因此它所表達的是一條具有普遍性的原理。但是矛盾律所適用的對象卻是具體的。任何違反這條原理的認知和表述都是錯誤的。比如，人們不能說，「人既是動物又不是動物」，「人既是白人又不是白人」等等。

就實體而言，它本身也是抽象的。因為「所是者」和「這東西」都沒有確切的所指，沒有固定的內容，因而也具有一定的普遍性。但是它們所適用的對象卻是具體的。比如，「理性動物」可以是「人」的「所是者」，「那位寫出《工具論》的人」可以是「亞里斯多德」的「這東西」。而且對實體的探討也是具體的。比如，與實體相比，是其所是、普遍的東西、屬和基質都是具體的。

同樣，在關於類的討論中，定義本身是抽象的，因而具有普遍的適用性。但是一方面，定義的探討是具體的，因為屬和種差是具體的，它們構成了定義。這樣就有了對屬的說明和對種差的說明。另一方面，定義所適用的類也是具體的，比如對「人」、「動物」等等事物雖然都以屬加種差的方式

來定義，而且最終都能夠得到它們的「所是者」，但是它們的屬和種差卻是不同的。

而在關於個體的討論中，基質本身是抽象的，因而具有普遍的適用性。但是一方面，形式和質量的討論是具體的，由此說明形式是什麼，為什麼形式先於質料，也先於形式和質料複合構成的東西。另一方面，基質所適用的個體也是具體的。比如蘇格拉底和眼前的這個鐵球就是不同的個體。

亞里斯多德實際上是透過具體的東西論述了抽象的東西。用他自己的話說，則是用比較明白的說明不太明白的東西。當然，亞里斯多德的討論絕不是那樣簡單，還包含許多豐富的內容，比如對於普遍的東西和屬的探討，比如對於生成和毀滅的探討，對於現實與潛能的探討等等。但是我認為，以上描述勾勒出亞里斯多德探討「是本身」的思路和方式。最為主要的是，以上描述說明，亞里斯多德關於矛盾律和實體的論述，構成了他關於「是本身」討論的兩個非常重要的，也是非常主要的方面。而且在許多地方，尤其在圍繞著「是」這一點上，這兩個方面是完全一致的。

以上分析可以表明我的一種看法，即亞里斯多德把邏輯看作是與數學類似的，把矛盾律這樣的邏輯原理看作是與數學公理類似的，因此似乎並沒有把邏輯看作與形上學是一體的。但是從史學的角度出發，人們仍然可以追問：亞里斯多德究竟是認為邏輯與形上學是一體的，還是認為邏輯是單獨一門學問？因為由於當時術語的使用、學科的分類等一系列問題，亞里斯多德畢竟沒有非常明確地把邏輯與形上學區分開來。此外，從今天的觀點看，可以把有關邏輯原理的探討稱之為邏輯哲學，但是邏輯哲學究竟屬於邏輯還是屬於哲學，人們是有不同看法的。[56] 在這種意義上說，亞里斯多德論述中的模糊又有一定的道理，因此史學的研究確實還是有很大空間的。

56　參見王路：《關於邏輯哲學的幾點思考》，《中國社會科學》2003 年第 3 期。

　　撇開史學研究的考慮，我們則可以清楚地看到，在亞里斯多德關於是本身的討論中，邏輯與形上學有非常密切的連繫。因為無論是從字面上還是從具體的內容上，無論是對矛盾律的探討還是對實體的探討，邏輯的視野、邏輯的理論、邏輯的分析展現得非常充分。可以說，亞里斯多德的《形上學》乃是運用邏輯的理論和方法進行哲學研究的一個典範。

　　分析亞里斯多德形上學中所運用的邏輯理論與方法，不僅具有史學的意義，而且主要目的之一還是為了更好地理解亞里斯多德的形上學。我認為，以上分析表明，亞里斯多德形上學的核心思想「是本身」乃是「S 是 P」中的那個「是」。這是人們談論的「一事物是如此這般」的最基本的表述，也是人們認知的基本表述。它是亞里斯多德對古希臘哲學家認識世界與自身的總結與概括。無論人們問世界的本源是什麼，無論人們如何回答，比如說它是水，它是火等，也無論人們詢問和闡述什麼是正義，什麼是美德等等，超出了其研究的專門領域，達到了最為普遍的層次，即所謂第一哲學的層次，這就是問「一事物是什麼？」就是回答「一事物是如此這般的」。亞里斯多德的獨到之處不僅在於提出這樣的問題，而且在於提供了具體討論的思路。在這種具體討論的過程中，不僅有語言層面的分析，而且有實際思辨的討論，但是貫徹始終的則是邏輯方法的應用。這是因為，「是本身」這一問題是最為普遍的，不是屬於某一具體學科，因而無法借用具體學科的具體手段來探討。但是為了保證討論的可行性和有效性，亞里斯多德借用邏輯理論和方法，並且要求人們必須符合邏輯的基本原理。正是在這一討論中，我們看到了邏輯與哲學的關係，邏輯對哲學的作用的深層含義。正是透過邏輯與哲學這種密切的連繫，我們也更加清楚地看到，亞里斯多德的形上學乃是一種最為廣泛的知識論意義上的東西。

第二章　康德的《純粹理性批判》

　　康德（Kant）是著名哲學家，他在哲學史上占有十分重要的地位，他的《純粹理性批判》（*Kritik der reinen Vernunft*）是劃時代的哲學著作。康德也曾多次開過邏輯講座，後來收入全集中的邏輯講義或筆記也有好幾篇[01]，而且他還出版過《邏輯學講義》。此外，即使在他的哲學著作《純粹理性批判》中，也有關於邏輯的探討，他還提出了普遍邏輯、先驗邏輯等一些新概念。有趣的是，邏輯學家一般不太重視康德的邏輯著作和有關邏輯的論述。雖然也有個別邏輯史著作論述他的先驗邏輯[02]，但是一般的邏輯史著作並不認為他的先驗邏輯是邏輯[03]。有人對它的評價極高，認為康德提出先驗邏輯可以看作是邏輯發展史上的一個里程碑[04]，也有人認為康德的先驗邏輯相當於先驗哲學[05]。這裡，我不準備評價康德在邏輯史上的地位，也不想評價他對邏輯發展所產生的作用和影響。在我看來，無論怎樣評價，至少有一點是清楚的，在康德的著作和思想中，邏輯與哲學的連繫是十分密切的。

　　眾所周知，《純粹理性批判》是哲學史上一部劃時代的著作，影響深遠。「先驗邏輯」是這部著作中一個非常重要的概念，圍繞它的討論構成了該書主要的也是非常重要的一部分。而且，「先驗邏輯」這一概念也對後來的哲學家，尤其是對黑格爾等許多哲學家產生了十分重大的影響。因此探討康德的先驗邏輯本身絕不是一件沒有意義的事情。圍繞這一概念的探討，可以比較清楚地看出，在康德的思想中，邏輯與哲學具有什麼樣的

01　按照楊一之先生的說法，康德在從教 41 年中，共講授邏輯 28 次，編入全集的邏輯文獻達 7 種。參見他寫的「代譯序」（康德：《邏輯學講義》，許景行譯，楊一之校，商務印書館 1991 年版）。此外，有人說康德從 1765 年開始講授邏輯（參見康德：《邏輯學講義》，編者前言），也有人明確地說，康德從 1755 年開始講授邏輯（參見 Kant:*Kant's gesammelte Schriften*, Band XXIV, zweite haelfte, Walter de Gruyter&Co., Berlin, 1966, Einleitung, S.955）。

02　參見 Dumitriu，A:*History of Logic*, tr.by Zamfirescu, D./Giuraneanu, D./Doneaud, D., Abacus Press 1977。

03　例如參見 Bochenski, I.M.: *A History of Formal Logic*, University of Notre Dame Press, 1961；威廉・尼爾：《邏輯學的發展》，張家龍、洪漢鼎譯，商務印書館 1985 年版。

04　參見楊祖陶、鄧曉芒：《康德：純粹理性批判指要》，湖南教育出版社 1996 年版，第 114 頁

05　參見梁志學：〈略論先驗邏輯到思辨邏輯的發展〉，《雲南大學學報》2004 年第 4 期，第 4 頁。

關係。所以，圍繞本書的目的，我們不僅集中討論邏輯與哲學在康德思想中的關係，而且重點考慮康德有關先驗邏輯的論述。

基本框架和範疇表

粗略地說，《純粹理性批判》主要是由「先驗要素論」和「先驗方法論」這樣兩個部分構成。「先驗要素論」是該書的主體，約占全書的六分之五。這一部分又由「先驗感覺論」和「先驗邏輯」構成，而前者只有二十幾頁。從這樣一個框架可以看得十分清楚，「先驗邏輯」是《純粹理性批判》的主體，也是最主要、最核心的部分。

具體到「先驗邏輯」這一部分，它又由導論、先驗分析論和先驗辯證論這三部分組成。簡單說來，康德論述了一般意義上的邏輯，稱過去所形成的邏輯為「普遍邏輯」，並在此基礎上區別出他所要論述的「先驗邏輯」。同時，他把普遍邏輯分為「分析的」與「辯證的」，因而把與它相區別的先驗邏輯也分為「先驗分析的」與「先驗辯證的」，並依照這樣的分類，從「先驗分析論」和「先驗辯證論」這樣兩個部分論述了先驗邏輯。

若是再細一些，則還可以看到，「先驗分析論」又分為「概念分析論」和「原理分析論」。按照康德的說法，他在「概念分析論」中關於「純粹知性概念的演繹」的討論是最重要的。[06] 因此我們再簡單看一下康德是如何獲得純粹知性概念的。

眾所周知，康德的純粹知性概念是以範疇圖式的方式提出來的。具體說來，他的範疇圖實際上有以下兩個：

06　參見康德：《純粹理性批判》第一版序，鄧曉芒譯，楊祖陶校，人民出版社 2004 年版，第 5 頁。

圖 1[07]

Ⅰ、判斷的量：全稱的、特稱的、單稱的

Ⅱ、判斷的質：肯定的、否定的（Verneinende）、無限的

Ⅲ、判斷的關係：直言的、假言的、選言的

Ⅳ、判斷的模態：或然的、實然的、必然的（Apodiktsche）

圖 2[08] 範疇表

Ⅰ、量的範疇：一、多、全

Ⅱ、質的範疇：實在、否定（Negation）、限制

Ⅲ、關係的範疇：內在性與構成性（實體與偶性）、原因性與依存性（原因與結果）、共通性（主動與受動之間的交互作用）

Ⅳ、模態的範疇：可能性 —— 不可能性、是如此 —— 不是如此、必然性（Notwendigkait）—— 偶然性

圖 1 中沒有「範疇表」這樣的字樣，它是康德尋找純粹知性概念的線索或來源，圖 2 則明確標明「範疇表」，它為康德所需要，也是他提出來的。它所表達的東西則被康德稱為「純粹的知性概念或範疇」。這裡，康德實際上是根據圖 1 得到了圖 2。具體一些說，他根據量、質、關係等範疇分類，提出了一、多、全等諸多純粹知性概念，由此形成了他詳細討論先驗邏輯所依循的東西。

以上非常簡要地勾畫了《純粹理性批判》的基本框架，說明其主要部分是先驗邏輯，此外還勾畫了處於康德先驗邏輯中比較核心位置的「範疇表」。在我看來，康德的先驗邏輯和範疇表有一個共同特徵：它們都是基於邏輯的考慮。不僅如此，基於邏輯也是康德哲學的一個基本特徵。由於這兩

07　參見康德：《純粹理性批判》，鄧曉芒譯，楊祖陶校，第 64-65 頁；Kant, I.: *Kritik der reinen Vernunft*, Band XXIV 1, S.111。

08　參見康德：《純粹理性批判》，鄧曉芒譯，楊祖陶校，第 71-72 頁；Kant, I.: *Kritik der reinen Vernunft*, Band 1, SS.118-119。

部分在康德著作中非常重要，因此我希望，透過這兩部分來探討康德的思想可以有代表性，而且透過對它們的討論可以說明我要說明的問題。

基於邏輯這一點，在範疇表似乎表現得比較清楚。直觀上看，圖 2 與圖 1 是不同的，因為其中所提出的那些範疇，都是圖 1 所沒有的。[09] 因此，康德在先驗邏輯中所討論的那些知性概念，都是來自圖 2，與圖 1 沒有什麼關係。但是從這兩個圖的分類，還是可以看出一些共同的東西來的，因為它們所依據的「量」、「質」、「關係」、「模態」等等乃是相同的。這就表明，圖 2 儘管形成與圖 1 不同的結果，但是它的分類還是與圖 1 相關的。用康德的話說，圖 1 所展現的東西為「知性在判斷中的邏輯機能」，大致相應於「知性形式」[10]，因此，這些東西屬於普遍邏輯，只是形式的，沒有任何內容。圖 2 屬於先驗邏輯，因為它在這些形式上注入了先驗的內容。[11] 因此，康德的範疇是基於邏輯而來的。其實，即使康德沒有這樣的說明，我們也可以看出，圖 1 所表達的東西，比如判斷按照質分為肯定的和否定的等等，判斷按照量分為全稱的和特稱的等等，都屬於邏輯。儘管康德做了一些修正，圖 1 的邏輯分類本身卻是一目了然的。

但是，基於邏輯這一點在先驗邏輯好像就不是那樣清楚。先驗邏輯本身不就是邏輯嗎？它怎樣又基於邏輯了呢？因此這一點需要多說幾句。

直觀上看，「先驗邏輯」是相對於「普遍邏輯」而言的，有關先驗邏輯的論述在很大程度上也是依賴於關於普遍邏輯的論述的。因此，理解康德有關普遍邏輯的論述無疑有助於理解他所說的先驗邏輯。

我認為，康德所說的「普遍邏輯」[12] 實際上是他所處時代已有的邏輯，

09　根據這兩個範疇表可以看出，在字面上，其中只有「必然」和「否定」這兩個範疇是相同的，其他的範疇都不是相同的。而從原文看，這兩個範疇就算在字面上也是不相同的。

10　康德：《純粹理性批判》，鄧曉芒譯，楊祖陶校，第 64 頁。

11　參見同上書，第 65 頁。

12　學界對康德使用的「die allgemeine Logik」有不同的譯法，包括「普泛邏輯」（參見康德：《純粹

也就是人們通常所說的邏輯。所謂普遍邏輯，不過是康德自己為了論述先驗邏輯而採用的一個相對的說法。正因為如此，我才認為康德的先驗邏輯是基於邏輯。由此也可以說明，康德的先驗邏輯有兩個特徵。一個特徵是基於邏輯，另一個特徵是依據邏輯來說明一些東西。為了說明我的這一看法，讓我們具體看一看康德的論述。

康德在「先驗邏輯」這一部分首先論述「先驗邏輯的理念」，並在第一步「一般的邏輯」[13] 的過程中對「邏輯」進行了探討。他認為，邏輯可以從兩個視角來考慮，「不是作為普遍的知性運用的邏輯，就是作為特殊的知性運用的邏輯」[14]。所謂作為普遍的知性運用的邏輯包含著思維的絕對必然的規則，可稱之為「基礎邏輯」[15]，而特殊的知性運用的邏輯則包含著思維某個確定種類的對象的規則，可稱之為「這門或那門學科的工具」[16]。有了這一區別以後，他才開始談論「普遍邏輯」，比如他進一步指出，「普遍的邏輯不是純粹的邏輯，就是應用的邏輯」[17]。從這些論述可以看出，「普遍（的）邏輯」一詞來自對邏輯的探討，確切地說，來自於「作為普遍的知性運用的邏輯」這一區分結果。而從語言形式來看，尤其是從中文來看，「普遍（的）邏輯」無疑是「作為普遍的知性運用的邏輯」的簡稱，意思似乎也是清楚的。但是從德文來看卻不是這樣直接而簡單。雖然在「普遍（的）邏輯」（die allgemeine Logik）這一短語中，「普遍（的）」是一

理性批判》，藍公武譯，商務印書館 1982 年版）、「普通邏輯」（參見康德：《純粹理性批判》，韋卓民譯，華中師範大學出版社 2000 年版）、「普遍的邏輯」（參見康德：《純粹理性批判》，李秋零譯，中國人民大學出版社 2004 年版）、「普遍邏輯」（參見康德：《純粹理性批判》，鄧曉芒譯，楊祖陶校）等。我贊同「普遍的邏輯」這種譯法，但是在這裡隨眾採用「普遍邏輯」這種譯法。

13　參見康德：《純粹理性批判》，鄧曉芒譯，楊祖陶校。

14　康德：《純粹理性批判》，鄧曉芒譯，楊祖陶校，第 52 頁。

15　Kant, I.: *Kritik der reinen Vernunft*, Suhrkamp Verlag, Band 1, 1974, S.98.

16　同上。

17　康德：《純粹理性批判》，鄧曉芒譯，楊祖陶校，第 53 頁。

個形容詞,而在「作為普遍的知性運用的邏輯」(Logik des allgemeinen Verstandesgebrauchs[18])中,「普遍(的)」也是一個形容詞,它們卻是有所區別的。在「普遍邏輯」中,「普遍的」直接修飾「邏輯」,而在「作為普遍的知性運用的邏輯」中,「普遍的」修飾的卻是「知性運用」。也就是說,後者的意思是指一種與普遍知性運用相關的邏輯。因此可以看出,康德實際上是透過對知性運用的區別來區分出兩種不同的邏輯,一種是與普遍的知性運用相關的邏輯,另一種是與特殊的知性運用相關的邏輯。

　　值得注意的是康德在區別出「普遍邏輯」之後,又把普遍邏輯分為純粹的邏輯和應用的邏輯。純粹的邏輯抽象掉了使用知性的所有經驗條件,與經驗無關。應用的邏輯則與經驗相關,涉及經驗條件下知性的運用規則。經過這樣的區別之後,康德指出,普遍而純粹的邏輯「才是科學」。[19] 作為普遍的邏輯,它抽象掉一切知識內容,只與「思維的單純形式打交道」,而作為純粹的邏輯,它「不具有經驗性的原則」。[20] 由此可以看出,康德透過與經驗相關或無關,區別出普遍而純粹的邏輯和普遍而應用的邏輯,並且指出只有前者是科學。

　　以上關於普遍邏輯的論述是康德闡述先驗邏輯這個概念的基礎。有了這個基礎,康德就可以繼續論述先驗邏輯了。康德認為,普遍邏輯與知識內容無關,因而與知識和對象的關係無關,它「只考察知識相互關係的邏輯形式即一般思維形式。但既然(如先驗感性論所證明的)有純粹的直觀,也有經驗的直觀,那麼也很有可能在對象的純粹思維和經驗性的思維之間找到某種區別。在這種情況下,就會有一種邏輯,它不會使知識的全部內容抽象化;因為這種只含有有關對象的純思維規則的邏輯會排除一切具有經驗性內容的

18　參見 Kant, I.: *Kritik der reinen Vernunft*, Band 1, S.98。

19　康德:《純粹理性批判》,鄧曉芒譯,楊祖陶校,第53頁。

20　同上。

知識。它還會討論我們關於對象的認知的來源，只要這種來源不能歸於對象；相反，由於普遍邏輯不涉及這種知識來源，……所以它只是研究可以為這些表象找到的知性形式，而不管這些表象可能會來自於何處」[21]。這裡，康德明確提出了一種邏輯，它與普遍邏輯不同。它的特徵有兩個，一個是不會使知識的全部內容抽象化；另一個是要討論我們關於對象的認知的來源。前一個特徵突破了普遍邏輯只研究思維形式的特徵，後一個特徵突破了普遍邏輯與對象無關的特徵。這無疑是十分清楚的。經過這些明確說明之後，康德說：

　　這樣一門規定這些知識來源、範圍和客觀有效性的科學，我們也許必須稱之為先驗邏輯，因為它只與知性和理性的法則打交道，但只是在這些法則與對象先天的發生關係的範圍內，而不是像普遍邏輯那樣，無區別地既和經驗性的知識、又和純粹理性的知識發生關係。[22]

　　「先驗邏輯」終於名正言順地出現了，換句話說，康德從邏輯出發，得到了自己想要說明的東西。為了區別，他把他的出發點稱為「普遍邏輯」，而把他最終得到的東西稱為「先驗邏輯」。

　　以上我們以康德提出和論述的先驗邏輯以及先驗邏輯討論中的範疇圖為例，說明了康德的討論是如何基於邏輯的。這兩個例子都與先驗邏輯有關，因此可以說屬於先驗邏輯的範圍之內。由於先驗邏輯是《純粹理性批判》中基本框架的主要部分，而這個範疇表可以看作是這個主要部分中的一個具體結構，我們既從宏觀的角度，即從上述基本框架的主要部分來考慮康德的思想，又從微觀的角度，即從其核心範疇表來探討康德的思想，並希望以這樣一種方式，能夠對康德的思想提供一種比較充分的說明。當然，在先驗邏輯的討論中，類似範疇表這樣的結構有很多，如果願意，也可以提出它們來討

21　康德：《純粹理性批判》，鄧曉芒譯，楊祖陶校，第 54 頁；譯文有修改，參見 Kant, I.: Kritik der reinen Vernunft, Band 1, SS.100-101。

22　康德：《純粹理性批判》，鄧曉芒譯，楊祖陶校，第 55 頁。

論，比如康德關於「知性原理體系」的論述。但是限於本書的目的，我覺得以上內容就足夠了。至於應用邏輯方法來進行具體論證的例子就更多了。比如康德著名的關於分析判斷和綜合判斷的區別。這一區別雖然出現在《純粹理性批判》的導言中，卻是康德討論先驗邏輯時經常使用的一條具體的原理，因此雖然它不屬於康德關於先驗邏輯的論述，卻與康德有關先驗邏輯的論述密切相關。[23] 即使在康德關於先驗邏輯的論述之內，這樣的例子也還有許多，比如在康德批判先驗辯證法的過程中關於上帝存在的本體論證明的反駁[24]，康德關於一些著名的二律背反的分析批判等等。限於篇幅，我們在這裡不一一列舉。

一些問題

讓我們再簡要回顧一下康德提出先驗邏輯的過程：從邏輯區分出普遍邏輯和特殊的邏輯；又從普遍邏輯區分出純粹的邏輯和應用的邏輯；最後與普遍邏輯相對，提出先驗邏輯。應該說，這一過程本身是清楚的。但是，如果我們仔細思考一下這個過程和康德的論述，就會發現一些問題。

首先，康德關於普遍邏輯的論述基本是明確的，而他關於先驗邏輯的論述則不是那樣明確。這至少可以從兩點看出來。一點是康德在以上論述先驗邏輯的時候，並不是使用陳述句。無論是根據普遍邏輯的特徵，與它相對而說的「就會有一種邏輯」，這種邏輯會怎樣怎樣，還是後來的命名「也許必須稱之為先驗邏輯」，康德使用的都是虛擬語態。虛擬語態的用法很多，但是無論怎樣理解，它也不會像陳述句那樣明確。另一點是，從康德的「就會

23　我曾詳細討論過他的這個論證，參見王路：《「是」與「真」——形而上學的基石》，第 261-265 頁。

24　我曾詳細討論過他的這個論證，參見王路：《「是」與「真」——形而上學的基石》，第 6 章第 4 節。

有一種邏輯」這一論述來看，先驗邏輯顯然是推斷出來的，而不是以斷定的方式闡述出來的。而且，康德的推斷並不是根據邏輯本身的性質得出來的，而是根據他認為邏輯所缺乏的性質得出來的。因此這樣推斷的有效性就十分重要。具體說，康德的推斷所依據的前提是：有關對象的純粹思維和經驗性思維是有區別的，而且，有一種既與純粹思維相關又與經驗性思維相關的邏輯（普遍邏輯）。也就是說，既然有純粹思維與經驗性思維的區別，而且還有一種與這兩種思維相關的邏輯，那麼就會有一種只與其中一種思維相關而與另一種思維無關的邏輯，因而會有一種與純粹思維相關而與經驗性思維無關的邏輯。這一推斷顯然是類比。類比的有效性顯然是有問題的，以這樣一種方式得到的結論並不是必然的。

其次，我們也可以完全忽視前一個問題，即假定康德區別出先驗邏輯，而且他的這一區別是有效的。在這種情況下，我們所看到的是，他的先驗邏輯不僅相對於普遍邏輯，而且基本上是基於對普遍邏輯的考慮。比如，普遍邏輯研究思維形式，不研究思維內容，先驗邏輯則與它不同，要研究思維內容；普遍邏輯不僅研究純粹思維，而且研究經驗思維，先驗邏輯則與它不同，只研究與純粹思維相關的東西，而不研究與經驗思維相關的東西。因此，所謂先驗邏輯，即什麼是先驗邏輯或先驗邏輯是什麼，並不是直接地正面地論述出來的，而是從有關普遍邏輯的論述而來的。因此似乎對於先驗邏輯的理解，在很大程度上依賴於對普遍邏輯的理解。由於康德對普遍邏輯的論述來自對邏輯的討論，因此這裡就涉及康德對邏輯的理解。

表面上看，普遍邏輯展現了一種對邏輯分類的結果，它是在邏輯這一學科下區分出來的不同種類的邏輯，而先驗邏輯雖然是基於普遍邏輯的討論，卻也是構成邏輯這一學科下的一種不同的邏輯。但是仔細思考康德的論述，我們就會發現一些分類上的問題。邏輯既然分為普遍的和特殊的，似乎就應

該有這樣兩種邏輯。但是我們只看到康德關於普遍邏輯的論述，卻沒有看到他關於特殊邏輯的論述，因而也就不知道特殊的邏輯是什麼。尤其是看到，所謂普遍的邏輯既然分為純粹的和應用的，似乎就應該有這樣兩種邏輯，但是從康德的論述來看，純粹的邏輯確實是邏輯，而應用的邏輯至多只能是邏輯的應用，因為它涉及一些心理狀態和因素。因此，應用的邏輯似乎已經不屬於邏輯學科內的分類，而是對邏輯作為一門學科或理論的、應用的說明。因此，純粹的邏輯和應用的邏輯這一區分充其量只是說明，邏輯本身是一門學科或科學，同時它還有應用的一面。所以，康德的邏輯分類所依據的標準不是一致的，因而他的分類是比較隨意的。既然是邏輯中的分類，而且分類又有問題，因此這樣的邏輯探討肯定就是有問題的，這樣探討所得的有關邏輯的結果也會是有問題的。但是，正是基於這樣的分類，康德得到了它的先驗邏輯的基本特徵。前面說過康德的先驗邏輯有兩個特徵。延續這裡的分類，就可以看出，前一個特徵似乎與這裡的前一個分類相關，因為普遍邏輯與思維形式相關，不僅與純粹的思維形式，而且與經驗的思維形式相關。而先驗邏輯不僅要與思維形式相關，還要與思維內容相關，但是它只與純粹的思維內容相關，而與經驗的思維內容無關。而後一個特徵與這裡的後一個分類相關，因為普遍邏輯不會涉及我們關於對象的認知的來源，但是在它的應用過程中會涉及諸多因素，比如關注、懷疑、顧慮、確信等等狀態，而先驗邏輯不僅要討論這種知識來源，而且在討論中要涉及所有這些因素。因此，儘管康德的邏輯分類有問題，但是他得出的先驗邏輯卻可以滿足他所要討論的要求，因為先驗邏輯的這兩個特徵基本可以涵蓋與理性相關的討論。

再次，指出以上的問題，不過是想說明，儘管康德進行了一系列邏輯的分類，但是他的邏輯分類是有問題的，因此基於這種邏輯分類所得到的先驗邏輯，作為一種邏輯來說，也一定是有問題的。以上只是探討了分類的問

題，下面談一談邏輯本身的問題。我認為，康德所說的「普遍邏輯」實際上就是已有的邏輯，而他所說的這種普遍邏輯的性質，基本上也是作為一門學科而已經存在的邏輯的性質。我們看到，在第一個分類，康德得到了與普遍知性運用相關的邏輯，和特殊知性運用相關的邏輯，因而得到了普遍邏輯，但是他並沒有得到特殊的邏輯。從分類的角度，人們可以得到一個類而不論述它。按照康德的論述，這裡理應也可以得到一個特殊邏輯。但是我們可以設想一下，如果讓康德論述一下的話，這樣一種特殊邏輯會是什麼呢？在我看來，它是不清楚的。也就是說，普遍邏輯是清楚的，而特殊邏輯，即使有，也是不清楚的。在第二個分類，康德得到了純粹的邏輯和應用的邏輯。純粹邏輯就是普遍邏輯，因此也是清楚的。但是應用邏輯作為一種邏輯，即什麼是應用邏輯，卻是不清楚的。經過上面的分析，我們看到它似乎是指牽涉到了邏輯的應用。在這種意義上，我們也可以說它是清楚的。但是在這樣一種意義上，邏輯的分類卻是有問題的。因此，撇開這裡的問題不管，可以看得比較清楚的是：在康德的邏輯分類中，普遍邏輯始終是比較清楚的；而與它相對的東西，無論是特殊的邏輯，還是應用的邏輯，總是不大清楚的。或者，若是只考慮康德說得清楚的地方，我們則可以說，普遍邏輯總是清楚的。難怪康德說只有它才是科學。

　　以上三個問題僅僅局限在普遍邏輯與先驗邏輯的區分方面。實際上，康德的範疇表也有類似問題。

　　直觀上看，圖2與圖1中的概念幾乎是一一對應的。由於圖2基於圖1，因此，圖1若是沒有什麼問題，那麼圖2似乎也就不會有什麼問題。由於圖1是邏輯的刻劃，因而是從邏輯出發的，因此圖1似乎也就應該沒有什麼問題。但是必須看到，圖1並不是原初的邏輯說明，而是一個經過康德改造過的邏輯圖示。在這種情況下，若是康德的改造沒有什麼問題，則可以說這

個圖示是邏輯的，因而也就沒有什麼問題。但是如果康德的改造有問題，那麼由此產生的結果就值得反思。康德對邏輯的這種改造，有人稱讚也有人批評。在我看來，他的改造是有問題的。

十分清楚，康德在圖1中所做的判斷分類是一種三分法，正如他自己所說，通常的分類是二分，而他這裡是三分。而且，他不僅從圖1得出圖2的範疇，還批評亞里斯多德的範疇分類沒有原則，遇到什麼用什麼。[25] 因此這裡至少有兩個問題。一個問題是康德自身的分類（圖1）有沒有問題？另一個問題是康德對亞里斯多德的批評是不是有道理？

從圖1可以看出，它是一種典型的三分法。康德認為過去的邏輯分類是二分，他要改變這種情況，因而使它成為三分。這裡，我們可以不考慮康德關於過去邏輯二分的認知是不是正確，而只看他的三分情況。從圖1可以看出，Ⅰ和Ⅱ是關於一個判斷本身的分類，而Ⅲ和Ⅳ則不是這樣的分類。所謂「直言的」表達的是「謂詞對主詞的關係」[26]，這顯然是對一個判斷自身內容的說明，因此它指的判斷與Ⅰ和Ⅱ所表達的判斷是相同的。但是「假言的」和「選言的」顯然不是指這樣的判斷，它們是指由兩個判斷所組成的複合判斷。而所謂模態判斷「關係到系詞在與一般思維相關時的值」[27]，因此與Ⅰ和Ⅱ所表達的那樣的判斷是相關的，卻應該是不同的。但是「實然判斷」表達的是「肯定或否定被看作現實的（真的）時的判斷」[28]，這似乎又是指肯定的判斷或否定的判斷，只不過對它的看法有所區別罷了，因此它指的判斷與Ⅰ和Ⅱ所表達的判斷似乎也是相同的。由此可以看出，正如尼爾（Kneale）指出的那樣，康德這種三分情況的劃分並沒有一個統一的標準，

25　參見康德：《純粹理性批判》，鄧曉芒譯，楊祖陶校，第75、72-73頁。

26　參見康德：《純粹理性批判》，鄧曉芒譯，楊祖陶校，第66頁。

27　同上書，第67頁。

28　同上書，第67-68頁；譯文有修改，參見 Kant, I.: *Kritik der reinen Vernunft*, Band 1, S.114。

因而每一類下的三種情況都是偶然的。[29] 也就是說，康德的分類是有問題的。

　　既然康德的分類有問題，而問題主要又是由於分類的標準不統一，人們自然就會問，為什麼會有這樣的問題？

　　在我看來，產生這樣的問題，大概既與當時的邏輯所提供的東西有關，又與康德對邏輯的認知有關。實際上，康德列出的幾種情況在邏輯中幾乎都有闡述，只是說法不同，強調的程度不同罷了。也就是說，如果不考慮分類，康德所說的這些情況在邏輯中幾乎都是存在的。比如判斷從質的角度分為肯定判斷和否定判斷，從量的角度分為全稱判斷和特稱判斷，由於把單稱判斷做全稱判斷來處理，因此對全稱判斷的論述也包括單稱判斷。又比如在複合判斷的討論中要分別討論假言判斷和選言判斷，而在模態判斷中要討論必然判斷和可能判斷，如果依據亞里斯多德邏輯，則要討論必然判斷、或然判斷、可能判斷和不可能判斷。因此，直觀上看，康德的做法無非是把單稱判斷單獨區別出來，把判斷本身作為一種情況與複合判斷並列，把對判斷本身的斷定作為一種情況與模態判斷並列。簡單地說，他不過是把邏輯的內容重新組合了一番。唯一的例外是他在判斷的質的分類中增加了無限判斷。

　　根據康德所給的例子來看，所謂無限判斷是指「S 是非 P」這樣的判斷。它與肯定判斷「S 是 P」和否定判斷「S 不是 P」形成區別。比如，「靈魂是不死的」與「靈魂不是有死的」都表達了否定，意思卻非常不同。按照康德的說法，這樣的判斷從邏輯範圍來看是無限的，而從內容來看，實際上又是限定的，因而在有關判斷的完整的思維要素表中，它是不可跳過去的。[30] 康德這樣的考慮本身當然不能說沒有道理，因為「靈魂是有死的」、「靈魂不是有死的」、「靈魂是不死的」這三個判斷的形式確實是不同的，它們所表達

29　參見尼爾：《邏輯學發展史》，第 456 頁。

30　參見康德：《純粹理性批判》，鄧曉芒譯，楊祖陶校，第 66 頁。

的意思確實也是不同的。問題是，針對邏輯做出這樣的考慮是不是有道理？

　　閱讀康德的邏輯著作，可以使我們看到康德思想的一些發展變化。在早期的「布龍姆貝格邏輯講座」（Logik Blomberg）中 [31]，康德根據量，把判斷分為全稱的和特稱的，並且明確地說，「根據量再沒有更多的判斷」，因為他認為單稱判斷屬於全稱判斷 [32]。而根據質，「所有判斷不是肯定的，就是否定的，而且不是全稱肯定的，就是全稱否定的，不是特稱肯定的，就是特稱否定的」 [33]。這樣的劃分顯然是傳統邏輯對判斷的劃分，不僅把單稱判斷歸為全稱判斷，而且根本就沒有無限判斷。值得注意的是，康德在這裡還把所有判斷分為有疑問的（problematica）和斷定的（assertoria）。前者涉及一些關係，因而根據其關係是連繫的還是矛盾的，康德區分出假言判斷和選言判斷。由此可以看出，最初康德關於邏輯的論述基本上都是二分。雖然是二分，但是基本上涵蓋了後來在《純粹理性批判》中列出的前三類範疇，只有無限判斷除外。

　　雖然在判斷的分類中康德排除了無限判斷，但是他在分類之前也談到了無限判斷。他認為，判斷分為內容的和形式的。所謂內容是指判斷中的主詞和謂詞，所謂判斷的形式是指主詞和謂詞的關係。這種關係是由系詞「是」表示的。這種關係要不是肯定的，就是否定的。如果只用「是」來表示，就是肯定的，如果在「是」上加上「不」這個詞，就是否定的。康德強調，否定詞必須加在判斷的形式上，即加在系詞「是」上，而不能加在判斷的內容上，即不能加在主詞和謂詞上。如果加在判斷的內容上，「也就不是否定判斷，而是一種所謂無限判斷（Judicium infinitum）」 [34]。從他舉的例子也可

31　該講座是收入《康德全集》第 24 卷的第 1 篇，沒有注明年代。參見 Kant: *Kant's gesammelte Schriften, Band XXIV, erste Haelfte*, Walter de Gruyter&Co., Berlin, 1966。

32　參見同上書，S.275。

33　同上書，S.276。

34　同上書，S.274。

以看出，「動物不是有死的」是否定判斷，而「動物是不死的」則不是否定判斷。從這些論述可以清楚地看出，康德對於判斷形式的區別是清楚的。雖然他談到無限判斷，但是他顯然是認為，這一類判斷所表示的否定不是有關判斷的形式的，因此在對判斷的分類中排除了它。

在比「布龍姆貝格邏輯講座」晚一些的「菲利普邏輯講座」（Logik Philippi）中，康德依然明確地談到判斷的分類：

> 根據量，所有判斷不是全稱的，就是特稱的，單稱判斷屬於全稱判斷。根據質，所有判斷處於肯定和否定之中。[35]

可見其中依然沒有無限判斷。但是在這段分類論述之前康德同樣談到了無限判斷。他明確地說：

> 在所有判斷中，應該區別內容和形式。……
>
> 形式是主項和謂項的關係，是由系詞表達的。
>
> 我認為這種關係不是主項和謂項之間的連繫，就是矛盾。前一種情況是一個肯定判斷，後一種情況是一個否定判斷。在否定判斷中，「不」這個詞與系詞連繫。但是只應該把它理解為對形式的否定，而不應該把它理解為對內容的否定，因為內容可以是隨意的。
>
> 如果「不」這個詞不是與系詞相連繫，而是與內容相連繫，那麼這就是一個肯定判斷，比如，動物是不死的。這種沒有否定系詞的判斷叫做無限判斷。[36]

從具體內容來看，這裡的論述與前面的論述差不多。不同之處只是這裡的論述比前面的論述更清楚。由此也可以看出，無論康德的論述是不是清楚，他都談到了無限判斷。但是在談完以後，他在對判斷的具體分類中卻排除了這類判斷。

35　Kant: *Kant's gesammelte Schriften, Band XXIV, erste Haelfte*, S.462.

36　同上書，S.461。

「菲利普邏輯講座」的時間是 1772 年，這時康德已經開始構思《純粹理性批判》了。[37]也就是說，在康德出版《純粹理性批判》以前的邏輯講座中，我們雖然可以看到康德有關無限判斷的論述，但是看不到他把這一類判斷包括在內的判斷分類，因而看不到與《純粹理性批判》中一樣的邏輯分類。但是在更晚的「波利茲邏輯講座」（Logik Poelitz, 1789）、「布索爾特邏輯講座」（Logik Busolt，1790）以及後來出版的《邏輯學講義》（1780）中，我們卻可以看到與《純粹理性批判》中完全一樣的判斷分類。[38]這期間的發展變化，顯然是一個可以考慮的問題。

應該指出，考慮這類無限判斷，康德並不是首創。早在古希臘，亞里斯多德就探討了這樣的問題。如前所述，他稱加在名詞上的詞「不」或「非」為不定詞，他認為把「不」或「非」這樣的詞加到名詞上，會產生不定命題，比如「S 是非 P」。這裡，「非」是與「P」結合在一起的。從形式上看，這是一個肯定命題，而從內容上看，它又似乎是一個否定命題，因此它自身是一個不確定的命題。這樣就會給探討命題之間的邏輯關係帶來問題。比如，使用不定命題來表達，會使所表達的屬性不確定，因而導致命題的分類不唯一，即不知道應該把「S 是非 P」看作肯定的還是否定的。又比如，由於不定命題常常只是表達偶性，因此不利於判定命題的真假。所以，亞里斯多德雖然探討了這類命題，但是最終在自己的邏輯系統中排除了這類命題。[39]如果連繫亞里斯多德的這些探討來思考康德的思想，我們就會看到，康德對無限判斷的論述其實也沒有超出亞里斯多德所討論的範圍。他一開始把這類判斷排除在分類之外，實際上也是因循了亞里斯多德的做法。這兩點大概也

37　參見阿爾森·古留加：《康德傳》，賈澤林、侯鴻勛譯，商務印書館 1981 年版，第 312 頁。

38　參見 Kant: *Kant's gesammelte Schriften, Band XXIV, zweite Haelfte*, S.577, S.664；康德：《邏輯學講義》，第 92-95 頁。

39　參見王路：《亞里斯多德的邏輯學說》，第 82-84 頁。

是基於亞里斯多德邏輯而形成的傳統邏輯的通常做法。但是，這只是康德早期的做法。因為在《純粹理性批判》中，康德把無限判斷考慮進來，因而改變了傳統的判斷分類。雖然我們尚無法確切知道康德什麼時候在邏輯著作中做出這樣的改變，但是，即使不考慮他早期關於無限判斷的論述以及有關判斷的分類，僅從他在《純粹理性批判》中的分類，以及自那以後他在邏輯講座中的分類也可以看到一個明顯的事實：康德考慮了一個亞里斯多德早就考慮過的問題，他把亞里斯多德早已拋棄了的東西又重新拾了起來。

對照亞里斯多德和康德的思想，可以看得十分清楚，他們都探討了同一類命題，即不定命題或無限判斷[40]，結果卻根本不同。亞里斯多德最終在自己的邏輯思想和系統中拋棄了這類命題，而康德在自己提供的邏輯圖示中保留了這類判斷。亞里斯多德之所以拋棄它，主要是因為它導致不確定性，而康德保留它的理由，正在於認為它反映了思維中一類不確定的情況。值得思考的是，亞里斯多德討論的結果無疑為人們提供了邏輯，但是康德提供的模式是不是邏輯的模式？具體地說，不是不可以探討這類判斷，問題是探討之後能不能提供有關它的邏輯？康德本人是不是提供了有關它的邏輯？僅僅提出它，就把它列為邏輯模式中的一類情況，因而把所列出的圖示當作邏輯模式，顯然是不能令人滿意的。在現有邏輯所提供的判斷分類中，加上這樣一種有問題的分類，並由此重新組合，形成一種新的分類，即康德所說的「三分」，自然也是有問題的。

40　使用「不定」或「無限」來表達，似乎只是翻譯問題。但是從中文字面上，兩者還是有區別的。前者似乎更針對確定性，比較符合亞里斯多德的本意。從康德這裡的論述來看，他實際上也是指確定性，因為他所討論的東西也涉及「受限制的」（beschraenkend）或「不受限制的」（unbeshraenkt）。而且在與圖 1 相應的圖 2 中，II 中的用詞也是「限制」（Limitation）。我個人認為在康德這裡也應該使用「不定」這個譯名。當然，「unendlich」（英文「infinite」）這個詞也有無窮、無限的意思。考慮到中文的習慣用法，考慮到在哲學的意義上人們也許更願意思考「無限」（其實「不定」也是很重要的），我在這裡不會深入展開對康德思想的討論，因此暫且遵循現有康德中譯本的用法。

　　由此可以看出，康德對亞里斯多德邏輯二分的批判是有問題的。我想表達的是，不是說不可以批評亞里斯多德邏輯的二分。比如，從現代邏輯的觀點看，否定詞的含義顯然不是像亞里斯多德所描述的那樣簡單。因此這種從質的角度進行的分類就存在一些問題。但是康德自己的三分並沒有一個清晰的標準。從康德自己關於無限判斷的論述也可以看出，由於無限判斷中的否定詞不是對形式的否定，即不是對系詞的否定，因此無限判斷不屬於否定判斷，而屬於肯定判斷。這樣一來，從判斷的質，區分出肯定判斷和否定判斷以後，自然就排除了它。而當把它引入進來以後，這樣的分類就不是根據系詞來區分了，因而也就不是根據康德所說的形式來區分了。為了形上學的考慮，引入無限判斷當然是可以的，問題是當把它作為邏輯分類的要素引入的時候，所提供的首先是一個邏輯分類，這樣的分類，首先必須依據可以自圓其說的符合邏輯自身要求和規定的標準，並且不會為邏輯的操作帶來問題。無論康德的範疇分類對他的先驗邏輯多麼合適，多麼有用，作為一種邏輯分類來說，它的問題卻是顯然的。

　　綜上所述，康德在論述自己思想的過程中是從邏輯出發的，但是卻存在一些問題。他依據與普遍邏輯的區別，提出了先驗邏輯。普遍邏輯之所以清楚，並不是康德區別得清楚，而是邏輯本身就是清楚的。所謂「普遍邏輯」只不過是用了一個不同的名稱來稱謂它而已。因此，直觀上或從字面上看，至少有兩點是比較明確的。其一，康德所說的「普遍邏輯」就是已有的邏輯，或者保守地說，它相當於已有的邏輯，作為學科已經存在的邏輯，而「先驗邏輯」則是他所提出來的新的「邏輯」，即一種與已有的邏輯、作為學科已經存在的邏輯不同的「邏輯」。其二，「普遍邏輯」是基礎，而「先驗邏輯」是在此基礎之上提出來的東西。因此可以說，康德的先驗邏輯是基

於邏輯提出來的，因此與邏輯乃是有區別的。[41] 其三，他對普遍邏輯也有所改造，即增加了一種「無限判斷」，並由此重新分類，在這種所謂新的邏輯模式的基礎上，提出了他的純粹知性概念範疇。既然存在我們以上提出的這些問題，人們可能就會問：如果不從邏輯出發，直接探討先驗邏輯所要考慮的那些東西，直接探討與純粹知性概念相關的那些問題，不是就可以避免這些問題了嗎？當然，這裡可能會隱藏著另一個問題，即不從邏輯出發，是不是能夠進行康德這樣的考慮？探討這些問題當然是有意義的。但是在這裡，我只想考慮一個最表面最直觀的問題：為什麼康德要從邏輯出發來探討問題？

先驗邏輯

康德從邏輯出發來探討理性，這是因為在他看來，邏輯是走在探討理性的可靠道路上的典範。他之所以可以這樣看，是因為有亞里斯多德邏輯和基於亞里斯多德邏輯而發展形成的傳統邏輯，這一邏輯已經是有明確體系的學科，也是學校的必修課。因此，無論康德把邏輯看作是各門學科的準備階段或評價知識的前提，還是一門研究思維形式規則的嚴格科學[42]，在他的眼中，邏輯是什麼，乃是明確的。正是在這樣一種知識背景下，無論他怎樣劃分邏輯，比如分為「作為普遍的知性運用的邏輯」和「作為特殊的知性運用的邏輯」，或「普遍而純粹的邏輯」和「普遍而應用的邏輯」，作為學科的邏輯始終是一個整體，正因為這樣，他才會稱普遍邏輯是純粹的邏輯，只有它「才是科學」[43]。在這樣探討的基礎上，他明確指出，邏輯「作為普遍」，使知性知識的一切內容抽象化，只探討純思維形式，而「作為純粹邏

41　周禮全用「形式邏輯」表示康德所說的「普遍邏輯」，因而與其「先驗邏輯」形成區別。參見周禮全：《黑格爾的辯證邏輯》，中國社會科學出版社 1989 年版。

42　參見康德：《純粹理性批判》，鄧曉芒譯，楊祖陶校，第 11 頁。

43　參見同上書，第 53 頁。

輯」，則不具有經驗性的原則，不受心理學的影響。[44] 這樣做無論有沒有道理，不管有什麼問題，至少有一個優點。由於邏輯是一個明確的學科，因此從邏輯出發就有明確的內容可以依循，談論起來就比較便利。對照第一版和第二版的序，可以比較清楚地看到這一點。在第一版的序中，康德說要研究理性和純粹思維，對於這樣的知識可以在身邊尋找，「甚至已經有普遍邏輯作為例子，即邏輯的一切簡單活動都可以完備而系統地列舉出來」[45]。而在第二版的序一開始，康德就提出在科學的可靠道路上探討有關理性知識的問題。由此他明確地說：「邏輯學大概是自古以來就已經走上這條可靠的道路了。」[46] 這說明，康德在撰寫《純粹理性批判》的時候，確實是從邏輯出發，並且是以邏輯為例子，在邏輯中尋找自己所需要的東西。而當他修改這部著作的時候，他更進一步意識到，他所做的工作並非僅僅從邏輯尋找一些所需要的東西，而是把邏輯看作是一門探討理性知識所依靠的科學。所以他要強調邏輯是成熟的科學，有悠久的歷史。依靠這樣的科學來探討理性知識，由此而形成的關於先驗邏輯的論述，就有了一個比較可靠的基礎。如此一來，康德有關純粹理性的探討，乃至形上學能不能成為科學，似乎就可以脫離經驗的思辨的軌道。出發點是邏輯，而所談的也是邏輯，只不過是一種超出普遍邏輯範圍而與它不同的先驗邏輯，因此，既然邏輯是科學，那麼所談的似乎也應該是科學。

康德的思想軌跡是清楚的，這就是基於邏輯。他試圖為形上學尋找科學根據，努力使形上學成為一門科學，並且確實取得了偉大的成就。問題是，他的工作的結果是什麼？簡單地說，他的先驗邏輯雖然叫做「邏輯」，但是我卻要問：它究竟是邏輯還是形上學？

44　同上。

45　參見同上書，第一版序，第 4-5 頁。

46　同上書，第二版序，第 10 頁。

　　由於康德關於先驗邏輯與邏輯的區別是清楚的，因此說明他的先驗邏輯究竟是邏輯還是形上學，也就不是什麼困難的事情。康德不滿意人們對亞里斯多德邏輯的一些發展，批判他們為邏輯加入一些心理學、形上學或人類學的內容。他認為這樣做是出於對邏輯這門學科的無知。[47] 他認為，知性與思維相關。思維內容分為經驗的思維和純粹的思維，而先驗邏輯只探討純粹的思維，用他的話說，這樣的純粹的思維內容包括知性與理性的法則，因此先驗邏輯只探討知性和理性的法則。[48] 有了這樣的區分，他就可以在先驗邏輯的名義下探討與知性和理性的法則相關的東西了。

　　從康德關於邏輯與先驗邏輯的區別至少可以清楚地看出兩點。其一，他認為，先驗邏輯不是單純的研究思維形式，而是研究思維的內容，或者說，它是研究與思維內容結合在一起的思維形式。其二，先驗邏輯不研究所有思維內容，即它不研究與經驗的思維內容結合在一起的東西，而是只研究與純粹的思維內容結合在一起的東西，具體地說，這就是研究與知性和理性法則相關的東西。從這兩點出發，我們則可以問兩個問題。一個問題是，康德是不是認為邏輯不應該單純地研究思維形式，而應該把對思維形式的研究與內容結合起來？另一個問題是，先驗邏輯是不是對邏輯的發展？換言之，沿著先驗邏輯的思路是不是可以發展邏輯？前一個問題既可以在史學的意義上思考，又可以在脫離康德而推廣到一般的意義上思考；而後一個問題則確實涉及對邏輯這門學科的性質的認知。

　　直觀上看，既然思維有形式和內容兩個方面，而這兩個方面雖然可以分開，卻也結合在一起，因此，作為一門學科，只研究思維形式，而不研究思維的內容，似乎當然就是有缺陷的。如果結合思維的具體內容，對思維的研

47　參見康德：《純粹理性批判》，鄧曉芒譯，楊祖陶校，第 10-11 頁。
48　參見同上書，第 54-55 頁。

究不是會更全面嗎？因此，作為一門學科，如果把關於內容的研究加進來，因而使形式與內容結合起來，這樣的研究不是就可以克服原來只研究形式的局限性，所帶來的發展不也就是順理成章的嗎？在這種意義上說，康德對邏輯的認知是可以理解的。後來許多人，比如黑格爾[49]，也沿著這個思路思考邏輯並試圖發展邏輯，也是可以理解的。今天許多人依然按照這種模式看待邏輯，同樣是可以理解的。問題是這樣的看法直觀上似乎可行，實際上卻是行不通的。簡單地說，這裡有如下幾個問題。

第一，亞里斯多德在開創和建立邏輯這門學科的時候，對邏輯的定義或描述是「必然地得出」，用我們今天的話說，就是研究推理的有效性。因此，邏輯是與推理直接相關的，而不是與思維直接相關的。所謂邏輯研究思維形式，這種看法是對邏輯性質的一種誤解，由此也帶來許多問題。[50]

第二，亞里斯多德所說的「必然地得出」或今天一般所說的「推理的有效性」，是由像三段論那樣的格和式得到的。由於這個原因，人們也說邏輯是形式的。因此，指責思維脫離內容是空洞的也許有道理，認為應該結合思維的形式和內容來研究思維可能也不錯，但是卻不能由此指責邏輯只研究思維形式而不研究思維內容。這樣的指責反映出對邏輯的無知，而認為結合思維的形式和內容可以發展邏輯則更是憑想當然。說到底，這樣的看法是與邏輯的本質根本相悖的。

第三，由於推理是一種思維方式，而邏輯又是研究推理的，因此對於推理的說明也可以是對思維的說明，從而說邏輯是研究思維的，似乎也就沒有什麼問題。問題是，即便可以說邏輯是一種思維方式，我們也不能說思維方式就是邏輯，因為思維方式還有其他許多種類。如果以邏輯來區分，則可以

49　黑格爾對邏輯只研究形式進行了更為猛烈的批判，並且明確提出要結合內容來發展邏輯。我曾詳細討論過他的問題。參見王路：《邏輯的觀念》，第 156-173 頁。

50　這裡也涉及邏輯史的發展問題，參見尼爾：《邏輯學發展史》，第 407 頁。

說思維方式有邏輯的和非邏輯的。即使可以說邏輯研究推理，而推理屬於思維的一種方式，因此似乎可以說邏輯也是研究思維的，但是我們也不能說研究思維就是研究邏輯。正因為這樣，我們也就不能說邏輯是研究思維的，無論在思維的後面加上什麼修飾，比如形式、規律等。

康德的「先驗邏輯」實際上反映出以上全部三個問題。它雖然基於邏輯，但是由於它不是從推理出發，而是從思維出發，這樣就在理解邏輯的本質的時候出現了偏差。由於康德沒有明確地說他要發展邏輯，因此我們確實不好說他的先驗邏輯是他理想中的邏輯，是他所要發展出來的邏輯。也就是說，康德是不是把他自己從邏輯出發而命名的這種先驗邏輯看作是對邏輯本身的發展，是一個可以深入探討的史學問題。如果不考慮這個問題，而考慮先驗邏輯本身，即它是不是發展了邏輯，那麼我的看法是否定的。由於對邏輯的理解出現問題，因此先驗邏輯不可能發展邏輯。它的所謂發展正好違背了邏輯的內在規律，因此它也就不可能是對邏輯的發展。

除此之外，從發展邏輯的角度看，康德的先驗邏輯還有一個問題，也是它自身獨特的問題。這就是它基於對思維內容的經驗和純粹的兩分，排除了所謂經驗內容，而只研究與純粹的思維內容結合在一起的東西。從這一點出發，所謂先驗邏輯研究的對象倒是得到了說明，但是邏輯本身的性質和能力卻被大大地削弱了。邏輯研究推理的有效性，用亞里斯多德的話說，就是「必然地得出」。這樣的東西絕不會在純粹的思維內容中存在，而在經驗的思維內容中不存在。這樣的東西也不是僅僅限於某一門或某幾門學科，而在其他學科不適合。實際上，推理的有效性不會僅僅限於某一類思維內容，而是適用於所有思維內容；它不會僅僅適合於某一類學科，而是適用於所有學科。因此我們說，邏輯的研究具有普遍性。具體到康德所論述的東西，無論是經驗的還是理性的，邏輯其實都是適用的。而當康德以先驗邏輯為名，區別出只研究知性和理性法則相關的東西的時候，無論這樣的區分有沒有道

理，它都面臨著一個重大的問題。如果它是對邏輯的說明，則至少極大地削弱了邏輯的普遍性。而削弱邏輯的普遍性，發展邏輯也就失去了意義。換句話說，先驗邏輯本身並不具有邏輯的普遍性，因此它也就失去了邏輯的意義。即使康德有發展邏輯的願望，他這樣的區分也會導致他的願望最終無法實現。

有人認為，康德從形式邏輯的判斷機能引出先驗邏輯的諸範疇，這只是表面現象。實際上，康德是以先驗邏輯的範疇為形式邏輯的判斷形式奠定基礎。「很難無條件地相信康德從形式邏輯中『引出』先驗邏輯的說法，而可以懷疑康德是否是先有了先驗邏輯的範疇體系，然後才把形式邏輯的判斷形式一個個推出來的。」[51] 持這種觀點的人甚至認為，「康德實際上到底是如何想的，這個問題無法、也沒有必要搞清楚」[52]。

我認為，根據我在前面的論述，這樣的看法顯然是有問題的。一個問題是，康德的先驗邏輯是否基於邏輯，這個問題顯然是可以搞清楚的。一方面，且不論康德在《純粹理性批判》的序中如何論述邏輯，也不考慮康德什麼時候學的邏輯，至少我們已經知道，他從 1755 年就開始開邏輯講座了。也就是說，邏輯作為一門學科，作為一種體系，早在他構思《純粹理性批判》之前就成為他的知識結構中的一部分了。另一方面，當然我們也可以認為，康德從學生時代開始，甚至從一開始學習哲學的時候，他就已經在思考先驗邏輯的問題了，只是由於它的問題難度極大，直到許多年以後他才把它們有系統地表述出來。但是即便如此（對於這種情況，我是很難相信的），我們大概也只能說，對於康德來說，邏輯，包括它的體系和那些判斷形式，早就是清晰明確的東西了，而先驗邏輯，包括它的性質和那些範疇，卻不是從一開始就是清晰明確的東西。因此，無論如何也不可能說康德是先有了先驗邏輯的範疇體系，然後才推出形式邏輯的判斷形式的。在我看來，這一點

51　鄧曉芒：〈康德先驗邏輯對形式邏輯的奠基〉，《江蘇社會科學》2004 年第 6 期，第 3 頁。
52　同上。

不僅是可以搞清楚的，而且實際上也是清楚的。既然康德的先驗邏輯與邏輯有如此密切的關係，那麼搞清楚這一點顯然會有助於我們正確地理解康德的先驗邏輯。由於康德的先驗邏輯是其《純粹理性批判》中最核心的思想，因而正確地理解康德的先驗邏輯無疑會有助於我們深入地理解康德的這部名著。因此，搞清楚邏輯與先驗邏輯的關係，對於我們理解康德的思想來說，並不是沒有必要的，而是十分重要的。

　　另一個問題是，究竟是康德的先驗邏輯基於邏輯，還是他的先驗邏輯為邏輯奠基？其實，前一個問題清楚了，這個問題也就清楚了。這也就是我的觀點，康德的先驗邏輯基於邏輯。但是在這裡，我認為仍然可以思考一下「奠基」一說。從字面上說，奠基應該在先。由於我們已經說明，在康德這裡，邏輯在先，而先驗邏輯在後，因此無法在這種意義上論述康德的先驗邏輯與邏輯的關係。從「客觀上」[53]說，康德對判斷中兩個概念之間的關係給出了自己的說明。比如，他不滿意邏輯學家所謂「判斷是兩個概念之間的關係的表象」這樣的「解釋」，而主張判斷「是使經驗給予的知識獲得統覺的客觀同一性的方式」[54]。康德的說法與他所認為的邏輯學家的說法肯定是不同的。人們可以認為這種不同具有本質性的區別，也可以認為康德的看法具有知識論的價值，因而具有開創性。如果願意，人們當然也可以同意康德的這種看法，而拋棄他所批評的看法。但是，能不能由此就說明康德的先驗邏輯為邏輯奠基？在我看來，康德的上述看法與他所批判的看法有一點相同之處，也有一點不同之處。相同之處是，它們解釋的對象是同一種的，即都是「S 是 P」這種形式的判斷。不同之處是，它們對這同一種形式的東西提出了不同的解釋。也就是說，康德的解釋和康德所批評的解釋都是基於邏輯

53　參見鄧曉芒：〈康德先驗邏輯對形式邏輯的奠基〉。該文由於認為沒有必要在前一種意義上考慮康德的先驗邏輯與邏輯的關係，因此主張在這樣的意義上考察它們之間的關係。

54　參見同上文，第 3-4 頁。

所提供的東西做出的，因此都是基於邏輯做出的。邏輯與基於邏輯無疑是不同的。因此，康德的先驗邏輯是一種解釋，他所批評的觀點也是一種解釋，儘管這兩種解釋不同，但是它們解釋的對象卻是由相同的邏輯所提供的。所以，即使可以說康德的解釋比他所批判的解釋如何如何，也不能說康德的解釋為邏輯奠基，因為它正依賴於邏輯。此外，在最廣泛的意義上理解，如果康德的先驗邏輯為邏輯奠基，那麼它應該促進邏輯的發展。實際上，這樣的事情並沒有發生。歷史告訴我們，沿著先驗邏輯的思路，後面有過思辨邏輯以及辯證邏輯等名稱和理論，但是這些東西並沒有被邏輯學家所接受，因為它們根本沒有發展邏輯，而且對邏輯的發展也沒有什麼益處。

因此，康德的先驗邏輯雖然叫邏輯，卻不是邏輯，即它不是邏輯這門學科意義上的東西。從邏輯的角度來看，它可能會有各種問題，但是從哲學的角度來看，它的開創性的意義卻是舉世公認的。我贊同把康德的先驗邏輯看作一種哲學，至於是像康德有時候說的那樣的先驗哲學還是其他什麼哲學，則是可以進一步討論的問題。但是理解康德的哲學必須看到以下兩點。

第一，康德以先驗邏輯而命名的這種哲學是以邏輯為基礎的。康德本人確實試圖從邏輯出發，借助邏輯的科學性，利用邏輯已有的一些成果，來進行形上學的研究，從而區別出與知性和理性法則相關的東西。抽象地說，這樣的研究方式展現了康德哲學的科學性。具體地說，這樣的研究方式展現了邏輯思想方法的運用。因此，康德的哲學與邏輯是緊密結合在一起的。在這種意義上，如果不清楚地認知到邏輯在康德的著作中是如何發揮作用的，大概也不會深刻地理解康德的先驗邏輯。

第二，即使康德從邏輯出發，運用邏輯方法，甚至根據邏輯所提供的東西來探討哲學，也就是說，即使康德哲學中浸透了邏輯精神、邏輯思想和邏輯方法，甚至以邏輯來命名，它也不一定就是邏輯。由此也說明，一種充滿

邏輯精神和運用邏輯思想方法的哲學，本身並不一定就是邏輯。特別是從學科的角度來考慮，邏輯本身和運用邏輯的方法畢竟不是一件事。因此，從邏輯出發，運用邏輯的方法，這並不意味著康德的先驗邏輯就是邏輯。儘管先驗邏輯多了一些邏輯所沒有的東西，它也不能影響邏輯的發展。在這種意義上，如果在康德的先驗邏輯的意義上來理解邏輯，則勢必會造成對邏輯的曲解。

「形式的」邏輯

根據史學家的考察，康德是使用「形式邏輯」這個名稱的第一人。[55] 無論這種說法是不是準確，在康德的著作中，我們至少看到了這樣的表述，比如，他說「純形式的邏輯（bloss formale Logik）抽掉了一切認知的內容（不論說純粹的內容還是經驗性的內容），且只是一般地研究思維（推論的知識）的形式」[56]。在《純粹理性批判》中，雖然「形式的」這個形容詞與「邏輯」這個名詞結合在一起共同出現的次數非常少，但是它確實出現了。此外，康德在一些地方也談論思維的形式。比如他在《純粹理性批判》第二版序中說，邏輯不過是一門研究「一切思維的形式規則」（die formalen Regeln）的科學。[57] 而從我們以上討論也可以看出，在康德關於先驗邏輯的討論中，尤其是他基於普遍邏輯來討論先驗邏輯，或區別普遍邏輯和先驗邏輯的時候，或者在他批評普遍邏輯的時候，思維的形式和內容是他最核心的區別。因此，雖然康德用普遍邏輯來稱謂邏輯，但是他對這種邏輯提供了

55　參見海因里希·蕭茲：《簡明邏輯史》，張家龍譯，商務印書館 1993 年，第 18 頁。

56　康德：《純粹理性批判》，鄧曉芒譯，楊祖陶校，第 134 頁。參見 Kant, I.: *Kritik der reinen Vernunft*, Band 1, S.183。

57　康德：《純粹理性批判》，鄧曉芒譯，楊祖陶校，第二版序，第 11 頁。參見 Kant, I.: Kritik der reinen Vernunft, Band 1, S.21。

一種最基本的說明，即它是研究思維形式的，因而可以說它是一種形式的邏輯。後來人們稱邏輯為「形式邏輯」，並由此產生許多關於邏輯的故事，比如與「形式」相區別而形成別的什麼邏輯，如辯證邏輯，以及今天所謂的非形式邏輯等，由於這些故事大都涉及邏輯這門學科的性質，因此康德關於所謂「形式的邏輯」的說明值得我們思考。

康德在「菲利普邏輯講座」中認為，我們的認知活動有兩類，一類是根據規則和定律的，另一類則意識不到規則和定律。而我們應用知性所應該依據的規則是邏輯，因此邏輯表達了運用理性的客觀規則。[58] 邏輯與形上學是有區別的。因為形上學儘管是關於理性規則的科學，但是它只是關於純粹理性的規則的科學，所謂純粹理性不是與感覺性的東西混合在一起的，它的原理完全來自理性，而不是來自經驗。而邏輯的原理，部分來自理性，部分來自經驗。[59] 邏輯是一種有關正確運用知性和理性的普遍規則的哲學。[60] 由於邏輯只是哲學的一部分，而科學是非常普遍的，因此不能用科學這個詞來說明邏輯。[61] 邏輯應該是科學的一種工具，而不是普遍理性的一種工具。[62] 哲學是一種理性科學，它不是一種關於普通正常理性的認知，而是一門科學本身。[63] 康德的這些論述蘊涵了他對邏輯、哲學和科學的看法，也涉及邏輯與哲學關係。從這些論述可以看出，他並沒有從形式的角度來描述或思考邏輯。

如上所述，在做「菲利普邏輯講座」的時候，康德已經開始構思《純粹理性批判》了。即使在他晚年由別人代為出版的《邏輯學講義》中，談到

58　參見 Kant, I.: *Kant's gesammelte Schriften*, Band XXIV, S.311。
59　參見同上書，SS.313-314。
60　參見同上書，S.315。
61　參見同上書，S.316。
62　參見同上書，S.317。
63　參見同上書，S.319。

「思維（的）形式」的地方也不多。[64] 我們確實看到他在導言中說，「這種關於一般知性或理性的必然法則的科學，或者說 —— 這是一樣的，這種關於一般思維的單純形式的科學，我們稱之為邏輯」。[65] 他對邏輯的兩個認知是顯然的，一個是關於一般思維的科學，另一個是純形式的科學。但是，即便是在這裡，他也是把與一般知性或理性相關放在首位，也就是說，這裡的說明與「菲利普邏輯講座」的說明基本是一樣的，而所謂「關於一般思維的純形式的科學」不過是一個補充說明而已。這一點從書中其他地方的說明可以看得更為清楚。比如他認為邏輯「應當是一門抽象思維規律的科學」；「邏輯自身只在一切思維藉以發生的概念、判斷和推理中，研究思維的規律」[66]。這些說明均與思維相關，但是並沒有提到「形式」二字。他談到先驗邏輯的地方不多，區別也僅僅在於：「在先驗邏輯中，對象本身被設想為單純知性的對象；反之，一般邏輯與一切一般對象有關。」[67] 由於康德的邏輯著作，是從他的一些講課筆記整理而成，因此，《邏輯學講義》雖然是 1880 年出版，但是內容並不一定是那時寫的。而且，如果不考慮這些偶爾出現的有關「思維（的）形式」的說明外，它與「菲利普邏輯講座」中關於邏輯的認知並沒有太大的區別。也就是說，在《純粹理性批判》出版之前和之後，他的邏輯著作並沒有怎麼強調「形式」。

　　為了說明這裡的問題，我認為還有一個問題必須要注意。在康德的著作中，無論是哲學還是邏輯著作中，「形式」這個詞的意思並不是沒有歧義的。因此，我們不能一見到他說的「形式」，就認為指的是邏輯意義上的形式。康德為了說明先驗邏輯與邏輯的區別，確實利用了形式與內容這一區

64　參見康德：《邏輯學講義》，許景行譯，楊一之校，第 8、12 頁。
65　同上書，第 2-3 頁。
66　同上書，第 9、24-25 頁。
67　同上書，第 5 頁。

別。但是他也常常談到形式和質料的區別，並且利用這一區別來探討問題。形式和質料的區別自亞里斯多德以來，一直是形上學中的重要概念和表達方式。這裡的形式並不是指邏輯形式，而是指一事物本來應該所是的東西。康德也繼承了這一傳統。比如他認為，認知可以從形式和質料的角度來看，這樣的劃分非常適合知性。質料是所給定的東西，形式是認知的方式。他甚至明確地說，「所有哲學都僅僅涉及形式」[68]。如果把這裡的形式也理解為邏輯意義上的形式，顯然會出問題。所以，雖然康德談到了「形式」，但是我們絕不能不假思索地把他所說的「形式」都理解為邏輯意義上的形式。

綜上所述，拋開康德在一般的形式和質料意義上所說的形式外，有兩個現象值得重視。第一，康德在著作中確實提到「純形式（的）邏輯」，但是這樣的地方並不多。第二，康德確實談到「思維的形式」，但是在《純粹理性批判》中，他非常強調思維的形式與內容的區別，而在他的邏輯著作中，反而不怎樣強調這樣的區別。在我看來，這兩點現象說明一個問題：「形式的」邏輯的說明對於闡明邏輯的性質本身來說，似乎並不是那樣重要，倒是對於得到康德的先驗邏輯顯得至關重要。一方面，如果對於邏輯十分重要，而且康德也意識到這一點，那麼他似乎應該更強調它的重要性才對。另一方面，正是依循形式與內容的區別，康德才得到了他的先驗邏輯。因此，如果把康德的邏輯著作和《純粹理性批判》對照起來看，我們似乎會感覺到，只是為了得到他的先驗邏輯，邏輯研究思維的「形式」才得到了強調，邏輯自身才被賦予了「純形式的邏輯」這樣一個名字。即便是這樣，康德主要也只是把「形式的」作為邏輯的一種性質來說的。因為如上所述，他明確使用的名稱是「普遍邏輯」，而不是「形式邏輯」。

我強調康德關於「形式的」邏輯的論述，是想說明，康德的這種說明，

68　參見 Kant, I.: *Kant's gesammelte Schriften*, Band XXIV, S.341。

對於邏輯來說，本來是不必要的。在我看來，康德的本意是從邏輯出發，冠以邏輯的名稱，從而使自己的論述具有科學性。康德從邏輯出發是沒錯的，他想使自己建立的形上學體系具有科學性也是沒錯的。但是，這兩點與他把他的哲學命名為先驗邏輯，並沒有什麼必然的連繫。實際上也正是如此。康德本人雖然由此得到了一種先驗邏輯，但也只是得到了一種徒有虛名的「邏輯」。因為先驗邏輯根本不是邏輯，而是一種哲學。假如他從邏輯出發，指出邏輯只涉及表達的形式，因而不能滿足形上學的需要，我想，他同樣也是可以建構出他的形上學體系的。

在這種意義上，我認為康德使用「普遍邏輯」來稱謂邏輯，而沒有使用「形式邏輯」來稱謂邏輯，可能也是有所考慮的。而且在康德的著作中，除了區別普遍邏輯和先驗邏輯的地方，一般都是使用「邏輯」這一概念。這說明，「形式的」只是他區別普遍邏輯與先驗邏輯所依據的東西，而他本人並沒有想以此來稱謂邏輯。這似乎也說明，邏輯是什麼，在他所處時代，本來就是清楚的。康德本人知道這種情況，他對亞里斯多德邏輯的評價也是非常出名的。因此他只是想借助邏輯來建立自己的形上學體系。從他的著作和論述來看，儘管他提出先驗邏輯，但是仍然看不出他是想發展新的邏輯體系。在這種意義上，我倒是認為，康德說一說「形式的」邏輯也沒有什麼。只不過他大概根本不會想到，後來人們會認為他是「形式邏輯」這一名稱的首創者，這個名稱甚至會成為邏輯的代名詞，而且由此竟產生出許多與它不同的邏輯，他的先驗邏輯則是這諸多邏輯中具有開創性的一種。

我認為，邏輯就是邏輯，它根本就沒有必要加上「形式」二字來說明。亞里斯多德談論的是命題，而命題是含有真假的句子。他很少用「形式」一詞，也把「S 是 P」這種形式以及圍繞它而形成的一些形式說得非常清楚。尤其是，他說的「必然地得出」刻劃了邏輯本身的性質，也沒有使用「形式」

一詞。今天的邏輯使用「形式語言」、「形式系統」這樣的概念，這不過是沿用了人們習慣的形式邏輯的稱謂，而且更多的是為了與自然語言相區別，而不是為了說明思維形式。而從對邏輯性質的說明來看 —— 比如，邏輯是研究推理的有效性或有效推理的科學。所謂有效性是說，一個推理是有效的，必須從真正的前提得出真正的結論 ——「形式的」這樣的說明根本是不用的，或者至少是可以不用的。這說明，「形式的」可以是邏輯的一種特徵，但並不是邏輯的根本性質。[69] 以「形式的」這種特徵為基點，找到與它不同的特徵來發展邏輯，理論上說當然是可以的，但是這樣的發展必須符合邏輯的根本性質，而絕不能違背邏輯的根本性質。康德的先驗邏輯確實與邏輯的「形式的」特徵有區別，康德對於這種區別的論述也非常清楚，但是它與邏輯的根本性質完全不同，因此它絕不是邏輯，更不是邏輯的發展。康德本人沒有說先驗邏輯是邏輯的發展，他也沒有認為說他提出先驗邏輯是要對邏輯的發展做出貢獻。在我看來，康德本人是清楚的，而後人對他的 些看法和評價卻是有問題的。

69　我曾把這種性質稱為「邏輯的內在機制」。參見王路：《邏輯的觀念》。

第三章 黑格爾的《邏輯學》

　　黑格爾（Hegel）是哲學史上非常著名的哲學家。他有兩部以邏輯命名的著作，一部是《邏輯學》（*Wissenschaft der Logik*）（俗稱《大邏輯》），另一部是《小邏輯》。對於他是不是邏輯學家，就有一些不同的看法。一般來說，儘管也有個別邏輯史著作談到他[01]，但是，人們把他看作是一位哲學家和形上學家，而不看作邏輯學家。

　　黑格爾這兩部著作都有中譯本。但是它們對黑格爾所討論的核心概念「Sein」卻使用了不同的翻譯術語。前者用的是「有」[02]，後者用的是「存在」[03]。這兩個術語顯然是不同的。由於《小邏輯》基本上是《大邏輯》的一個簡寫本，因此它們的核心觀念不可能是不同的。由此來看，不同的中文翻譯，說明了譯者對黑格爾的思想有非常不同的理解。近年來，黑格爾的《小邏輯》又出了一個新的中譯本，該譯本對舊譯本的一些術語翻譯進行了修正，但是仍然沿襲了「存在」這一術語。[04]這表明，以「存在」來理解黑格爾的「Sein」，仍然是學界的基本傾向。不過近年來依然也有人明確主張，理解黑格爾的理論應該用「有」這個概念。[05]

　　我認為應該以「是」來理解黑格爾所說的「Sein」，並圍繞這一概念來理解黑格爾的思想，我還把黑格爾的「Sein」譯為「是」，並且詳細討論了黑格爾的許多相關論述。[06]不過，那些討論主要集中在文本之中，集中在如何理解黑格爾對「是」、「不」等概念以及相關概念的討論。我認為，這是理解黑格爾思想的基礎工作。沒有這樣的討論，不可能深入地研究和理解黑格爾的思想。這裡，我想在以前那些研究的基礎上進一步探討，黑格爾所論述的為什麼是「是」，而不是「存在」和「有」。

01　參見 Dumitriu, A.:*History of Logic*。

02　參見黑格爾：《邏輯學》上、下卷，楊一之譯，商務印書館 1977 年版。

03　參見黑格爾：《小邏輯》，賀麟譯，商務印書館 1980 年版。

04　參見黑格爾：《哲學全書·第一部分·邏輯學》，梁志學譯，人民出版社 2002 年版。

05　參見趙敦華：〈「是」、「在」、「有」的形而上學之辯〉，《學人》第 4 輯，江蘇文藝出版社 1993 年版，第 395 頁。

06　參見王路：《邏輯的觀念》，第 6 章；《「是」與「真」—— 形而上學的基石》，第 7 章。

梁志學先生在其新譯的《哲學全書‧第一部分‧邏輯學》(《小邏輯》)的譯後記中也談到了這個問題,並認為是否以「是」來理解乃至翻譯「Sein」,是「牽一髮而動全身的」[07]事情。雖然他在譯文中保留了「存在」的翻譯,但是他的這一說明卻切中了理解黑格爾思想的核心所在,以及理解這個問題的複雜性和重要性。我認為,除了由於語言方面的差異所產生的複雜性以外,以及除了西方形上學思想本身的複雜性以外,還有一層複雜性,這就是邏輯與哲學的關係。下面的討論將主要集中在這後一個部分。

三種解釋

黑格爾的邏輯體系是在三個基本概念的基礎上建立起來的。按照不同的中譯文,該體系的三個基本概念可以有以下三種解釋:第一,有、無、變;第二,存在、無、變易;第三,是、不、變。根據第一種解釋:

「有」是黑格爾體系中第一個概念,是「邏輯學」的起點,是「絕對精神」自我發展的開端。「有」也譯作「存在」,黑格爾在這裡所講的「有」或「存在」,和我們唯物主義哲學中所講的物質的存在,完全不是同一件事,它是一種純粹抽象的、沒有任何內容的概念。這個「有」是絕對空虛的,毫無任何規定性的,全然不具體的,所以,「有」也就等於「無」。黑格爾就是這樣來推導的。於是,他由「有」的概念推論到他的對立面——「無」的概念。「有」與「無」既是對立的,又是統一的,「有」與「無」的統一,便是「變」,或譯作「生成」。「變」是比「有」與「無」更高的概念。[08]

從這裡的解釋可以看出,黑格爾說的「有」或「存在」,與唯物論所說的物質的「存在」根本不同。不知道這是否也是採用「有」而不採用「存在」這一譯名的理由之一。此外,從字面上非常容易理解,「有」與「無」

---

07 黑格爾:《哲學全書‧第一部分‧邏輯學》,第 407-408 頁。

08 黑格爾:《邏輯學》,楊一之譯,編者前言,第 3 頁。

是兩個對立的概念，從「有」推論「無」，從「無」推理「有」，兩者達到統一等等。這不僅符合中文文字的表達習慣，甚至與華人的思維方式也是一致的。因此，這種解釋可以得到廣泛接受，尤其是得到那些借助中譯文來學習和理解黑格爾的人的接受，也就是可以理解的。

賀麟先生在說明第二種解釋的時候說：

關於存在（Sein）一詞，根據黑格爾《邏輯學》是由存在論辯證發展到本質論，並由本質論上升到概念論的，存在論是這一發展過程的最初階段，即亞里斯多德認為思辨哲學是一種「研究存在之為存在（Being as Being），以及存在之為自在自為的性質的科學」⋯⋯這裡包含有本體論與邏輯學統一的思想。所以我這次把舊譯本的「有論」改為「存在論」，有些地方，根據上下文具體情況，特別是在談到有與無的對立和同一時，仍保留「有」字。[09]

這裡有兩點是明顯的，一點是與亞里斯多德在《形上學》中的論述連繫起來，這裡隱含著譯者的認知，即黑格爾所討論的這個「存在」，與亞里斯多德所探討的「存在之為存在」是同一個概念，這樣一來，就是把黑格爾的著作放在哲學史中，放在哲學史的主要線索上來理解，而不是作為一本單獨的著作孤立地來理解。另一點是在一些地方仍然保留了「有」這一譯名，這一做法及其解釋，尤其是這裡所說的「上下文」似乎說明，作為一組對立的概念，「有」與「無」，比「存在」與「無」要更容易理解一些。

從以上分析可以看出，字面上看，顯然「有」與「無」更容易理解一些，因為它們無疑是一組對立的概念。這樣一組對立的概念對於我們的理解來說，沒有任何問題。但是，「有」這一概念似乎會脫離哲學史，與亞里斯多德所談的形上學的核心概念似乎沒有什麼關係，這樣似乎會把黑格爾的著作和思想孤立起來。從哲學史的連繫與發展來看，「存在」則更容易理解一些，因為它與亞里斯多德的形上學的核心概念是同一個概念。而且既然談

09　黑格爾：《小邏輯》，賀麟譯，新版序言，第 xvii 頁。

到本體論與邏輯的統一，人們自然就會想到唯物論所說的物質的存在，似乎就會更容易理解。但是，如果是這樣理解，似乎就會產生前一種解釋所告誡的問題。而且，「存在」與「無」並不是一組對立的概念，把它們作為一組對立的概念來理解，尤其是作為黑格爾思想體系的出發概念來理解，似乎就會有問題，至少在字面上是不太自然的。因此表面上看，這兩種解釋各有優點，也各有缺點。

值得注意的是，這兩段解釋有一個共同之處，就是都談到邏輯。區別僅在於前者所談的「邏輯學」似乎是指黑格爾的思想體系，而後者明確提到《邏輯學》這本書。如果《邏輯學》也包括黑格爾有關邏輯的思想體系，或者黑格爾有關邏輯的思想體系就在《邏輯學》這本書中，那麼這兩段話的意思似乎也是一樣的。此外，後一段解釋還提到本體論與邏輯學的統一。這裡的「邏輯學」大概指作為一門科學或方法的邏輯，本體論則大致會指一種哲學或方式，僅此一句話，雖然我們尚無法深入理解，但是至少可以看到，這裡已經涉及了邏輯與哲學的關係。

我認為，既然提到邏輯，那麼就應該連繫邏輯來考慮。而若是連繫邏輯來考慮，以上兩種解釋都是有問題的。具體地說：「有」和「無」這兩個概念與邏輯有什麼關係呢？「存在」和「無」這兩個概念又與邏輯有什麼關係呢？我絲毫看不出它們與邏輯有任何關係。如果這些概念與邏輯沒有什麼關係，為什麼在解釋中還要提到邏輯呢？應該說，提到邏輯本來應該是十分自然的事情，因為黑格爾把他的著作就命名為《邏輯學》。在這種情況下，解釋黑格爾的思考，解釋他的基本概念，提到邏輯是完全有理由的。問題是這樣的解釋雖然提到了邏輯，因而應該與邏輯有關，可是他的兩個基本概念怎麼會與邏輯沒有任何關係呢？

以上只考慮了前兩種解釋，在回答這裡提出的問題以前，我們不妨先看一看第三種解釋，即「是」、「不」和「變」。直觀上就可以看出，這種解

釋正好與邏輯是密切相關的。「S 是 P」是傳統邏輯的核心句式。由此出發，最核心的概念就是其中的那個「是」。該句式是肯定形式，其否定形式為「S 不是 P」。它不過是在「S 是 P」這個句式上增加了否定詞「不」。所謂肯定形式和否定形式，也是傳統邏輯中從質的角度對句子最基本的區分。由此出發，其中的「不」也是一個邏輯概念。特別是，從肯定到否定，即從「S 是 P」到「S 不是 P」，句子的真假會發生根本性的變化。因此，「是」與「不（是）」乃是對立的。黑格爾從邏輯出發，取「是」和「不」作基本概念，顯然是再自然不過了。他自己的創造在於提出「變」這個概念。透過這一概念，可以達到他自己想說明的「是」與「不」的對立統一。

從第三種解釋可以看出，黑格爾的思想是與邏輯密切連繫在一起的，他在《邏輯學》中所建立的思想體系的基本概念，就是當時基於亞里斯多德邏輯而形成的傳統邏輯的核心概念。由此也可以說明，不是黑格爾的基本概念與邏輯沒有關係，而是前兩種解釋本身有問題，因為「有」和「存在」以及「無」這樣的譯名，首先從字面上就閹割了黑格爾思想體系的基本概念與邏輯的連繫。

當然，第三種解釋似乎也有自身的問題。在中文中，「是」似乎僅僅是一個系詞，除此之外，再沒有其他含義，[10] 因而「是」似乎根本不能算是概念。把它作為一個獨立的概念，並且是哲學中最核心的概念，要理解起來似乎是有困難的。它似乎明顯不如「存在」或「有」這樣的概念那樣明確。

對照以上三種解釋，可以得出兩點結論。從字面上理解，「存在」和「有」似乎更容易一些。而從邏輯的角度出發，顯然「是」更合適。關於應該以「是」還是應該以「存在」來理解西方哲學的核心概念「being」，我在

10　也有一些人研究論證漢語中的「是」也有「存在」等含義（例如參見王太慶：〈我們怎樣認識西方人的「是」？〉，《學人》第 4 輯，江蘇文藝出版社 1993 年版）。我一般不考慮「是」這個中文概念是不是有存在的含義。我所關心的主要是，哪一個中文概念能夠反映 Sein 或 being 的最主要的含義（參見王路：《「是」與「真」——形而上學的基石》）。

《「是」與「真」——形而上學的基石》一書中已經做過詳細探討，因此不再多說。這裡我只考慮第二點結論。圍繞這一點，似乎可以問一個問題。連繫邏輯來考慮，為什麼一定是「是」，而不是「存在」？

以上已經說明，由於黑格爾著作的名稱就叫《邏輯學》，探討他的基本概念不連繫邏輯來考慮是不行的。但是，既然人們一般認為黑格爾是哲學家，而不是邏輯學家，既然人們一般認為他的《邏輯學》是一部哲學著作，而不是一部邏輯著作，為什麼他說的就一定是「是」，而不是「存在」呢？再具體一點來說，我們都知道，一些人認為黑格爾的邏輯是一種辯證邏輯，與亞里斯多德邏輯和基於亞里斯多德邏輯而形成的傳統邏輯是不一樣的。在這種意義上，即使黑格爾把他的著作命名為「邏輯」，他說的也是辯證邏輯，而不是通常意義的邏輯。而連繫這種意義的邏輯，為什麼就不能是「存在」，而一定是「是」呢？這樣的問題顯然也不是沒有道理的，因此值得認真思考。

出發點

以上問題的出發點是非常直觀的：黑格爾的著作名稱是《邏輯學》，因而其內容與邏輯不可能沒有任何關係。但是從哲學史上對黑格爾的評價來看，似乎又可以得出一個與這個出發點相悖的結論。簡單地說，由於黑格爾不是邏輯學家而是哲學家，因此他說的「邏輯」究竟是什麼就值得考慮。如果他說的邏輯是有歧義的，或者是與一般意義上的邏輯不同的，而且人們一般也確實是這樣認為的，似乎就可以從哲學的角度，或者在哲學史的背景下，或在整個哲學的框架裡來理解他的思想。我認為，這裡實際上存在兩方面的問題。一方面，人們不把黑格爾看作邏輯學家，因而不把它的《邏輯學》看作邏輯學著作，這是因為人們認為他寫的那些東西，包括《邏輯學》，不是邏輯或與邏輯的概念不符。另一方面，黑格爾把他的著作命名為

《邏輯學》，這說明，他自己把它看作邏輯著作。換句話說，黑格爾是把他的這部著作當作邏輯著作來寫的，只不過最終沒有得到邏輯學家或邏輯學界的承認。因此，黑格爾的著作為什麼沒有得到邏輯學家的認同，這裡的原因是可以探討的，但是由此卻不能說他的著作與邏輯沒有任何關係。實際上，他的著作與邏輯關係密切，其中包括他對邏輯的認知和理解，以及他對他所理解的邏輯問題的論述，只是這些認知和討論的正確與否需要另當別論。如果我的這種看法是正確的，那麼上述連繫邏輯來理解他的思想的看法就是有道理的。因此我們仔細考察一下我的這種看法。

　　《邏輯學》一書的導論由兩部分組成，第一部分的題目是「邏輯的一般概念」。這部分的第一句話，即該導論的第一句話是：

沒有一門科學比邏輯科學更強烈地感到需要從問題實質本身開始，而無需先行的反思。[11]

　　我直接引用這句話，並不是因為我認為它本身是否有道理或是否更重要，而是因為它所處的位置以及它是把邏輯作為一門科學或學科而談論的。在我看來，這對於理解黑格爾關於邏輯的論述是有意義的。它表明，黑格爾從一開始就是把邏輯作為一門學科或科學來論述的。因此，無論他後面如何論述，我們都應該在這種意義上來理解他所說的邏輯，至少不應該脫離這種意義。

　　黑格爾認為，邏輯是「研究思維、思維的規定和規律的科學」，「對思維的細密研究，將會揭示其規律與規則，而對其規律與規則的知識，我們可以從經驗中得來。從這種觀點來研究思維的規律，曾構成往常所謂邏輯的內容。亞里斯多德就是這門科學的創始人。他把他認為思維所具有的那種力量，都揭示出來了」。[12] 但是黑格爾又認為，亞里斯多德的這種邏輯雖然

11　黑格爾：《邏輯學》上卷，楊一之譯，第23頁。
12　黑格爾：《小邏輯》，賀麟譯，第63、72頁。

還是公認的，但是沒有增加什麼材料，而近代人關於邏輯的工作，不過是放棄了傳統的「許多邏輯規定」，「又摻進去許多心理學的理論」。[13] 在黑格爾看來，雖然邏輯的形態與內容沒有什麼太大的變化，但是時代變化了，科學變化了，因而時代精神也變化了。不過這些東西和內容沒有在邏輯中顯示出來。他認為，「假如精神的實質形式已經改變，而仍然想保持舊的教育形式，那總歸是徒勞；這些舊形式是枯萎的樹葉，它們將被從根株發生的新蓓蕾擠掉」[14]。顯而易見地，邏輯還是亞里斯多德開創的邏輯，但是落後了，跟不上時代的發展，因此需要進行改造。

　　黑格爾認為，邏輯是研究思維的科學，但是以往的邏輯只研究形式而不研究內容，這是不妥當的。既然思維與思維規則是邏輯的對象，那麼思維與思維規則的內容或質料也應該是邏輯研究的對象。雖然人們過去研究邏輯的時候完全不考慮形上學的意義，但是邏輯並不因此就是一門缺乏內容的形式科學。[15] 他對這種只研究形式而不考慮內容的邏輯提出了強烈的批判。他認為，「形式既然只是固定的規定，四分五裂，沒有結合成有機的統一，那麼，它們便是死的形式，其中沒有精神，而精神卻是它們具體的、生動的統一。因此它們缺少堅實的內容 —— 一種本身就是內容的質料」[16]。他甚至認為，這樣的邏輯是毫無精神可言的，這樣的邏輯所講述的精華部分，即「所謂規則、規律的演繹，尤其是推論的演繹，並不比把長短不齊的小木棍，按照尺寸抽出來，再捆在一起的做法好多少，也不比小孩子們從剪碎了的圖畫把還算完整的碎片拼湊起來的遊戲好多少。」[17]。在他看來，思維都是活的，是與內容結合在一起的，因此只研究形式是不夠的。邏輯研究的是「純粹思

13　同上書，第 73 頁。

14　黑格爾：《邏輯學》上卷，楊一之譯，第 3 頁。

15　參見同上書，第 24、29 頁。

16　同上書，第 29 頁。

17　同上書，第 34-35 頁。

維的科學，它以純粹的知為它的本源，它不是抽象的，而是具體生動的統一」[18]。這些論述十分清楚地表明，黑格爾是在論述邏輯，而且確實是在按照自己的認知來論述邏輯。他甚至明確地說邏輯「需要一番全盤改造」[19]，這說明他對已有的邏輯不滿，他想要發展新的邏輯體系。

從以上這些論述可以十分清楚地看出幾點。其一，黑格爾是把邏輯作為一門學科來談的。其二，他認為邏輯是研究思維規律的科學。其三，他批評邏輯只研究思維形式不研究思維內容。其四，他不滿意邏輯的現狀，而要發展新的邏輯。也就是說，黑格爾是從現有的邏輯出發，他要在批判現有邏輯的基礎上發展邏輯，即建立他的邏輯體系。

目的明確以後，黑格爾對邏輯進行了分類。他把邏輯分為客觀邏輯和主觀邏輯。客觀邏輯由兩部分組成，即「是」的邏輯和「本質」的邏輯，主觀邏輯則是概念的邏輯。按照黑格爾的說法，他的客觀邏輯有一部分相當於康德的先驗邏輯。[20] 由此看來，他的主觀邏輯應該大致相當於康德的普遍邏輯。但是黑格爾並不是像康德那樣從邏輯出發，根據邏輯的特徵提出先驗邏輯，而是把客觀邏輯放在首位。因此他在分類的過程中，關於客觀邏輯的論述值得我們注意。

在論述客觀邏輯的過程中，黑格爾首先強調要從科學中尋找純粹的出發點。他認為尋找哲學的開端是困難的，他所做的是考察邏輯的開端。[21] 這表明，他要尋找科學的開端，而具體做法就是從邏輯來尋找出發點。這固然是因為在哲學中尋找開端不太容易，但主要還是因為在他看來，「邏輯是純科

18　同上書，第 44-45 頁。另見 Hegel, G.W.F., : *Wissenschaft der Logik*, I.Suhrkamp Taschenbuch Verlag 1993, S.57。

19　同上書，第 33 頁。

20　參見黑格爾：《邏輯學》上卷，楊一之譯，第 45 頁。

21　參見同上書，第 51、52 頁。

學」[22]。因此從邏輯尋找純粹的出發點這一具體做法，與他明確的從科學中尋找純粹的出發點這一要求是一致的。黑格爾具體地說：

> 無論在天上、在自然中、在精神中或任何地方，都沒有什麼東西不同時包含直接性和間接性，所以這兩種規定表現為不分的和不可分的，而每一個對立的命題表現為一種不是的情況。但是科學說明所涉及的東西，那就是在每一個邏輯命題中都出現了直接性和間接性的規定，以及它們的對立和真的說明。只要這種對立在與思維、知、認知等的關係中，持有直接或間接的知較具體的形態，那麼一般認知的本性即將在邏輯科學之內來考察，而認知的其他具體形式，便也歸在精神科學和精神現象學之中了。[23]

這一段說明不僅提到邏輯命題，而且提到其中的「規定」及其「對立」，還有「真」。這些東西顯然涉及邏輯的具體內容。即使不考慮這些具體內容，有兩點意思也是十分明顯的。第一，科學說明與邏輯相關，因此相關的認知要在邏輯中來考察。這也是黑格爾特別強調的。第二，與邏輯相關的這種直接性和間接性無所不在，是具有普遍性的。無論這樣的說明和看法本身是不是有道理，至少它們支持了黑格爾自己的觀點。這是因為，邏輯是科學，那麼從邏輯出發就會具有可靠性；而邏輯若是具有普遍性，那麼從邏輯出發所尋找的出發點，也就會具有普遍性。

從以上討論可以看出，黑格爾從邏輯出發，試圖發展邏輯；即使在區分了客觀邏輯和主觀邏輯之後，在具體論述客觀邏輯的過程中，也首先從邏輯尋找出發點。這就說明，無論黑格爾的邏輯最終發展成什麼樣子，至少他從邏輯出發，這一點是非常清楚的。

22　同上書，第 53 頁。

23　同上書，第 52 頁；譯文有修改，參見 Hegel, G.W.F., : *Wissenschaft der Logik*, I., S.66。

邏輯的核心概念

有人可能會問，即使黑格爾是從邏輯出發，為什麼他的核心概念就一定是「是」，而不是「存在」或「有」呢？這樣的提問當然也是有道理的。如果用黑格爾的方式來回答，則可以說這個問題既簡單又不簡單。說它簡單，是因為看一看邏輯中究竟是有「存在」或「有」，還是有「是」就可以了。而說它不簡單，則是因為這涉及對邏輯的理解和掌握，因而涉及對邏輯技術和思想的運用的理解和掌握。下面我們先考慮簡單的回答。

在黑格爾時代，邏輯已經經歷了漫長的發展，形成了它的基本框架，這就是概念、判斷、推理。而它的核心內容仍然是三段論。這樣的內容基本上與亞里斯多德邏輯一脈相承，也就是說，其句子最核心的句式依然是「S是P」，在此之上增加否定詞「不」和量詞「所有」和「有的」，就形成了A、E、I、O四種形式。由此可見，這種邏輯的主要特徵是：它的句子形式是以主謂結構展現的，它以系詞「是」為核心，以「S」和「P」這兩個變數標示出主項和謂項，因此這種邏輯也叫詞項邏輯。在這種邏輯中，「是」、「不」、「所有」、「有的」、「所以」（如果，那麼）是邏輯常項，「S」、「P」、「M」是變項。由於邏輯常項是邏輯研究的主要的東西，再加上「是」的核心地位，因此可以說，「是」乃是詞項邏輯中最核心的東西。雖然黑格爾批評邏輯，並對邏輯有諸多不滿，但是當他從邏輯出發時，他所考慮和依據的東西依然是由這樣的內容組成的，因此他所考慮的一定是、也只能是這些內容。

很清楚，在這樣一種邏輯中，絲毫看不到「存在」和「有」。換句話說，作為一門學科或科學，詞項邏輯根本就沒有把「存在」或「有」作為邏輯要素來考慮。當然，從理解西方思想的角度出發，這裡可以問：我們能不能考慮把「S是P」中的「是」翻譯為「存在」或「有」，或者理解為「存

在」或「有」？我不知道是不是可以討論這個問題，也不知道討論這個問題是不是有意義。但是事實是，過去我們一直十分自然地把詞項邏輯的核心句式翻譯和理解為「S 是 P」，我們不僅這樣學會了西方邏輯，並且對於「S 是 P」這樣的句式不存在任何理解方面的問題。因此在這種意義上，我更願意認為，「存在」和「有」根本無助於我們理解和學習詞項邏輯。

這裡可以順便說一下，黑格爾對「是」與「存在」的區別也不是沒有認知的。他雖然主要談論「是」，但是也專門談論了「存在」（existieren）。對於這兩者的區別，他說：

> 人們也許很難承認，某物能夠是，而不存在：但是人們至少不會把比如：是這個判斷系詞和存在這個詞混同在一起，也不會說：這件貨物存在得貴、合適等等，金錢存在著金屬或金屬的，而會說：這件貨物是貴的、合適的，金錢是金屬。然而，是和表現、現象和現實性，以及與現實性對立的純是通常也是相區別的，一切這些名詞與客觀性的區別尤其大 —— 即使它們應該用作同義詞，哲學也應該有自由利用語言這些空洞的、多餘的東西來表示哲學的區別。[24]

黑格爾這裡強調的無疑是「S 是 P」中的「是」和「存在」的區別，而且他顯然是認為，「S 是 P」中的「是」不是「存在」。

明白了什麼是邏輯的基本內容，由此也就可以明白，對於學過邏輯的人來說，這些基本內容也是常識。也就是說，考慮這樣的邏輯，就會把「是」當作核心的東西。因為它是「S 是 P」這種基本句式的核心，也是構成 A、E、I、O 這樣的句子的核心，當然也是由 A、E、I、O 構成的三段論式的核心。黑格爾既然了解這些內容，又要發展邏輯，還要從邏輯尋找出發點，在這種情況下，他所談的「Sein」不可能不是這裡所說的「是」。最保守地說，他所談的「Sein」不可能與這裡所說的「是」沒有任何關係。但是，當我們把

24　黑格爾：《邏輯學》下卷，楊一之譯，第 392 頁。譯文有修改，參見 Hegel, G.W.F., : *Wissenschaft der Logik*, II , Suhrkamp Taschenbuch Verlag 1993, S.407。

他說的這個「Sein」翻譯為「存在」或「有」的時候，就切斷了與邏輯的連繫，或者說與邏輯可能會有的連繫。

為了更清楚地說明這裡的問題，我們還可以看一看與「存在」和「有」相對應的另一個翻譯術語「無」。前面我們說過，「S 是 P」是最基本的句式，這同時也是肯定式。加上「不」，就得到另一個句式：「S 不是 P」，它也是否定式。在詞項邏輯中，「是」和「不是」被看作是兩種基本形式，表示句子的質。顯然，無論「S 不是 P」表達的是什麼，它正表達了與「S 是 P」相對立的東西。因此，當黑格爾說他從邏輯中尋找開端，先找到了「是」，然後又找到了「不」，就絕不是隨意的了。因為在邏輯中，「是」是基本要素，「不」則構成對「是」的否定，因此實際上「不」意味著「不是」。黑格爾從邏輯得到這樣兩個東西，則是再自然不過的了。而當他從這兩個開端出發，引入「變」就更容易理解了。從純是到具有規定性的是乃是變，從純不到具有規定性的不乃是變，而從是到不（是）也是變。沒有這樣的變，他的「邏輯」體系就無法建立起來。在這些變中，無論他的論述多麼含糊，大概至少從是到不（是）的變，包括否定之否定，還是容易理解的，因為它與邏輯正好相符。但是在這裡，如果以「存在」或「有」與「不」來翻譯，則這裡的「變」可以是「存在」或「無」，或者「有」和「無」。但是無論怎樣理解，大概都不會有「S 是 P」和「S 不是 P」這樣的理解。

概念的推導

我們也可以考慮一下更進階的回答。對照黑格爾和康德，可以看到一個明顯的區別。雖然他們都是從邏輯出發，卻有所不同。康德是先談邏輯，然後根據邏輯的情況，提出先驗邏輯，並根據邏輯的分類來區分先驗邏輯，由此展開先驗邏輯的論述。黑格爾卻不是這樣。毫無疑問，他從邏輯出發，區

分出客觀邏輯和主觀邏輯。但是他先論述客觀邏輯，然後論述主觀邏輯。而在具體論述客觀邏輯的時候，又再次從邏輯尋找出發點。如果從邏輯的角度來看，人們一般會認為，主觀邏輯是黑格爾關於邏輯的論述，而他的客觀邏輯是形上學。也就是說，他對形上學的論述先於他對邏輯的論述。如果只看這樣一種次序，而不考慮邏輯本身，人們可能會認為，由於客觀邏輯在先，而主觀邏輯在後，因而即使他在主觀邏輯部分是圍繞著「S 是 P」來談論的，在客觀邏輯部分也不一定是這樣談論的，而且既然他先談客觀邏輯，而在客觀邏輯這裡他又不是在談論邏輯，甚至也不是圍繞著邏輯的東西來談論，那麼依照這種先後次序，就應該按照他在客觀邏輯部分的論述，來理解他在主觀邏輯部分的論述。這也就是人們常說的邏輯與哲學是不同的，因此邏輯的理解與哲學的理解可以是根本不同的。這種看法似乎是有道理的，但是太過表面化。實際上，思考問題的次序與談論問題的次序可以是不同的。即使先談論客觀邏輯，而後談論主觀邏輯是黑格爾的論述次序，這也不一定就是他考慮這些問題的次序。不過，這樣談問題太玄虛。我們還是具體地看一看黑格爾的論述。

我認為，即使是從邏輯的角度出發，也可以用兩種方式來看待這裡的問題。一種方式是結合黑格爾關於客觀邏輯和主觀邏輯的論述來考慮。另一種方式是只考慮黑格爾關於客觀邏輯的考慮。下面我們分別以這兩種方式來說明。

簡單地說，主觀邏輯部分是黑格爾關於邏輯的論述，也反映出他利用邏輯的理論和技術來論述問題。從他討論的內容來看，與概念、判斷和推理這樣的邏輯的基本內容正好相符。但是他的討論與邏輯的討論又不一樣，他要討論個別和普遍、特殊和普遍等關係。用他自己的話說，就是利用「完全現成的、牢固的，甚至可以說是僵化的材料」，「使這些材料流動起來，把在

這樣陳死材料中的生動的概念燃燒起來」。[25] 我們隨便看他的一段論述：

當我們把主詞和謂詞這種相互規定列比一下，就發生了這樣雙重的東西：

   A. 主詞儘管直接是作為是者或個別的東西，謂詞卻是普遍的東西。但是由於判斷是兩者之間的關係，而主詞透過謂詞被規定為普遍的東西，所以主詞是普遍的東西。

   B. 謂詞是在主詞中被規定的，因為它不是一種一般的規定，而是主詞的規定；玫瑰花是香的，這種香氣不是任何一種不曾規定的香氣，而是玫瑰花的香氣；所以謂詞是個別的東西。……因此，假如主詞被規定為普遍的東西，那並不是要從謂詞那裡把它的普遍性規定也接受下來—那樣就會不成其為判斷—而是只要接受它的根本性規定；當主詞被規定為個別的東西時，應該把謂詞當作普遍的東西。[26]

這裡可以看得非常清楚，黑格爾是在圍繞著「S 是 P」進行論述。就這種句式本身而言，「是」無疑是系詞，透過它，得以區別主詞和謂詞，得以呈現主詞和謂詞的關係，這也就是我們前面所說的「是」的邏輯常項的作用。由於這些內容是邏輯講過的，比較清楚，黑格爾也就沒有進行更多的解釋，他所講的不過是關於其中如何表示個別的東西，如何表示普遍的東西，即在「S 是 P」這樣一種表述中，個別與普遍是如何展現的。透過這種關於個別與普遍的說明，以及其他許多說明，比如特殊和普遍，個別、特殊和普遍等，黑格爾似乎使「S 是 P」這樣僵化的說明變得生動起來。

結合這裡的論述來看客觀邏輯，同樣是從邏輯出發，自然同樣要從「S 是 P」這樣的句式出發。在這種情況下，客觀邏輯所討論的那個出發點當然也應該是「S 是 P」中的那個「是」。至於黑格爾賦予它什麼樣的含義，則是次一

25　黑格爾：《邏輯學》下卷，楊一之譯，第 237 頁。

26　黑格爾：《邏輯學》下卷，楊一之譯，第 305 頁；譯文有修改，參見 Hegel, G.W.F., : *Wissenschaft der Logik*, Ⅱ.SS.314-315。

步的事情。如果這樣理解，我認為是自然的，因為這樣一來，他的客觀邏輯與主觀邏輯就是相通的。

從另一個角度看，由於黑格爾先談論客觀邏輯，然後才談論主觀邏輯，因此似乎可以問：為什麼不能不考慮他的主觀邏輯，而只考慮他的客觀邏輯呢？或者，為什麼不能先不考慮他的主觀邏輯，而只考慮他的客觀邏輯，在弄清楚他的客觀邏輯之後，依據他的客觀邏輯再來理解他的主觀邏輯呢？

前面已經說過，黑格爾是從邏輯出發來尋找出發點。因此，即使不考慮他的主觀邏輯而只考慮他的客觀邏輯，也不能脫離邏輯。而只要從邏輯或結合邏輯來考慮，前面的論述就是有效的。此外，我認為還有一點值得注意，這就是黑格爾所說的概念的推導。這一點對於理解他的思想也是至關重要的。

黑格爾對現有的邏輯體系有部分批評，認為其中對內容的規定和劃分沒有經過任何演繹和論證，「這些未經任何演繹和論證，而作出的規定和劃分，就構成了這些科學的系統的架構與全部的連繫。這樣的邏輯，以為它的職責就在於談論概念和真，因而必須從原理推導出來；但是在它所謂的方法那裡，卻又沒有想到要進行推導」[27]。在他看來，這樣的邏輯體系無非是把同類的東西擺在一起，把較簡單的東西放在較複雜的東西之前，而章與章、節與節之間根本沒有推導，這樣的考慮僅僅是表面的，缺乏內在的、必然的連繫。他要改變這種狀況，就必須使他的邏輯體系各個章節是相互連繫的。因此對他來說，概念的推導是最核心的東西。所以，他在論述邏輯的分類時明確指出，「分類必須與概念相連繫，或者不如說，分類即寓於概念本身之中」[28]。無論黑格爾是不是真正做到了他的邏輯體系的各部分是相互推導

---

27 黑格爾：《邏輯學》上卷，楊一之譯，第37-38頁；譯文有修改，參見 Hegel, G.W.F., : *Wissenschaft der Logik*, SS.50-51。

28 黑格爾：《邏輯學》上卷，楊一之譯，第37-38頁。

的，至少他自己是想這樣做的，並且也是明確表示要努力這樣做的。在這種情況下，「是」，即他提出的這個出發概念，與他區分出客觀邏輯和主觀邏輯密切連繫的概念，亦即他的客觀邏輯和主觀邏輯的共同概念，他的邏輯體系的核心概念，就不可能不是同一個概念。也就是說，黑格爾不能在客觀邏輯裡圍繞著一個概念討論，而在主觀邏輯裡圍繞著另一個概念討論，而且這兩個概念是不同的，沒有關係的。如果是這樣，他自己的邏輯體系同樣也不會構成概念的推導。實際上，他關於邏輯的論述構成了一個在他看來是完整的思想體系，其體系的推導，其各部分的相互連繫，不僅圍繞著「是」這個核心概念展開，也是圍繞著它進行的。如此一來，「是」這個概念不僅是他的邏輯體系的各部分共同圍繞的核心概念，也是它們相互連繫的紐帶。

綜上所述，黑格爾的客觀邏輯和主觀邏輯是圍繞著同一個概念展開的，他的邏輯體系也是圍繞著同一個概念展開的。由於是從邏輯出發，因此這個核心的概念就是「是」。但是，如果仔細思考一下，其實可以發現，以上討論只是說明了黑格爾的一些想法，由於他的這些想法，因此他的邏輯體系的核心概念不可能不是「是」。但是以上討論還是沒有確切說明他的客觀邏輯所討論的核心概念如何是「是」。在這種情況下，認為這部分內容是形上學討論的人，大概依然會對以上的結論不滿意。因此有必要再進一步說明黑格爾的客觀邏輯。為了討論的詳細，我們引用黑格爾對「是」、「不」和「變」這三個概念的說明如下：

> 是，純是，沒有進一步的規定。在它無規定的直接性中，它僅僅等於自己，而且針對其他東西也不是不相等，在它的內部沒有差異，根據外界也沒有差異。透過任何規定或內容，在它規定的內容或透過這種內容，把它規定為與另一個東西不同，它就不會保持它的純粹性。它是純無規定性和空，在它看不到任何東西，即使這裡可以談論觀看；或者它僅僅是這種純粹的空的觀看本身。在它同樣沒有什麼可以思考，或者它僅僅正是這種空思考。這種是，這個無規定的、

直接的東西實際上就是不，而且比不既不多，也不少。[29]

不，純不；它就是與自身相等，完全的空，沒有規定和沒有內容，在它沒有區別。就這裡可以談論觀看或思考而言，它被看作一種區別，表示看到或思考到某種東西，或沒有看到或思考到任何東西。因此沒有看到或思考到任何東西也有一種意義；不乃是（存在）在我們的觀看或思考中；或者它就是空的觀看和思考本身；並且是與純是一樣的空觀看或思考。因此，不乃是相同的規定，或者說乃是沒有規定，因而純是是什麼，不就是什麼。[30]

純是和純不乃是同一的。什麼是真，它既不是是，也不是不，而是：不是（那）是向不，並且（那）不向是的轉變，而是（那）是轉變成了不，（那）不轉變成了是。但是，真也不是它們的沒有區別，而是：它們是絕對不同的，只是一方同樣直接在其對立面消失。因此它們的真是這種一方向另一方直接消失的運動：變，即這樣一種運動，在這個運動中，兩者是透過一種區別而不同的，但是這種區別本身同樣也已直接消失。[31]

在討論黑格爾的這三段話之前，需要說明一點。關於翻譯的問題，比如關於「是」和「不」的翻譯及其含義，我在別處做過詳細討論，因此不再重複。[32]這裡我們只討論黑格爾的思想。

我完全同意，黑格爾這裡的討論是哲學或形上學的討論，而不是邏輯的討論。且不論他對「是」、「不」和「變」這三個概念的說明是不是清楚，這種說明的方式顯然不是邏輯的，而完全是哲學思辨的。但是，這並不意味著這三個概念本身不是來自邏輯。也就是說，從邏輯尋找初始概念進行談論是一回事，最終討論成什麼樣子是另一回事。正因為如此，前面我才強調，黑格爾認為自己寫的是邏輯，與別人是否承認他的著作是邏輯著作乃是有區別的。

29　Hegel, G.W.F., : *Wissenschaft der Logik*, SS.82-83.
30　同上書，S.83。
31　同上。括號中的「那」，即「（那）」為引者所加，為的是中文表達清楚。
32　參見王路：《「是」與「真」——形而上學的基石》，第 7 章。

具體一些說，「是」、「不」和「變」這三個概念並非都來自邏輯。實際上，只有「是」和「不」來自邏輯，而「變」是黑格爾自己添加的一個概念。從邏輯的角度說，「S 是 P」乃是最基本的句式，因此其中的「是」乃是一個邏輯常項，因而是重要的邏輯概念。所以，從邏輯出發，選擇「是」作為初始概念，乃是自然的，也是沒有什麼問題的。「S 是 P」僅僅是一種肯定的形式。與它相應的否定形式是「S 不是 P」，即在「是」的前面加上「不」。「不」乃是對「是」的否定，因而作為核心概念，也可以把它簡單地看作表達了「不是」。在這種意義上說，選擇「不」作為初始概念也可以理解，仍然沒有什麼問題。「變」並不是哲學史上的一個新概念，它與古希臘所討論的「生成」[33]概念相應。連繫古希臘的討論來看，它與「是」的討論也是相關的。這裡我們不對這個概念進行深入的哲學探討，但是需要指出，「變」這個概念無論如何不是來自邏輯，因為在邏輯中看不到這樣一個東西。在邏輯中，最基本的解釋是，如果「S 是 P」是真的，「S 不是 P」就是假的。在黑格爾的眼中，也許這就是一種變化，因此他抽象出「變」這樣一個概念；也許，他要尋找從是到不是，從不是到是的統一，因此他需要「變」這樣一個概念；也許他根本就認為一切都是變化的，變化本身是最根本的，因此他必須以「變」這樣一個概念作為初始概念。但是無論他有什麼道理，不管他的理由是什麼，這個「變」確實不是來自邏輯。這一點，從他關於科學中的開端的論述，也可以看得十分清楚。那裡他只論述了是和不，論述了從是到不與從不到是，但是並沒有提出「變」這個概念。只是到了具體論述「是」的這一部分的時候，他才把這個概念與是和不一起提出來，並命名為「是與不的統一」[34]。

33　不用「變」而用「生成」這個譯名也是可以的，意思其實也是一樣的。比如從純是生成是，從純不生成不，從是生成不是等等。我不探討翻譯問題，這裡只是因循現有的一般翻譯採用「變」。

34　參見 Hegel, G.W.F., : *Wissenschaft der Logik*, SS.82-83。

　　值得注意的是，在上述對「變」的具體說明中提到了「真」這一概念。這說明，黑格爾是用真這個概念來說明變。真乃是「是」和「不」的轉變。這種轉變就是「變」。也就是說，「變」這個概念是從這種轉變得來的。前面說過，在邏輯中，「S 是 P」若是真的，「S 不是 P」就是假的，因此可以看出，邏輯中有句法和語義兩方面的考慮。「S 是 P」和「S 不是 P」等等都是句法方面的考慮，而真、假等等則是語義方面的考慮。在一定意義上也可以說，對句子做出的真和假這樣的語義解釋，乃是基於「是」和「不是」這樣的句法的。在黑格爾這裡，雖然他使用了一個邏輯中所沒有的概念「變」，但是由於他在對這個概念的說明中借助了真這一概念，因此仍然可以表現出他在這裡與邏輯相關的考慮。當然，這一點清楚了，「是」和「不」這兩個來自邏輯的概念也就更加清楚了。

　　增加「變」這個概念作初始概念，是黑格爾邏輯體系的需要。他既然批評邏輯著作之間的各部分缺乏推導，他就必須建立起自己的邏輯體系，從而使該體系各部分之間可以相互推導。他既然認為邏輯的核心是概念的推導，他就必須提出初始概念，從而在初始概念的基礎上建立概念的推導。透過「變」這個概念，也顯示出黑格爾對邏輯的不同理解。同樣是從「S 是 P」這樣的基本句式出發，同樣看到了其對立的句式「S 不是 P」，黑格爾卻不是以真假來解釋，而是以「變」來解釋。在他看來，這個變既是從是到不的過渡，也是從不到是的過渡，更是是和不的統一。因此在這統一的過程中，是和不乃是兩個不可分的環節，而變則是另一個環節，它與前兩個環節乃是不同的。這樣一種解釋顯然有許多優點，比如它展現了一種過程，因此適合於解釋變化和過渡，它超出了形式的範圍，因此適合於解釋是與不的內在綜合，如此等等。特別是，由於它是基於「是」和「不」這兩個邏輯的基本概念，因此它幾乎可以用來解釋自巴門尼德（Parmenides）以來一切有

關「是」這個形上學核心問題的討論。更為重要的是，有了這種變的發展過程，有了基於這種是、不和變的解釋，辯證法應運而生。這並不是說在黑格爾以前沒有辯證法，而是說從黑格爾以後，辯證法作為一種方法，開始在哲學研究中以理論的方式出現，成為一種非常重要的方法。

應該看到，是、不和變雖然是三個不同的初始概念，卻都是在「是」這一題目下論述的。這似乎表明，它們都是為了說明是這同一個概念或與之相關的問題的。這樣一來，直觀上就會有一個問題：既然這是三個不同的概念，為什麼卻都在「是」這一題目下共同論述？這裡難道不是表現出分類的問題嗎？在我看來，這依然是與黑格爾從舊有邏輯出發來考慮問題有關的。

從《邏輯學》的具體章節來看，客觀邏輯由「是論」和「本質論」組成，而「是論」分為「規定性」和「大小」這兩部分。關於「是」的論述，則是「規定性」這一部分的第一章。由此可見，關於是的學說，黑格爾是從「規定性」和「大小」這樣兩個方面來論述的。而在這一學說中，黑格爾首先討論「是」，而且是透過討論是、不和變這三個概念來進行的。也就是說，這三個概念不僅一上來就討論，而且是在「規定性」這一部分裡討論的。我們還看到，在標題「規定性」和「大小」的後面分別用括號注明「質」和「量」。這就說明，黑格爾這樣的分類討論與「質」和「量」是相關的。因此什麼是「質」和「量」就值得考慮。這是因為，是、不和變這三個概念的討論是與質直接相關的，而不是與量直接相關的。

按照黑格爾的說法，是乃是無規定的直接的東西，「由於它是無規定的，因而它是沒有質的是；但是無規定性這種特徵，只有與規定的東西或質的東西相對立時才屬於它。由此出發，這樣規定的是與一般的是乃是對立的，或者說，由此它的無規定性本身形成它的質」[35]。由此可見，在對是

35　Hegel, G.W.F., : *Wissenschaft der Logik*, S.82.

的說明中涉及「規定性」和「質」。由於無規定就是沒有質，因此可以認為，質就是規定性。而且黑格爾明確說到「規定的東西或質的東西」，顯然「規定的」與「質的」意思是一樣的。當然，透過對立的說明，黑格爾最後使「無規定性」本身也成為質，但是這並不能掩蓋他最初使用「規定性」和「質」時對這兩個概念的理解。而如果我們追究這兩個概念，我們就會發現，它們似乎是不言自明的概念，因為黑格爾沒有對它們再做進一步的說明。因此我們就要問，這兩個概念是從哪裡來的？有什麼含義？

我不知道「規定性」這個概念是誰最先使用的，也不知道黑格爾是不是把它與「質」連繫起來使用的第一人。但是十分明顯的是，這裡黑格爾確實把這兩個概念連繫起來使用。更確切地說，黑格爾是借用質這個概念來使用規定性這個概念。他用「規定性」作標題，同時把「質」用括號括起來放在後面。這樣做無非有兩種含義，不是他所說的規定性就是質，就是兩者是同義的。而且這種表達方式還會使我們相信，「質」是比規定性更為基礎或更為熟知的概念。即使不能這樣說，至少也可以說，「質」是一個基礎概念，也是人們熟知的概念。因此我們可以問，為什麼「質」是一個基礎概念和人們熟知的概念？

從哲學史的角度說，「質」這個概念可以有兩種理解。一種是哲學的理解，一種是邏輯的理解。從哲學的角度出發，它是一個範疇概念，無論是亞里斯多德的範疇，還是康德的範疇，都有這個概念。從邏輯的角度出發，它是一種分類說明。如前所述，傳統邏輯中對命題有兩個分類。一個是從質來區分，一個是從量來區分。從質出發，命題分為肯定的和否定的，即「S 是 P」和「S 不是 P」。由此也可以看出，質的這種理解與「是」本身乃是連繫在一起的。我認為，黑格爾關於質的理解主要是後一種意義上的，因為我們前面說過，他的論述是從邏輯出發的。因此在他看來，質乃是一個不言自明

的概念，其含義是不用詳細闡述的。由於它的含義是不言自明的，因此以它來表示的規定性的含義，也應該是清楚的。至少在與「是」相關的意義上，它的含義是明確的，沒有歧義的。

有了這樣的理解，也就看得很清楚，黑格爾在「規定性」下所討論的「是」和「不」，乃是比較容易理解的。至少理解它們的思路可以說是清楚的。唯一有疑問的是他所說的「變」。因為這是邏輯中所沒有的。但是連繫黑格爾在論述「變」的時候所說的「真」，也應該是可以理解的。因為在邏輯中，是和不是儘管是從質的方面來區分的，也形成肯定和否定的形式，但是它們之間的關係正是用真和假來說明的。沿用這裡的思路，這不過是把它們之間的關係以及相應的說明用「變」表達出來，由此形成超出邏輯範圍的討論。因此可以說，黑格爾借助邏輯上有關質的區分，用規定性來表示，探討的卻是「是」和與「是」直接相關的東西。

根據同樣的理由，我們也可以理解黑格爾所說的「大小」（量）。在邏輯中，從量出發，命題分為全稱命題「所有 S 是 P」和特稱命題「有 S 是 P」。借用這裡的概念，黑格爾用大小來表示，與「是」相關，探討的卻是與量相關的東西。

邏輯還是哲學？

一些人稱黑格爾是辯證邏輯的創始人。需要說明的是，黑格爾對辯證法有許多論述，但是他始終使用「邏輯」一詞，只是偶爾使用一下「思辨的邏輯」這一概念，卻從未用過「辯證（的）邏輯」這一概念。也就是說，他稱他的思想體系為邏輯，而後人稱他的思想體系為辯證邏輯。我承認，黑格爾沒有使用辯證邏輯這個概念，並不意味著他的邏輯就不是辯證邏輯，一如亞里斯多德沒有使用邏輯這一概念，人們卻稱他是邏輯的創始人。此處我不準

備深入探討辯證邏輯 [36]，而只想討論黑格爾的邏輯是不是邏輯。當然，如果人們願意稱他的邏輯為辯證邏輯，那麼也可以認為我所探討的是：辯證邏輯是不是邏輯？如果人們願意把他的邏輯看作辯證法，那麼也可以認為我所探討的是：辯證法是不是邏輯？

前面我們說過，黑格爾對邏輯的現狀不滿，他要對邏輯進行全面改造，他想發展邏輯體系。他從邏輯出發，尋找初始概念，努力圍繞著「是」和「不」這兩個邏輯的初始概念，建立起自己的思想體系。這說明，他不僅有研究和發展邏輯的意圖，而且在具體做法上，確實也是圍繞著邏輯最基本的概念進行的。看到這樣的情況，本來可以有充分的理由相信他的邏輯就是邏輯，而且是使邏輯得以發展，可是為什麼仍有人對他的邏輯產生懷疑呢？為什麼甚至還會對相信他的邏輯是邏輯的人的那些理由提出質疑呢？我認為，這依然是涉及了邏輯這門學科的性質的問題。

直觀上說，黑格爾的許多想法都是有道理的，包括邏輯要發展，邏輯要從初始概念出發，邏輯要有推導等等。但是，邏輯的本質性質是什麼，黑格爾卻不是那樣清楚。我們在論述康德的先驗邏輯的時候，談到它存在三個問題，即認為邏輯是研究思維的，而忽略了亞里斯多德所強調的，邏輯的「必然地得出」的性質；指責邏輯研究脫離思維的具體內容而只研究思維形式，認為邏輯研究必須結合思維內容；試圖在思維的框架下增加一些修飾，說明邏輯的性質。實際上，這三個問題在黑格爾這裡也同樣存在。下面我們僅以黑格爾所強調的概念的推導為例，來說明這裡的問題。

表面上看，邏輯的過程顯然是推導的過程，因而與推導密切相關，所以強調推導這點無疑是正確的。但是確切地說，邏輯對於推導是有要求的。比

36　恩格斯 (Engels) 最先使用「辯證的邏輯」一詞。值得注意的是，他在使用這一表達的時候，是把它與「舊的純形式的邏輯」對照而說的。這一使用方式與前面提到的康德的用法完全一樣，因為康德在區別不同邏輯的時候，也是說「純形式的邏輯」。關於「辯證（的）邏輯」的詳細討論，參見王路：《邏輯的觀念》，第 173-183 頁。

如亞里斯多德說的「必然地得出」，「得出」無疑是推導，但是正是「必然地」這一限制，才使這種推導成為邏輯。如果沒有這一限制，因而推導也就沒有這一性質，僅剩下從前提到結論的過程，那麼這樣的推導還是不是邏輯，是啟人疑竇的。也就是說，邏輯所說的推導並不是任意的推導。如果我們再仔細看一下前面提到的黑格爾關於推導的那段引文，還可以看出，黑格爾先提到「演繹和論證」，然後談到「推導」並加以強調。「演繹」和「推導」的含義肯定是不同的。人們常常稱邏輯為演繹，因而賦予它特定的意義。「論證」包括從前提到結論的過程，由於這一過程不僅僅局限於邏輯，因此它的含義比「演繹」要廣泛。黑格爾在這裡把兩個概念並列使用，然後談論「推導」，似乎有借助「演繹和論證」這一概念來說明「推導」的意思。如果是這樣，「推導」這一概念就是從「演繹和論證」引申出來的。在這種意義上，我的問題是，既然演繹和論證字面上就不是同一概念，那麼黑格爾所說的推導究竟是指演繹，還是指論證，還是兼指兩者？在這裡，我們可以清清楚楚地看到黑格爾的含糊之處。[37] 黑格爾是有意輕描淡寫，還是他認為這裡的區別無關緊要，我在這裡不做探討和評論。但是我要指出，這樣的處理剛好模糊了邏輯的性質。因為推導並不一定就是演繹，因而雖然邏輯的過程充滿了推導，但是推導卻不一定是邏輯。邏輯的推導是有特殊性質的，用亞里斯多德的話說是「必然地得出」，用我們今天的話說就是「有效性」。沒有這樣性質的推導就不是邏輯。

　　再具體一些，利用推導這一概念和特徵，黑格爾固然可以說，從純是到是，是推導，從是到不，也是推導，再從不到是，還是推導；他也可以說，從是到本質是推導，再從本質到概念還是推導；因此，他最終可以說，從客觀邏輯到主觀邏輯也是推導；因此，他的整個思想體系的各個部分是相互連

37　順便說一下，中譯文把這裡的「演繹」也譯為「推演」，使這裡的含糊之處看不太清楚。所以我在前面的引文中對中譯文做了相應的修正。

繫的、可推導的，因而這個思想體系是一個邏輯的體系。但是，這樣的推導缺乏有效性，因而不是邏輯，基於這樣的推導而建立的體系自然也就不會是邏輯。我們舉否定之否定，這個非常簡單的例子來看這個問題。

「A 等於並非非 A」表達了一條邏輯定理。從句法的角度說，「A=¬¬A」是在邏輯系統中可被證明的。因此給定 A，可以得出 ¬¬A，給定 ¬¬A，也可以得出 A。這樣的推導是有句法保證的。從語義的角度說，「A=¬¬A」是邏輯系統中的一個恆真命題。因此如果 A 是真的，那麼 ¬A 是假的，因而 ¬¬A 是真的。因此這樣的推導（解釋）是能被確定的。

黑格爾的說明大致如下：從是到不形成了對是的否定，再從不到是形成了對不的否定，這樣一來，是透過兩次否定又回到它自身。當然，這不意味著返回，因為這個是已經不再是它原初的自身，而是更高級的是。應該說，此處說明的思想依據，無疑是類似於以上邏輯的說明。因為我們顯然可以說，非 A 是 A 的否定，因此非非 A 是非 A 的否定，雙重否定等於它自身，因此非非 A 等於 A。由此也可以看到，黑格爾的論述直觀上與邏輯是相符的。但是他的論述與邏輯的論述，存在著一個十分重要的差別，也就是他的論述遠遠超出了邏輯的範圍。在邏輯中，「A」和「非」都是明確的，其自身與其所表達的含義是一一對應的，由此形成的推導才是有效的。而在黑格爾那裡，雖然基本思想是以邏輯為基礎，但是他的說明卻不是邏輯的。比如，從是出發，經過否定，達到不，這一說明依據邏輯。但是由此而說，這一否定形成是和不的統一，就不是邏輯了。這裡對「統一」的理解還需要有其他的東西，而這其他的東西，就是邏輯中所沒有的。應該看到，所謂的「統一」或「對立統一」是黑格爾對否定的最基本的說明，也是他最基本的思想，同時還是他最重要的立論之一。但是，剛好這一點是非邏輯的。說它是非邏輯的，並不是說它沒有任何道理，而是說它不符合邏輯的道理，因為它無法依據邏輯來考察和檢驗，更無法操作。從邏輯來看，它根本就是不清楚的。

　　以此為例可以看出，從邏輯的角度出發，黑格爾的論述雖然基於邏輯，卻是不清楚的。而從黑格爾的角度出發，在這些不清楚的地方，他正是要超出邏輯的範圍，發展邏輯。由此可以說明，基於邏輯的說明本身並不一定是邏輯。但是看到這一點畢竟過於簡單，因為這裡還有更為複雜的問題。

　　首先，前面我們說過，並不是說黑格爾的說法就沒有道理，而是說它不符合邏輯的道理。這裡實際上隱含著另一層意思。如果不考慮邏輯，或者如果不從邏輯來考慮，而只考慮黑格爾的論述本身，把它只是當作一種哲學、一種理論、一種學說，甚至一種思想，則不能認為它沒有道理，即我們可以說黑格爾的論述是一種哲學、一種理論、一種學說，甚至一種思想，但是唯獨不能說它是一種邏輯。也就是說，與哲學、理論、學說這樣的稱謂相比，邏輯自身有明晰的標準。這種標準就是它作為一門科學而具有的那些性質和特徵。這些性質和特徵在我看來就是邏輯的內在機制。一種理論是不是邏輯，主要並不在於它是不是叫邏輯，或叫什麼樣的邏輯，而在於它是不是符合作為一門科學的邏輯的性質和特徵。

　　其次，更確切地說，黑格爾對邏輯有諸多批評，他想發展新的邏輯體系。雖然他的批評並非都有道理，但是也不是一點道理都沒有。比如他認為現有的邏輯局限性很大，遠遠不能滿足我們的需要。而且他想發展新的邏輯體系，這種想法沒有錯。問題是，不是不可以發展邏輯，而是如何才能發展邏輯。我曾經說過，邏輯的發展要因循它自身的內在機制。[38] 黑格爾確實是從邏輯出發，在邏輯中尋找出發點，因循邏輯所提供的範疇模式來建立自己的思想體系，但是他的具體做法，正違背了邏輯的內在機制。同樣是從邏輯出發，同樣是論述「是」和「不」這樣的概念，他的論述與邏輯大相逕庭。因此無論他的論述多麼有道理，也不是邏輯。

38　參見王路：《邏輯的觀念》，第 237-254 頁。

　　按照常識，既然思維有形式和內容這樣兩個方面，而邏輯又是只研究形式的，那麼它的鮮明特徵似乎同時也是它的局限。因此，結合內容的研究來發展邏輯，似乎就是一種自然的選擇。一個直觀的問題是，雖然黑格爾沿著這個方向來發展邏輯失敗了，但是沿著這個方向是不是就不可以發展邏輯？換言之，這一方向是不是根本就是錯的？我認為，提出這一方向，主要基於對形式和內容這個二分法的區別，而這個二分法又是基於對思維的考慮。因此這裡歸根究柢還是涉及對邏輯的看法。

　　邏輯不是研究思維的科學，因此即使推理是一種思維方式，也不能以研究思維來定義邏輯。所以，形式與內容這一區別所賴以存在的基礎是不可靠的。當然，人們也可以不考慮思維，而認為推理本身也有形式和內容的區別。這樣一來，關於形式和內容的考慮似乎就依然是有道理的。但是我們前面說過，所謂「形式」，不過是康德為了得出他的先驗邏輯，而對邏輯提出的一種性質描述。它實際上並不是邏輯的根本特徵。今天我們有時候沿用這一表達來修飾邏輯，一是方便，二是在現代邏輯中，我們也確實經常使用「形式」這一概念。但是儘管如此，「形式」依然不是邏輯的本質。邏輯就是邏輯，它根本就不需要添加任何修飾。加上「形式」二字，對邏輯的內在機制並沒有增加什麼東西，而去掉它們，邏輯的內在機制依然不受任何影響。所以，對於邏輯的內在機制來說，「形式」根本就是一個多餘的東西。

　　形式與內容的區別，可以是一組對立的哲學範疇。但是把這一區別套用到邏輯上，因而認為有研究形式的邏輯，也應該有研究內容的邏輯，更應該有研究形式與內容相結合的邏輯，充其量大概只是一種哲學的思辨。因為它們並不是邏輯自身得出的性質。或者說，「形式」本身並不是邏輯自身得出的性質。在這種情況下，總想著結合內容來研究邏輯，這難道是一種邏輯發展的新方向嗎？保守地說，在這一方向上，至少黑格爾沒有獲得成果。當

然，若是想做這方面的研究也不是不可以。但是在沒有確實得出具體的成果以前，侈談這一發展方向大概是不會有什麼意義的。

　　我認為，黑格爾的《邏輯學》不是邏輯著作，而是一部重要的哲學著作，其中的論述不是邏輯研究的結果，也沒有發展出新的邏輯，而是形成了他的重要的哲學思想體系。但是，這部著作展現了邏輯與哲學的密切關係，顯示出從邏輯的基本概念出發，運用邏輯所提供的範疇框架來構造哲學體系的思考方式，而且在許多具體問題討論中，直接運用了邏輯的成果，比如其中提供的關於正、反、合的方法，關於對立統一的論述等。正確地認知和掌握邏輯，對於理解這樣一部著作的豐富思想內容，乃至理解黑格爾的全部思想內容，無疑是十分必要的。

第四章　弗雷格的語言哲學

　　弗雷格（Frege）是公認的現代邏輯的創始人。他的《概念文字》（*Begriffsschrift*, 1879）是具有劃時代意義的第一部現代邏輯經典文獻，他建立了第一個一階謂詞演算系統，為現代邏輯的發展奠定了堅實的基礎。現代邏輯的產生和發展對哲學產生了十分重要的影響，使它在二十世紀發生了重大變化，產生了「語言轉向」，形成了與傳統截然不同的形態 —— 分析哲學和語言哲學。因此，僅從現代邏輯這一點來看，弗雷格對現代哲學的貢獻也是巨大的。

　　但是，弗雷格不僅是一位邏輯學家，而且也是一位哲學家。他關於哲學有許多討論。他留下的相關文獻成為今天語言哲學的經典，他的這些討論，極大地推動了語言哲學的發展，甚至他使用的一些術語也成為今天語言哲學討論的基本術語。人們對弗雷格的哲學思想給予很高的評價，認為弗雷格是語言哲學之父[01]，「由於有了弗雷格，大家才清楚地知道這條探尋的途徑，人們甚至能長久地循著這條途徑持續探尋」[02]。因此，弗雷格在某種意義上與亞里斯多德是一樣的，他不僅是邏輯的創始人，而且是語言哲學之父。這樣一來，在他的哲學研究中，不可能不使用他自己創建的邏輯。他自己明確地說，並不排除他的邏輯用於數學以外的領域，透過它，「對思維形式的一種直觀描述，有了一種超出數學範圍的意義」，他還斷言，「因此哲學家們也想重視這個問題！」[03] 看到這些論述，我們可以相信，邏輯與哲學的連繫不僅在弗雷格的著作中，在他的具體論述中也是存在的，而且他本人也十分清楚這一點。

　　這一章我們主要探討弗雷格的語言哲學，說明弗雷格的思想路徑，揭示他的思想背後的邏輯基礎，並且還要探討人們對他的一些批評。我希望，透過我們的探討可以比較清楚地說明邏輯與哲學的關係。

　　順便說一下，關於弗雷格的思想，尤其是一些重要文獻，我曾經做過

01　參見 Dummett, M.: *Origins of Analytical Philosophy*, Harvard Univesity Press, 1993。

02　戴維森：《真理、意義、行動與事件》，牟博譯，商務印書館 1993 年版，第 4 頁。

03　弗雷格：《弗雷格哲學論著選輯》，王路譯，王炳文校，第 42-43 頁。

專精而詳細的討論。[04] 下面的討論無疑基於以前的討論，但將不再重複對相關文獻的說明，而主要討論弗雷格的思想。而且，與前面幾章的討論一樣，我們的討論在很大程度上，仍然集中在如何理解弗雷格的思想。

涵義與意謂

達米特（Dummett）認為，弗雷格的語言哲學就是他的意義理論，這一理論由兩部分組成，一部分是關於涵義的理論，另一部分是關於所指的理論。其中，關於所指的理論，是其關於涵義的理論的基礎。[05] 無論這一觀點是不是正確，其中提到的涵義和所指兩個概念，卻是弗雷格思想的兩個核心概念，也是人們研究弗雷格思想最為重視和討論最多的。因此下面我也著重於討論涵義和意謂 [06] 這兩個概念，和與之相關的問題進行討論。在達米特看來，圍繞這兩個概念的研究無疑形成了兩個相互連繫的理論。而在我看來，這兩個概念則是弗雷格進入語言分析、從事哲學討論的一種路徑，是他從語言出發，在語言所表達的東西所區別出來的兩個不同層次。因此對於理解弗雷格的思想，理解弗雷格的語言分析的方式，這兩個概念至關重要。

從語言分析的角度說，弗雷格的語言哲學主要有兩個特徵。一個特徵是，他從自然語言出發，但是並沒有局限在自然語言，由此他提出一種分析自然語言時可以依循的句法。另一個特徵是，他提出的句法是以句子為核心的。我們看到，弗雷格最常使用的例子是「晨星是昏星」，這顯然是自然語

04　參見王路：《弗雷格思想研究》，社會科學文獻出版社 1996 年版，該書後以《世紀轉折處的思想巨匠──弗雷格》為名再版（1998 年）。

05　參見 Dummett, M.: *Frege: Philosophy of Language*, Harvard University Press, 1981。達米特所說的「所指」就是本文所說的「意謂」。

06　弗雷格的「Bedeutung」，達米特譯為「reference」（所指），我則譯為「意謂」。關於「意謂」與「所指」的區別，我曾進行過詳細討論。我堅持用「意謂」而反對用「所指」，因為我認為這裡涉及對弗雷格思想的理解和解釋。參見王路：《弗雷格思想研究》，第 7 章。

言中的東西，而且是句子。在論述中，他總是在談論句子、專有名詞或概念詞；或者，他從句子、專有名詞或概念詞出發來論述其他東西。他的這種論述方式是極其清楚的，正是在這樣的討論中，他引入了涵義和意謂的區別。比如，他在句子區別出涵義和意謂，在專有名詞和概念詞也區別出涵義和意謂；他討論的是句子的涵義和意謂，專有名詞的涵義和意謂，概念詞的涵義和意謂等等，但是他的出發點始終是句子、專有名詞和概念詞。也就是說，他總是從句子、專有名詞和概念詞出發來討論問題。

　　一個直觀的問題是，既然弗雷格討論的核心概念是「涵義」和「意謂」，為什麼他總是在討論句子、專有名詞和概念詞呢？我認為，句子、專有名詞和概念詞僅僅是弗雷格討論問題的出發點。也就是說，他討論的並不是句子、專有名詞和概念詞，他討論的實際上是句子、專有名詞和概念詞所表達的東西。句子、專有名詞和概念詞都是語言層面的東西，但是它們所表達的東西卻不是語言層面的。明白這一點，就可以看到弗雷格語言分析的一個重要的特徵：從語言出發，透過句子、專有名詞和概念詞來討論它們所表達的東西。這樣一來，語言和語言所表達的東西就有了明顯的區別。

　　句子、專有名詞和概念詞都是語言層面的東西。但是，它們之間也是有區別的。其中，句子是一個整體，是言語表述的基本單位。句子、專有名詞和概念詞則是句子的構成部分。因此，它們之間的關係實際上不是並列的，而是如下圖所示：

［圖式 1］

句子：專有名詞／概念詞

（或者）句子：專有名詞／專有名詞

（或者）句子：概念詞／概念詞

　　一個專有名詞和一個概念詞可以組成一個句子，如「亞里斯多德是哲學

家」。這可以說是日常語言中最簡單的句子，也是一種最簡單的句式。以下我們常常僅談這種句式。當然，兩個專有名詞也可以組成一個句子，如「晨星是昏星」。兩個概念詞也可以組成一個句子，如「哲學家是思想家」。毫無疑問，句子的形式實際上還要複雜得多。但是以上描述至少反映了一些最基本的句子情況。最主要的是，這樣的分析實際上是提供了一種對語言的句法描述。有了這樣一種句法描述，就可以從語言出發，進而探討語言所表述的東西。

如果我們再仔細分析一下，還可以看出，在弗雷格所考慮的這個語言層面上，最重要的東西顯然是句子。句子是一個整體，而專有名詞和概念詞只是句子的構成部分。這一點不是無足輕重的，相反，它對於理解弗雷格的思想是至關重要的。

在這一層面上，我們看不到涵義與意謂的區別。因此可以說，語言是出發點，而涵義和意謂不是這一層面上的東西。對語言有了一種基本的句法認知，就可以由此出發來探討語言所表達的東西。那麼，如何進行這樣的探討呢？弗雷格的方式就是區別涵義和意謂。我曾經非常強調弗雷格對句子的涵義和意謂的區別。[07] 這一基本思想是：句子的涵義是句子的思想，句子的意謂是句子的真值。拋開這一區別本身的重要性不談，僅從理解弗雷格的角度來說，這一區別也是十分重要的。尤其是在從語言的層面向非語言層面的過渡，即向語言所表達的東西的過渡中，這一區別尤其重要。請看下面的圖式：

［圖式 2］

（語言）句子：專有名詞／概念詞

（含義）思想：思想的一部分／思想的一部分

（意謂）真值：對象／概念

07　參見王路：《弗雷格思想研究》。

如果說，語言是研究的出發點，那麼涵義和意謂卻不是研究的出發點，而且它們也不是研究的對象。如果一定要說它們是什麼，我認為可以說它們是一種區分方式。因為利用這一區別，可以對語言進行深入的探討。也就是說，透過區別涵義和意謂，可以從對句子的探討，過渡到對思想和真值的探討。由於句子由專有名詞和概念詞組成，因此在探討句子的思想的時候，要探討思想的部分，而在探討句子的真值的時候，要探討對象和概念。在弗雷格的著作中，這樣的表達和區別都是清楚的。

更為重要的是，透過這一區別，我們可以看得很清楚，弗雷格實際上是探討了兩個層面的東西，一個層面是思想，另一個層面是真值。如果說這裡還有什麼特徵的話，那麼我認為弗雷格主要論述的是真值這個層面的。關於這個問題，我們需要討論得具體一些。

弗雷格直接論述涵義和意謂的文章有兩篇，一篇是生前發表的〈論涵義和意味〉（1892），這不僅是他最重要的論文之一，也是他專門論述涵義和意謂的最主要文獻；另一篇是大約同時撰寫而沒有發表的文章〈對涵義和意謂的解釋〉（1895）。如果仔細閱讀前一篇文章，我們就會發現，雖然這篇文章區別了涵義和意謂，並把這種區別用於專有名詞和句子，但是它最主要論述的是意謂，而不是涵義。句子的意謂是真值，專有名詞的意謂是對象，這是非常清楚的。但是，儘管句子的涵義是思想，也是清楚的，而專有名詞的涵義是什麼卻不是那麼清楚。根據弗雷格的說法，專有名詞的含義就是它的「給定方式」[08]。什麼是給定方式？我們充其量只能理解，「亞里斯多德」在「亞里斯多德是哲學家」這個句子的出現方式就是它的給定方式。也就是說，我們按照「亞里斯多德」這幾個字的組合來理解它的涵義。難道這能算是對專有名詞的涵義的明確說明嗎？值得注意的是，弗雷格甚至認為，人們關於專有名詞的涵義有不同的理解沒有關係，「只要意謂相同，這些意見分

08　弗雷格：《弗雷格哲學論著選輯》，第 91 頁。

歧就是可以忍受的」[09]，換句話說，只要專有名詞的涵義不影響到專有名詞
的意謂，因而不影響句子的真值可以了。可見它多麼的不重要。後來在其他
論著中，弗雷格說，「專有名詞的涵義是思想的一部分」[10]，這個說明比前
面的要明確一些，但是我們仍然只能知道，專有名詞的涵義是思想的部分，
或者進一步說明，是不完整的思想。如果我們追究專有名詞的涵義，那麼這
樣的說明當然是不能令人滿意的。

此外，該文主要探討的是句子，而就句子本身來說，該文主要探討的是
意謂，或者說，透過意謂，探討句子的真值。這一點可以從幾個方面看得很
清楚。第一，專門談論專有名詞的地方很少，而通篇幾乎都在談論句子。儘
管在文章一開始談到專有名詞，在文章結束又回到專有名詞，但是全文並不
是在談論專有名詞。這一點僅僅從文章談論句子的比例就可以看出來。第
二，圍繞句子的意謂，得出許多重要結論。但是單純圍繞專有名詞，卻沒有
得出什麼與意謂相關的結論。比如，如果一個句子的意謂就是它的真值，那
麼所有真句子就有相同的意謂，所有假句子也有相同的意謂。這顯然是關於
句子的意謂方面，即真值的重要結論，與專有名詞沒有任何關係。又比如，
如果一個句子的意謂就是它的真值，那麼，若是把這個句子的一部分代之以
另一個意謂相同而涵義不同的部分，則這個句子的真值保持不變。[11]這個結論
顯然也是與句子的意謂，即真值相關的重要結論。其中所談的可替代部分雖
然涉及專有名詞，但這是圍繞著句子在說的，特別是，它的最終目的是說明
句子的真值。比如，「《工具論》的作者」和「亞里斯多德」的意謂相同，即
它們所表達的對象相同，因此，用它們進行互換，因而從「亞里斯多德是哲
學家」這個句子得到「《工具論》的作者是哲學家」，句子的真值保持不變。

09　同上書，第 92 頁注釋。

10　同上書，第 219 頁。

11　參見同上書，第 98-99 頁。

在〈對涵義和意謂的解釋〉中，一方面，弗雷格明確地說，概念詞的意謂是概念。另一方面，儘管他明確地說，概念詞有相應於專有名詞那樣的涵義，概念詞也必須有涵義，但是他並沒有明確地說明，概念詞的涵義究竟是什麼。[12] 而從這篇文章來看，他探討的重點又是在概念詞的意謂，而不是概念詞的涵義。由此他得出一些非常重要的結果。比如，由於概念詞的意謂是概念，而概念的外延是對象，因此概念詞的意謂與概念的外延是不同的。這樣就區別出，概念詞的意謂與傳統所說的概念的外延不是一回事。又比如，由於概念詞的意謂是概念，而專有名詞的意謂是對象，因此專有名詞的意謂與概念詞的意謂是不同的，它們之間的關係也是不同的。這樣就得出，對象與概念是不同的。

如果把前面兩篇文章結合來看，則十分清楚，弗雷格主要探討的是圖式2中意謂層面的東西，而在這一層面上，最主要的還是探討句子的真值。也就是說，在意謂這一層面上，專有名詞是清楚的，它的意謂是對象；概念詞也是清楚的，它的意謂是概念。但是弗雷格對它們的討論從來沒有脫離句子，而是始終結合句子的真值進行的。相比之下，雖然圖式2中涵義層面的東西大致也是清楚的，比如專有名詞的涵義是它的「給定方式」，概念詞也有相應的涵義，但是畢竟不如意謂層面上的東西那麼清楚。在涵義層面上，最清楚的是句子，因為弗雷格明確地說了句子的涵義是它的思想。但是即便如此，弗雷格關於它的討論也不多，而所有的那一點點討論幾乎都是與意謂相關的。這裡，我們也可以順便看一看弗雷格關於從句的論述。

在〈論涵義和意謂〉這篇文章中，弗雷格用了非常大的篇幅解釋從句，而且他主要是透過舉例的方式來說明。特別是，他認為從句的意謂不是真值，而是思想。根據弗雷格從涵義和意謂的區別來看，既然他主要是探討句

12　參見 Frege, G.: *Nachgelassene Schriften*, hg. von Hermes, H./ Kambartel, F./ Kaulbach, F., Hamburg, 1969, S.128, S.135。

子，並且重點是在對句子的意謂的說明上，因此，他實際上是對句子的真值情況作出解釋。應該看到，弗雷格這是基於他的邏輯理論，對句子提出的語義說明，因此他必須考慮他的說明的有效性。弗雷格的邏輯理論是一階謂詞理論，它的主要特徵是典型的外延的和二值的。因此他對句子的說明必然帶有這種理論的特徵。比如，前面我們談到的，他在句子的真值上得出兩條重要結論，一是所有真句子有共同的真值，所有假句子也有共同的真值，二是一個句子的一部分被代之以一個真值相同的部分，該句子的真值保持不變。這兩條結論就非常典型地展現了一階邏輯的性質。問題是，日常生活中的表達非常豐富，也非常複雜。弗雷格的說明自然遇到了許多問題。從句就是其中比較主要的一種情況。

　　直觀上說，從句也是句子。既然句子的涵義是它的思想，句子的意謂是它的真值，那麼，從句的涵義是不是它的思想呢？從句的意謂是不是它的真值呢？這裡涉及非常複雜的問題，而有些問題僅僅用一階邏輯是無法處理的。弗雷格非常清楚地意識到這一點。因此，他進行了詳細的探討。[13] 從今天的邏輯成果出發，我們可以看到，弗雷格的這部分探討涉及非常豐富的內容，至少包括命題態度、索引詞、條件句這三類。前兩部分內容相當於今天內涵邏輯處理的東西，後一部分探討則屬於條件句邏輯。當時的弗雷格還沒有當今條件句邏輯和內涵邏輯的研究成果作為輔助，因此無法以系統性的方式對這些情況進行處理。但是他看出了這裡的問題，而且以他對涵義和意謂的區分，說明從句的意謂不是真值，而是思想；從句的涵義不是思想，而只是思想的一部分。這樣一來，他不僅指出了從句存在的問題，而且從涵義和意謂的角度，對從句進行了說明。在這裡，我們同樣可以看到，弗雷格主要說明的還是從句的意謂。而且他探討從句的最終結果依然是要說明，「為什

13　我曾經詳細論述過他的這部分探討，參見王路：《弗雷格思想研究》，第 121-131 頁。

麼把一個從句代之以另一個具有同樣真值的句子，並不總是損害整個主從複合句的真值」[14]。透過這樣的探討，他依然是要保證他對句子的說明，尤其是關於真值方面的說明不出現問題。

　　弗雷格關於思想即句子涵義的討論，主要是在〈思想〉（1918）一文中。即使在那裡我們也可以看到，他的討論始終是圍繞著真進行的。不僅在文章一開始他就提出「『真』這個詞為邏輯指引方向」，而且他還明確地說，思想是我們「能藉以考慮真的東西」。[15] 這樣的看法不難理解，因為有了以前的說明，我們已經知道思想與真，是句子的兩個層面的東西，因此當圍繞著真來考慮問題的時候，從思想出發當然是可以的，或者當圍繞著思想來考慮問題的時候，從真出發也是可以的。在關於思想的探討中，弗雷格同樣得出許多重要結論。比如他有一個與思想相關的劃分 [16]：

（1）對思想的掌握 —— 思維

（2）對思想的真的掌握 —— 判斷

（3）對判斷的表達 —— 斷定

　　根據（2）中對判斷的表達，（3）也可以表達為「對思想的真的掌握的表達」，因此，思維、判斷和斷定是圍繞思想做出的區分。這一區分是不是有道理，乃是可以討論的，但是它無疑非常清楚。而且從這一區分可以清晰地看出思想的對象性，即它是可掌握的。此外，我們還可以看出，在這一區分中涉及真，即其中的（2）和（3）都與真有關。由此也就不難理解，為什麼弗雷格要區別句子。一方面來說，許多句子與真沒有關係，即使是斷定句，在一些情況下也沒有真，比如虛構、戲劇裡的斷定等等。另一方面，在涉及科學的地方，思想與真密切相關，甚至斷定句本身就包含著真。這說明，弗雷

14　弗雷格：《弗雷格哲學論著選輯》，第 112 頁。

15　同上書，第 113、116 頁。

16　參見同上書，第 118 頁。

格並不是隨意地探討思想，而總是圍繞著真來探討思想。這是因為，正像他自己所說的那樣，涵義和意謂是從句子的可判斷內容區別出來的東西[17]，因此，它們既有區別，又有連繫。

又比如，弗雷格在論述思想的時候談到第三個範圍。所謂第三個範圍，是指一個與人們通常所說的外在世界和內在世界不同的世界。外在世界的事物有一個最顯著的特徵，就是我們用感官可感覺。思想顯然不具有這樣的特徵，因此思想不屬於外在世界。為了說明內在世界事物的特徵，弗雷格用了表像一詞，並以此說明了內在世界的四種特徵：其一，表象不能被感官感覺；其二，表象可以被擁有；其三，感官需要有承載者；其四，每一個表象只有一個承載者。[18] 透過這四種特徵，一方面，內在世界與外在世界得到區別，比如外在世界的對象可以被感覺，但是它們獨立存在，不是透過感覺而存在，因此它們不需要承載者；另一方面，表象與思想得到區別。我們看到，在表象的四種特徵中，最主要、最典型的特徵是它需要有承載者，而且每一個表象只有一個承載者。思想剛好不需要承載者。因此思想也不屬於內在世界。也就是說，「思想既不是外界的事物，也不是表象」[19]。這樣一來，弗雷格非常自然地得出了他的與外在世界和內在世界不同的第三種範圍。

弗雷格的這一結果當然是重要的。因為它超出了傳統哲學基於身心二分的兩個世界的劃分。主觀上看，他在這裡討論的是思想。透過與外在對象和表象的區別，他得出了思想的一些性質和特徵，並最後把它歸入另一種範圍。但是如果我們仔細閱讀弗雷格的著作，其實可以看出，弗雷格關於思想的探討是與真連繫在一起的，比如思想不是由感官感覺的東西，同樣，真也「不是一種與某種特殊的感覺印象相符合的性質」；「我們不可能在一個事

17　弗雷格：《弗雷格哲學論著選輯》，第 81-82 頁、第 123 頁。

18　參見同上書，第 123-126 頁。

19　同上書，第 127 頁。

物上發現某種性質，而不同時發現有這種性質的這一思想是真的」；思想不需要承載者，一個思想如果是真的，則它永遠是真的，「無論是否有某人認為它是真，它都是真的」；在進行思考的時候，我們不是創造思想，而是掌握思想；同樣，「科學不是要製造出一個真的思想，而是要發現一個真的思想」。[20] 由此可以看出，弗雷格關於思想的論述始終是與真結合在一起的，而且他得出的有關思想的一些特徵，其實也是真的特徵。這說明，即使是在專門論述思想的時候，弗雷格也沒有脫離對真的考慮。因此，真乃是弗雷格自始至終思考的核心問題，也是他的意義理論最核心的內容。

值得注意的是，弗雷格在〈思想〉一文中用了大量筆墨探討「我受傷了」這樣一種表達。雖然他的說明詳細而清楚，甚至明確地說，聽者可以在「那個當下正向你們說話的人」這種意義上來理解這裡說到的「我」，儘管他要區別表象與思想，但是直觀上，他的討論仍然給人以繁瑣的感覺，以致使人們不太明白這樣的討論的重要性。實際上，這裡牽涉到索引詞的問題，因而也涉及內涵語境的問題。句子的思想是我們藉以考慮的真的東西。但是在涉及「我」、「你」、「他」，以及時間、地點等索引詞的時候，句子的真要依賴於句子中這些詞的含義，因而依賴於說出它們的語境。比如「我是哲學家」這句話，亞里斯多德說就是真的，而侯寶林說就是假的。弗雷格十分清楚地認知到了這一點，因此他對這樣的情況進行詳細的說明。他的目的是保證自己的結論：思想是我們藉以考慮真的東西。

〈論涵義和意味〉和〈思想〉是弗雷格非常重要的兩篇論文，它們分別探討了句子的意謂和句子的涵義。按照以上分析，它們實際上是分別探討了句子的真值與句子的思想。弗雷格的思想是清楚的。根據圖式 2，句子、專有名詞和概念詞都是語言層面的東西。由此出發可以區別出兩個層面的東

20　參見弗雷格：《弗雷格哲學論著選輯》，第 116、117、127、134 頁。

西,一個層面是思想和思想的部分,另一個層面是真值、對象和概念。這樣一來,人們既可以在思想的層面上進行探討,也可以在真值的層面上進行探討,當然還可以結合這兩個層面一起探討,但是這兩個層面必須區別清楚。比如,弗雷格雖然論述了專有名詞的意謂,認為它對於確定句子的真值很重要,但是卻認為它「對於純思想內容不重要」[21]。這種看法似乎與人們的直覺相悖,因為專有名詞的對象,對於句子表達的思想怎麼能不重要呢?其實不是這樣,因為在弗雷格這裡,真值、對象和概念是同一個層面的東西,而思想是另一個層面的東西。從真值的角度來說,專有名詞的對象是不是存在、是什麼,一定會影響到句子的真值。但是由於專有名詞的對象與思想不在同一個層面上,因此它對理解句子的思想就沒有那麼重要。例如前面提到的那個例子,「亞里斯多德是哲學家」這樣一個句子,「亞里斯多德」的含義可以是「《工具論》的作者」、「亞歷山大大帝的老師」等等。從思想的層面上說,哪一種含義都可以,但是從真值的層面上說,「亞里斯多德」所表達的對象才是至關重要的。

區別涵義和意謂,可以使我們在兩個不同的層面上探討句子所表達的東西。也許正因為這樣,達米特才會認為弗雷格有兩個不同的理論,一個是關於涵義的理論,一個是關於所指(意謂)的理論。我傾向於認為,弗雷格只有一個理論,這就是關於意謂的理論。這是他想為我們提供,並且實際上確實也提供了的一個十分清晰可見、可以掌握和運用的意義理論。因為他雖然區別出涵義和意謂,但是他的一切論述都是圍繞著意謂來進行的。即使他在晚年的〈思想〉一文中探討的思想是涵義層面上的東西,也依然是為了說明真,即說明意謂層面上的東西。但是由於弗雷格有關於涵義和意謂的明確區別,還有關於涵義層面的東西的許多論述,特別是有〈思想〉這樣的專門論述,因此人們得以像達米特那樣總結,並為發展關於涵義的理論提供了方便的基礎。

21　參見弗雷格:《弗雷格哲學論著選輯》,第 220 頁。

對象與概念

　　雖然弗雷格的意義理論主要是關於意謂的，即關於真這一核心概念的，但是它並非僅僅提供了有關真這一概念的說明。實際上它還為我們提供了許多豐富的理論和思想。其中最主要的是有關對象和概念的探討。

　　從圖式 2 可以清楚地看出，對象與概念是不同的，表達它們的語言也是不同的。這樣一來，我們從語言形式上就得到了一種區別對象與概念的方法。專有名詞表達的是對象，概念詞表達的是概念。但是，對象與概念到底有什麼不同？它們之間究竟是什麼關係？從圖式 2 卻看不出來。不過，對於這樣的關係，弗雷格在《算術基礎》、〈論概念和對象〉、〈對涵義和意謂的解釋〉等許多論著都有說明。他認為：

> 邏輯的基本關係是一個對象處於一個概念之下的關係：概念之間的所有關係都可以歸類為這種關係。[22]

　　應該說，這一說明是非常明確的。但是對這一說明的理解，僅僅依據涵義和意謂的區分就不夠了。正像弗雷格所說，這必須與他關於函數和概念的論述結合起來。在弗雷格看來，概念是不完整的、需要補充的，而對象是完整的、可以補充概念。概念一旦得到對象的補充，就成為完整的，因而產生一個真值。因此概念與對象的關係，就像數學中函數和自變數的關係。還是以上面的例子來說明，「哲學家」是一個概念詞，它的意謂是哲學家，因此「哲學家」本身是不飽和的，可以用符號表達為「F（）」，這裡的 F 表示「哲學家」，括號表示留有一個空位，因此這個符號表達式或函數是不完整的。如果以「亞里斯多德」（a）來補充，就得到 F（a），即「亞里斯多德是哲學家」。由此我們看到，F（a）不再是一個函數，因為它包含了不是函數的東

22　Frege, G.: *Nachgelassene Schriften*，S.128.

西 a，因而有了一個確定的值。相應的，「亞里斯多德是哲學家」則很清楚，它是一個句子，而且是真的。如果我們以「侯寶林」來補充「哲學家」，就得到一個假句子。這裡可以看出，以不同的對象補充概念，所得結果是不同的。概念由對象來補充，或者對象補充概念，這就是弗雷格所說的，一個對象處於一個概念之下的基本含義。這種補充和被補充的關係，也說明了對象與概念的根本區別。

即使以上說明是清楚的，但是它充其量只解釋了以上引文中的第一句話，而對於「概念之間的所有關係都可以歸類為這種關係」這句話並沒有任何說明。也就是說，它只說明了圖式 2，而沒有說明圖式 1，因為圖式 2 只有「句子：專有名詞／概念詞」的情況，而圖式 1 還有「句子：概念詞／概念詞」的情況。如果說在圖式 2 還可以看出對象處於概念之下的意思，比如「亞里斯多德是哲學家」，那麼在圖式 1 就無法看出這種意思，比如「哲學家是思想家」。因為後者沒有專有名詞，只有概念詞，因而我們根本看不到對象與概念的關係，而只看到概念與概念的關係。

除此之外，與這裡相關的還有一個問題。弗雷格在〈對涵義和意謂的解釋〉中，批評傳統邏輯中關於概念內涵和外延的區分，明確指出自己所說的概念詞的意謂是概念這一說法，與傳統的解釋是不同的，因此不能把概念的內涵看作他所說的涵義，也不能把概念的外延看作他所說的意謂。[23] 我們知道，根據傳統的解釋，概念的內涵是指事物的固有屬性（或者本質屬性或其他一些什麼屬性），概念的外延則是指具有這些相應屬性的事物。這裡其實也涉及對象和概念的關係。弗雷格的上述批評，也是對這裡關於對象和概念之間關係的說明的批評。為了說明這裡的問題，我們可以看一看他以圖式的方式對胡塞爾（Husserl）相關論述的批評：

23　參見弗雷格：《弗雷格哲學論著選輯》，第 120-121 頁。

［圖式 3］

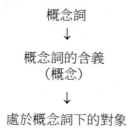

［圖式 4］

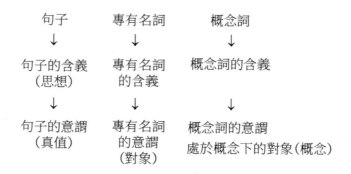

　　弗雷格認為，圖式 4 是他自己的觀點，圖式 3 則是胡塞爾的觀點。這兩種觀點是不同的。圖式 3 混淆了涵義和意謂兩個不同的層次，而圖式 4 正好區別出這樣兩個層次，因此它們所表達的對象與概念的關係是不同的。[24]

　　從圖式 4 來看，它與前面圖式 2 的區別其實很小，它不過是在「概念詞的意謂」後面多了用箭頭所指示的那一步。但是剛好就是這一步，在涉及對象與概念的關係的問題上，它使弗雷格關於涵義和意謂的描述又多了一個層次，或者說，前面的圖式 2 其實還缺少一個層次。而這一層次的區別，正說明了對象和概念之間關係的一種重大區別。

24　參見王路：《弗雷格思想研究》，第 132-133 頁。

　　直觀上說，圖式 2 已經表達出對象與概念的一種關係，即一個對象處於一個概念之下。因為它們都是在意謂的層面上，由此也說明它們是與真值相關的。這一關係在圖式 4 依然不變。但是圖式 4 多了一個層次，而這一層次所顯示的依然是「處於概念下的對象」。這樣一來，這裡的對象與上一個層次的對象就有了一些區別。首先，它顯然不是意謂層面上的東西，因此它與意謂沒有關係。當然，由於它處於概念之下，而概念是意謂層面上的東西，因而也可以說它與意謂相關，但是至少不能說它與意謂直接相關。這樣一來，由於它不是意謂層面上的對象，因而它與意謂層面上的對象有什麼區別，就是值得思考的問題。其次，意謂層面上的對象是對象，處於概念下的對象也是對象，因此，雖然層次不同，畢竟都是對象。這樣一來，這兩種對象有什麼不同也是值得思考的問題。

　　仔細考慮，這裡實際上涉及專有名詞指稱的對象，與處於概念之下的對象的區別。專有名詞的對象直接影響到句子的真值，而處於概念下的對象不直接影響到句子的真值。換句話說，弗雷格給出的圖式並不是語言的語法形式，而是他分析語言的句法形式。比如「晨星是昏星」，這裡的「昏星」處於謂詞的位置上，但是它是一個專有名詞，因此它指稱的依然是對象。這樣一來，「晨星」和「昏星」的關係就不是「晨星」處於「昏星」之下，而是它們都處於「等於」這一關係之下。這裡的「等於」就是句子中的「是」的意謂。從這個例子可以看出，尋找專有名詞可以是我們分析句子的一種方式。透過對專有名詞的分析，我們可以達到句子的真值。但是當一個句子中不出現專有名詞的時候，我們又該如何分析呢？比如前面我們考慮的那個例子。我認為，這裡，弗雷格理論的兩點重要意義十分明顯的表現出來。

　　第一點，概念是不完整的，需要對象來補充。由於有對概念這樣明確的說明，因此在這個例子中，它不僅適用於「思想家」，而且也適用於「哲學家」。也就是說，無論概念詞出現在語法謂語，還是出現在語法主語的位置

上，它們所表達的概念的這種性質是不會變的。第二點，概念詞的意謂是概念。這就說明，當概念詞同時出現在主語和謂語的位置上的時候，它們仍然是同一層次的東西，它們的意謂也是同一層次的東西。它們不會由於語法位置的不同，而在表述和表述的東西的層次上發生區別。

　　由於有這樣兩點，我們對句子的真值有了新的認知。專有名詞指稱的對象與一般所說的對象雖然都是對象，在涉及句子的真的時候，卻是有根本區別的。專有名詞的對象會直接影響到含有它的句子的真假，而一般所說的對象不會直接影響到概念的真假。這裡的說明顯然是以一階邏輯為基礎的。我們通常認為不能把一階邏輯看作是真值函數。在涉及一階邏輯語義的時候，需要用可滿足這一概念來說明真。比如，我們說「$\forall x\,(Fx \to Gx)$」是真的，當且僅當所有個體都滿足「$Fx \to Gx$」這種情況，而「$\exists x\,(Fx \wedge Gx)$」是真的，只要有一個個體滿足「$(Fx \wedge Gx)$」這種情況。基於這樣的理解，弗雷格關於專有名詞的對象與概念的關係，以及關於處於概念下的對象與概念的關係，無疑是十分清楚的。

　　同樣是由於有了以上兩點，我們對概念產生了新的認知。首先，我們擺脫了句子的語法結構的限制。過去人們一般認為，句子中的主語表示的是對象，而謂語是對主語所表示的對象的說明，因而表達的是性質。而根據弗雷格的理論，概念詞的意謂是概念，因此無論它出現在句子中主詞還是謂詞的位置上，它的意謂都是概念。由於概念與對象的關係是對象處於概念之下，因此，即使概念詞出現在句子中主語的位置上，仍然掩蓋不了它的謂詞性質。比如在「哲學家是思想家」中，「哲學家」雖然是語法主語，但它仍然是概念詞。因此，這個句子表達的意思就是：「如果一個東西是哲學家，那麼這個東西是思想家。」此處「是哲學家」和「是思想家」不僅形式是一樣的，而且作用也是一樣的。這裡，前件中的「一個東西」和後件中的「這個東西」表示相同的對象。

其次，從這樣的認知出發，我們可以得到一些更進一步的資訊，尤其是關於量詞。「所有」、「每一個」、「有的」這些表示數量的詞一般都在概念詞前面，比如「所有哲學家都是思想家」。在確定了概念與對象的關係以後，由此也很容易得到弗雷格所揭示的量詞表述：

對任一 x，如果 x 是哲學家，那麼 x 是思想家。

這表明，量詞是對概念詞的限定，因而是比謂詞更高一個層次的東西。在這樣的解釋下，可以清楚地看出，雖然這個句子在日常語言的層面上，表達的是概念與概念之間的關係，但是實際上仍然表達了對象與概念之間的關係。而且，透過揭示量詞的意義，這樣的關係得到清晰的刻劃。由此也就可以理解上述引文的第二句話，即概念之間的所有關係，都可以歸類為對象與概念之間的關係。再進一步說明，語言中時常有量詞不出現的情況，比如「事物是相互連繫的」。人們固然可以僅僅從語法的層面上理解這句話，但是根據弗雷格的思想，這句話所表達的涵義仍然可以劃歸為對象與概念之間的關係。[25]

專有名詞與摹狀詞

弗雷格關於專有名詞的論述引起後人的討論和批評。這裡我們僅以羅素（Russell）的論述為例來進一步探討這個問題。

簡單地說，在語言中，表達個體的詞一般有兩類，一類是專有名詞，另一類是摹狀詞。[26] 專有名詞一般比較明確，是一個地方、一個城市、一個國家、一個人或一個事件的名字。摹狀詞與專有名詞不同，是一類特殊的語言

25　參見王路：《邏輯的觀念》，商務印書館 2000 年版，第 106 頁。

26　在羅素的討論中，有兩類摹狀詞，一類是不定的摹狀詞，一類是限定的摹狀詞。不定的摹狀詞是不含定冠詞的指謂詞組，如「一個人」，「一個哲學家」，概括地說，「一個如此這般的東西」。這兩類摹狀詞的主要區別在於有沒有定冠詞，因而在於是不是表示唯一性。後來人們討論摹狀詞，主要是指羅素所說的限定摹狀詞。

表達式。比如在英文中，摹狀詞一般是以定冠詞加形容詞詞組和名詞而形成，表示特定的唯一的對象。中文沒有定冠詞，因此摹狀詞詞組的語言形式與英語有區別，表達對象的唯一性卻不變，比如「中國的首都」，它沒有定冠詞，仍然明確地表示北京。有時候，為了明確，我們也可以用指示代詞來表示，比如「前排左邊那個穿紅色毛衣的學生」。

　　羅素批評弗雷格沒有區別專有名詞與摹狀詞。他認為，專有名詞與摹狀詞的邏輯作用是不同的，必須區別。在他看來，一個句子如果含有摹狀詞，那麼確定摹狀詞的涵義，對於確定這個句子的涵義就是至關重要的。因此他深入探討了摹狀詞，形成了著名的摹狀詞理論。在論述摹狀詞的過程中，羅素舉了一個非常出名的例子：「《威弗萊》的作者是司各特。」在這個句子中，「《威弗萊》的作者」就是摹狀詞。根據羅素的解釋，「某某作品的作者」的意思就是「寫了某某作品」。因此這個句子的意思是由下面三個句子表達的：

1. 至少有一個人寫了《威弗萊》，
2. 至多有一個人寫了《威弗萊》，
3. 誰寫了《威弗萊》，誰就是司各特。

　　第一個句子和第二個句子合起來就表示「恰好有一個人寫了《威弗萊》」，因而表達了唯一性，也就是說，它們表達了「《威弗萊》的作者」這個摹狀詞。再加上第三個句子，就表達出「《威弗萊》的作者是司各特」這個含有摹狀詞句子的涵義。[27] 根據羅素的分析，「寫了《威弗萊》」顯然是謂詞，表現為一種斷定。因此，摹狀詞也表現為一種斷定方式，這樣一來，摹狀詞被處理為一種特殊的謂詞。經過這樣的分析處理，摹狀詞與專有名詞的

27　關於羅素的摹狀詞理論，可以參見他的論文：〈論指謂〉，載《邏輯與知識》，苑利均譯，張家龍校，商務印書館 1996 年版；我曾經比較詳細地論述過羅素的摹狀詞理論，參見王路：《走進分析哲學》，生活‧讀書‧新知三聯書店 1999 年版，第 60-65 頁、第 173-177 頁。

區別是明顯的。因為專有名詞指稱的是對象,顯然不是謂詞,而摹狀詞表達了一類特殊的謂詞。因此專有名詞與摹狀詞的邏輯作用是不一樣的。

羅素的摹狀詞理論被稱為「哲學的典範」,無疑是非常出色的。但是對照弗雷格關於專有名詞的論述,我們卻可以看出,他對弗雷格的批評有不太恰當的地方。從邏輯的角度來說,專有名詞與摹狀詞的作用確實是不同的。問題是,當弗雷格論述專有名詞的時候,他並不是在探討邏輯問題,而是從邏輯的觀點出發,試圖為分析語言提供一種句法說明。在他看來,只要是以定冠詞引導的詞組都可以看作專有名詞,因此他所說的專有名詞不過是一種最基本的句法形式。而就他本人來說,其實他並不是不知道專有名詞與摹狀詞的區別,因為他明確談到像「亞里斯多德」這樣的「真正的專有名詞」。[28]特別是,弗雷格在強調句子的意謂的時候明確地說,一個專有名詞可能會有許多涵義,只要不同的涵義不會對我們理解句子的意謂造成困難,這樣的歧義就是可以容忍的,儘管在完善的語言中是不允許出現的。[29]不僅如此,他在論述思想的時候也說,「實際上必須要求每個專有名詞都有一種給出由專有名詞表示的對象(他、她或它)的唯一的方式。滿足這種要求常常是無關緊要的,但並非總是無關緊要的」[30]。這樣的說明差不多是一樣的。如果仔細分析,就可以看出,弗雷格的意思實際上是說,一個專有名詞可能會有一些不同的含義(在我看來,這些含義大致相當於摹狀詞,比如「《工具論》的作者」是「亞里斯多德」的一種含義),在日常表達中,這樣不同的含義的理解,只要不影響到對含有它的句子的真的理解就可以了。但是在邏輯(完善的語言)中,專有名詞與它的含義(摹狀詞)之間的不同含義是不允

---

28 參見弗雷格:《弗雷格哲學論著選輯》,第 91 頁注。我曾經比較詳細地討論過這個問題,參見王路:《弗雷格思想研究》,第 156-165 頁。

29 參見弗雷格:《弗雷格哲學論著選輯》,第 91-92 頁注。

30 同上書,第 122 頁。

許的，也就是說，必須把專有名詞與專有名詞的含義（摹狀詞）明確地區別開來。所以，專有名詞的唯一性在日常表達中可以不那麼嚴格，但是在邏輯中卻是至關重要的。

與這個問題相關的，還有所謂關於概念悖論的探討。弗雷格認為，「馬這個概念不是概念」。直觀上看，「馬」是概念詞，它的意謂是概念。但是為什麼「馬這個概念」會不是概念呢？同樣，「數」是概念詞，它的意謂是概念，可是為什麼「4 這個數字」就不是概念了呢？在德文中，這兩個表達都是以定冠詞開頭的（而中文只能以「這個」來表示定冠詞，並且無法把它放在詞頭）。[31] 而這裡的定冠詞是非常重要的句法標誌。

我們說過，弗雷格是從語言出發，因此對語言的句法描述就非常重要。否則面對複雜的語言表達，找不到切入點，探討就無法進行。弗雷格對語言的切入點是圖式 1 中的「句子：專有名詞／概念詞」，因此句子、專有名詞和概念詞都必須有明確的句法形式。句子和概念詞是清楚的，而專有名詞則是以定冠詞引導的詞組。這樣一來，弗雷格提供了一種分析語言的最基本的句法形式。這樣的句法形式與通常所說的語法形式不同。它不僅是弗雷格從語言出發來探討問題的切入點，而且也是他自己所必須依照的規則。也就是說，他在探討中不僅必須嚴格依據他自己的句法區分來看問題，而且也要依據這樣的區分來說明問題。正是依據這樣的區分，他發現了日常表達的問題。當人們不經意地使用定冠詞的時候，所使用的概念詞會悄悄改變成專有名詞，因而其所意謂的概念也會悄悄改變成對象，這樣就使我們討論的東西發生變化。「馬」這個概念本身確實是一個概念詞，比如在「馬是動物」這個句子中，它的謂述性質是很明顯的。但是當我們說「馬這個概念」的時候，也許我們心裡想的是探討「馬」這個概念，但是我們的表達卻是一個專

31　當然，我們可以說「這個概念馬」或「這個數字 4」，如此一來，定冠詞也有了，也到詞頭了。但會造成口語表達上的不便。

有名詞。也就是說，我們的表達與我們心裡所想要表達的已經有了差異。我認為，弗雷格的說明是重要的，這裡的思想也是深刻的。試想一下，「人是動物」與「人是兩撇」從字面上看句法是完全一樣的，但是其中所表達的「人」是相同的嗎？而其間的差異又是由於什麼造成的呢？有關這個問題我們不做深入探討，這裡的解釋只是為了說明，弗雷格關於專有名詞的論述，僅僅是為語言提供一種最基本的句法說明，而不是對專有名詞本身進行的邏輯說明。

在專有名詞問題上，我們也可以稍微走得再遠一些。這樣可以使我們對這裡的問題看得更加清楚。羅素的摹狀詞理論產生之後，人們給予它很高的評價，但是也有人對它提出了批評。這裡，我們只看斯特勞森（Strawson）對它的一個批評。

除了前面那個例子外，羅素關於摹狀詞理論還有一個非常出名的例子，這就是「當今法國國王是禿頭」。而斯特勞森正是針對這個例子提出了強烈批評。斯特勞森認為，在這個例子中，「當今」一詞的含義是不清楚的，這樣一種表示時間的詞的意義，會隨著說出它的情景而變化，因此含有這樣的詞的意義就是有歧義的，從而導致這樣的句子的真假是不確定的。為了說明自己的觀點，他還用了「我熱」等這樣一些例子來補充說明。顯然，斯特勞森的批評利用了像「當今」和「我」這樣的索引詞的特殊性質。[32] 針對斯特勞森的觀點，羅素反駁說，帶有這樣的索引詞的句子，與一般的陳述句是不同的。他的摹狀詞理論主要是針對一般的陳述句，而不是斯特勞森所說的這類帶有索引詞的句子。如果把這個例子中的「當今」換作「在 1905 年」，斯特勞森的批評就不成立了。從羅素的反駁可以看出，他並不認為斯特勞森的批評沒有道理，而只是強調斯特勞森的批評不適合自己關於摹狀詞的論述。

32　關於斯特勞森的有關論述，參見 Strawson，P.F.: *On Referring*，in *Logica-Linguistic Papers*，Methuen and CO LTD，1971；我曾詳細討論過他與羅素的爭論，參見王路：《走進分析哲學》，第 60-65 頁。

我認為，羅素的辯護是有道理的，因為他的摹狀詞理論確實是針對一般陳述句的。也就是說，在不涉及索引詞的句子時，摹狀詞理論是有效的。但是，斯特勞森的批評本身也是有道理的。因為這裡隱含了更為複雜的問題，即內涵語句的問題。一個句子如果含有像「當今」或「我」這樣的索引詞，它的意義就會隨這些詞本身的含義，以及使用它們的情景發生變化，因而它的真假就會是不確定的。對照斯特勞森和羅素的爭論，也就更容易理解，為什麼弗雷格在探討思想的時候要討論「我受傷了」這樣一個句子。這是因為，像「我」這樣的索引詞會破壞他所依據的外延的二值的邏輯原則。與此相似，我們也可以理解，為什麼在探討句子的意謂的時候，他要分析和論述從句。這是因為，一些從句也涉及內涵語境的問題，而一旦涉及這樣的語境，他所依據的外延的二值的邏輯原則就會出現一些問題。運用邏輯理論和方法，來分析和探討哲學問題一定要清楚自身理論的特點和特徵，從而在使用中看到日常表達所帶來的問題，特別是對自己所依據和使用的理論所帶來的問題，並設法澄清和解決這樣的問題。在這方面，弗雷格的視野無疑是十分清楚的，他的探討也是非常謹慎的。

句子結構與思想結構

弗雷格晚年在「邏輯研究」這一題目下發表了一系列論文，包括〈思想〉、〈否定〉和〈思想結構〉，還有一篇未完成的遺著〈論邏輯的普遍性〉也屬於這一系列。這些文章構成了弗雷格關於思想的系統論述，也形成了有關思想的理論。我曾經比較詳細地討論過他的理論，[33] 因此這裡不再重複。下面我以他的這些論述為基礎，主要討論其中涉及的一個問題，即句子結構和思想結構的區別。

---

33 參見王路：《弗雷格思想研究》，第 8 章。

弗雷格在〈思想結構〉這篇文章中共講述了如下六種思想結構：

第一種：A 並且 B；

第二種：並非（A 並且 B）；

第三種：（並非 A）並且（並非 B）；

第四種：並非（（並非 A）並且（並非 B））；

第五種：（並非 A）並且 B；

第六種：並非（（並非 A）並且 B）。

直觀上看，這六種思想結構實際上是其中一、三、五這三種思想結構，即「A 並且 B」、「（並非 A）並且（並非 B）」和「（並非 A）並且 B」，和它們的否定。這裡的 A 和 B 表達的都是思想，因此所謂思想結構即是以「並且」和「並非」這樣的連結詞，與 A 和 B 結合在一起所構成的東西。在弗雷格看來，這六種思想結構構成了一個封閉的整體，其中第一種思想結構及其否定表達為初始部分，但是也可以以其他任意一種思想結構作為初始部分，借助否定來推導其他思想結構。從邏輯的觀點看，這六種思想結構是同等有效的。

如果再仔細分析，還可以看出，弗雷格在第四種思想結構談到了「A 或者 B」，即它與「並非（（並非 A）並且（並非 B））」是等價的，而在第六種思想結構談到了「如果 B，那麼 A」，即它與「並非（（並非 A）並且 B）」是等價的。這裡的論述顯然是依據了命題邏輯。也就是說，一個析取命題與一個兩否定命題的合取的否定是等價的；同樣，一個蘊涵命題與一個其前件否定和後件肯定的合取的否定是等價的。因此，弗雷格的相關論述是非常清楚的。但是值得注意的是，弗雷格在論述第六種思想結構的時候卻強調了句子結構和思想結構的區別。他指出，對於「如果 B，那麼 A」所表達的東西，「不能理解為每個這種形式的句子結構，都表達一個假言思想結構」。[34] 他還

34　弗雷格：《弗雷格哲學論著選輯》，第 171 頁。

舉了一個例子來具體地說明這種情況：「如果某人是兇手，那麼他是罪犯。」根據弗雷格的論述，這裡主要有以下幾點區別：

首先，A 和 B 本身都表達完整的思想，因此「如果 B，那麼 A」也表達一個完整的思想。也就是說，一個思想結構表達一個完整的思想。

其次，在上面的例子中，「如果」引導的句子是「某人是兇手」。由於其中的「某人」不表示任何東西，因此這個句子不是完整的思想表達式，不表達思想。「那麼」引導的句子是「他是罪犯」。其中的「他」不是專有名詞，因此自身不表示任何對象。也就是說，單獨看這個句子，它也不表達思想。

再次，儘管例子中的兩個句子本身不表達思想，但是由於其中的「某人」與「他」相互暗示，再加上「如果，那麼」的連結，因而這兩個句子一起共同表達一個思想。

由於以上三點區別，可以得出一個結論：「如果某人是兇手，那麼他是罪犯」這個例子與「如果 B，那麼 A」這樣的思想結構是不同的。換句話說，同樣是「如果，那麼」這樣的語言形式，表達的東西卻可能會是不同的。弗雷格稱「如果 A，那麼 B」這樣的東西為思想結構，而稱「如果某人是兇手，那麼他是罪犯」這樣的東西為句子結構，由此說明它們之間的區別，並強調區別這兩種情況是至關重要的。[35]

從弗雷格的論述來看，句子結構與思想結構之間的區別當然是可以理解的。但是，在論述思想結構的過程中，為什麼會有這樣一段關於句子結構的論述呢？如果看到弗雷格隨後又轉到關於與分離規則和假言三段論規則相關的思想結構的論述[36]，我們不禁要問：在指出句子結構與思想結構的區別之後，為什麼就不再論述句子結構了呢？這裡關於句子結構的論述似乎不如關於思想結構的論述清楚。

35　弗雷格：《弗雷格哲學論著選輯》，第 171-172 頁。
36　參見同上書，第 172-173 頁。

我認為，這裡的問題實際上顯示出弗雷格所依據的邏輯，與他所論述的東西的區別。弗雷格之所以要強調句子結構與思想結構的區別，是因為它們在語言形式上有相似之處，即都具有「如果，那麼」這樣的連結詞。而弗雷格之所以只集中論述思想結構，是因為他基於命題邏輯，論述了與命題連結詞相關的思想表達式。相比之下，「如果某人是兇手，那麼他是罪犯」這樣的句子雖然也具有「如果，那麼」這樣的語言形式，但是這種形式卻不是命題邏輯所刻劃的那種形式，因此不屬於基於命題邏輯而討論的範圍。所以弗雷格僅僅指出了這裡的區別，而沒有進行深入的討論。換句話說，弗雷格只是指出了語言上容易產生引人誤解的表達，他的討論卻主要集中在以命題邏輯為基礎所討論的範圍。這樣做是必要的，因為同樣的表達可能會屬於命題邏輯的範圍，也可能會超出命題邏輯的範圍。指出這裡的區別，會使所討論的東西更加清楚，同時也不妨礙自己所專注的討論。

在弗雷格關於思想的普遍性的論述中，我們看到了與這裡差不多相同的論述。弗雷格認為，我們常常以「假言句子結構的形式表達一條規律」，但是「假言思想結構不屬於規律，因為它們缺少普遍性，而規律正是透過普遍性，與我們通常譬如在歷史中發現的個別事實相區別」[37]。兩者的區別是明顯的：假言句子結構表達規律，而假言思想結構不屬於規律；規律與普遍性相連繫，因而與個別事實相區別。在具體的論述過程中，弗雷格給出的例子是：「如果某物是一個人，那麼它是要死的。」這個例子與前面談到的那個例子顯然是相似的。弗雷格指出，所謂普遍性是由這個例子這樣的句子結構中的兩種部分展現出來的。其一是其中的假言句子結構的形式，即「如果，那麼」。其二是其中所包含的不確定指稱的部分，即前件中的「某物」和後件中的「它」。為了突破這樣表達的局限，弗雷格用算術字母「a」，來代替這

---

37 同上書，第 289 頁。

兩個不確定指稱的部分，這樣就得到「如果 α 是一個人，那麼 α 是要死的」。由於其中的兩個 α 形狀相同，相互指示，因此普遍性比較清楚地表達出來。

應該說，弗雷格的區別是清楚的。一個假言思想結構是指「如果 A，那麼 B」這樣的表達式，其中 A 和 B 都表達完整的思想，因而自身有真假。由它們所建構的整個表達式也表達一個完整的思想。而一個假言句子結構是指「如果 Fx，那麼 Gx」這樣的表達式，由於其中的 x（即弗雷格所說的 α）是變數，沒有確定的所指，因此像前件中的 Fx 和後件中的 Gx 都不表達完整的思想，而只是一個函數表達式。但是由於其中的變數相互指示，由此透過「如果，那麼」形成一種連繫，這樣它們所組成的句子就表達一種思想。這裡可以看出兩點。一點是清楚的，即「如果 Fx，那麼 Gx」與「如果 A，那麼 B」的區別。另一點則是模糊的。按照弗雷格的說法，「如果 Fx，那麼 Gx」應該表達一個思想，而且表達了普遍性，儘管「Fx」和「Gx」本身不表達思想。但是我們知道，由於「Fx」和「Gx」自身沒有真假，因此「如果 Fx，那麼 Gx」本身也沒有真假，因而似乎就不能說它表達一個思想。這裡涉及弗雷格的表述的問題。由於〈論邏輯的普遍性〉這篇論文是一篇未完成的遺作，因此我們無法確切地看到弗雷格對思想的普遍性的完整說明。但是，根據他在一階邏輯中的相關思想，我們可以把這裡所說的表達普遍性的句式理解為：「對任一 x，如果 Fx，那麼 Gx」。根據他所舉的例子也可以看出，他所討論的普遍性是涉及帶「所有」、「每一個」這樣的量詞的表達。除此之外，弗雷格在其他一些地方還明確地說：為了更容易識別普遍性，人們可以補充說「無論 α 是什麼」[38]。因此，弗雷格所說的假言句子結構實際上是如下表達的：

　　「無論 α 是什麼，如果 α 是一個人，那麼 α 是會死的」。

38　Frege, G.: *Nachgelassene Schriften*, hg. von Hermes, H. *Kambartel*，F. Kaulbach，F，Felix Meiner Verlag Hamburg 1969，S.217.

這樣一個表達式無疑表達了一個完整的思想，因而也是有真假的。這也說明，弗雷格所討論的所謂假言句子結構，實際上是含有量詞的表達式。[39] 這樣的結構與僅僅涉及命題連結詞的假言思想結構當然是不同的，因此相關的討論也是不同的。

與此類似，弗雷格關於否定的論述也有一些值得思考的地方。在前面說到的思想結構中顯然含有否定，弗雷格在〈論否定〉一文中還有對否定專門的和更為詳細的探討。簡單地說，弗雷格關於否定的一些論述是非常明確的，比如，否定是對一個思想的否定。在一個句子加上否定詞「並非」，就形成對這個句子所表達的思想的否定。由於一個思想有真有假，因此否定也與真假相關。但是，否定既不是對思想的真的否定，也不是對思想的假的否定，而是從一個思想過渡到它的對立面。就是說，經過否定，可以從一個思想得到一個與該思想對立的思想，因此否定也有真假。[40]

弗雷格在論述過程中批評了三種錯誤認知。第一種是認為有真思想而沒有假思想，第二種是認為否定分解思想，第三種是認為要區別肯定的思想與否定的思想。我這裡所強調的值得思考的地方，就是指弗雷格關於這三種錯誤認知的批評，尤其是他關於這第三種錯誤認知的討論，其中還談到康德區別肯定判斷和否定判斷。下面我們僅探討他這裡的一些討論。

前面在探討康德的思想時，曾經涉及肯定判斷和否定判斷。從亞里斯多德起，命題被分為肯定的和否定的。後來在這一區分的基礎上，人們認為命題從質的角度劃分為肯定的和否定的。康德的肯定判斷和否定判斷的區別，顯然也是依循了這一傳統。當然，他在這一類判斷還增加了無限判斷，因此他把判斷分為三類，而不是兩類。弗雷格論述的是思想，康德的區別移植過來，就是肯定的思想和否定的思想。但是弗雷格認為，這樣的「區別至少

39　關於這個問題的詳細討論，參見王路：《弗雷格思想研究》，第 192-200 頁。

40　關於弗雷格在這個問題的具體論述和討論，參見同上書，第 173-183 頁。

對於邏輯來說是完全不必要的」[41]。而且這根本就不容易說明什麼是否定判斷。比如，「基督是不死的」，「基督萬壽無疆」，「基督並非是不死的」，「基督是會死的」，「基督不萬壽無疆」，這些句子有的有否定詞，有的沒有否定詞，但是我們無法說明哪個句子有肯定的思想，哪個句子有否定的思想。在弗雷格看來，否定詞「並非」（或「不」）可以像人們通常認為的那樣與謂語動詞結合在一起，但是也可以與主語結合在一起，比如「沒有人活到一百歲以上」。「一個否定詞可以插入句子的任何地方，同時思想肯定不會由此變為否定的。」因此弗雷格認為「否定的判斷」這一表達對我們造成了非常「棘手的問題」。[42]

弗雷格不僅指出了這裡存在的問題，而且還分析了產生這些問題的兩個根源。一個根源是人們想對否定下定義，試圖澄清否定與一個表達式結合在一起的意義。另一個根源是人們沒有分清掌握一個思想與承認這個思想的真。我曾指出弗雷格所說的第一個根源是不清楚的，他本人也沒有給出清晰的解釋，而且我試圖透過詳細探討弗雷格關於第二個根源的論述，來解釋他關於第一個根源的說明。[43] 我的結論是：弗雷格認為否定是一個句子函數，因此否定是不能定義的。現在看來，儘管我明確地說弗雷格的「結論是透過對句子的語法結構的分析，並且主要是突破了語言形式的束縛而得到的」[44]，但是我的這個結論表達得過於簡單了。由於它過於簡單，因此在關於否定這個問題上，更為深刻的意義並沒有完全揭示出來。

按照弗雷格的看法，否定是一個句子函數。它以一個句子為自變數，因此以這個作為自變數的句子的真值，來決定自己的真值。弗雷格的這一思想

41　同上書，第 147 頁。

42　王路：《弗雷格思想研究》，第 147、148 頁。

43　參見同上書，第 179-183 頁。

44　同上書，第 183 頁。

無疑是清楚的，在論述過程中他的相關討論也是清楚的。但是，有了這樣的看法，或者根據這樣的看法，為什麼就不能對否定下定義呢？為什麼就不能澄清否定與一個表達式結合在一起的意義呢？正因為有這樣的問題，我才認為弗雷格在這裡沒有說清楚。弗雷格之所以沒有說清楚，大概有幾種可能。一種可能是他認為這裡的問題是明顯的，因此點到就可以了。另一種是在他的想法中是清楚的，但是沒有完全表達清楚。還有一種可能性就是他自己也還沒有完全想清楚。我認為，前兩種可能性比較大。但是也不能完全排除第三種可能性。下面我就來討論這裡的一些問題。

弗雷格關於否定的看法無疑是從命題邏輯出發。具有現代邏輯背景的人，在理解他的思想的時候一般也是這樣看的。因此在關於否定是一個句子函數的看法上，人們基本上是一致的。這樣人們就會認為，對於否定就應該這樣來理解。這既是我認為前兩種可能性比較大的原因，也是我原本在說明中表達得過於簡單的原因。但是，作為一個命題連結詞，否定與其他命題連結詞，比如蘊涵、合取、析取等是有差異的，最直觀的區別是它是一元命題函數，而其他連結詞是二元命題函數。正是由於存在這樣的區別，因此，雖然邏輯上可以把它們歸為一類，並給以明確的說明，但是在具體的語言分析中，無論是直觀的還是具體的，區別還是很大的。弗雷格專門寫一篇文章論述否定，而寫另一篇文章論述包括否定在內的其他命題連結詞，大概就是最好的證明。

在語言表達中，二元命題連結詞的語法形式一般來說不僅清楚，而且與邏輯連結詞的形式幾乎一樣，比如「亞里斯多德是哲學家並且是邏輯學家」。但是否定這個命題連結詞卻不是這樣，尤其是，它一般來說不是像邏輯語言所表達的那樣，出現在一個句子的前面，比如「並非 A」。在日常表達中人們也會說「亞里斯多德是文學家，這不是真的（這是假的，這不是事實等等）」，其中的「這」就表達一個思想（A），即「亞里斯多德是文學

家」，這樣的表達實際上就是否定，而且其表達形式與我們所說的否定的邏輯形式，大致也是一樣的。此外，人們有時候也會說「並非亞里斯多德是文學家」。這樣的表達也是否定，而且在語言形式上與否定的邏輯形式也是一樣的。儘管如此，人們一般對否定的理解卻主要不是基於這樣的否定表達，而是基於它出現在一個句子之中所發揮的作用，尤其是它與系詞的結合，即「不是」。比如「亞里斯多德不是文學家」，這是對「亞里斯多德是文學家」的否定。基於這樣的表達，比較自然而容易的是把它看作對謂語的否定，透過這樣的否定來說明主語的某種情況，而若是把其中的「不」作為一個命題連結詞提取出來，把它看作是對整個句子的否定，則似乎不是那麼容易，也不太自然。這樣就形成了與基於命題邏輯對否定的解釋的差異。

直觀上說，傳統的解釋依賴於自然語言的基本表達形式，因而比較自然。「S是P」是人們闡明自己的認知的最基本的表達，與此相對，「S不是P」則是相應的最基本的否定表達。所以當亞里斯多德從這樣的表達形式抽象出邏輯形式的時候，他保留其中的「是」這個最核心的要素，以及與它密切連繫的「不」這個要素。由於它們在語法上表達為肯定和否定，因而相應地在邏輯中也表達為肯定和否定。而當這樣的邏輯形成之後，尤其是在人們學習掌握它之後，並用它來觀察和分析語言表達的時候，這樣看待否定就更是自然的。一方面語言中有這樣的要素，人們也這樣表達，另一方面邏輯也提供了這樣分析的理論和依據。因此這樣的看法是再自然不過的了。但是這裡有兩個問題卻很容易被人們忽略。一個問題是以上所說的「抽象」，另一個問題是以上所說的語法與邏輯的相應。

所謂抽象是指「S不是P」，並不是語言中表達否定的唯一形式，而是去掉了一些東西。如前所說，亞里斯多德探討過不定命題，康德論述過無限判斷，因而涉及從質的角度分類的差異。弗雷格在舉例中剛好也談到這樣的句

子,比如「基督是不死的」,這與康德所考慮的「上帝是不死的」差不多是一樣的。這裡顯然存在著問題。舉例說明,「S不是P」與「S是非P」這樣的表達式都含有否定,它們是相同的還是不同的?亞里斯多德和康德都認為不同。只不過在看到這裡的差異之後,亞里斯多德排除了後一種表達形式,而康德保留了它。亞里斯多德排除它,是因為它為邏輯帶來麻煩,康德保留它是因為哲學討論的需要。弗雷格則明確地說,它根本就沒有說清楚什麼是否定的思想,即沒有說清楚什麼是否定。這樣看來,亞里斯多德與康德的看法無疑是對立的。弗雷格談到了康德,對康德的看法顯然是持批評態度。弗雷格沒有談到亞里斯多德,但是也看不出他支持亞里斯多德的觀點。因此可以問,按照弗雷格的觀點,應該如何看待亞里斯多德關於否定的論述呢?

由於弗雷格把否定看作是一個句子函數,因此否定總是對一個句子的否定。連繫前面關於涵義和意謂的論述,則可以看出,那裡關於句子的論述只涉及肯定,而不涉及否定。也就是說,關於思想和真值的考慮,在不涉及否定的地方,可以根據那裡的論述,而在涉及否定的地方,則要根據這裡的論述。這樣在直觀上可以看出,弗雷格關於句子的論述和關於否定的論述是一致的,沒有自相矛盾的地方。這裡我們也可以像前面那樣畫一個關於否定的圖式,如下:

[圖式5]

(語言)　句子　句子的否定
(涵義)　思想　對立的思想
(意謂)　真值　對立的真值

由此可以看出,前面關於專有名詞和謂詞的論述是一種句法說明,而這裡關於否定的說明也是一種句法說明。這樣的說明是一致的,但是與語法說明完全不同。我們看不到否定在句子中的位置,但是在這種句法的基礎上,

我們可以看到一致的語義說明。比如，一個句子的真值是由句子的思想決定的，一個句子的真值是由句子部分的意謂（比如其中專有名詞指稱的對象）決定的；一個否定的真值是由它所否定的思想的真值決定的。從這樣的句法可以看出，一方面，否定也有一個思想，但是它與其所否定的思想是不同的；另一方面，否定也有真值，但是它的真假是由它所否定的思想的真假決定的。當然，人們也可以認為，根據它的真假，也可以知道它所否定的思想的真假。但是根據弗雷格的論述，它所否定的思想，或者一般來說，一個思想自身的真假是可以不透過否定而確定的，即可以透過其他方式來確定。

從這樣的觀點看亞里斯多德關於否定的論述，則可以看出一些根本性的差異。亞里斯多德的論述主要是一種基於語法的論述。所謂「S 不是 P」，既是邏輯的否定形式，而且也是語言中的語法的否定形式。說它是否定形式，是因為它僅僅展現在關於最抽象的「是」的論述上，尚不能完全代表否定。也就是說，在抽象出最基本的句子形式「S 是 P」的意義上，人們可以談論「S 不是 P」這樣的否定。但是實際上的否定是有很大區別的。比如在加上量詞以後，全稱肯定命題是「所有 S 是 P」，特稱肯定命題是「有 S 是 P」，而與它們相應的否定命題分別是「所有 S 不是 P」和「有 S 不是 P」。按照「S 是 P」和「S 不是 P」這樣肯定和否定的說明，全稱否定命題和特稱否定命題，似乎也應該分別是全稱肯定命題和特稱肯定命題的否定，但是實際上卻不是這樣。因為全稱肯定命題的否定，是特稱否定命題，而特稱肯定命題的否定，是全稱否定命題。這就是為什麼亞里斯多德要詳細地區分命題的否定形式和否定的命題，[45] 因為它們是不同的。由此可以清楚地看出，語法形式上的否定，與邏輯的否定是兩回事。亞里斯多德十分清楚地意識到這一點，因此在論述中才會區別命題的否定形式和否定的命題。這樣做是必要的，除了邏輯

---

45 參見王路：《亞里斯多德的邏輯學說》，第 80-82 頁。

意義外，一個主要的原因大概就在於，他的邏輯的句法形式與語言的語法形式是一致的，因此容易造成語法形式與邏輯形式的混淆。知道這一點，也就比較容易理解，為什麼亞里斯多德在邏輯中排除了「S 是非 P」這樣的句式。因為這裡的否定會帶來更大的問題。

相比之下，弗雷格關於否定的論述，避免了亞里斯多德涉及的那些問題。首先，他從句法上對否定進行了明確的說明，即它是一個句子函數，這樣「並非 A」的形式是清晰無誤的。其次，它的語義也是清晰無誤的，即「並非 A」的真假是由 A 本身的真假決定的。最為重要的是，從這樣一種句了函數的觀點出發，可以得到一種關於否定的普遍認知。連繫亞里斯多德所涉及的問題，則可以說，對於句子內語法上不同形式的否定，可以得到一種普遍一致的認知。比如涉及量詞的句子，如「所有 S 不是 P」。它所表達的意思是：

「對任一 x，如果 x 是 S，那麼 x 不是 P」。

這樣的認知與直觀差不多是一樣的。而從句法上說，否定是對謂詞的否定。這裡的謂詞是一個帶有一個自變數的函數。這樣一個函數是可以有真值的，因此也可以被看作具有句子的性質。又比如「沒有 S 是 P」。這是西方語言中全稱否定命題的一種表達方式。它所表達的意思可以同上，也可以是：

「不存在一個 x，x 是 S 並且 x 是 P」。

此處的「存在一個 x，x 是 S 並且 x 是 P」顯然是一個句子，「不」作為否定詞放在句首，顯然是對整個句子的否定。至於特稱否定命題，差不多也是一樣。比如「有 S 不是 P」，意思是說：「至少有一個 x，x 是 S 並且 x 不是 P」。

這樣的理解與直觀上比較一致，其中的否定同樣是對一個函數的否定。而關於不定（或無限）命題，我們也可以得到同樣的理解。比如對於「所有 S 是非 P」，它的意思是：「對任一 x，如果 x 是 S，那麼 x 不是 P」。因此，

弗雷格關於否定的論述，實際上是對語言中涉及否定的表達，提供了一種具有普遍意義的一致的解釋。

這裡應該指出兩個問題。一個問題是，關於否定是句子函數的解釋，是不是適合自然語言中所有涉及否定的用法？比如，從前面的分析顯然可以看出，按照弗雷格的方式來理解，亞里斯多德所區別的全稱否定命題與不定命題，或康德所說的無限判斷被處理為同一種形式。另一個問題是，這樣的解釋是不是完全揭示了自然語言中否定的含義？我認為對這兩個問題是可以進行深入研究的。但是弗雷格的解釋至少有兩個十分重要的結果。一個結果是，根據否定的性質，它可以作用於句子和謂詞。這說明它可以是關於思想的否定，可以是關於事物具有的性質的否定，也可以是關於事物之間的關係的否定，但是它不能是關於個體事物的否定。另一個結果是，一個句子所表達的東西，弗雷格稱之為思想，有人則稱之為命題，也有人稱之為事實。由於否定的句法形式是對句子的否定，因此從思想層面說，否定可以是思想或命題的否定，也可以是事實的否定。因此可以問，事實是不是總是肯定的？對事實的否定無疑是有的，但是有沒有否定的事實呢？這也是後來許多哲學家，包括維根斯坦（Ludwig Wittgenstein），非常關注和討論的問題。

弗雷格關於假言句子結構和否定的討論，非常清楚地說明，語言的語法和邏輯的句法是不同的，從而說明，語言的語法形式和邏輯形式是不同的。他以邏輯為背景，從語言出發，圍繞句子進行了詳細的分析和探討，為我們提供了一種意義理論。他的思想是清楚的，他的論述基本上也是非常清楚的。一些似乎不夠清楚的地方，在他的邏輯框架下，經過仔細分析，其實也是清楚的。一階邏輯包含命題邏輯和謂詞邏輯兩部分，如今這兩部分融為一體。但是它們畢竟還是有區別的。命題邏輯是一種真值函數邏輯。而謂詞邏輯由於涉及量詞，因此不是一種真值函數邏輯。弗雷格的意義理論不僅反映

出這樣一種區別，而且反映出他對這樣一種區別的認知。同時，他還在探討的過程中，表現出非常謹慎認真的態度，因為，這裡涉及的問題確實是比較複雜的，對這些問題的分析並不是輕而易舉的事情，尤其是在把剛剛產生的現代邏輯應用到這樣的分析的時候。

第五章　維根斯坦的《邏輯哲學論》

維根斯坦（Wittgenstein）是二十世紀最重要的哲學家之一。他大概是唯一一位與弗雷格和羅素，這兩位對現代邏輯的建立和發展，做出巨大貢獻的邏輯學家都有密切接觸和來往的人。他的《邏輯哲學論》（*Logisch-Philosophische Abhandlung*）對早期的分析哲學影響極大，而他的《哲學研究》（*Philosophische Untersuchungen*）則對後來的語言哲學產生了十分重要的影響。這裡，我們主要考慮他的《邏輯哲學論》。

我在《走進分析哲學》一書中曾經談過這部著作。在那裡我認為，《邏輯哲學論》有一條清晰的思路，它可以大致表達如下：

世界－事實－思想－句子－真值函項－句子的普遍形式。

在得出這條思路的分析中，我認為從該書的序號可以看出其不同層次。但是我只提到其中的兩個層次，而沒有對更深的層次做更進一步的論述。關於維根斯坦的思想，我只強調並分析了他關於「世界是事實的總和」的論述，但是沒有對他的其他許多論述做深入的分析。[01] 這裡，我想在那裡討論的基礎上，對維根斯坦的思想做更為深入細緻的思考。當然，圍繞本書的任務，我們主要考慮的還是邏輯與哲學的關係。

可說與不可說

「凡是不可說的東西，必須對之沉默」（7）[02]，是維根斯坦的一句名言。也是被引用最多、所用範圍最廣的一句話。但是這句話的含義是不是像它字面上那樣清晰，卻是值得思考的。

這是《邏輯哲學論》的最後一句話，也是結論。這句話是針對不可說的

01　參見王路：《走進分析哲學》，第 66-77 頁。此外，在原本給出這一思路的時候，省略了「圖像」這一要素，我也解釋了這樣做的理由。

02　維根斯坦：《邏輯哲學論》，陳啟偉譯，《維根斯坦全集》第 1 卷，塗紀亮主編，河北教育出版社 2003 年版，第 263 頁。以下引文，只注維根斯坦自己給出的序號，分段用「／」表示。有些譯文有修改，參見 Wittgenstein, L.: *Tractatus logico-philosophicus*, Suhrkamp Verlag 1984; *Tractatus logico-philosophicus/ Philosophical Investigations*，中國社會科學出版社 1999 年版。

東西，由此也說明，維根斯坦區分出了可以說的東西和不可以說的東西。比如，可以說的東西是「自然科學的命題」（6.53），而「倫理是不可說的」（6.421），「意志，作為倫理的東西的載體，是不可說的」（6.423）。按照維根斯坦的看法，對倫理、意志這樣的東西就必須保持沉默。再比如，由於他認為「倫理和美學是一個東西」（6.421），因而按照他的看法也可以說，美學是不可說的，對美學也必須保持沉默。如此等等。

我認為，維根斯坦的這個結論直觀上雖然清楚，卻有些費解。由於這是針對哲學而言的，因此哲學中有可以說的東西和不可以說的東西，無疑是可以理解的。但是，說倫理是哲學中不可說的，則是費解的，因為哲學中關於倫理的討論已經有了兩千多年。也就是說，人們可以看出維根斯坦給出的一個結果，這就是利用可說與不可說的這一區別，把像倫理和美學這樣的東西通通排除在哲學之外，但是人們不一定會贊同或接受它。我不想評價他的這一結論是不是正確，而只分析他的這一結論是如何得出來的。

維根斯坦的論證實際上十分簡單。第一點，世界的意義在世界之外，而在世界之內的東西就是如其所是，如其所發生，因而世界中沒有價值。「如果在世界中會有價值，那麼這種價值也不會有價值」（6.41）。連繫前面給出的維根斯坦的基本思路及其相應的解釋，就可以看出，世界是由事實構成的，因此這裡所說的世界中的事物是什麼樣就是什麼樣，如何發生就是如何發生，不過依然是在以不同的方式陳述事實。價值是與事實不同的東西。價值是關於事實的。因此世界中沒有價值這樣的東西。即使會有這樣一種東西，它也是事實意義上的東西，而不是通常所說的價值。因此這樣的東西沒有價值。維根斯坦以自己獨特的方式區別了價值與事實。倫理是關於價值的表述，這樣的東西不在世界之中，因此倫理是不可說的。

第二點，「如果存在一種有價值的價值，那麼它必在一切發生的和如此而是的東西之外。因為一切發生的和如此而是的東西都是偶然的。／使這些

東西成為非偶然的那個東西不能在世界之中，因為，否則那個東西本身又會是偶然的了。它必在世界之外」（6.41）。這一點是上一點的繼續，目的仍然是要說明價值與事實是不同的，而且是為了避免無窮倒退。這一點是顯然的，因此不用多說。值得注意的倒是這裡提到的偶然與非偶然的區別。按照這一區別，似乎世界中的東西是偶然的，而世界之外的東西應該是非偶然的。這樣來看，倫理的東西就應該是非偶然的。不過維根斯坦沒有明確這樣說，只說它在世界之外。這裡，雖然維根斯坦使用了虛擬語態，因而我們也只能做一些推論，但是，這樣的說法顯然不是沒有問題的。

　　維根斯坦明確地說，邏輯的研究是規律性的研究，「而在邏輯之外，一切都是偶然的」（6.3），「只有一種邏輯的必然性」（6.37）。由此至少可以得出兩點區別，一點是邏輯與世界中的東西的區別。再一點是邏輯與倫理的區別。前一點無疑是清楚的，因為世界中的東西是偶然的，而邏輯是必然的；因此可以說，世界中的東西在邏輯之外，或者說，邏輯不是世界之中的東西。但是後一點似乎就會有些問題。因為邏輯是必然的，而邏輯之外的東西是偶然的。倫理顯然不是邏輯，也不是邏輯之內的東西。因此，倫理不等於邏輯，倫理也不能是必然的東西。當然，我們不能說非偶然的就是必然的，也不能說必然的就是非偶然的。以此似乎仍然可以區別邏輯與倫理。但是在倫理問題本身的論述上，如果說非偶然不是指必然，那麼偶然與非偶然的區別還是那樣清楚嗎？

　　除了這個問題以外，似乎還有另一個問題。邏輯與倫理都是世界之外的東西，這似乎是它們的相似之處。在這種意義上，既然倫理是不可說的，那麼邏輯是不是也是不可說的？在《邏輯哲學論》中，維根斯坦談論倫理的篇幅很小，幾乎只限於6.4節。但是他談論邏輯卻很多，書名且不論，專門探討邏輯的地方幾乎占據了全書的一半，而提到邏輯的地方就更多了。因此，

如果說倫理是不可說的，只是有些費解的話，那麼說邏輯是不可說的則是非常難以理解的。

與邏輯相對照，維根斯坦還談到歸納律。他明確地說歸納律不是邏輯規律（6.31），歸納的過程沒有任何邏輯根據，而只有一種心理根據（6.3631）。同時他還談到物理規律，談到因果律。他說：「如果會有一條因果律，那麼內容會是這樣的：『有一條自然律。』／但是人們當然不能這樣說，因為它是表現出來的。」（6.36）因此，像歸納律和因果律這樣的東西也是不可說的。這裡，歸納律和因果律這樣的東西，與邏輯規律的區別無疑是清楚的。比如，前者沒有必然性，後者有必然性。但是這裡似乎也有同樣的問題。既然可以把歸納律和因果律這樣的東西與邏輯規律進行比較，那麼它們似乎是同一層面的東西。在這種意義上，既然不能說有自然律，那麼似乎也就不能說有邏輯規律。而如果沒有邏輯規律，邏輯不也就成為不能說的東西了嗎？在這種情況下，維根斯坦的這部著作以及他在這部著作中的論述，又該怎樣理解才對呢？

以上的一個結論是，從維根斯坦關於倫理是不可說的，以及他關於物理規律的論述，似乎可以得出邏輯是不可說的這樣一個結論。其實，除了這樣的似乎可以推導出來的結論外，維根斯坦也有一些明確的論述。比如他說：「邏輯的句子把一些句子結合而成為什麼也沒有說的句子，從而顯示這些句子的邏輯特徵。」（6.121）這表明，邏輯的句子與一般的句子無疑是有區別的。一般的句子構成邏輯的句子，邏輯的句子什麼也沒有說，但是可以顯示出這些句子的邏輯特徵。這裡比較清楚的是：邏輯的句子什麼也沒有說。不太清楚的是：一般的句子是不是說了什麼？考慮到兩者的區別，似乎應該得到一個肯定的回答。當然，如果認真思考，這裡還有一個問題，即什麼也沒有說與不可說是不是一回事？為了弄清楚什麼是不可說，我們先考慮什麼是「什麼也沒有說」。

　　直觀上看，邏輯的句子什麼也沒有說，它們只是句子的邏輯特徵。對於這一點，維根斯坦還有更為明確的論述。比如他說：「重言式是從一切句子得出來的：它沒有說任何東西。」（5.142）我們知道，邏輯的句子都是重言式。由此也就可以得出，邏輯的句子沒有說任何東西。假定這一點是清楚的，還需要理解的就是句子的邏輯特徵。這也是邏輯句子與一般句子的區別所在。對此，維根斯坦也有說明：

　　句子能夠表現整個實在，但是它不能表現它為了能夠表現實在，而必須與實在共有的東西 —— 邏輯形式。為了能夠表現邏輯形式，我們必須能夠使自己連同句子都處於邏輯之外，亦即處於世界之外。（4.12）

　　這裡，比較清楚的有幾點。一點是：句子表示實在，但是句子不表示邏輯形式。另一點是：邏輯形式是句子與實在共同具有的東西。還有一點是：在表達邏輯形式的層面上說，我們和句子都處於邏輯之外，就是說，處於世界之外。但是這裡也有不太清楚的地方：句子怎麼就不能表現邏輯形式呢？難道邏輯形式不是在句子中表現出來的嗎？對此，維根斯坦則有進一步的解釋：

　　句子不能表現邏輯形式，邏輯形式在句子中反映出來。／語言中所反映出來的東西，語言不能表現。／自己在語言中表達出來的東西，我們不能透過語言表達出來。／句子顯示實在的邏輯形式。／句子揭示實在的邏輯形式。（4.121）

……

可顯示的東西是不可說的。（4.1212）

　　首先值得注意的是，這裡明確提到「不可說的」（kann nicht gesagt werden），而它與全書的結論「不可說的」（nicht sprechen kann）非常相似，因此它有助於我們理解後者。如果可以認為這兩個表達僅有字面的區別，則可以認為它們意思是完全一樣的。因此，為了理解該書的結論，對這段話應該認真理解。

　　直觀上看，最終的「不可說的」這一結論落在了「可顯示的東西」之上，而沒有落在其他幾個動詞所描述的東西之上。因此，如果「表現」（darstellen）、「表達」（ausdruecken）、「顯示」（zeigen）、「揭示」（aufweisen）這幾個關鍵的動詞只是一種修辭，那麼「不可說的」對它們所描述的東西就都是適合的。但是，如果這幾個動詞是有區別的，因而它們所說明的東西也是有區別的，那麼「不可說的」就只能適合「可顯示的」，而不適合其他幾種情況。我相信維根斯坦在這裡是要表現出一種區別，因此這裡用語的區別不是隨意的，也不是為了修辭，而是煞費苦心。但是在這樣的情況下，立即產生一個問題：為什麼可顯示的東西是不可說的東西？

　　在以上幾個動詞中，與「說」最近似的是「表達」。但是含有「表達」的這一句話同樣有些費解：自己在語言中表達出來的東西，為什麼就不能用語言來表達呢？而這一費解之處與前面的問題，顯然是相似的。「自己在語言中表達出來的東西」不是可以透過語言表達的，語言中「可顯示的東西」是不可說的，而所謂「表達」和「說」顯然都離不開語言。因此這裡的疑問是顯然的，也是自然的。由於後者是清楚的，因而這裡需要理解的是前者，即所謂「自己在語言中表達出來的東西」和「可顯示的東西」究竟是指什麼？

　　維根斯坦說：「句子之所以可能，乃基於以指號代表對象的原則。／我的基本思想是：『邏輯常項』不代表。事實的邏輯不能被代表。」（4.0312）在後兩個句子中，「代表」（vertreten）是一個及物動詞，但是後面卻沒有跟名詞，感覺上有些怪。如果連繫前一個句子來理解，似乎只能是：「『邏輯常項』不代表對象。事實的邏輯不能由對象所代表。」[03] 如果是這樣，則可以認為，這裡在對象與邏輯常項之間，乃至與邏輯之間畫出一條鮮明的界線。

03　中譯文就是這樣翻譯的。參見維根斯坦：《維根斯坦全集》第 1 卷。

　　邏輯常項的意思應該是明確的，按照通常的理解，就是指命題連結詞和量詞。若是這樣來理解，維根斯坦的許多論述是很清楚的。比如他說：「指號『p』和『~p』能說同一件事情。因為它表明，在實在中並無任何東西與指號『~』相對應。／否定之出現於一個句子，這不是其意義（~~p=p）的標記。／句子『p』和『~p』具有相反的意義，但是，與它們相應的是同一個實在。」（4.0621）這裡所說的「~」是否定符號，就是一個邏輯常項。由於認為實在中沒有東西與它相對應，因此也可以說它不代表任何對象。這一段話是維根斯坦關於否定的非常出名的論述，其實質涉及實在中有沒有否定的事實。對此我們不做深入探討，但是字面上卻可以看出，這樣的討論是基於對否定詞「並非」或「~」這樣一個邏輯連結詞的認知。

　　又比如，他認為「有組合之處，便有自變數和函數，而有自變數和函數之處，便已有一切邏輯常項。／我們可以說，唯一的邏輯常項，是一切句子按其本性彼此共有的東西。／但是這就是普遍的句子形式」（5.47）。具體一些說，「fa」表達了一種函數和自變數的組合。與它相應的句子有很多，比如「蘇格拉底是白淨的」，「亞里斯多德是白淨的」等等。雖然在「fa」中看不到邏輯常項，但是在維根斯坦看來，它與「（∃x).fx.x=a」的意思是一樣的，而這裡的量詞「∃x」即是邏輯常項。所以，邏輯常項雖然是句子的普遍形式，實際上也可以是不出現的，正如「fa」所表現的那樣。根據這樣的看法，邏輯常項自然不是與對象相應的東西，因而不代表對象。同樣，由邏輯常項所表現出來的邏輯也就不能被對象所代表。

　　值得注意的是，維根斯坦談到「表面的邏輯常項」（5.441）。這是因為「（∃x).fx.x=a」與「fa」所說的相同，而在後者邏輯常項消失了。維根斯坦還認為不存在弗雷格和羅素所說的「邏輯對象」或「邏輯常項」（5.4），大概和這裡的分析也不是沒有關係。無論對這裡的邏輯常項怎樣理解，對維

根斯坦的以上有關論述如何理解，邏輯常項與對象不是一回事，沒有關係，卻是十分清楚的。

邏輯命題的特徵是由邏輯常項顯示出來的。因此，明確了什麼是邏輯常項，也就清楚了與邏輯常項相關的東西。這裡，最明顯的就是重言式和矛盾式。以重言式為例。在維根斯坦看來，「重言式是從一切句子得出來的：它沒有說任何東西」（5.142）。原因在於，「如果從一個句子得出另一個句子，那麼前一個句子就比後一個句子說了更多的東西，而後一個句子比前一個句子說得要少」（5.14）。一般來說，最簡單的重言式是「p → p」，或者用排中律來表示，「p ∨ ¬p」。兩者是等價的。「p → p」的字面意思是從 p 得出 p，似乎什麼也沒有說，或者如同人們一般認為的那樣，沒有說出新東西。實際上，所謂作為前件的句子比作為後件的句子說出更多的東西，也表達了這個意思。而且重言式的這種性質也是顯然的，比如「p ∧ q → p」，它表達的是從 p ∧ q 得出 p，p ∧ q 當然比 p 說得多，因為它不僅說到 p，而且說到「q」以及「p」和「q」的關係。從邏輯常項的角度說，「p → p」、「p ∨ ¬p」和「p ∧ q → p」這幾個重言式的特徵是由其中的連結詞「→」、「¬」、「∨」、「∧」顯示的，這也是這幾個表達式的邏輯特徵。它們表示了 p 和 q 等句子之間的關係，僅此而已。所以維根斯坦說：「重言式是一些句子的共同的東西，這些句子沒有任何共同的東西。」（5.143）比如以下三個句子：「這個球是白的或不是白的」，「這個人是高的或不是高的」，「這個蘋果好吃或不好吃」。它們所說的分別是某球、白色，某人、高的，某蘋果、好吃等等。這些東西是完全不同的，因此這些句子沒有任何共同的東西。但是它們都表達了「p ∨ ¬p」這樣一個重言式，因而這個重言式是它們共同的東西。也就是說，人們說的總是「這個球是白的或不是白的」，「這個人是高的或不是高的」，「這個蘋果好吃或不好吃」等等這樣的句子，而

不是「$p \vee \neg p$」。但是在人們這樣說的過程中，卻會顯示出「$p \vee \neg p$」這樣的東西。我們也就可以理解維根斯坦前面的說明。重言式或邏輯形式這樣的東西是在語言中表達出來的東西，而不是人們透過語言表達出來的東西。它們是在句子中顯示出來的東西，是由句子揭示出來的東西。因此它們是可顯示的，而不是可說的。

綜上所述，邏輯常項或由邏輯常項所顯示的邏輯形式是不可說的。我們至少看到兩個結論，一個結論是：倫理是不可說的。另一個結論是：邏輯是不可說的。但是，從以上分析其實已經可以看出，雖然它們都是不可說的，卻是有根本區別的。倫理是不可說的，這是因為世界上沒有像價值這樣的東西。邏輯也是不可說的，卻是因為它們是顯示出來的東西。換句話說，世界上沒有價值這樣的東西，卻不是沒有邏輯形式這樣的東西。只不過邏輯形式不是說出來的東西，而是顯示出來的東西。世界上有這樣的東西，只不過它們是顯示出來的。我想，大概正是在這種意義上，維根斯坦才強調，「的確有不可說的東西，它們顯示自己，它們是神祕的東西」（6.522）。也就是說，這裡所謂神祕的東西絕不是指倫理學這樣的東西，而是指邏輯形式。[04]維根斯坦所做的工作則是揭示這神祕的東西。

世界的結構

以上我們只分析了維根斯坦說的「不可說」這個結論。現在需要考慮的是它對於全書的意義。首先讓我們重複維根斯坦在《邏輯哲學論》中的基本思路：

04　關於維根斯坦所說的「神祕的東西」，人們有許多不同的理解，甚至包括「絕對的善」和「絕對的美」這樣的「絕對價值」（比如參見韓林合：《邏輯哲學論研究》，商務印書館 2000 年版）。我的解釋只限於《邏輯哲學論》，並且不在這裡展開討論。

世界 —— 事實 —— 思想 —— 句子 —— 真值函項 —— 句子的普遍形式。

可以看到，這條思路反映了維根斯坦論述問題的過程，也展現了他所探討和論述的問題。其中最主要的就是「世界 —— 事實 —— 思想 —— 句子」。顯然，這條思路並沒有「不可說的」這個結論。如果加上這一結論，則可以看出，有關「世界 —— 事實 —— 思想 —— 句子」的這些論述必然與這一結論相關。無論是透過對事實等等的探討，而達到不可說的這樣的結論，還是透過對不可說的這樣的結論，來達到對事實等等的說明，這一結論與書中的核心論述一定有十分重要的關係。前面我們已經說明，維根斯坦所謂「不可說的」主要指的是邏輯形式。因此，這裡的問題也可以具體表達為：邏輯形式與書中核心問題的關係。下面我們就圍繞這一關係來探討維根斯坦的思想。

為了更清楚地說明維根斯坦的思想，我們寫下書中這前四個主要部分的第一句話：

1. 世界是情況所是的那樣。
2. 情況所是那樣，即事實，是事物狀態的存在。
3. 事實的邏輯圖像是思想。
4 思想是有意義的句子。

這裡的思路可以看得十分清楚：從世界出發，過渡到事實，再從事實過渡到思想，最後從思想過渡到句子。這就是為什麼我們說維根斯坦的論述是從世界出發。但是，如果再仔細一些，其實可以看出，1 實際上包含著事實。這在 2 中表現得再明白不過了，因為「情況所是的那樣」就是「事實」。即使不考慮 2，書中的第二句話也明確地告訴我們：「世界是事實的總和，不是事物的總和。」（1.1）也就是說，從書中的第二句話開始，事實就作為一個核心概念出現，成為討論的重點。這說明，維根斯坦關於世界的論

述從一開始就是與事實緊密連繫在一起的。在我看來，實際上也可以認為，維根斯坦從世界出發，但是在關於世界的論述中，他卻是從事實開始，或者他是以事實為出發點來論述世界的。

在接下來的兩部分中，他論述的是：

5. 句子是基礎句的真值函項。／（基礎句是其自身的真值函項。）

6. 真值函項的普遍形式是：$[\bar{p}, \bar{\xi}, N(\bar{\xi})]$。／這就是句子的普遍形式。

顯然，這兩部分是專門的邏輯論述。同時也表明，邏輯的論述是從句子出發的。如果把這兩部分與前面四個部分連繫起來，則可以看出，從事實出發，過渡到句子，就可以對句子進行邏輯探討。而涉及邏輯的專門探討竟然有兩部分，足見這些論述的重要。因此我們可以明白，維根斯坦關於邏輯形式的論述是非常重要的，當然，他關於邏輯形式的「不可說」這一結論是非常重要的。只是在進行這樣的論述和得出這樣的結論之間，有一個從事實到句子的過渡。看清楚這個過渡，其實也就看清楚了維根斯坦的思路。說到底，維根斯坦在邏輯的背景下探討世界，所選擇的出發點正是事實。

事實與思想相關，思想與句子相關，因而事實與句子相關。事實與邏輯是不同的東西。在事實層面上，大概很難進行邏輯探討。但是在句子的層面進行邏輯的探討就比較容易，而且可以透過這樣的探討對事實做出一些說明，從而說明世界。實際上，維根斯坦的這一思想在第一部分就已經出現了。他說：「邏輯空間中的事實就是世界。」（1.13）字面上看，事實處於邏輯空間中，這既說明了事實與邏輯的關係，也顯示了事實與邏輯的區別。正由於事實與邏輯有這樣的關係，邏輯無疑也是世界中的。如果把第一章看作導論，那麼這就是導論中涉及邏輯的唯一的一句話，它從事實的角度出發，簡要說明了邏輯的主要特徵以及它與事實之間的關係。現在從前面的分析又已經知道，邏輯關係是顯示出來的，卻是不可說的。由此則可以看出，世

界是事實的總和，因此事實是清楚的，是可說的。由於事實處於邏輯空間之中，它們相互之間一定具有邏輯關係。但是邏輯關係是不可說的，它們只是顯示出來的。因此，維根斯坦對這種不可說的東西的論述，實際上是對事實的邏輯空間的論述。明白了這一點，就應該具體地看一看這邏輯空間究竟是怎麼一回事。

關於事實所構成的邏輯空間，維根斯坦在第三章有非常直觀的說明。他認為：

> 一個句子決定一個邏輯空間的位置。這個邏輯位置的存在是僅由組成部分的存在、由有意義的句子的存在保證的；（3.4）
> 雖然一個句子只能決定邏輯空間上的一個位置，但是這樣必然就由這個句子給出整個邏輯空間。／否則，透過否定、邏輯和、邏輯積等等，就總會在坐標上引進新的因素。（3.42）

想到世界是事實的總和，我們的頭腦裡就會出現一個由事實構成的世界。想到與事實相對應的是句子，事實是由句子表達的，我們就會想到一個與事實構成的世界相對應的，由句子構成的集合體。在這種情況下，維根斯坦的這兩段說明沒有什麼理解的問題。尤其是這裡明確提到「否定」、「邏輯和」、「邏輯積」等等，它們指的都是句子連結詞。依據這些連結詞，句子可以形成各種不同的新的組合。看到這樣的組合及其延伸，大致可以想到由句子所構成的整個句子集。連繫與此相對應的世界，這裡，除了句子所表達的具體的事實以外，顯然還有一種句子之間建構起來的空間結構。句子所表達的是事實，但是句子之間的關係，即這些連結詞所展現的東西，卻不是事實。按照維根斯坦的說明，這是一個空間結構，句子占據的是邏輯位置，句子的組合構成邏輯空間。因此也可以說，整個邏輯空間是由句子給出的。我想，也許正是在這種意義上，這裡所強調的「有意義的句子」值得我們注

意。這清楚地說明句子與展現邏輯空間的那些東西的一個重要區別。句子是有意義的，而連結句子而形成邏輯空間的那些東西是沒有意義的。由此也可以看出，雖然邏輯空間沒有意義，但是構成邏輯空間的句子是有意義的。這樣一來，由句子構成的整個世界也是有意義的。

但是，維根斯坦在第五章對句子也有比較抽象的說明。比如他認為：

句子是基礎句的真值函項；(5)

所有句子都是對基礎句做真值運算的結果；(5.3)

否定、邏輯和、邏輯積等等，都是運算。(5.2341)

這明顯區別出兩類句子，一類是基礎句，另一類是由基礎句構成的句子。它們之間的關係也說得十分明確，即真值函項或真值運算。也可以說，句子由基礎句的構成方式是運用否定、邏輯和、邏輯積等等連結詞進行連結。今天，這些都是一階邏輯的基本內容，對於我們來說也已經是常識，因而沒有什麼理解的問題。但是在當初維根斯坦做出這樣論述的時候，它們卻不是那樣明顯。我想，即使在今天，對於不熟悉一階邏輯的人來說，理解維根斯坦的這些思想，大概也不是沒有困難的。因此，還是可以再說一說的，尤其是把它們與維根斯坦關於邏輯空間的論述結合起來。

邏輯最主要的特徵是由邏輯常項顯示的。在句子部分，這就是句子連結詞。比如維根斯坦所說的否定、邏輯和、邏輯積等等這樣的運算。因此句子與句子連結詞的區別是十分重要的。從邏輯的角度說，一個句子連結詞是由句子構成的函數，它的表現形式也是一個句子，即一個由它與它所連結的句子所組合而成的句子。因此就有兩種句子，一種是含句子連結詞的句子，另一種是不含句子連結詞的句子。前者是維根斯坦所說的句子，後者就是他說的基礎句。句子有真值，一個含句子連結詞的句子的真值，是由其構成部分的句子的真值決定的。所以人們說句子連結詞是一種真值函項（或函數），

句子邏輯也是一種真值函項邏輯。在這樣一種知識背景下，理解維根斯坦的上述關於句子的論述是沒有什麼問題的，而且，理解他的許多更詳細的論述也不會有什麼問題。因此我們還是來考慮他關於邏輯空間的論述。

從邏輯的考慮出發，句子是無窮多的。句子連結詞是有限的，但是這些有限的連結詞的構成能力是無限的。也就是說，由基礎句所構成的句子是無窮多的。當維根斯坦把句子與事實對應起來，而提出對世界的說明的時候，他的這些看法表現無遺。比如他說：

最簡單的句子，即基礎句，斷定一個事態的存在；(4.21)

基礎句的真值可能性，即事態存在或不存在的可能性；(4.3)

句子是與基礎句的真值可能性一致和不一致的表達式；(4.4)

句子借助一種邏輯架構來構造一個世界。(4.023)

這些論述清楚地表明，事實是由句子表達的，從真假的角度可以考慮表達事實的句子相互之間的關係，而且句子不僅構成世界，而且這種構成表現為一種邏輯架構。由於句子表達的是事實，因而也就表明，事實構成世界，而且這種構成表現為一種邏輯架構。我認為，這也就是維根斯坦所說的邏輯空間。

在這裡，我認為有必要強調維根斯坦所得出的句子的普遍形式。對此他有兩種說法。一種是比較直觀的說法：

句子普遍形式是：處於如此這樣的情況。(4.5)

還有一種是比較技術性的說法，即前面援引過的一句話：

「真值函項的普遍形式是：$[\bar{p}, \bar{\xi}, N(\bar{\xi})]$。／這就是句子的普遍形式」。(6)

根據維根斯坦的解釋，後一種說法的意思是「每個句子都是對基礎句連續做 $N(\bar{\xi})$ 運算的結果」(6.001)。基礎句和運算的區別主要展現在句子連

結詞上，因此這種所謂句子的普遍形式包含了對句子和句子連結詞，以及它們之間的相互關係的說明。相比之下，前一種說法的意思就不是這麼清楚，而且似乎有些模糊。但是按照維根斯坦的說法，「假定給我所有基礎句，就可以直截了當地問：我能拿它們構成哪些句子？那就是所有句子，而且這樣就對它們劃了界限」（4.51）。也就是說，從基礎句可以構成所有句子。「處於如此這樣的情況」這種比較模糊的說法，實際上是想包含對基礎句、由基礎所構成的句子以及構成方式的說明。這種說法之所以含糊，大概也正是由於基礎句、由基礎句構成的句子以及這種構成之間，存在著十分重要的區別。含糊歸含糊，句子的普遍形式大概總要得出來的。因為維根斯坦想得到的是一種具有普遍性的說明，而這種普遍性的說明主要是圍繞著句子做出的。正像維根斯坦所說：「邏輯句子描述世界的架構，或者說得更確切些，是表現它。……如果我們知道了任何一種符號語言的邏輯句法，那麼就已經給出了一切邏輯句子。」（6.124）與弗雷格和羅素一樣，維根斯坦知道一種邏輯句法。因此，當他用這樣一種邏輯句法來分析世界的時候，別的不說，他至少要揭示句子的普遍形式。換句話說，為了追求普遍性的結論，他必須要為句子提供一種具有普遍意義的解釋。

世界是不是由事實構成的，是可以置疑的。事實與事實之間是不是形成世界的邏輯空間，也是可以批評的。世界的界限是不是就是我們的語言界線，因而世界的結構是不是就是我們的語言結構或句子的邏輯架構，同樣是可以探討的。但是維根斯坦的分析和說明絕不是沒有道理的。尤其是，他關於句子與句子連結詞的區分，以及基於這種區分而對基礎句和一般句子的區別，並由此而對事實和邏輯空間的說明，以及由此而提出的對世界的說明，不僅是比較清楚的，而且確實是具有開創性的。由此我們也可以看出，他說的邏輯的「不可說」，與其他東西比如倫理的不可說，是有根本區別的。邏輯的不可說，固然因為在世界中沒有與它相對應的東西，但是邏輯卻是在世

界中顯示出來的。它顯示為事實之間的一種結構、一種構成，因而是屬於世界的。看到這一點，也就不難理解，為什麼維根斯坦告誡我們，人們「必須超越這些句子，才能正確地看世界」（6.54）。維根斯坦相信自己做到了這一點，但是他絕不會相信，當然也不認為別人也做到了這一點。我認為，在這種意義上，他的結論，即「凡是不可說的東西，必須對之沉默」，即使在今天也依然意味深長。

事實與句子

從以上討論可以看出，世界是由事實構成的，而語言是由句子構成的。語言與世界相對應，句子與事實相對應，句子之間的關係與事實之間的關係相對應。句子之間有邏輯關係，維根斯坦揭示了這種關係，同時說明，它們在世界中是可顯示的，卻不是可說的。由此不僅說明邏輯與事實的不同，而且說明邏輯句子展示出世界的架構。這樣一來，維根斯坦就對世界提出了一個解釋模式，這就是透過對語言的邏輯分析，對世界做出說明。

以上我們的討論主要集中在「不可說」和世界的結構上，雖然這也可以展現語言層面的東西，和世界之中的東西之間的關係，因而展現邏輯和世界的關係，但是畢竟沒有直接討論維根斯坦關於語言的論述。這主要有兩個原因。其一是因為維根斯坦的許多名言如今已經成為老生常談，比如「句子的總和就是語言」（4.001），「我的語言的界限意謂我的世界的界限」（5.6），「邏輯充滿世界：世界的界限也是它的界限」（5.61）等等。因此我認為，在討論維根斯坦思想，尤其是《邏輯哲學論》的過程中，這些論述是自明的。它們可以很自然地成為以上討論的背景框架。或者，在以上討論中我們可以很自然地聯想起這些論述。其二是因為這些論述是維根斯坦的一些結論，而不是具體的論證。無論是考慮前面提出的「世界 —— 事實 —— 思

想——句子」的思路，還是考慮「凡是不可說的東西，必須對之保持沉默」這個結論，都無法直接理解它們。也就是說，不理解具體的論證過程，這些論述雖然字面上是清楚的，卻不是完全可以理解的。因此我更重視得出這些論述的具體過程。在我看來，人們可以贊同這些論述，也可以反對這些論述，但是若想對它們做出恰當的評價，理解具體的論述過程是十分重要的。

在透過語言對世界做出說明的過程中，事實和邏輯空間的區別不僅是重要的，也是維根斯坦說明中的一個重點。實際上，當他在第一部分引入「邏輯空間中的事實就是世界」這一命題的時候，不僅表達了它們之間的區別，而且已經蘊含了它們的區別。如果說那裡的這種表達還僅僅停留在字面上，那麼書中的具體論述則揭示了其中的區別，而「不可說」顯然是一個非常重要的區別。以上討論表明，這樣的區別基於對邏輯的認知，包括對邏輯常項、邏輯形式，甚至更為具體的句子連結詞這樣的東西的認知。用維根斯坦的話說，這裡有一般句子和基礎句之間的區別。而用我們今天的話說，這裡涉及複合句和原子句的區別。與維根斯坦所說的事實相對應的，正是基礎句或原子句。因此，透過維根斯坦的視野和解釋模式，我們不僅看到了與世界相對應的語言，而且看到了與事實相對應的基礎句，或者像維根斯坦更經常所說的句子。事實是構成世界的基本要素。同樣，句子是構成語言的基本要素。在維根斯坦對世界的說明中，事實和句子的對應關係就具有至關重要的作用。從維根斯坦的思路可以看出，事實是說明世界的出發點，在對世界的說明過程中具有核心的作用。在這種意義上，以上討論對於理解維根斯坦的思想還不夠充分。這是因為，說明句子與句子連結詞之間的關係，因而說明事實與邏輯空間之間的關係固然重要，但是這並沒有涉及對事實本身的討論。在我看來，對於事實與句子的關係的論述，不僅在維根斯坦的思想中至關重要，而且對整個分析哲學產生了非常重要的影響。因此，對這方面的論述是絕對不能忽視的。下面我們就來探討與事實和句子相關的問題。

　　維根斯坦有關事實和句子的探討貫徹全書，在有限的篇幅內我們的論述不可能面面俱到。我認為，「世界——事實——思想——句子」是維根斯坦論述的主要思路，而在圍繞「事實——句子」的論述中，他有兩個比較清楚的角度。一個是句法的角度，另一個是語義的角度。因此我們可以從這兩個角度來進行探討。

　　維根斯坦對句子的句法有明確地說明。他說：

> 我把基礎句寫成具有「fx」，「φ（x，y）」等等形式的名字的函項。／或者我用字母 p、q、r 來表示它們。（4.24）

　　由此可見，句子有兩種形式。一種是「fx」或「φ（x，y）」這樣的形式，另一種是 p、q、r 這樣的形式。後一種形式表達的是透過句子連結詞構成複合句的句子，用我們今天的話說，就是句子變數。這種形式是把句子表達為一個整體，而沒有表達句子的內部結構。前一種形式則不同，它表達了句子的內部結構。維根斯坦給出的兩種形式，則表達了一元謂詞和二元謂詞這兩種最基本的形式。站在一階邏輯的立場上，理解維根斯坦所說的這兩種句子形式沒有什麼困難。如果由此進行分析，則還可以批評他，即認為他的說明是有問題的。因為後一種形式是完整的句子，而前一種形式並不是完整的句子。也就是說，p、q、r 是句子形式，而「fx」和「φ（x，y）」並不是句子形式，因而，維根斯坦對句子基本形式的表述是有問題的。這樣就應該問：為什麼會出現這樣的問題呢？

　　這裡的問題涉及「fx」和「φ（x，y）」的含義。以「fx」為例。「f」是一個謂詞符號，表達一事物具有的一種性質，「x」則是一個個體變數符號，表達任一事物。正由於這種表達的任意性，它並不確切地指某一個具體的事物或對象。因此也可以說，它只表示一個空位，儘管這只是個體的東西的位置。也正是由於這個空位，我們才說「fx」不是或不表示一個完整的句子。

與 x、y、z 等等這樣的個體變數符號相對應的，是 a、b、c 等等這樣的個體常元符號。它們表示具體的個體對象，比如，「fa」中的 a 一定表示一個有明確指稱的具體對象，或者說，它一定是一個特定對象的名字。直觀上就可以看出，「fx」不是句子，因為其中有一個 x 指示的空位。而當 a 這個名字占據或填充了 x 所指示的這個空位以後，這相當於把 a 對 x 進行代入，這個空位沒有了。因此，「fa」是一個句子。

與 x、y、z 等等這樣的個體變數符號相關的是「∀」和「∃」這兩個量詞符號。有了這樣的符號，就表明了個體變數的範圍，因而形成句子。比如「∀xfx」，「∃xfx」。因此，雖然「fx」不是句子，但是含有它的「∀xfx」、「∃xfx」卻是句子。

明確了以上區別，也就可以理解，「fx」和「fa」，和「∀xfx」與「∃xfx」也是有區別的。如果說句子（基礎句），似乎應該說「fa」，或者「∀xfx」或「∃xfx」，而不應該說「fx」，因為「fa」、「∀xfx」和「∃xfx」是句子，而「fx」不是句子。但是，「fa」雖然是句子，卻不表示任意的句子，而是表示一個特定對象的情況的句子。它似乎不符合維根斯坦要達到的關於普遍性的論述。「∀xfx」和「∃xfx」無疑是句子，問題是，它們是不是符合維根斯坦關於基礎句的說明。

維根斯坦認為：

全稱性符號的獨特之處在於：第一，它指示一種邏輯的元圖像，其次，它突顯了常項；（5.522）
全稱性符號是作為自變數出現的。（5.523）

這些看法十分清楚地說明了量詞的性質和特徵，無疑是正確的。這裡的意思是明顯的，不用解釋。值得注意的是「元圖像」和「常項」這兩個說法。說到常項，我們可以立即聯想到句子連結詞這樣的東西。也就是說，量

詞在某種意義上與它們是相似的東西。在這種情況下，如其所述，量詞也是
顯示出來的，而不是可說的。因此，量詞所表達的就不是與基礎句相應的東
西了。維根斯坦則明確地說：「一個得到全稱概括的句子，如同其他任何一
個句子一樣，是複合構成的。」（5.5261）就是說，含有量詞的表達式不是基
礎句。因此可以理解，在論述基礎句的時候，為什麼維根斯坦不考慮量詞表
達式。我們還需要考慮的則是維根斯坦關於「fx」作為基礎句的說明。

　　從維根斯坦的論述來看，「fx」和「fa」肯定是有區別的，而且他對這種
區別的認知也是清楚的。比如，他說，「『fa』這個句子顯示，在其意義中
有對象 a 出現，『fa』和『ga』這兩個句子則顯示，在兩者中談論的是同一
個對象」（4.1211）。這裡，他用 a 表示對象，而不用 x 表示對象。用 a 之
所以可以表示同一個對象，是因為 a 是個體常元，指稱是確定對象的名字，
指稱確定的對象。如果這裡用「fx」和「gx」來說明，那麼字面上雖然都是
x，卻無法說明它們是相同的對象。因為 x 是個體變數，而且在這裡是自由
的，沒有任何限定。但是似乎在維根斯坦看來，用「fx」這種方式也可以表達
「fa」，比如在他的論述中，fa 與 $\exists x（fx \wedge x=a）$ 的意思是一樣的（5.441）；
aRb 與 $\exists x（aRx \wedge xRb）$ 或 $\exists x \exists y（aRx \wedge xRy \wedge yRb）$ 的意思是一樣
的（4.1252，4.1273）。這裡的區別似乎只在於，fa 這樣的表達表現出邏輯
常項的消失。如果說這樣的論述尚不是十分明確，那麼當他說「為了達到通
常的表達方式，我們只須在『有一個且只有一個，其……』這個表達式之後
說：而且這個 x 是 a」（5.526）的時候，則再也不會有什麼疑問。這裡所說
的這個表達式正是羅素所說的摹狀詞，它表示唯一性，指稱的正是一個具體
的個體對象。這裡，通常的表達方式是日常表達方式，我理解，這指的是一
個與事實相應的句子。它的具體結構應該是「fa」。這裡維根斯坦給出的處理
方式表明了對其中的 a 的處理，由此顯示出其邏輯形式，也揭示了邏輯形式

與一般句子形式的不同。因此維根斯坦說:「透過一些得到全稱概括的句子,這就是說,不用從一開始就將一個名字歸於某個特定的對象,人們就能夠完整地描述世界。」(5.526)

不過,儘管 fx 和 fa 的區別是清楚的,但是在我們所提到的以 fx 說明 fa 的過程中,fx 總是與量詞結合在一起使用的。而且,除了在 4.24 這裡,維根斯坦說到 fx 這樣的基礎句,並說「名字是簡單符號,我用單個字母(『x』、『y』、『z』)指它們」外,幾乎沒有單獨說到 fx 或以 fx 來說明 fa 的情況。這說明,在他有關個體對象的論述中,最主要的還是使用 fa 這樣的方式或帶有量詞的方式,如 ∃ x(fx ∧ x=a)。也許,由於維根斯坦把含有量詞的句子看作複合句,因而他把量詞句子中所包含的 fx 看作基礎句。而且直觀上看,fx 與 fa 似乎也是相應的。所以他用 fx 和 p、q 等等表示基礎句。無論維根斯坦是不是這樣想的,因而無論我們這裡的解釋是不是有道理,把 fx 當作基礎句不是沒有任何問題的。

與句法相對應的是語義的考慮。在這方面,維根斯坦的工作不僅明確,而且細緻。其中類似於句子真值表的刻劃,大概是比較有代表性的成果。根據他的看法:

> 如果基礎句是真的,那麼事態存在;如果基礎句是假的,則事態不存在;(4.25)給出所有真的基礎句,就把世界完全地描述了。給出所有基礎句,同時再指出其中哪些是真的哪些是假的,世界就被完全地描述了。(4.26)

這些看法表明,一個句子有兩個值,一個是真,另一個是假。因而一個句子可以是真的,也可以是假的。從句子的真假可以得到對句子所表達的事實的說明,從而得到對世界的說明。這些思想是清楚的,也是基本的,不用再做更深入和詳細的說明。但是需要注意的是,正是從這種語義的角度來看,以上關於基礎句的句法說明是有問題的。p、q、r 等等是句子變數,本

身具有真假，因而符合基礎句的特徵。而 fx 本身是一個函數符號，其中的 x 才是變數。由於 x 是一個自由變數，因而 fx 本身並沒有真值。這樣似乎就不能說 fx 是基礎句。因此理解這裡與基礎句本身的結構相關的成分，特別是這裡的 x，對於理解維根斯坦的思想是至關重要的。

在我看來，這裡有幾個方面的問題。一個是對邏輯的認知，另一個是從邏輯出發對句子的形式或結構的認知，還有一個是把這樣的認知表述出來。維根斯坦在前兩方面大致沒有什麼問題。他的問題，如果確實是問題的話，大概是出在第三方面。直觀上看，這樣的表述似乎是一種疏忽。因為這裡的個體變數使句子的真假出了問題，它實際上只是表示一個空位，並不表述一個確定的對象。它只是表示這裡的位置是屬於一個個體對象的。因此，如果 x 沒有指稱的對象，或者 x 指稱的對象不存在，fx 就會沒有真假。看到這一點，就可以想到，如果把這裡的個體變數 x 改為個體常元 a，即以 fa 表示基礎句，維根斯坦的表述就沒有任何問題。同樣，如果維根斯坦在這裡用 x 是表示 a 這樣的個體常元，應該說，他的表述也會是沒有什麼問題的。因此，這裡的問題並不是微不足道的，而是有重要意義的，因為它涉及邏輯的認知以及從這樣的認知來解釋世界的問題。

我比較傾向於認為，維根斯坦在論述基礎句這裡用 x 表示個體常元。這是因為，如前所述，當他明確說以 fx 表示基礎句的時候，他同時也說，「名字是簡單記號，我用單個字母（『x』、『y』、『z』）表示它們」（4.24）。這說明，他是想用個體變數表示個體的名字，也就是說，這些個體變數符號在這裡，實際上是發揮個體常元的作用。我之所以強調「在論述基礎句這裡」是因為，在其他地方，維根斯坦對個體變數 x 和含個體變數的表達式有不同的表述。比如他認為，「每一個變數都是一個形式概念的符號」（4.1271）；「『x』這個變數名字是對象這個偽似概念的特有符號」（4.1272）。從這些論

述顯然無法認為 x 是個體常元的表述，尤其是當它與「對象」這個概念連繫起來的時候，它指稱的不確定性表現無疑。因為這樣的對象並不是專有名詞指稱的對象，而是如同維根斯坦所說那樣的與「東西」、「事物」相似的表達物。所以，看到維根斯坦以「（∃x，y）……」這樣的表達式來表達「有兩個對象，其……」這樣的句子（4.1272），我們覺得是很自然的。在這樣的表達中，我們看到的是與量詞結合在一起的個體變數，而沒有看到脫離量詞的個體變數，也沒有看到個體常元。當然，我們也不會把這裡的 x、y 看作個體常元。又比如，維根斯坦認為，「基礎句確已包含了一切邏輯運算。因為『fa』與『（∃x）.fx.x=a』所說的是相同的」（5.47）。這裡則可以清楚地看出，基礎句是由「fa」表述的。雖然 fa 與「（∃x）.fx.x=a」表述的相同，但是「fa」是「（∃x）.fx.x=a」所包含的運算，因而「（∃x）.fx.x=a」不是基礎句。在後者的表達中，個體變數 x 正是與量詞結合在一起使用的，因而形成 fx 與 fa 的區別。此外，從「(x).fx」可以推出「fa」（5.1311），這裡涉及全稱量詞，與前面所說的存在量詞不同。但是也可以看出，個體變數 x 也是與量詞結合在一起使用的。由此也說明，fx 與 fa 是有區別的。

既然這樣，人們可能會問，為什麼維根斯坦不直接用「fa」來做基礎句呢？想表達個體事物的名稱，即個體常元，卻又使用個體變數再加上一些解釋，這樣做難道不是自找麻煩嗎？我認為，這大概與維根斯坦關於句子的普遍形式的論述有關。他說的句子的普遍形式是「[p‾，ξ‾，N（ξ‾）]」，其中的「ξ‾」是一個變數，括號表示它的值域。這樣這個普遍形式既可以表達命題表達式的所有形式，也可以表達謂詞表達式的所有形式。而表達謂詞表達式的形式一定要涉及量詞。在這種情況下，使用「fa」這樣的常元固然可以在一定程度上表達謂詞結構，但是無法真正揭示謂詞的性質，也無法表達量詞；而使用「fx」這樣的函項，不僅可以揭示謂詞的性質和表達量詞，而且

也是比較自然的：弗雷格就是這麼做的，羅素也是這樣做的。維根斯坦雖然在許多地方對弗雷格和羅素提出批評，而且也看得出，在許多地方他都有自己獨特的觀點，因而表現出與弗雷格和羅素的不同，但是在表示句子的普遍形式時，尤其是在表示量詞這一點上，他也只能學習和接受弗雷格和羅素的成果，否則就無法說明量詞的邏輯性質。因此在這樣的句子的普遍形式的背景下，維根斯坦當然不會希望他對基礎句的說明，會與句子的普遍形式相悖。

但是我這樣看，並不排除也有一種可能性，即維根斯坦忽略了 x 和 a 在這裡可能會造成的差別。因為從真值出發，一個句子有真假，是顯然的，而一個句子的真假是由句子中所含的專有名詞所指稱的對象決定，也是顯然的。但是這樣的情況並不是絕對的。比如當句子含有一些涉及人稱、時間、地點等索引詞的時候，句子中的專有名詞或摹狀詞所指稱的對象可能會發生問題，因而造成句子的真值發生問題。這樣的問題，不僅弗雷格和羅素考慮過，後來許多邏輯學家和哲學家都考慮過，而且今天許多人依然在考慮。因此，從邏輯的角度看，在揭示句子結構的時候，在涉及對句子的真假解釋的時候，個體變數和個體常元的區別不僅很大，而且十分重要。我之所以說有這樣的可能性，是因為維根斯坦的表述中存在問題，因而使我們可以提出這樣的疑問。但是究竟維根斯坦是不是有認知層面的問題，這裡我不做深入探討，而是僅僅假定，他在認知層面上沒有什麼問題，他的問題只是表述層面上的問題。

從這樣一個前提出發，就可以看出，句子中重要的成分是表示個體的要素，即個體符號。個體符號的不同會造成所表達的東西的差異。由此也可以看出，在維根斯坦關於句子的論述中，個體符號所表達的東西是十分重要的。由於在論述基礎句這裡，維根斯坦用個體變數表示名字，因而當個體常元來用，所以，他說的基礎句實際上是 fa，而不是他字面上所說的、人們通

常所理解的 fx。從句子的角度說，fa 與 fx 的直觀區別主要在於 fa 有真假，而 fx 可以沒有真假。在這種意義上，維根斯坦所說的 fx 和 p、q、r 這樣的句子一樣，是有真假的，因而其中的變數 x 所表達的就不僅僅是一個空位，而必須是有明確指稱的東西。否則，fx 就不會有真假。舉一個例子。前面曾經說過，維根斯坦認為，fa 這一句子顯示，在其意義中有對象 a 出現，而 fa 和 ga 這兩個句子則顯示它們談論的是同一個對象。如果把這裡的 fa 換成 fx，他的說明就會有問題，因為 fa 和 ga 這兩個句子確實表明它們說的是同一個對象，但是 fx 和 gx 卻不會表明它們說的是同一個對象。同樣，fa 和 ga 有真假，但是 fx 沒有真假。由此可以清楚地看出個體變數和個體常元的區別。

個體對象與事實

從把 x 用作表示個體對象的名字，因而以 fx 表示基礎句這樣的理解出發，可以看到一個清晰的思想：句子有真假，與句子相應的是事實，因此事實也有真假。看到了句子的結構，實際上也就看到了構成事實的要素，由此也就可以理解，在維根斯坦所說的事實中，最基本的要素是個體事物。在我看來，這是理解維根斯坦思想的一個非常重要的視角。

首先，維根斯坦所說的事實有一個結構，其中最主要的要素就是個體。從這樣一種結構來理解，維根斯坦所說的事實是關於個體事物的表達，而不是關於類的表達。也就是說，「凡人皆有死」這樣的句子就不表達事實。因為這裡的「人」表達的不是個體事物，而是類。從這樣一種看法出發，就不難理解維根斯坦關於個體對象的那些論述。比如：

事態是對象（物、事物）的一種結合；（2.01）
能成為事態的構成部分，是事物的本質；（2.011）
對象包含著一切事況的可能性；（2.014）

對象是簡單的；（2.02）

對象是固定的東西；（2.0271）

對象在事態中相互連繫的方式，就是事態的結構。（2.032）

在這些論述中，「簡單的」、「固定的」等等這樣的性質無不明確表明了個體事物的特徵。因此不用過多的解釋。這裡我僅以「對象包含著一切事況的可能性」這句話為例，嘗試理解維根斯坦的論述。按照我們的理解，這裡的「對象」指的是個體事物。用維根斯坦給的例子來說，我的眼睛看到一個斑塊，這個斑塊是一個具體的對象，它是自身獨立的東西，它的事況卻可能會是多樣的。比如，它是紅色的，這可以是一種可能性，它有一個巴掌大，這也是一種可能性，它是凹凸不平的，這還是一種可能性，此外，它可能還會有其他一些可能性，如周圍是綠色的，或者邊緣是不清晰的等等。因此，這個斑塊包含了一切事況的可能性。我們自己再隨便舉一個例子。姚明也是一個個體事物。他身高 224 公分，現在在美國 NBA 打球，如此等等，所有這些都是他的事況，因此他包含所有這些可能性。推而廣之，一個對象包含著與它相關的一切可能性，所有對象就包含著與所有對象相關的可能性。一個對象的一種可能性是一個事實，所有事實就是世界。這裡可以看出，在維根斯坦的心目中所謂事實指的是什麼。因而也就可以理解，為什麼他會說，「一個句子只能說一事物是怎樣的，而不能說它是什麼」（3.221）。這是因為，以上所說的事況，以及由此形成的事態，都表明一事物是怎樣的，而這些則是組成世界的事實。但是像「姚明是人」或「姚明是理性動物」這樣的句子，也就是說，像哲學中關於「是什麼」這樣的表述，在維根斯坦那裡似乎與事實是不相關的。

其次，事實有真假。事實是關於世界的。但是這樣的事實不是隨意的，其最主要的特徵就是它們有真假。由於事實有真假，因此事實中最主要的要

素 ── 對象 ── 不僅與真假相關，而且在決定真假的過程中有著至關重要的作用。關於這方面，維根斯坦有許多正面的論述。比如他說：

事實的邏輯圖像就是思想；(3)

真的思想的總和就是一個世界的圖像；(3.01)

基礎句的真之可能性意謂事態存在和不存在的可能性；(4.3)

基礎句如果是真的，則事態存在；基礎句如果是假的，則事態不存在；(4.25)

給出所有真的基礎句，就把世界完全描述了。(4.26)

這不僅說明事實有真假，而且還在句子與事實的關係的基礎上，從句子的真假出發說明事實，從而從句子的真假出發，達到對世界的說明。這裡雖然沒有提到個體對象，因而沒有對個體對象的說明，但是提到事實，實際上就已經包含著對個體的論述。而且由於明確提到基礎句，因此 fx 這種基礎句就會立即出現在我們的面前。也就是說，對事實真假的考慮實際上依賴於對個體事物的考慮。這也就是為什麼前面我們特別強調，作為基礎句的 fx 中的 x 一定不能是個體變數。

除了正面說明外，維根斯坦還有反面的論述。比如他認為：

對象構成世界的實體；(2.021)

如果世界沒有實體，那麼一個句子有沒有意義就要取決於另一個句子是不是真的了；(2.0211)

如果這樣，要勾畫出一幅世界的圖像（真的或假的）就是不可能的。(2.0212)

所謂一個句子的意義取決於另一個句子的真假，這肯定不是指基礎句，因此這一問題留到下面考慮。這裡我們只考慮與基礎句相關的東西。

「實體」無疑是傳統哲學的一個術語。它不僅是一個基礎性的概念，也是一個重要概念。維根斯坦沿用了這個術語，但是沒有做出什麼解釋。因此我們可以認為它的意思是自明的。維根斯坦把對象看作「世界的實體」，不

僅說明他對對象的重視和強調，而且也表明他賦予它一種獨特的意義。特別是，沒有對象，就不能勾畫世界圖像，因而也就不可能形成事實，因而也就不會有真假。由此可以看出，對象的重要性至少在於保證我們勾畫世界的圖像，換句話說，就是保證事實有真假。這樣的論述可以使我們很自然地想起弗雷格關於句子真值的論述：句子的意謂是由句子部分的意謂決定的，因此，句子的真假是由專有名詞所指稱的對象決定的。在對象與真假的關係上，維根斯坦和弗雷格的看法顯然是一樣的。

再次，事實之間的結構也有真假。所謂一個句子的意義取決於另一個句子的真假，這不是指基礎句，因而沒有考慮這一論述。從這一論述至少可以看出，句子之間也是可以有真假的。在這種情況下，一個直觀的問題是，這樣的真假與事實的真假有什麼區別？這樣的結構與事實的結構有什麼區別？

這裡實際上又說到前面已經討論過的問題，即句子之間形成邏輯關係，由此事實構成世界的邏輯空間。邏輯關係是顯示出來的，而不是可說的。我猜想，維根斯坦的意思是說，我們可以說，比如，「這個斑塊是紅色的，這個斑塊是凹凸不平的」，而且，這也是可以看到，可以感覺到的。它們是兩個事實，但是它們之間有一個邏輯結構，這就是「並且」。這個邏輯結構不是我們說的，它是顯示出來的。因為它就在「這個斑塊是紅色的」和「這個斑塊是凹凸不平的」這兩個句子所表達的事實之間。確實，在日常表達中，像「並且」這樣的連結詞並不是總說出來的。但是，不說出來並不意味著它就不存在。比如「唱歌跳舞玩遊戲」，這表面上是一個句子，實際上卻是三個句子，即「唱歌」、「跳舞」、「玩遊戲」，與之相應的是三個事實。也可以說，我們可以看到「唱歌」，可以看到「跳舞」，可以看到「玩遊戲」，但是看不到它們之間的「並且」這樣的邏輯結構。因為在世界中沒有「並且」這樣的東西。但是「唱歌」、「跳舞」、「玩遊戲」這三個事實之間可以顯示出這樣一種關係。

　　這裡，我們可以重提前面說過的重言式和矛盾式。重言式是恆真的句子，矛盾式是永假的句子。它們是由基礎句構成的，因此不是基礎句。基礎句表示事實，因此它們不表示事實。所以維根斯坦說，「重言式和矛盾式不是實在的圖像。它們不表現任何可能的事況。因為前者容許一切可能的事況，後者不容許任何可能的事況」（4.462）。這裡的意思是明顯的。用我們的例子來說明。「唱歌」可以是一個事實。而「唱歌或不唱歌」則是一個重言式。「唱歌」表達了一種可能的情況。但是，「唱歌或不唱歌」則沒有表現任何可能的情況。因為它既表現了「唱歌」的可能性，又表現了「不唱歌」的可能性。所以，它與世界相符合的關係就「互相抵消」（4.462）了。正因為這樣，重言式把「全部——無限的——邏輯空間留給實在」（4.463）。同樣，「唱歌並且不唱歌」是一個矛盾式。它既排斥了「唱歌」的可能性，也排斥了「不唱歌」的可能性，所以它「占滿全部邏輯空間，未給實在留下一點餘地」（4.463）。

　　句子之間形成邏輯關係，因而句子表達的事實構成世界的邏輯空間。這裡，一方面說明維根斯坦所說的事實只是與基礎句直接相關，另一方面也說明基礎句和複合句之間存在著重大區別。而從後一種區別所得到的結果之一就是對邏輯的認知，即邏輯是顯示出來的。以上關於重言式和矛盾式的論述固然是對這樣的邏輯關係的說明，而從真假角度的說明也是很有意思的。

　　維根斯坦認為，「重言式之真是確定的，句子之真是可能的，矛盾式之真是不可能的」（4.464）。顯然，除了重言式和矛盾式以外，還有一類既不是重言式也不是矛盾式的句子，而且這樣的句子也是有真假的。當維根斯坦尋求句子的普遍形式的時候，「句子是基礎句的真值函項」也是從真假的角度來說明的。顯然，這一說明又涉及句子和基礎句之間的關係。

　　眾所周知，維根斯坦在關於句子的普遍形式的說明中，實際上提供了一個真值表。由於真值表如今已是常識，因此相關內容以及維根斯坦這方面詳

細的論述我就不多說了。這裡我只想說一點。在維根斯坦看來，關於句子的語義說明與句法說明是等價的。比如，「（真真假真）（p，q）」是一個圖示（5.101），它表明了 p 和 q 這兩個基礎句的一個真值函項。雖然維根斯坦說它可以「用詞來表示：如果 p，那麼 q。（p⊃q）」（5.101），但是他也明確地說「它本身就是一個句子符號」（4.442）。也就是說，對於「如果 p，那麼 q」這樣的句子，我們也可以不這樣表述，而說「（真真假真）（p，q）」。我強調這一點，目的主要並不在於說明維根斯坦本人既有關於句法的論述，也有關於語義的論述，也不在於說明他對這兩者之間的關係，有比較明確的認知和清楚的論述。我的目的主要是想說明，能夠提供語義與句法等價的看法，並從語義的角度來說明句子的普遍形式，因而能夠以真假來替代句子連結詞，固然展現了維根斯坦對邏輯常項和邏輯形式的豐富知識，但是似乎也可以說明為什麼他會認為邏輯形式是顯示出來的，而可顯示的東西是不可說的。因為對於這樣顯示出來的東西，相應的句法形式並不是唯一的表述，也就是說，不用它們來表述也是可以的。

最後，量詞。從以上論述可以看出，維根斯坦論述了含個體詞的句子，即基礎句，也論述了複合句。站在今天的角度，我們自然會問，既然他論述了句子的普遍形式，那麼關於量詞他是如何論述的呢？前面在論述個體變數和個體常元的區別的時候，我們曾經談到他認為「fa」與「（∃x）.fx.x=a」所說的是相同的，從「(x).fx」可以推出「fa」，「（∃x，y）……」表達「有兩個對象，其……」這樣的句子等等。這說明他對量詞不僅有研究，而且也是有論述的。那麼在用量詞來說明句子的時候，或者說，從量詞出發來解釋句子的時候，維根斯坦是如何考慮的呢？

從前面的論述可以看出，雖然維根斯坦也談到全稱量詞，但是他更多談論的是存在量詞。這並不是我們在論述中有所選擇，而是他實際上就是這樣做的。如上所述，維根斯坦得到的句子的普遍形式是：[p⁻，ξ⁻，N （ξ⁻）〕，這也是真值函項的普遍形式。他對涉及量詞的解釋是，「如果ξ的值是一個函項 fx 對 x 的所有值而具有的全部的值，那麼 N（ξ⁻）=~（∃x）.fx」（5.52）。這說明，存在量詞是他思考的出發點。而且他還明確地說：「我把所有這個概念與真值函項分開。」（5.521）我們知道，量詞表達式不是真值函項表達式，因此與真值函項不同。但是，維根斯坦這裡絕不是指這種區別，否則對於存在量詞的論述就無法交待了。因此，這只能表明，他把「所有」這種全稱量詞的表達方式，排除在句子的普遍形式之外。在他看來，「如果一些對象被給出了，那麼所有的對象從而也就被給出了」（5.524）。因此，透過存在量詞是可以說明全稱量詞的。

　　一般來說，從表述規律的角度出發，人們似乎更願意談論全稱量詞，比如弗雷格就是這樣做的。那麼，為什麼維根斯坦主要談論的卻是存在量詞呢？尤其是他談論句子的普遍形式，難道不是在論述規律性的東西嗎？

　　我認為，維根斯坦的論述是與他的思路相關的。他的出發點是事實，與此相應的則是基礎句。而對於這樣含有個體詞的句子或表達個體事物的事實來說，可能他認為存在量詞更適合表述。比如在另一處談到全稱量詞的地方他說：「如果『~（∃x）.~fx』與『（x）.fx』所說相同，或者『（∃x）.fx.x=a』與『fa』所說相同，也會出現偽似的邏輯常項的消逝。」（5.441）這裡可以清楚地看到兩點。第一，可以用存在量詞的方式來表述全稱量詞。第二，可以用存在量詞的方式來表達「fa」。當然，也可以用全稱量詞的方式來表述存在量詞，即「~（x）.~fx」，因而用全稱量詞的方式來表達「fa」，即「~（x）.~fx.x=a」。從邏輯的角度說，這樣的思考和表述是等價的，但是從對事實本身的角度出發，尤其是對其中有至關重要作用的個體事物的角度出發，這樣的表述和思考就不是那麼直觀，也不太自然，至少不如以存在量詞的方式來表述和思考那樣直觀和自然。

　　維根斯坦的世界是一個由事實組成的世界。事實中最主要的東西是個體事物。一個事實就是一個個體事物是如何的，或者一個個體事物與另一個個體事物是怎樣的。一個事實與另一個事實之間具有邏輯關係，事實之間的組合形成了世界的框架。因此，維根斯坦的世界是一個呈現出個體事物的情況的世界。與傳統的看法，即世界是由事物構成的相比，維根斯坦的這種看法在根本上並沒有什麼太大的區別。但是他的解釋則完全不同，這就是開創性。

　　許多人讚嘆維根斯坦是個天才。假如不考慮他那些天才的成分，一如前面的分析，我們可以看出，維根斯坦關於世界的思考離不開他的知識結構。而在他的知識結構中，毫無疑問，邏輯是非常重要的。

第六章　意義理論

　　意義理論，或者說圍繞意義的探討，是語言哲學的核心，也是現代哲學中最重要的論題之一。相關文獻非常多，形成的不同看法也非常多。其中，美國著名哲學家戴維森（Davidson）和英國著名哲學家達米特（Dummett）是比較有代表性的人物，影響也比較大。這裡，我想主要圍繞他們兩個人的一些論述來探討意義理論。當然，我們的探討主要並不在於這個理論本身，依然是要圍繞著邏輯與哲學的關係。從時間上來說，戴維森的成名文章〈真與意義〉早於達米特的代表作《弗雷格的語言哲學》，而且戴維森的年齡也比較大，人又已經去世，因此似乎應該先討論才是。但是達米特的思想是緊接著弗雷格的思想展開的，而前面我們也已經談論了弗雷格的思想，戴維森的思想則主要基於塔斯基（Tarski）的思想，而且兩人的成名時間差不了多少。因此下面我們先談達米特，再談戴維森。

達米特的意義理論

　　1973 年，達米特發表了其代表作《弗雷格的語言哲學》。在這部著作中他多次談到弗雷格的意義理論，並提出了一個基本框架。在這以後，他以〈什麼是意義理論〉為題發表了兩篇文章，尤其是在〈什麼是意義理論（Ⅱ）〉（1976）中，他基於弗雷格的思想，詳細闡述了他關於意義理論的看法。此後在一系列文章中，如〈當我知道一種語言的時候我知道什麼〉、〈語言與真〉、〈真與意義〉、〈語言與交際〉等等，他不斷深入探討這一問題，並試圖改進〈什麼是意義理論（Ⅱ）〉中的一些表述[01]，當然他在一些著作中也有關於意義理論的進一步探討，比如《分析哲學的起源》、《形而上學的邏輯基礎》。在某種程度上甚至可以說，意義理論是達米特所討論的最核心的論題。下面我們主要討論他的意義理論框架，並由此探討邏輯與哲學的關係。

01　參見 Dummett, M.: *The Seas of Language*, Clarendon Press, Oxford 1993, Preface。

　　達米特對意義理論在許多著作中有過許多論述，他對自己的看法也提出過一些修正。但是無論在什麼地方，不管怎樣修正，他關於意義理論的一個基本框架卻是不變的。因此，為了理解他的意義理論，理解他的這個框架就是十分重要的。為了簡便，我稱他的這個意義理論框架為達米特框架。首先我們看他的一段話：

> 一種以真這個概念為其核心概念的意義理論，將由兩部分構成。這個理論的核心將是一種真之理論，就是說，對語言的句子的真之條件的一種明確的歸納說明。這個核心最好叫做「關於所指的理論」，因為如果定理中有一些陳述，陳述了在什麼條件下一個給定的句子，或某一個特定的人在某一個特定的時間，對一個特定的句子的表達是真的，那麼支配個別的詞的公理，就把適當種類的所指指派到這些詞。圍繞著這個關於所指的理論將有一層外殼，形成關於涵義的理論：它將規定，透過把一個說話者的特殊的實際能力，與關於所指的理論的一定命題相互連繫起來，能夠理解該說話者關於所指理論的任何部分的知識的本質所在。關於所指的理論和關於涵義的理論一起構成意義理論的一部分，而另一個補充部分是關於力量的理論。關於力量的理論將對一個句子的表達可能會有的各類約定俗成的意義，即對可能會受到這樣一種表達影響的各種語言行為，比如做出一個斷定，發出一個命令，提出一個要求等等，提供一種說明。這樣一種說明將把句子的真之條件看作給定的：對於各類語言行為來說，它將提出一種關於一類語言行為的一致的說明，這類語言行為可能會受任意一個假定的已知其真之條件句子的表達的影響。[02]

　　這裡，達米特框架表述得十分清楚。一個意義理論主要由兩部分構成，一部分是關於所指和涵義的理論，另一部分是關於力量的理論。前一個部分是意義理論的主體部分，後一個部分是它的補充部分。因此相對來說，前一個部分

02　Dummett, M: *What is a theory of meaning?* (Ⅱ), in *Truth and Meaning*, ed. By G. Evans and J. McDowell, Oxford University Press 1976, p.74.

是意義理論最重要的部分。而這一部分又分為兩部分，一部分是關於所指的理論，另一部分是關於涵義的理論，其中關於所指的理論則是基礎性的。

達米特框架的理論來源是弗雷格的思想。達米特認為弗雷格的語言分析包含一種對語言運作的分析，而「一種關於語言運作的說明乃是一種意義理論（theory of meaning），因為知道被看作該語言部分的一個表達式如何發揮作用，就是知道它的意義」[03]。他認為，在他所說的意義（meaning）下，弗雷格區別出三種成分：涵義（sense）、調（tone）和力量（force）。涵義是句子中與真假有關的東西，調是句子中與真假無關的東西，力量是句子之外的東西，它可能與真假相關，也可能與真假無關。在這三種成分中，涵義是最為重要的。此外，在弗雷格的意義理論中還有一個重要的區別，這就是涵義（sence）和所指（reference）的區別。達米特認為，涵義是意義的一部分，而所指不是意義的一部分。「對於弗雷格來說，所指是意義理論——對語言如何產生作用的說明——中所要求的一個概念，一如真這個概念是被這樣要求的。但是，正像一個句子的真值一般不被理解為該句子的意義的一部分一樣，一個詞的所指一般也不被理解為這個詞的意義的一部分。」[04]後來，達米特基於對弗雷格的意義理論的解釋，進一步闡述了自己對意義理論的看法，形成了達米特框架。由於我們前面討論過弗雷格的語言哲學，因此可以對照著來進行一些思考。在進行這樣的思考之前，先做兩點簡要的史學意義上的說明。

一點是關於「Bedeutung」（意謂）的翻譯。弗雷格關於涵義和意謂的區別，在他的思想中是非常重要的。這個詞的英譯文一般是「reference」（所指），它與弗雷格的原意是有很大差距的。關於這個英譯術語，我曾經做過

03　Dummett, M: Frege: *Philosophy of Language*, p.83.
04　同上，p.84。

非常詳細的討論 [05]，這裡不再重複。以下在討論達米特的意義理論的時候，關於弗雷格的所指理論，可以連繫前面關於弗雷格對意謂的論述來考慮。

另一點是關於「調」和「力量」的討論。前面我們只討論了弗雷格關於涵義和意謂的論述，沒有提到他關於「調」和「力量」的討論。達米特在論述弗雷格的意義理論的時候提到「調」和「力量」，但是後來專門探討意義理論的時候卻只討論了「力量」，而很少討論「調」。尤其是在達米特框架中，我們清楚地看到「力量」的位置，卻看不到關於「調」的論述。我認為，弗雷格雖然談到「調」和「力量」，但是對它們的討論並不多。涉及「調」的會是句子中的一些助詞，或一些表示傾向性的形容詞，它們與句子的真假沒有關係。比如在弗雷格看來，「這隻野狗叫了一夜」與「這隻狗叫了一夜」在真假的意義上是一樣的，只不過前一句話中的「野」字表示了一種貶義。而涉及「力量」的會是句子之外的一些東西，比如雄辯、身分等等。在弗雷格看來，這樣的東西與句子的真假一般也沒有關係。因此弗雷格對它們討論得非常少。達米特在論述弗雷格思想的過程中，有自己的一些認識和考慮，因而強調弗雷格關於力量的論述。因此這裡至少有兩個問題。一個是關於弗雷格思想的解釋的問題，即達米特的解釋是不是符合弗雷格的思想。另一個是關於力量本身的問題，即達米特的論述本身是不是有道理。前一個顯然具有史學意義。

從達米特框架來看，顯然他基於弗雷格的有關思想。他把關於所指和涵義的理論看作是意義理論的主體，這一部分正是弗雷格語言哲學中最主要的內容。而他把這兩部分中關於所指的理論看作是核心，與弗雷格的論述也是完全一致的。前面我們說過，弗雷格的主要論述集中在句子的意謂上，圍繞這一點他得出許多十分重要的結論。達米特的意思無異於說，弗雷格關於意

05　參見王路：《弗雷格思想研究》，第 228-230 頁。

謂（所指）的所有論述形成了意義理論最核心的東西，因此意義理論應該繼承弗雷格關於所指的所有成果，並且以這些成果作為自己論述和發展的基礎。在這種意義上來說，意義理論最核心的東西顯然與真相關。因為弗雷格關於所指的理論的核心概念是真。

值得注意的是，達米特在論述意義理論的過程中，也非常強調關於涵義的理論。在所指與涵義的區分中，涵義當然占有一席之地，而在涵義與力量的區分中，涵義也是至關重要的。比如達米特認為，「如果我們不熟悉弗雷格所引入對涵義和力量的區分，我們就根本無法想像怎樣建立這樣一個意義理論」；而「如果我們把弗雷格對涵義／力量的分析運用於句子，我們會認為句子分為兩個部分，一部分傳達句子的涵義（思想），另一部分暗示著賦予這個句子的力量，如斷定、質問、祈求等等」。[06] 在達米特看來，涵義和力量的區分，主要在於使人們看到一個句子有涵義，而說出一個句子有各式各樣的語氣，這樣的語氣表達了不同的言語行為，影響到句子的涵義，從而涉及與句子的真的不同關係。因此，意義理論「必須包含對各種語氣的意義的明確說明」，「必須根據一個句子的語氣來解釋句子的真之條件，與表達它的行為之間的不同的關係」。[07] 我們舉一個例子。對於

「雪是白的」
「雪是白的。」
「雪是白的？」
「他知道雪是白的。」

這幾句話，我們的理解是不同的。之所以不同，是因為它們的表達方式不同。這裡的核心句子「雪是白的」是一樣的，但是由於表達方式不同，因此意思也不同。「雪是白的。」表達的是一種斷定，或陳述了一個事實，這從

06　Dummett, M: *What is a theory of meaning?* (Ⅱ), in *Truth and Meaning*, p.38, 47.
07　同上文，p.39。

其中的句號可以看出來。「雪是白的？」表達了一種疑問，這從其中的問號可以看出來。而「他知道雪是白的。」陳述了某個有所指的個體對「雪是白的」的一種態度。相比之下，「雪是白的」顯然沒有什麼語氣上的不同。它充其量只表示了一種狀態。就是說，它既沒有表示斷定，也沒有表示疑問，更沒有表示涉及某個人對它的態度。在這種情況下，從真假的角度來考慮「雪是白的」，就會發現，「雪是白的。」是真的，它含有對「雪是白的」的斷定，正是這種斷定力使這個句子成為真的。而「雪是白的？」沒有真假，它只是包含著對「雪是白的」的一種疑問，要求對「雪是白的」做出肯定或否定的回答。「他知道雪是白的。」雖然也包含一種斷定，但是這個句子的真假，除了依賴於其中的「雪是白的」的涵義以外，還依賴於其中「知道」這個內涵詞的涵義，而且也要依賴於其中的人稱代詞「他」。因而涉及通常所說的命題態度的問題。我們舉的這個例子非常簡單，但是足以說明，強調涵義和力量的區別，實際上是從對最簡單的句子本身的思考，擴展到對句子複雜結構的相互關聯的思考，甚至擴展到對人們使用句子的行為能力的思考。

透過以上這個例子，我們可以清楚地看出達米特框架的這三部分內容是什麼。關於所指的理論是它的基礎，這就是弗雷格所提供的語義學。這種語義學主要是關於真的說明，即關於句子的真之條件的一種說明，比如句子的真是由句子部分的真值決定的。因此，這樣的說明提供了對句子結構的分析，提供了對句子結構的相互關係的分析。這部分內容在弗雷格那裡是論述得最詳細的，在達米特這裡，雖然他以弗雷格的思想為基礎，因此把弗雷格這部分論述的內容看作是自明的東西，但是他也有非常詳細的論述，比如關於量詞的論述，關於語義值的論述等等。

關於涵義的理論，是達米特框架的主要部分。關於這一部分，弗雷格也有不少討論，其中最主要的就是：句子的涵義是思想，而思想是我們藉以掌

握真的東西。達米特則進一步討論，一個說話者知道一個句子的真之條件，才會理解自己所說或別人所說的這個句子的意義。但是他的這方面知識大部分是隱含的。涵義理論不僅要闡明說話者知道什麼，而且要闡明他的知識是怎樣表現出來的。因此達米特的討論超越了弗雷格那種關於思想的純客觀對象的討論，涉及說話者對語言的理解，對語言知識的掌握，或者更一般地說，涉及說話者的認識等等。

關於力量的理論，是達米特框架的擴展部分。關於這部分，弗雷格說得非常少，但是達米特卻給予了詳細的討論。所指與涵義的理論，基本上是圍繞真而進行的。也可以說，主要是圍繞著外延的解釋。而在力量理論這部分，達米特突破了外延的考慮，他要說明，由於說話者具備非常複雜的語言知識，因此說話者說一句話，有些時候是依賴於它的真之條件，有些時候則是依賴於他相信它為真的理由，這樣，作為句子的真之條件，不僅包括一些公認的條件，而且會包括一些其他條件，比如說話者的意向、說話者所處的具體情況（時間、地點）等等。

從達米特的論述我們可以看出，所謂意義理論，實際上是圍繞真這個概念形成的理論。也就是說，這個理論雖然考慮涵義和力量，卻不是任意地進行這樣的思考，而是圍繞著真來考慮涵義和力量。涵義是句子中與真有關的東西，顯然關於涵義的理論是直接與真有關的理論。因此意義理論中最主要的部分是與真有關的東西。關於力量的理論，似乎不是與真直接連繫在一起的，它涉及有關斷定、疑問、命令、請求等等這樣的表達方式的思考，還涉及對知道、相信等等這樣的命題態度的思考，因此超出了對一般所說的句子涵義的思考，即超出了一般在真這種意義上的外延思考。但是儘管如此，這個理論也是與真連繫在一起的。這一點從上面達米特的論述來看是顯然的。

從達米特框架可以看出，意義理論最核心的東西是真這個概念。圍繞

它，關於所指的理論，關於涵義的理論和關於力量的理論建立起連繫。我們知道，達米特是一個出名的反實在論者，而他的反實在論觀點主要就在於，他反對實在論者根據真假二值原則來解釋世界，因為這樣的解釋在一些情況下，尤其是在涉及無窮問題的時候，會遇到很大的麻煩。因此他認為沒有理由一定要認為真是建構意義理論的核心概念，而且他還以直覺主義解釋為例，說明可以提供一種不以真假為核心概念的意義理論。在這種情況下，一個自然的問題是：為什麼達米特還要闡述他那個意義理論框架呢？為什麼他還要在那個框架下來討論意義理論的問題呢？

我認為，這裡大概至少有三個原因。一個原因與真這個概念本身有關。達米特認為，在討論意義理論的過程中，雖然可以選擇一種直覺主義的意義理論，從而不以真假概念為核心概念，但是「這並不意味著真在這種意義理論中將不再發揮作用，或者只發揮一點微不足道的作用。相反，它仍將繼續發揮著重要的作用，因為只有根據它，我們才能對演繹推理做出說明；認識到一個推理是有效的，就是認識到它是真的」[08]。這說明，真這個概念與邏輯密切相關，對於邏輯來說是一個至關重要的概念。這裡的潛臺詞大概是，邏輯與意義理論關係密切，對於意義理論十分重要。由於邏輯與哲學的這種關係，因此即使真這個概念本身不是意義理論的核心概念，它對於意義理論也是十分重要的。

邏輯是研究推理有效性的。一個推理可以表達為從前提到結論的推論。在這種意義上，所謂一個推理是有效的，不過是說，如果前提是真的，那麼結論一定是真的；或者簡單地說，它保證從真的前提得出真的結論。這是一種對邏輯的語義說明，其中真這個概念的重要性是顯然的。一個推理也可以表達為一個刻劃了前提和結論的推理關係的句子表達式。在這種意義上，所

08　Dummett, M: *What is a theory of meaning?* (Ⅱ), in *Truth and Meaning*, p.75.

謂一個推理是有效的，不過是說它是真的，或恆真的，或者說它是一個重言式。所謂恆真或所謂重言式，不過是說它的真是可滿足的。這也是一種對邏輯的語義說明，其中真這個概念的重要性也是顯然的。達米特的說明是後一種意義上的，意思是一樣的。這樣的說明應該說是比較直觀的，也比較清楚，不會有什麼理解的問題。但是涉及邏輯的問題卻不會是這麼簡單，往往非常複雜。下面我們舉一個例子來說明達米特這一說明的意義。

　　「凡人皆有死」這個句子是人們常說的一個例子。以真為核心的意義理論當然會說，這個句子的涵義就在於它的真之條件。而反實在論者會說，這個句子的涵義就在於它被證實。這兩種說明都是明確的，無論是依賴於真這個概念，還是拋棄了真這個概念。從邏輯的角度出發，對這個句子可以有兩種解釋。一種是透過對句子結構分析而做出的解釋，即這個句子是真的，若且唯若所有個體都滿足「如果 x 是人，那麼 x 是有死的」這樣的性質。另一種是透過證明而做出的解釋，即這個句子是從其他前提推出的結論，而這個推理過程符合邏輯，也就是說，這些前提不是（或相當於）公理，就是（或相當於）從公理出發，運用推理規則得出來的，因為這樣才能保證如果前提是真的，這個句子就一定是真的。從這樣的邏輯說明可以看出，首先，對於涉及全稱量詞這樣的句子，僅靠直觀的理解和說明是不夠的。比如第一種說明雖然從句子的結構出發，提供了對於這個句子的真之條件的說明，但是它同時也說明，人們實際上是無法實現這樣一個證實過程的，因為它涉及無窮多個體。而第二種說明雖然從推理的角度，提供了對這個句子的真之條件的說明，但是它只是保證了如果前提是真的，這個結論就是真的，而它並沒有保證前提一定是真的，由此也就說明人們並沒有得到對這個句子的直接證實。正像達米特深刻指稱的那樣：「任何適當的意義理論不僅必須說明，我們的許多斷定都基於缺乏結論性的證據，而且還要說明，存在著一些最終確立陳述之真的方法，它們並不是沿著直接的路線進行的，也就是說，這些方

法並不是由陳述的涵義所決定的。當我們得出結論說，一個陳述作為一個演繹論證的結果是真的，這時就是這種情況。為了說明可以最終但卻是間接地證實一個陳述，至關重要的是訴諸關於陳述的某種真之概念，它顯然不可能完全等同於這個陳述被直接證實。」[09] 在我看來，如果用最簡單的方式來表達達米特關於意義理論的看法，那就是：如果依據二值原則來解釋世界，真這個概念無疑是一個核心概念。如果拋棄二值原則，就可以不以真為核心概念。但是即使拋棄二值原則，也不能拋棄邏輯，尤其是不能離開現有的邏輯理論為我們提供的那些方法和由此提供的結果，因此我們不可能離開推理和論證。而只要我們從邏輯來考慮，真就是一個必不可少的概念。

　　另一個原因與達米特討論意義理論的方式有關。討論意義理論一般有兩種方式，一種是把真這個概念當作核心概念，另一種是不把真這個概念作為核心概念。在分析前一個原因的時候，其實也談到這一點。但是我們只談了真這個概念與邏輯的關係，而這裡所要談的則是邏輯與哲學的關係。從前面的討論其實可以看出，認為一個句子的涵義就在於它是真的，這樣的討論要直接地以真這個概念為核心，而認為一個句子的涵義就在於它被證實，這樣的討論不直接以真這個概念為核心，但是真這個概念仍然十分重要。這說明，人們並不是一般地考慮意義，而是連繫真來考慮意義。由此也說明，在這樣的意義理論研究中，邏輯有著十分重要的作用，區別不過在於，在圍繞真這個問題上，邏輯的說明展現得直接一些或間接一些而已。達米特反對實在論者依據二值原則對世界做出解釋，但是他並不反對人們依據邏輯對世界做出解釋，相反，他堅持必須依據邏輯的理論和方法來解釋世界。而他在有些地方堅持的所謂直覺主義看法，實際上也是基於他的直覺主義邏輯，而這種邏輯除了不承認排中律這一點之外，與經典邏輯也沒有什麼本質的不同。

09　Dummett, M: *What is a theory of meaning?* (II), in *Truth and Meaning*, p.75.

從邏輯出發來論述意義理論，把關於所指的理論放在核心地位，就是非常自然的。而且，這樣做有非常便利之處，因為弗雷格已經為人們提供了許多重要的洞見和成果，這些東西自然成為人們使用的思想資源。因此堅持從邏輯出發，堅持邏輯的核心地位和作用，是達米特的一個基本立場。即使在意義理論中，不會以十分技術性的方式討論具體的邏輯問題，但是賦予邏輯一個明確的地位卻是必不可少的。這樣既表明意義理論的一個至關重要的基礎，即使不是唯一重要的基礎，也表明了它的一個十分重要的方法論來源。

　　還有一個原因就是真與涵義的關係。圍繞邏輯來思考，真這個概念無疑十分重要。但是意義理論並不是邏輯，而是哲學。也就是說，同樣是考慮真，從邏輯的角度與從哲學的角度是不一樣的，而且差別非常大。因此，當以邏輯為基礎來研究意義理論的時候，雖然真是需要考慮的一個核心概念，但是必須跳出邏輯的範圍。在某種意義上說，就需要考慮一個與真相應的概念，或者說圍繞真來考慮相關的問題，這樣，涵義就成為一個很好的候選概念。這不僅是因為它在很大程度上是一個與真相連繫的概念，而且還因為弗雷格有關於涵義和意謂的明確的區別，而這種區別說到底就是句子的思想與句子的真值的區別，簡單地說，即是涵義與真的區別。接受弗雷格的思想成果，沿著弗雷格的思想途徑繼續前進，對於一個像達米特這樣的研究弗雷格的專家來說，似乎是再自然不過的事情了。但是在我看來，這裡似乎還有更深一層的原因。

　　涵義這一概念無疑來自弗雷格，因此達米特在使用它的時候可以把它看作自明的。弗雷格有關於涵義的明確說明，也有許多沒有說明的地方，因此這些明確的說明固然為達米特提供了理論基礎，而更多那些沒有說明的地方則為達米特提供了可以發展的空間。尤其是，在達米特看來，「涵義這個概念從一開始就與認識這個概念連繫在一起」[10]，這無疑可以擴展人們討論的

10　Dummett, M: *What is a theory of meaning?* (Ⅱ), in *Truth and Meaning*, p.86.

範圍。而從認識的意義上說，這樣的擴展是有意義的，因為它「使我們可以從知道語言中句子的意義，轉向理解講這種語言的具體實踐」[11]，這樣就為從探討有關涵義的理論到思考有關力量的理論，提供了一種自然的說明，從而為以關於所指和涵義的理論為主，而以關於力量的理論為輔，這樣一種意義理論的內在連繫提供了一種說明。比如，在關於力量的理論中，一種主要的區別，是關於斷定這樣的言語行為，和其他所謂命題態度這樣的言語行為的區別。而這種區別的基礎直接地與涵義相關，直接或間接地則與真相關。

除此之外，我認為還可以有進一步的考慮。「sense」這個概念是傳統哲學中一個基本而重要的概念。在傳統的認識論討論中，它的意思是「感覺」。而在語言哲學討論中，它的意思是「涵義」。同一個詞的這兩種不同意思之間的區別是很大的。脫離開語言的考慮，可以把「sense」看作人與外界在認識論意義上連繫的橋梁。而從語言出發來考慮，可以把「sense」看作是句子的思想、意義、命題或諸如此類的東西，儘管這些東西都是關於世界的表達，或者是我們關於世界的看法的表達。值得注意的是，在意義理論中，涵義是與真直接相關的東西，因此這樣的討論直接與真連繫在一起，而且這樣的連繫是明確的。而在傳統哲學討論中，感覺雖然也會有真假，因而與真也會有連繫，但是感覺與真的連繫卻不是明確的。在西方語言哲學家的討論中，他們也許只是在「涵義」的意義上使用「sense」這個詞，而不是在「感覺」的意義上使用「sense」這個詞，但是對於我們來說，這裡有沒有一種哲學史意義上的連繫，仍然是值得思考的。特別是當他們在做一些哲學史意義上的考察時，比如，當他們對照胡塞爾和弗雷格關於「sense」的論述，特別是當他們這樣的討論還要牽涉到波爾查諾、布倫塔諾等等一些傳統哲學家的時候[12]，尤其值得我們注意。這裡，「sense」與真的連繫，在哲學史的

11　同上。

12　參見達米特：《分析哲學的起源》，王路譯，上海譯文出版社 2005 年版。

歷程中大概始終存在，儘管時隱時現，透過意義理論的討論卻在語言的層面上明白無誤地突顯出來。

戴維森的真之理論

1967 年，戴維森發表了論文〈真與意義〉，這不僅是他的代表作，也是他的成名作。在這篇文章中，他關於意義理論提出了一個綱領性的看法。自那以後，他反覆不斷地探討這同一個題目，使自己的真之理論逐漸深化和完善。

戴維森的意義理論也叫真之理論。概括地說，這一理論的核心就是如下一個句子：

(T) s 是真的若且唯若 p。

這可以說就是所謂戴維森綱領。這個句子也被稱為「T 語句」。T 語句的直接來源是塔斯基的真之語義學，它的最初表達是：

(Tr) x 是真的若且唯若 p。

Tr 的有效性依賴於塔斯基提出的「約定 T」。根據約定 T，p 是一個句子，x 是這個句子的名字。因此，x 和 p 雖然都是元語言層面的東西，卻有根本性的區別。自然語言掩蓋了這種區別，使我們在使用真這一概念的時候產生矛盾。塔斯基指出了這裡的問題，揭示了「真」這一謂詞的性質。[13] 戴維森利用塔斯基的這一成果，把真這一概念作為自明的初始概念，圍繞這一概念提出對意義的解釋。他明確地說：

所謂真之理論，我的意思是指一種滿足像塔斯基的約定 T 那樣的理論：它是這樣一種理論，透過遞迴地說明真這個謂詞的特徵（比如說「是在 L 中真的」），

13　關於塔斯基的 T 公式和約定 T，參見 Tarski, A.: *The Concept of Truth in Formalized Languages*, in *Logic, Semantics, Metamathematics*, Oxford at The Clarendon Press 1956；我曾經討論過這個問題，參見王路：《走進分析哲學》，第 146-164 頁。

它為 L 的每一個句子 s 隱含著一個從「s 是在 L 中真的若且唯若 p」這種形式，以下述方式得到的元語言句子，即由對 L 的一個句子的規範描述替代「s」，並由一個給出了所描述的句子的真之條件的元語言的句子替代「p」。[14]

顯然，戴維森提出的 T 語句與塔斯基的約定 T 關係密切。理解和解釋他的 T 語句以及他的相關論述，絕不能忽視約定 T。

直觀上看，戴維森的 T 語句是一個等值式，核心概念是等值符號左邊的「真」。透過真這個概念，等值符號左邊的 s 與右邊的 p 連繫起來，表現出一種關係。因此可以明白，為什麼戴維森的意義理論也叫真之理論。但是除此之外，其他東西就看不出來了。對照塔斯基的 (Tr)，T 語句也只是以「s」替換了「x」。在塔斯基思想的背景下，我們可以理解，「s」和「p」是元語言層面上的表達。但是僅此而已。要理解戴維森的 T 語句，就還需要明白其中所說的「s」和「p」是什麼，它們之間是什麼關係。戴維森認為：

> 我們對於一種語言 L 的意義理論所提出的要求是，在不求助於任何（進一步的）語義概念的情況下，這種意義理論對謂詞「是真的」賦予足夠的限制，以便可以當「s」為 L 中一個語句的結構描述語所替代，「p」為該語句所替代時，從 T 圖式中衍推出所有的語句來。[15]

這顯然是對 T 語句的幾點明確說明。第一，由於不求助進一步的語義概念，因此「真」就是初始概念。第二，「s」是一個句子的一個結構描述語，而「p」是一個句子，而且與「s」所涉及的句子是同一個句子。第三，根據 T 語句，可以得到一種語言中的每一個句子。前兩點是對 T 語句的字面解釋，最後一點則是對它的作用的說明。這些意思應該是清楚的。但是，即使理解

---

14 戴維森：〈無指稱的實在〉，載《真理、意義、行動與事件》，牟博譯，商務印書館 1993 年版，第 151-152 頁；譯文有修改，參見 Davidson, D.: *Truth and Meaning*, in *Inquiriesinto Truth and Interpretation*, Oxford, 1991, p.215。

15 戴維森：〈真理與意義〉，載《真理、意義、行動與事件》，第 9 頁；參見 Davidson, D.: *Truth and Meaning*, in *Inquiriesinto Truth and Interpretation*, p.23。

了「s」、「p」和「真」的意思，我們仍然看不到「意義」在哪裡，因為它根本就沒有提到意義。由於它明確提到真，人們當然可以理解為什麼它可以說是一種真之理論。但是，恰恰因為它沒有提到意義，人們大概也就還不十分清楚為什麼這會是一種意義理論。

在我看來，這個問題與戴維森形成 T 語句的另一個來源有關。這個來源不是塔斯基的真之語義學，而是戴維森的問題意識。為了更好地理解 T 語句，我們簡要地說一下這個問題。

自弗雷格著作被翻譯為英文並成為分析哲學研討的基本文獻以後，意義理論逐漸成為核心話題。在有關意義理論的討論中，弗雷格的許多思想和方法，包括意義和所指，以及組合原則和語境原則等等，成為最基本的內容。根據組合原則，一個句子的真值是由句子部分的真值決定的。這本是一條外延原則，但是人們也依據它來談論意義，並形成一個基本的認識：一個句子的意義是由其構成部分的意義決定的。在這種背景下，就產生兩個問題。一個問題是，如果一個句子的意義是它所指的東西，那麼所有真句子就都指真，因而是同義的，而所有假句子就都指假，因而也是同義的。戴維森認為「這是一個無法容忍的結論」[16]。另一個問題是，一個專有名詞的所指是它所指稱的對象，這個對象不僅會決定含有它的句子的真值，而且會影響到對含有它的句子的意義的解釋。這裡涉及專有名詞的所指和意義的轉換的問題。由於區別專有名詞的意義和所指是不容易的，因此戴維森認為，這樣的轉換無助於解釋句子的意義如何依賴於句子構成部分的意義[17]，這樣提供的一些解釋的「貧乏性是一目瞭然的」[18]。也就是說，戴維森認為現存的討論

16　戴維森：〈真理與意義〉，載《真理、意義、行動與事件》，第 4 頁；參見 Davidson, D.: *Truth and Meaning*, in *Inquiriesinto Truth and Interpretation*, p.19。

17　參見同上。

18　同上文，第 5 頁；p.20。

意義理論的方式不能令人滿意，必須另闢新徑。

　　戴維森的設想是，過去的討論主要集中在所指上，而一種新的意義理論應該與它不同，即不是考慮所指，而是考慮意義。這種新的意義理論的結果，是所討論的句子都應該具有如下形式：

　　s 意謂 m。

　　其中的 s 表示可被一個句子的一種結構描述所替代，而 m 表示可被一個指稱這個句子的單稱詞所替代。這種理論還應該提供一種有效的方法，使人們能夠獲得任何一個有結構描述的句子的意義。這種想法是比較直觀而自然的。說它直觀是因為，如果把 s 看作是一個句子的結構描述，那麼 m 就是它的意義。這一關係由其間的「意謂」表示出來。說它自然則在於，「s 意謂 m」所展現的恰恰是解釋一個句子的意思的最基本的方式。但是這裡卻有一個嚴重的問題。「意謂」是一個內涵詞，也就是說，對它是不能以真假來考慮的。由於 m 是一個指稱句子的單稱詞，因此也可以用一個句子來表達，比如 p，可是這樣的處理卻是外延的。這樣就存在著內涵表述和外延處理的矛盾。要克服這種矛盾，直觀上可以有兩種方法。一種方法是消除其中的外延表達，以純內涵的方式取而代之。另一種方法是消除其中的內涵表達，代之以外延的表達。從邏輯出發，後一種方法是比較自然的。這就是說，應該從外延的角度來考慮問題，即使涉及內涵方面的問題，也要從外延的角度來處理。戴維森的辦法恰恰是這樣。他取消了「意謂」，使用了「是真的」這一表述，並形成了 T 語句，為替代 p 的說明提供一種協調一致的外延解釋。看到「是真的」是對「意謂」的替代，也就可以明白，T 語句實際上是透過真這個概念，而與所謂意義的東西對應起來，並且試圖透過對真的考慮和處理來達到對意義的理解。因此，在這樣一種意義理論中，對真的理解就是至關重要的。

以上論述了戴維森的 T 語句的兩個主要來源。由此可以看出 T 語句的基本思想以及它如何與意義相關。在戴維森看到的問題中，其實還有一個問題，這就是關於人稱代詞、時間、地點這樣的索引詞對句子的真所帶來的問題。當一個句子含有「我」、「你」、「他」這樣的人稱代詞，以及「今天」、「昨天」、「明天」和「這裡」、「那裡」等等一些表示時間和地點的副詞和代詞的時候，它的真不僅依賴於這個句子本身，而且依賴於這些詞自身的使用。比如「我病了」這句話，張三說它可能就是真的，李四說它可能就是假的。張三今天說它可能就是真的，兩個月前說它可能就是假的。而所有這些情況，都是由於其中的「我」這個第一人稱代詞造成的。人們稱這樣的詞為索引詞。也就是說，這樣的句子的真，是和其中的索引詞有關的。與此相關的還有內涵語境的問題，比如句子含有「相信」、「認為」、「知道」等等這樣的語詞。不少人認識到，一個含有這樣一些詞的句子的真與說出這個句子的人、說出它的時間以及說出它的場合有關。前面說過，弗雷格就討論過這樣的句子，並試圖說明它們與自己所說明的組合原則的關係。這是自弗雷格以來，哲學家一直在討論的問題。這些問題也始終屬於戴維森思考和討論的範圍，他在討論 T 語句的過程中不斷地思考這些問題，提出解決辦法和改進措施。

戴維森離開弗雷格的思路，轉而借用塔斯基的語義學，大概首先就是為了突破組合原則所造成的限制。他認為：

> 我們能夠把真看作一種特性，這種特性不是語句的特性，而是表達的特性，或言語行為的特性，或關於語句、時間和人的有序三元組的特性；而剛好把真看作語句、人與時間之間的關係，這是最簡單不過的了。[19]

19　戴維森：〈真理與意義〉，載《真理、意義、行動與事件》，第 23 頁；譯文有修改，參見 Davidson, D.:*Truth and Meaning*, in *Inquiriesinto Truth and Interpretation*, p.34。

以真為核心概念，同時揭示說話者、說出的話以及說話的時間、場合等等之間的關係，從而透過真而得到對意義的解釋。即使戴維森不是為了突破組合原則的限制，他關於真的考慮，實際上還是突破了這一原則的限制。就是說，根據他的真之理論的設想，對應用組合原則所無法解釋的一些句子，也是可以解釋的。比如，根據 T 語句，「『雪是白的』是真的若且唯若雪是白的」直觀上當然是可以理解的。如果加上索引詞和內涵詞，在戴維森看來也是可以理解的。因為可以在以 T 語句為核心的真之理論中得到如下句子：

（潛在地）由 p 在 t 所說的「我累了」是真的若且唯若 p 在 t 累了。

（潛在地）由 p 在 t 所說的「那本書被偷走了」是真的若且唯若由 p 在 t 所指的那本書，在 t 之前被偷走了。[20]

這樣，圍繞 T 語句的形式，不僅可以處理一般的句子的意義，也可以處理含索引詞的句子的意義。同樣，如果對一種語言中的每一個句子都可以提出一個 T 語句式的解釋，不是就可以得到對該語言的所有句子的解釋，從而得到對該語言的解釋嗎？

戴維森的想法是出色的。一種出色的想法當然是值得嘗試的。但是，這裡也不是沒有任何問題的。比如，戴維森這樣一種對句子的外延處理，確實在字面上就給出了句子的真之條件，但是它是不是表達了句子的內涵？它能不能表達句子的內涵？實際上，正如戴維森本人明確指出的那樣，「一個 T 語句並沒有給出它所論及的那個句子的意義」[21]。因此，一個意義理論僅僅給出一個句子的真之條件，還不能說對這個句子的意義做出了解釋。只有說明 T 語句陳述的真之條件，就是給出了相關句子的意義，才能說這樣的意義

20　同上文，第 22 頁；p.34。

21　戴維森：〈徹底的解釋〉，載《真理、意義、行動與事件》，第 78 頁；參見 Davidson, D.: *Radical Interpretation*, in *Inquiriesinto Truth and Interpretation*, p.138。

理論對句子的意義做出解釋。[22] 確實，「若且唯若」是一個等值符號，它說明它左右兩邊的東西是等價的。這是顯然的。而同樣顯然的是，僅僅把這理解為對句子的意義的解釋，實在是太過簡單了。所以我們說，戴維森的 T 語句只是他的真之理論的一個綱領性的表述，圍繞這一綱領他還有十分豐富的思想內容。理解他的真之理論固然要好好理解他的 T 語句，但是僅有對 T 語句的字面理解是遠遠不夠的。下面，圍繞 T 語句，我們對戴維森的真之理論摘要做兩點說明。

一點是語言層面的說明。可以從幾個方面來說明這一點。一個方面是區別對象語言與元語言。從 T 語句出發，這一點是必須的，因為這是塔斯基語義學的一個最基本的要求。這樣，一種語言可以成為我們所探討的對象語言，我們進行的探討則形成元語言。對於對象語言中的每一個句子 s，都可以在元語言層面上得到一個具有 T 語句形式的解釋。因此，T 語句中的 s 和 p，雖然是對一種對象語言中一個句子 s 的說明，卻都是元語言層面的東西。區別了這樣兩個不同層面，就可以看出，這裡有對象語言 s 與元語言 s 之間的句子轉換，而這樣一種轉換有結構的區別。同樣，在 p 的表述中也有一種句子轉換，因而也會有相應的結構的區別。

不同句子的轉換和不同句子結構的表達不是隨意的，這是因為 T 語句必須滿足約定 T。這種限制當然主要是對謂詞「是真的」的限制，但是正因為有這樣的限制，因此在考慮 T 語句並由此來進行解釋的時候，會有一些圍繞真的考慮。比如，從「傑克和吉爾上山了」這個句子可以得到如下一個 T 語句：

「傑克和吉爾上山了」是真的若且唯若傑克上山了並且吉爾上山了。

22　參見戴維森:〈信念與意義的基礎〉，載《真理、意義、行動與事件》，第 93 頁；參見 Davidson, D.: *Belief and the Basis of Meaning*, in *Inquiriesinto Truth and Interpretation*, p.150。

這個句子與「『雪是白的』是真的若且唯若雪是白的」的字面形式是不同的。「雪是白的」與「『雪是白的』」的區別僅僅在於一個有引號，一個沒有引號。但是「傑克上山了並且吉爾上山了」與「『傑克和吉爾上山了』」的區別就不是僅僅限於有引號和沒有引號。它們字面上也有區別。又比如，從「煤不是白的」這個句子可以得到如下一個 T 語句：

「煤不是白的」是真的若且唯若「煤是白的」不是真的。

這個句子與「『雪是白的』是真的若且唯若雪是白的」這個語句的字面區別就更大了。這樣的例子還只是涉及句子聯結詞。如果涉及量詞，則情況還要複雜得多。比如，從一個德語句子「Das ist weiss」可以得到一個 T 語句。這個句子有如下形式：

對於所有講德語的人 x 和所有時間 t，x 在 t 說出的「Das ist weiss」這句話是真的，若且唯若 x 在 t 所指示的那個對象是白的。

又比如，從「傑克撞傷了頭之前跌倒了」這個句子可以得到如下一個 T 語句：

「傑克撞傷了頭之前跌倒了」是真的，若且唯若有一個時間 t，有一個時間 t'，傑克在 t 跌倒了，並且傑克在 t'撞傷了頭，並且 t 在 t'之前。

如果不對這兩個例子進行分析，那麼從字面上可以看出，「若且唯若」這個等值號兩邊的兩句話字面上是不一樣的，而且區別很大。但是如果我們分析一下，那麼就可以看出，這裡的區別不僅是字面上的，而且是結構上的。別的不說，僅前一個句子中的「對於所有講德語的人 x 和所有時間 t」和後一個句子中的「有一個時間 t，有一個時間 t'」，就會使人產生疑問。不是說不可以進行這樣的分析，問題是，根據 T 語句似乎並無法得出這樣的分析。因此人們可以問：這樣的分析是怎麼得出來的？這實際上是在問：這樣的句子是如何根據 T 語句而得到的？

　　以上幾個 T 語句都是戴維森本人直接給出的，而不是我編造的。我不厭其煩把它們一一舉出，是為了說明，T 語句「s 是真的若且唯若 p」即使僅僅在語言層面上也不是那麼簡單的，而是可以揭示非常複雜的句子結構，從而解釋非常豐富的思想的。這樣的解釋的合理性不僅在於 T 語句本身的表述，而且在於約定 T 的限制，還在於圍繞「是真的」這一語義說明而可以使用的一系列方法。這樣的方法是邏輯分析的方法。正是運用不同的邏輯理論，可以使我們依據 T 語句對不同句子做出不同的解釋，而且這些解釋雖然展現出不同的句子結構，卻符合 T 語句中最核心的那個概念 ——「是真的」。戴維森的 T 語句包含這些內容，他本人對這些內容也有深刻認識和闡述。雖然有一些人，比如像奎因（Quine）[23]，把 T 語句簡單地稱為「去括號」，因而與戴維森的解釋有所不同，但是他們對於這些內容也是有深刻認識的，而且在「是真的」這方面是一致的。因此，在我們理解戴維森的 T 語句以及他的真之理論的時候，絕不能只停留在字面上，誤以為 T 語句不過是意謂著句子所表達的東西與事實的符合。

　　另一點是本體論層面的說明。從邏輯的角度出發，人們一般認為量詞涉及本體論的表述。戴維森也認為，在一些情況下，真之理論可以揭示量化結構，這時，它使表達式與對象連繫起來，從而提出有關本體論方面的解釋。[24]在這方面，他有許多闡述和解釋，我覺得他關於事件的說明比較有特色。下面我就以他這方面的兩個例子來說明他的思想。

　　一個例子是前面提到的「傑克摔破了頭之前跌倒了」這句話。其中「傑克摔破了頭」和「傑克跌倒了」是兩個事件，「在……之前」表達了這兩個事件之間的一種關係。「在……之前」這種關係不同於「並且」，因此這

23　參見奎因：《真之追求》，王路譯，生活·讀書·新知三聯書店 1998 年版。

24　參見戴維森：〈形上學中的真之方法〉，載《真理、意義、行動與事件》，第 144 頁；Davidson, D.: *The Method of Truth in Metaphysics*, in *Inquiriesinto Truth and Interpretation*, p.210。

兩個事件不是兩個並列的東西。如果用「並且」來表述，就會出問題，比如「傑克摔破了頭並且跌倒了」，結果好像摔破頭不是由跌倒造成的。而在以如上 T 語句解釋這個句子的時候，一方面揭示了它的量化結構，同時也表明，對這個句子的真的解釋涉及對時間的本體論承諾。這一點從其中的「t 在 t'之前」可以看得非常清楚。

另一個例子是「瓊斯星期六在浴室刮破他的臉」。從這個句子可以得到如下 T 語句：

> 「瓊斯星期六在浴室刮破他的臉」是真的，若且唯若有一個事件，這個事件是瓊斯刮破他的臉，並且這個事件發生在浴室裡，並且它發生在星期六。

這個例子明顯涉及時間和地點。與上一個例子表示對時間的本體論承諾不同，這個例子表達了對「瓊斯刮破他的臉」這一事件的承諾，並且透過這一承諾對句子中所包含的時間和地點，做出了規定說明。換句話說，對一個涉及時間和地點的句子的真的解釋，涉及對所含事件的本體論承諾。

語言方面和本體論方面的說明是重要的，它是戴維森以及戴維森這樣的哲學家的一個基本信念的基礎。這個信念是：我們共有一種語言，我們共有一幅關於世界的圖景。這幅圖景大部分特徵一定是真的。我們在顯示我們的語言的大部分特徵的時候，也就顯示了實在的大部分特徵。所以，研究形上學的一種方式就是研究我們的語言的一般結構。[25] 我們看到，弗雷格是這樣做的，維根斯坦是這樣做的，戴維森也是這樣做的。

25　參見戴維森：〈形上學中的真之方法〉，載《真理、意義、行動與事件》，第 130 頁；Davidson, D.: *The Method of Truth in Metaphysics*, in *Inquiriesinto Truth and Interpretation*, p.199。

真與意義

以上我們簡要論述了達米特的意義理論和戴維森的真之理論。這兩個理論是有明顯區別的，比如達米特的理論是從弗雷格的思想出發，而戴維森的理論是基於塔斯基的語義學。但是它們之間也有許多相似之處。比如，儘管戴維森直接以真作為核心概念，由此來說明意義，而達米特圍繞意義區分出涵義、調和力量，因而形成關於所指的理論、關於涵義的理論和關於力量的理論，由此建構出一個探討意義理論的框架，但是他們都是圍繞著真這一概念來探討意義理論，就是說，他們的理論的核心概念都是真。這樣，直觀上就會有一個問題，探討意義理論為什麼要以真為核心概念？或者廣泛一些，為什麼要圍繞著真來探討意義呢？

如果我們不停留在表面，而是深入到他們的理論內部，我們還會發現，他們的討論都是圍繞著句子來進行的。比如，戴維森對真之理論有一段非常明確的說明：

> 真之理論首先與句子表達有關，就是說，無論表面的語法形式是什麼，表達必須被看作是句子的表達。這個理論正是為特殊的說話者在特殊的場合所表達的句子提供真之條件，而且真也正是謂述這樣的句子，這個事實說明了句子或句子表達的首要性。除非考慮用詞的精妙，否則我們就沒有理由在使一個句子是真的的條件下，不把這個句子的表達稱為一個真表達。
>
> 一個真之理論絕不僅僅限於描述一個說話者的言語行為的一個方面，因為它不僅給出說話者的實際表達的真之條件，而且還明確說明在什麼條件下一個句子在表達出來時會是真的。這不僅適用於實際表達出來的句子，因為它告訴我們如果這些句子在其他時間或在其他環境下表達出來，情況會怎麼樣，而且這也適用於從不表達出來的句子。因此，這個理論描述了一種相當複雜的能力。[26]

---

26 戴維森：〈真之結構和內容〉，王路譯，《哲學譯叢》1996 年第 5-6 期，第 114 頁。

　　由此可以非常清楚地看出，戴維森的真之理論是圍繞著句子進行的。又比如，達米特所說的涵義指的顯然是句子的涵義，即句子中與真假相關的要素，而所謂力量指的雖然是包含諸如命題態度一類的言語行為，實際上仍然是一些所謂內涵語句的東西。因此他的討論可以說也是圍繞著句子進行的。這樣就值得思考，為什麼意義理論要圍繞著句子進行呢？

　　從以上兩個問題大概很容易產生第三個問題，意義理論一方面是圍繞著真這個概念，另一方面是圍繞著句子，因而可以認為在真與意義之間一定有一種關係。那麼這種關係是什麼呢？

　　以上三個問題無疑是存在的。但是我們也可以把它們看作是意義理論的主要現象和特徵。這樣，意義理論的主要現象和特徵就是圍繞著真和句子來討論，由此表現出真與句子的一種關係。導致這種情況的原因也許是多元的。但是我認為這裡有一個非常重要的原因，這就是運用邏輯的理論和方法來探討意義理論。以上我們說過，達米特的理論是從弗雷格思想出發，而戴維森的理論是從塔斯基的語義學出發。但是這只是一種最直觀的表面現象，即這僅僅是從達米特框架和戴維森綱領來看的。實際上，他們都是從邏輯出發，運用邏輯的理論來討論問題，而在這樣的討論中，弗雷格和塔斯基的理論無疑是基礎。下面僅以戴維森為例來說明這個問題。

　　我們說戴維森從塔斯基的理論出發，並不是說戴維森的理論與弗雷格的理論沒有任何關係。實際上，戴維森不僅也運用弗雷格所提供的思想方法，而且給予它很高的評價。前面我們說過，戴維森對已有的那些基於弗雷格思想的討論意義的方式不滿意，認為要尋找新的討論方式。但是他並不否定關於個體詞和謂詞之間的區別的認識。我們知道，建立邏輯理論，運用邏輯理論來區別語言和語言所表達的東西，從句法的角度提供對句子及其結構的分析，透過這樣的分析提供有關句子的語義說明，從而達到有關句子表達的東西的說明，比如，語言層面上有專有名詞與謂詞的區別，相應地，在語言所

表達的東西的層面上則有對象與概念的區別。這是弗雷格對意義理論的主要貢獻。有了弗雷格提供的理論和方法，我們可以區別對象和概念，可以探討句子的真與句子構成部分的意謂之間的關係，比如探討句子的真與句子中專有名詞所指稱的對象之間的關係。這樣的理論可以有助於我們進行本體論方面的探討。戴維森認為，弗雷格提出的這一思想方式「具有鮮明的簡易性」，而且「由於有了弗雷格，大家才清楚地知道這條探詢的途徑」。這顯然給予弗雷格極高的評價。又比如，弗雷格提供的組合原則可以有助於我們圍繞句子進行語義探討，這也是直到今天人們仍然一直使用的基本方法。戴維森認為，弗雷格對這一點的意識要比他之前的任何人都清楚得多，比他之後的大多數人也更清楚。如果說這些論述僅僅是外在的或表面的，那麼戴維森在闡述真之理論過程中則具體地運用了弗雷格的理論，比如他關於句子量化的處理，而量詞理論無疑直接來自弗雷格。由此也就說明，戴維森綱領是從塔斯基理論出發，但是在他論述真之理論的過程中，始終沒有脫離弗雷格思想，尤其是沒有脫離弗雷格所提供的邏輯。以戴維森為例則可以說明，弗雷格思想的核心是邏輯，而以弗雷格思想為基礎，實際上也是以邏輯為基礎，當然這在不同人那裡展現的程度會有所不同。明確了這一點，我們的問題就可以轉變為，以邏輯為基礎，為什麼要討論真？為什麼要圍繞著句子來討論真？

　　簡單地說，這是由邏輯的性質決定的。弗雷格說，「真」為邏輯指引方向。我們一般則說，邏輯是研究有效推理的，而所謂推理的有效性是指從真的前提一定得出真的結論。因此，探討真，對於邏輯來說，是自然而然的事情。而且，對於推理的有效性的說明雖然是一種語義說明，因而突出了真這個概念，但是也可以看出推理有一種句法結構，這就是從前提到結論，還可以看出，真是與前提和結論結合在一起的。而構成推理的前提和結論的，正是句子。因此可以說，句子是構成推理的基本單位。因此，邏輯的研究，實際上是從兩方面進行的。一個方面是從語義，另一個方面是從句法。在這兩

個方面，邏輯都得出十分重要的成果。這樣，當人們從邏輯出發來探討意義理論的時候，展現出語義方面的真與句法方面的句子之間十分密切的連繫，即不僅突出真這一概念，並且圍繞句子來進行討論，則是很自然的事情。

當然，實際情況絕不是這麼簡單。比如同樣是邏輯研究，句子與句子之間有各式各樣的結構，形成各式各樣的關係，這樣的結構和關係既可以得到句法方面的說明，也可以得到語義方面的說明；而句子內部也有一些不同的結構，也形成一些不同的關係，這樣的結構和關係也可以分別得到句法和語義方面的說明。但是這樣的說明卻是有重大區別的。從邏輯的角度說，它們在句法方面的區別可以簡單地稱為命題聯結詞和量詞之間的區別，而在語義方面的區別就有些複雜。命題聯結詞的語義表現為一種真值函數，因此命題邏輯可以說是一種真值函數邏輯，以真假二值可以得到說明。量詞的語義則不是真值函數，因而與命題邏輯的語義區別極大，比如一個量詞表達式雖然也有真之條件，但是它的真卻需要透過可滿足這個概念來說明。邏輯研究為我們提供了對這樣不同的句子結構和句子之間的關係的認識，也提供了對它們的不同語義的認識。所以這些認識成為我們探討這些問題及其相關問題的基礎或背景框架。

邏輯不是意義理論，因此與意義理論不同。同樣是圍繞著真這一概念，討論的也不同。比如達米特就認為，邏輯要求的是在某種解釋之下的真，而意義理論所探討的是絕對的真；邏輯探討句子的真值條件，是什麼決定了一個句子是真的，而意義理論卻要問什麼是真。[27] 又比如，邏輯探討句子之間的真假關係，卻不討論什麼是真之載體。而在意義理論中，這樣的問題卻是不可避免的。因此，在人們探討意義理論的時候，一定會超出邏輯的範圍，一定會討論許多邏輯所不考慮的問題，因而也一定會討論許多邏輯所無法解

27　參見達米特：《形而上學的邏輯基礎》，任曉明譯，中國人民大學出版社 2004 年，第 19-20 頁；
　　Dummett, M.: *The Logical Basis of Metaphysics*.

決的問題。但是由於是從邏輯出發來探討意義理論，或者說，只要從邏輯出發來探討意義理論，就一定會突出邏輯的性質和特徵，即使是所討論的範圍已經遠遠超出了邏輯的範圍。比如真之載體究竟是句子、思想、命題、陳述，還是判斷？這樣的探討無疑超出邏輯的範圍，而我們之所以說真與句子緊密地連繫在一起，這是因為，即使思想、命題、陳述、判斷等等不是句子，與句子有非常大的區別，至少我們可以說它們的表達形式是句子。在這種意義上，真與句子相連繫這一說法，可以說基本上涵蓋了真與思想、命題、陳述、判斷等相連繫。又比如，塔斯基的語義學是關於「是真的」這個謂詞的說明，戴維森把這一結果作為自己的意義理論的出發點，當然是可以的，但是如果把塔斯基的有關思想看作是關於真這個概念本身的定義，就是有問題的。也就是說，即使人們接受塔斯基的語義學，人們仍然要問：它是不是涵蓋了「真」這一概念的全部含義？它是不是「真」這一概念本身的定義？這些問題其實在關於達米特框架和戴維森綱領的批評和討論中表現得非常充分。

除了觀念上的差異，在邏輯方法的具體應用中，也會反映出邏輯與意義理論的區別。這裡我們僅舉兩個例子來說明。比如，在弗雷格的意義理論中，關於涵義和意謂的區別是清楚的。一個句子的意謂是由句子部分的意謂決定的，因而可以說，一個句子的真是由句子中專有名詞所表示的對象決定的。因此，弗雷格從句法和語義兩個方面為語言的邏輯分析提供了一種說明。特別是，他的說明是圍繞真和句子來進行的。雖然涉及專有名詞，但是他關於專有名詞的考慮，也僅僅是圍繞著真和句子來進行的。羅素（Russell）則認為弗雷格關於專有名詞的論述有問題，因為它沒有區別專有名詞和摹狀詞，所以羅素以自己的摹狀詞理論從句法方面進行了更為深入細緻的分析。特別是，他把一個摹狀詞的含義解釋為由兩個句子來表達的東西，因而把一個含摹狀詞的句子的含義，解釋為由三個句子所表達的東西。

在這樣的討論中，弗雷格和羅素使用的邏輯手段是不同的，他們的解釋卻都是圍繞著句子的真假進行的。

再比如，應用弗雷格的邏輯來分析句子的時候，若是遇到人稱、時間、地點等索引詞，組合原則就會出問題。因此弗雷格討論了「我病了」這樣的句子，斯特勞森 (Strawson) 討論了「當今法國國王是禿子」這樣的句子，並批評了羅素的摹狀詞理論，而戴維森則試圖對含索引詞的句子提出徹底的解決。在這樣的討論中，可以涉及句子的內涵語境和外延語境的區別，也可以涉及句子的使用和提及的區分，還可以涉及句子的使用者、句子本身和說出句子的時間或地點之間的關係。但是所有這些都沒有離開對句子的真或與句子的真相關的考慮。

從對以上兩個例子的說明可以看出，在意義理論的討論中，正是由於從邏輯出發，因而邏輯的性質和特徵非常突出。所謂圍繞著真與句子，這不僅是邏輯的性質和特徵在意義理論中的直觀展現，而且也是細節上的具體展現。

但是從達米特和戴維森的意義理論來看，除了圍繞真與句子這一特徵之外，似乎還有一個特徵值得注意，這就是意義概念本身。儘管這在他們兩人那裡還是有一些區別的，因為達米特把意義區分為涵義、調和力量，在實際的論述中則重點區別涵義和力量，而戴維森則不做這樣的區分而直接討論意義，但是畢竟意義本身與真和句子還是有區別的。如果我們不考慮這裡的區別，則可以認為，他們都把句子的意義看作是句子的真之條件。這樣，句子的意義與句子的真之條件直接連繫起來，因而與句子的真連繫起來。在這種意義上說，真這一概念是意義理論的核心概念，意義理論是圍繞著真這一概念而展開的。因此，真與意義也就有一種關係。問題是，這是一種什麼關係？

按照我的理解，真乃是探討意義的途徑和方式。分析哲學或語言哲學的基本信念，是對語言進行邏輯分析。分析哲學家們相信，我們的語言表達了

世界，也表達了我們對世界的看法，因此可以透過分析我們的語言而達到對世界的認識。分析語言可以有多種方式。語言學家有自己的方式，比如語音的分析、語法的分析、語詞意義的分析等等。其他人也可能有其他方式的分析。但是分析哲學家的分析是邏輯分析，而邏輯分析的最主要特徵就是從邏輯出發，運用邏輯的理論和方法來進行分析。意義理論是語言哲學的核心內容，因而可以說是這樣的邏輯分析的集中展現。

　　從邏輯出發來分析語言，可以從句法的角度，也可以從語義的角度，還可以結合句法和語義一起來進行分析。從語義的角度出發，真就是一個核心概念。因此，當我們說分析語言的意義的時候，比如分析一個句子的意義，分析一個詞的意義，我們都是圍繞著真來思考的。語言的意義各式各樣，比如「蘇格拉底是白淨的」，「蘇格拉底是哲學家」，「蘇格拉底是柏拉圖的老師」這幾個句子的意義是不同的，其中除了「蘇格拉底」是相同的之外，「白淨的」、「哲學家」、「柏拉圖的老師」等等都是不同的。意義理論不是考慮這樣的句子的意義分別是什麼，而是從真的角度來考慮這樣的句子。以戴維森綱領的方式可以說，比如「『蘇格拉底是白淨的』是真的，若且唯若蘇格拉底是白淨的」；而以達米特框架的方式則可以說，要依據關於所指的理論來考慮「蘇格拉底是白淨的」這個句子的涵義，這樣，這個句子的真，是由其中的專有名詞「蘇格拉底」所指的對象決定的，就是說，有一個個體滿足「白淨的」這種性質，並且它等同於蘇格拉底。因此，從意義理論來看，真為探討意義提供了一個基礎或出發點。這樣，人們不是隨意地探討意義，而是依循真來探討意義。在意義理論最核心的部分顯然是這樣，比如戴維森綱領給我們的啟示是以真為自明的初始概念，而達米特框架的核心部分，即關於所指的理論則是一種圍繞著真而建立的語義學。不僅如此，在意義理論希望和想到擴展的部分，同樣也是這樣。比如戴維森希望能夠建立一

種意義理論，對語言的句子，包括含人稱、時間、地點等索引詞的句子，提供一種澈底的解釋，而達米特則想透過真在涵義和使用之間建立一種連繫，從而把弗雷格關於所指和涵義的理論，擴展到包含命題態度這樣的語用範圍，最終使自己的意義理論可以涵蓋語言和語言使用者之間的關係。

應該指出，分析哲學家們高度評價弗雷格和塔斯基的工作，整體上來說，是因為他們的工作為意義理論奠定了基礎，而具體地說，則是因為他們的工作為分析語言提供了途徑和方法。但是人們對他們的工作也有一些不滿意的地方，並試圖不斷改進。一般來說，人們不滿意的和試圖改進的地方，正是涉及真而出了問題的地方。如果我們仔細閱讀相關的文獻，其實不難看出，那些批評和改進，或者那些得到人們普遍贊同的批評和改進，基本上都是圍繞著真這一概念進行的。[28] 因此，弗雷格和塔斯基的工作無疑是邏輯工作，以他們的工作為基礎而形成的意義理論是基於邏輯的思考，而後來的批評和改進也是以邏輯的思想和方法為基礎的。在這方面，分析哲學家們的工作是慎重的，甚至是非常謹慎的。

從邏輯出發，把真放在一個核心的地位，確實是非常自然的。但是似乎也還有另一方面的原因。在人們的信念和交流中，真乃是一個基礎性的概念。「這是真的嗎？」、「這是不是真的？」、「這是真的」，「這不是真的」等等這樣的疑問和陳述，即使是對於不懂邏輯的人，哪怕是教育程度不高的人，也不會有什麼理解上的困難，而且是他們也可以隨意使用的。因此可以說，真這個概念本身就是日常表達和交流中常用的一個基本概念。當戴維森說，「我們共有了一種語言，也就共有了一幅關於世界的圖景，而這幅

28　關於真和涉及真的探討，在過去的幾十年中形成了語言哲學的主要部分，例如參見 Schantz, R.: *What is truth?* Berlin: de Gruyter 2002; Lynch, M.P.: *The nature of truth*, Cambridge, MA: MIT Press 2001; Kuenne, W.: *Conceptions of Truth*, Clarendon Press, Oxford 2003。

圖景就其大部分特徵而言必須是真的」[29]；「成功的交流證明存在著一種關於世界的共有看法，它在很大程度上是真的」[30]；甚至當他說「真必然以某種方式與理性動物的態度有關」[31] 的時候，這不僅是從意義理論的角度對真這個概念本身的說明，而且也是對它的日常作用和地位的一種說明。因此，在哲學中考慮真，似乎不用從邏輯出發，因為既然人們日常頻繁地使用真這個概念，以致它甚至可以說是人們表達基本認識、判斷和信念的一個基本概念，那麼思考有關世界和認識的問題時，似乎憑直覺就應該把它放在一個核心的地位。當然，人們也可以認為在日常表達中可以用正確或錯誤、對或不對這樣的概念來代替它，但是這並不意味著人們會放棄「是真的」這一表達方式，因而以此並不能降低真這一概念的使用頻率，不能削弱它在語言中的重要地位。在這種意義上說，在哲學中考慮真乃是自然的，即使不從邏輯出發，考慮真也是自然的。

在我看來，以上的看法是不是有道理，乃是可以討論的。頻繁地使用「是真的」或「真」這一概念，明確地或不明確地把真與意義連繫在一起，可以說是人們表達中的一種自然的甚至是習慣的做法。因此說哲學家們憑直覺就可以認為或相信真與意義相連繫，大概也不能說一點道理都沒有。問題是僅憑這樣的思考和討論，能夠把這個問題說清楚到什麼程度。而從邏輯出發來討論這一問題，也許不能解決所有問題，也許總有許多問題不能解決，當然也總會有一些解釋不盡如人意，但是由此可以得到一條思考問題的思路。比如，按照意義理論的提示，人們可以從句法和語義的角度來考慮真與意義的問題，因而可以在把真作為核心概念的同時，確定與它相對應的語言

29　戴維森：〈形上學中的真之方法〉，載《真理、意義、行動與事件》，第 130 頁；Davidson, D.: *The Method of Truth* in Metaphysics, in *Inquiries into Truth and Interpretation*, p.199。

30　同上文，第 130、132 頁；p.199、、201。

31　戴維森：〈真之結構和內容〉，《哲學譯叢》1996 年第 5-6 期，第 122 頁。

成分，至於說與真相應的究竟是句子，還是思想、命題、陳述等等，則是細節的問題。人們也可以圍繞著它對相應的語言結構進行更為詳細的考慮，比如含有專有名詞的句子或不含專有名詞的句子，含有摹狀詞的句子或不含摹狀詞的句子，含有索引詞的句子或不含索引詞的句子，等等，含有模態詞的句子或不含模態詞的句子，以及含有從句的句子，含有表達命題態度的語言要素的句子，等等。這樣的考慮不是隨意的，但也不是狹窄的，僅僅是圍繞著真這一概念，討論的範圍卻涉及世界中的事物、事物的性質、事物之間的關係，也涉及事實、事態，還涉及人以及人的看法和認識等等。實際上，邏輯的考慮並沒有限制人們的思考，而是以它獨特的方式幫助人們深化了認識。因此，我們確實不能說離開邏輯就不會考慮真，也無法考慮真。但是從意義理論可以看出，從邏輯出發人們確實對真有了更為深刻的認知。這種認知並非僅僅是對真的認知，更主要的還是對世界的認知，是有關人們對世界的認知的認知。

第七章　柏拉圖類乎邏輯的思考

　　論述了從亞里斯多德的形上學到達米特和戴維森的意義理論之後，再來論述柏拉圖（Plato），體例上似乎有些問題。因為前面是按照歷史發展的順序來論述的，而按照這種順序，我們本該最先論述柏拉圖。之所以現在才來論述柏拉圖的思想，主要有以下三點考慮。

　　首先，本書的核心是探討邏輯與哲學的關係，而且這裡所說的邏輯主要是作為一門學科的東西。在這種意義上，亞里斯多德的著作無疑可以為我們的分析提供清楚的文本。因為他是邏輯的創始人，在他的手中，邏輯成為一門科學。我們從他的著作可以具體地看到，邏輯作為一門科學或學科，是如何與哲學結合在一起，如何為哲學分析提供幫助和支持的。而在亞里斯多德以後，邏輯在哲學中一直發揮著這樣的作用，需要的只是從哲學家的著作中發掘這樣的連繫。

　　其次，雖然亞里斯多德是邏輯的創始人，他的著作也為我們提供了邏輯與哲學密切結合的範本，但是一個明顯的問題是：在他之前就沒有類似邏輯分析的努力嗎？換言之，邏輯的考慮是在亞里斯多德那裡一下子就有的嗎？我想，人們一般不會同意這樣的看法。我也認為，儘管亞里斯多德的邏輯包含著他創造性的作為，但是無疑也基於前人的努力。因此前面的問題就可以轉化為如下問題：在邏輯作為一門科學出現之前，哲學家們是如何向著這個方向努力的？也就是說，在這樣的研究中，類乎邏輯的思考與哲學探討是如何連繫的？類乎邏輯的思考是如何為哲學研究提供幫助的？我含糊地說「類乎邏輯的思考」，而不是簡單地說「邏輯」，乃是因為邏輯這時還未成為一門科學。這樣的思考不同於有了邏輯之後的思考，但是也不同於一般的哲學思考。不太嚴格地說，它有一些專門的關於推理和論證的思考，但是還未形成理論體系。在我看來，從古希臘文獻中探討這部分內容是非常有意義的。這可以有助於我們看到邏輯的起源、形成和發展，因而有助於我們更好地理解邏輯分析的精神，是如何深深地蘊涵在希臘思想中的。

　　最後，探討邏輯的起源是一個專門的課題。限於篇幅和本書的目的，我只是指出這一點，而不想展開論述。因此我不詳細探討從古希臘思想到亞里斯多德邏輯的發展。

基於以上三點考慮，我把關於柏拉圖思想的思考放在這裡，首先強調的是一種現象：在沒有邏輯的時候，人們也有一些為了邏輯而努力的思考。但是，正是由於柏拉圖思想本身的歷史作用，這樣的現象也具有歷史意義。這就是，在邏輯尚未形成和出現的時候，人們是如何向著我們後來稱之為邏輯的方向努力的。這樣，本章可以作為一種現象並思考：沒有邏輯的時候，人們也是可以向著邏輯的方向努力的。

柏拉圖的〈智者篇〉

人們一般認為，在柏拉圖眾多對話中，〈泰阿泰德篇〉（*Theaetetus*）、〈智者篇〉（*Sophist*）、〈美諾篇〉（*Meno*）、〈巴門尼德篇〉（*Parmenides*）、〈政治家篇〉（*Statesman*）等著作中涉及邏輯的討論，其中又以〈智者篇〉的相關討論最多。有人甚至認為「〈智者篇〉的主要興趣是邏輯的」[01]。以下我們主要探討〈智者篇〉中的思想。

〈智者篇〉主要圍繞著什麼是智者這一主題展開探討。關於智者，對話中提出了幾種定義，運用了劃分的方法，涉及智者、政治家和哲學家的區別。柏拉圖關於智者的定義首先借助釣魚人這一形象的說明或比喻。釣魚人是有技藝的，從技藝出發，將技藝劃分為獲取的和創造的，再把獲取的技藝劃分為靠交換而獲取的和用強力而獲取的，再對前者進行劃分，直到最後得出釣魚人的性質。然後，柏拉圖利用這個例子，以它作為模式，按照相似的劃分來說明什麼是智者。柏拉圖關於釣魚人的劃分的討論非常長，也非常出名，幾乎稍微比較詳細論述柏拉圖思想的著作都會給出它的劃分圖示[02]，因此我把它看作常識，不作詳細介紹。這裡我只想指出，直觀上看，柏拉圖這樣的討論冗長，甚至有些乏味，而最終的結果似乎又有些不確定。有人認

01　泰勒：《柏拉圖——生平及其著作》，謝隨知等譯，山東人民出版社 1991 年版，第 532 頁。

02　泰勒：《柏拉圖——生平及其著作》，第 538-539 頁；涅爾：《邏輯學的發展》，第 14 頁。

為，論述之所以冗長，是因為存在著邏輯分析的困難。[03] 不能說這樣的看法沒有道理，但是依據我的標準，由於柏拉圖時代還沒有邏輯，因此就有如何看待邏輯分析的問題。我的看法是，冗長的分析不僅是〈智者篇〉中的方式，而且是柏拉圖對話中一種常見的方式。這樣的分析或者透過舉例，或者透過劃分，或者透過類比或比喻，或者透過提出與已有結論相反的情況，如此等等，在柏拉圖許多對話中以不同的方式出現。但是我認為，柏拉圖這種冗長的分析並不是為了故弄玄虛，從他的對話來看，儘管結論往往有些不確定，但是每一次分析都將討論一步步引向深入。即使討論的結果只是推翻了原來的看法，而沒有形成新的看法，這在認識上也是一種進步，因為它認識到了原來所沒有認識到的東西。在我看來，柏拉圖冗長的論述是一種論證方式，他實際上是在努力透過這樣的論證方式來追求一種確定性。定義和劃分都是傳統邏輯中的內容，而從今天的觀點來看，它們無疑屬於方法論的內容。所以我們可以清楚地看到，柏拉圖的論證具有方法論的意義。不清楚的則是他的論證是不是有關於邏輯的考慮，或者說在什麼程度上他考慮了邏輯。我認為，認識到這一點，對於理解柏拉圖的對話是非常重要的。不過，我不考慮以上內容。我所要討論的思想將從下面一段話開始：

【引文 1】

客人：我的朋友，事情的真相是我們碰到了一個極端困難的問題。「顯得像是」，或者說「好像是」但並非真「是」，或者談論不是「真的」的東西，所有這些表達無論在過去還是現在，總是令人深深地陷入困惑。泰阿泰德，要找到一個正確的術語來言說或思考假東西之是，同時又不會落入一張口便自相矛盾的境地，是極其困難的。

泰阿泰德：為什麼？

客人：這個論斷的大膽在於它蘊涵著不是者有是的意思，否則，假沒有別的方

03　參見泰勒：《柏拉圖──生平及其著作》，第 536 頁。

法可以成為是。但是，我的年輕的朋友，當我們像你這個年紀的時候，偉大的巴門尼德始終反對這種觀點。他不斷地告訴我們「不是乃是，這一點絕不可能被證明，但是你們在研究中要使自己的思想遠離這一途徑」，並且把這些話也寫入了他的詩歌。

所以，我們有這位偉大人物的證言，而認信它的最佳方式可能是對這個論斷本身進行適度的考問。如果你對此沒有異議，讓我們開始對這個論斷本身的是非曲直進行研究。[04]

人們一般認為，從這段話（以及它前面的幾句話）開始，柏拉圖關於智者的劃分討論突然中斷了，直到〈智者篇〉快結束的時候才接續上前面的討論，而且這一部分討論與前面討論智者的定義完全不同，同時也是〈智者篇〉的主要內容；所謂〈智者篇〉中關於邏輯的探討也是指這一部分。因此我們的討論主要集中在這部分內容，在我看來，為了理解這部分內容，首先就要理解這段話。

表面上看，引文1主要有兩種意思，一種意思是指出一個困難：如何區別看上去是與實際上是，並且正確而恰當地表達出這種認識。另一種意思是，前一個困難蘊涵了巴門尼德反對的一個觀點：不是乃是。換言之，巴門尼德認為，不能說不是乃是。應該說，這兩個意思字面上是清楚的。但是，如果仔細分析一下，其實還可以看出，柏拉圖還談到真和假，比如「並非真『是』」，「談論不是真的的東西」，「言說或思考假東西之是」，「假沒有別的方法可以成為是」等等。雖然從柏拉圖的論述我們還看不出真假與是和不是之間的清晰區別，但是它們的連繫卻是顯然的，因為這些關於「真」和

04　柏拉圖：《柏拉圖全集》第三卷，王曉朝譯，人民出版社2004年版，第31頁；譯文有修改，參見 Page, T.E.:*Plato*, Ⅱ, Greek-English text, trans.By Fowler, H.N., Harvard University Press, 1952; Cornford, F.M.:*Plato's Theory of Knowledge*, Routledge&Kegan Paul LTD, London, 1957; Apelt, O.:*Platons Dialog:Sophistes*, Verlag von Felix Meiner, Leipzig, 1914。以下引文只注明柏拉圖文本標準頁碼，所引方式有的與以上相同，有的則是本書作者的翻譯。

「假」的論述總是與「是」相連繫。由此也可以看出，巴門尼德的論斷可以簡單地表達為「不能證明『不是乃是』」，而柏拉圖要從這個論斷出發來討論。按照我的理解，柏拉圖的討論至少有三個方面的內容。其一，從不是出發，探討是與不是；其二，圍繞運動和靜止來探討是；其三，探討真與假。下面我們就分別從這三個方面來論述柏拉圖的思想。

需要說明的是，對柏拉圖關於「是」的論述，人們是有不同看法的。在英譯本中，一般都採用了「是」（being）這個詞，但是有些地方使用了「存在」（existence）這個詞，而在德譯本中，一般採用「是」（Sein）這個詞。有人認為，柏拉圖所說的乃是「存在」，因為他所說的「是」這個詞不能在系詞的意義上來理解。也有人認為，柏拉圖所說的主要是系詞意義上的「是」，而且即使是「A是」這種用法，也是一種省略的用法，因而應該在系詞的意義上來理解。[05] 我在前作中沒有探討柏拉圖的思想，因此關於他所說的究竟是「是」，還是「存在」，沒有進行討論。依據本書的體例，這裡討論這個問題也不是特別合適，因為本書主要討論邏輯與哲學的關係，而在涉及是與真的問題的時候，我們基於那本書已有的文本分析。為了使討論有文本依據，也為了兼顧本書的體例，我先介紹柏拉圖的思想，然後進行討論。但是在介紹柏拉圖思想的過程中，我採取以下方式：第一，分步驟介紹，這樣在討論中可以利用步驟排序。第二，以楷體表達柏拉圖的思想，其中又分直接引語和間接引語兩種。這樣可以使我們的介紹既簡要又不遺漏重點，同

05　關於這些觀點的討論很多，例如參見 Cornford, F.M.:*Plato's Theory of Knowledge*; Frede, M.:*Praedication und Existenzaussage*, Vandenhoeck&Ruprecht in Goettingen, 1967; Ackrill, J.L.:*Plato and the Copula:Sophist 251-259*, in *Plato:A Collection of Critical Essays*, ed.by Vlastos, G., University of Notre Dame Press, 1978; Owen, G.E.L.:*Plato on Not-Being*, in *Plato:A Collection of Critical Essays*, ed.by Vlastos, G.; Wiggins, D.:*Sentence Meaning, Negation, and Plato's Problem of Non-Being*, in *Plato:A Collection of Critical Essays*, ed.by Vlastos, G.; Vlasto, G.:*The Third Man Argument in Plato's Parmennides*, in *Plato:Critical Assessments*, vol.Ⅳ , ed.by Smith, N.D., Routledge, London and New York, 1998。

時又盡可能的準確。第三，我依據「是」來理解和翻譯柏拉圖的相關論述。在我看來，即使沒有專門的文本討論，根據希臘文「einai」的主要用法，把柏拉圖對話中相關的詞翻譯為「是」並進行討論也是便利的，因為這正好相當於希臘文中這唯一的「einai」一詞，同時也不妨礙我們可以根據自己的理解來解釋柏拉圖的思想，比如人們也可以認為柏拉圖在此語境中談論系詞意義上的是，而在彼語境中談論存在意義上的是。

「是」與「不是」

柏拉圖稱巴門尼德為「偉大人物」，由此可以看出，巴門尼德的影響應該是很大的。從巴門尼德遺留的著作殘篇來看，探討「是」乃是其最核心的內容，而且這條路被他稱為真之路。在這一探討過程中，他談到「不是」，並且論述了是與不是的區別。[06] 即使不考慮巴門尼德本人的著作，僅從柏拉圖這裡的論述也可以看出，從不是出發進行探討，直觀上是自然的，因為這是巴門尼德觀點中所涉及的主要內容。柏拉圖的論述一開始可分為如下幾步。

第一步，柏拉圖首先確定，我們是要「表達絕對的不是」的，然後他問，「『不是』這個表達方式應用於什麼」？雖然他認為這是一個難以回答的問題，但是他明確地說，「『不是』這個術語反正不能用於是」。

第二步，柏拉圖認為，「如果不是不能用於是，它也就不能恰當地用於某物」。他的解釋是：「某物」這個詞總表示某種是，「因為談論實際上抽象的、赤裸裸的，並且與所有是者沒有連繫的某物乃是不可能的」。此外，說某物一定是說某一事物，而且「某物」或「某（些）」、「單稱時表示一個，雙稱時表示兩個，複數時表示多個」。因此，一個人若是「沒有說某物，就一定什麼也沒有說，乃是完全必然的」；甚至可以認為，「一個說不是的人，根本就什麼也沒有說」。

06　我曾專門詳細探討巴門尼德的思想，參見王路：《「是」與「真」——形而上學的基石》，第三章。

第三步，對是者可以增加或賦予其他某個是者，但是對不是者就不能賦予任何是者。

第四步，假定是的事物中都有數，但是「不能把數的單稱或複數形式賦予不是」。「一些不是的事物」這一說法把複數賦予事物，而「一個不是的事物」把單數賦予事物。但是，由於已經斷定不能把是賦予不是，因此「不可能正確地說出、談論或思考沒有任何屬性的不是」，「它是一種不可想像的、不可表達的、不可說的非理性的東西」。

第五步，由此得出了矛盾：「當我把是這個動詞加到不是上，我就與我前面說的形成矛盾」。這裡的證明是：第一，前面說過不是與單數或複數無關，但是這裡仍然在以單數說它，因為仍然在說「不是者」。而且說它是不可表達的、不可說的非理性，也是以單數的形式說的；第二，前面說過，不是乃是不可表達的，不可說的，非理性的，如果這樣就不能把是加到不是上，可是現在把是加到不是了。由這兩點可以看出，產生了矛盾。

第一步緊接著引文1，應該沒有什麼理解的問題。它至少說明了兩點。一點是人們肯定要表達「不是」，另一點是，無論把「不是」用於什麼，至少不能把它用於「是」。如果說這裡有什麼問題的話，則可以問：「不是」究竟是語言層面的，還是語言所表達的事物的層面的？如果是語言層面的，似乎就一點問題也沒有了。但是如果是事物層面的，則可能依然會有問題。因為儘管在語言層面上，「不是」與「是」乃是清楚的，但是在事物層面上，什麼是「不是」，什麼是「是」，似乎卻不是那麼清楚。在古希臘，語言和語言所表達的事物並沒有得到十分清楚的區別，因此我們這裡也暫不確定，柏拉圖這裡所說的究竟是語言層面的東西還是事物層面的東西。我們只是指出，他談論「不是」，並且區別了「不是」與「是」。（這裡，如果人們認為柏拉圖討論的乃是事物層面，因而說他談論「不是」並且區別「不是」與「是」乃是不清楚的，則也可以認為他談論的乃是「不是者」，並且

區別出「不是者」與「是者」。[07]）

第二步主要說明的是某物，由於某物與是相連繫，而且某物總是有單數複數的區別，因此這裡實際上論述的乃是是。當然，提供這樣關於是的論述最終也就說明，不是與是乃是不同的，說是實際上乃是說些什麼，而說不是則等於什麼也沒有說。

第三步進一步說明不是與是的區別。

第四步有些費解。這裡提到兩個要求，一個要求是：不能把數的單稱或複數形式賦予不是。根據這個要求，似乎就不能說「一些不是的事物」或「一個不是的事物」，因為這樣的說法有了單數複數對不是的應用。另一個要求是：不能說出、談論或思考沒有任何屬性的不是。這個要求是根據第一步的要求得來的，即不能把是賦予不是。而這兩個要求可以歸結為一點，這就是不能把不是用於是，或者不能把是用於不是。

第五步指出，把是用到不是上，就會產生矛盾。只是要注意，柏拉圖這裡所說的矛盾，並不是我們通常所說的違反了矛盾律那樣的矛盾，而是與前面的說法形成矛盾。比如，第二步說過不是與單數複數無關，而這裡仍然在以單數的形式說不是者，第四步說過不是乃是一種不可想像的、不可表達的、不可說的非理性的東西，對這樣的東西乃是不能加是的，現在加了是，因此是矛盾的。

從以上五步可以看出，柏拉圖從關於不是的應用對象出發，得出一個結論，不能把不是用於是，因而得出，不能把是用於不是，否則就產生矛盾。應該說，柏拉圖的論述雖然有個別地方不是特別清楚，但是整個思路和基本觀點是清楚的。

07　比如，康福德認為，柏拉圖這部分是關於實在和現象的世界的討論。他採用的英文表達是「what is not」和「being」。參見 Cornford, F.M.:*Plato's Theory of Knowledge*, Routledge&Kegan Paul LTD, London, 1957, p.199-204。

　　但是，由於牽涉到智者，問題就沒有那麼簡單。柏拉圖指出，由於「語言的貧乏」，智者很容易反駁我們，並且「曲解我們的話得出對立的意義」。因此智者乃是印象（看上去是）的製造者。這樣就會有如下情況，某種東西看上去是，而實際上不是，而某種東西儘管不是，實際上又是。因此，「根據某種方式，不是乃是，而另一方面，在某種意義上，是乃不是」。這樣就牽涉到要檢驗巴門尼德的理論。因為他說不能證明「不是乃是」。

　　透過以上分析可以看出，一方面，如果把不是用於是，或者把是用於不是，就會產生矛盾，另一方面，在智者的實踐中，是與不是似乎又總是交織在一起，因此這裡顯然是有問題的。柏拉圖認為，過去對於使用「不是」一詞的人完全可以理解，而這個表達「現在使我們感到困惑」；「也許我們的心靈關於是也處於同樣的情況；我們可能認為它是明白無誤的，而且當使用這個詞的時候，我們理解它，儘管我們對於不是有困難，而實際上我們對這兩個詞同樣不太理解」；因此現在「要先研究是這個詞，看一看那些使用它的人認為它表示什麼」，因為這是所要考慮的諸多問題中「最大的和最主要的」的問題。這樣一來，柏拉圖就從關於不是的探討轉到了關於是的探討。換句話說，在柏拉圖看來，解決不是的問題，僅僅依靠關於不是的探討是不行的，最終或者最主要的還是要依賴於關於是的探討。如果我們仔細分析一下，其實可以看出，在前面五步論述中，已經有關於是的論述了，比如第二步關於某物的論述，只是在這裡，柏拉圖更加明確了他所探討的問題，因而把是提到了突出的位置。

運動、靜止與是

柏拉圖在探討是的過程中，利用了運動和靜止這一對概念。在我看來，他關於運動和靜止的討論可以分為兩部分。一部分是總結前人的討論，另一部分是他自己的討論。下面我們就分這兩部分來探討他的思想。具體做法是，簡單介紹第一部分，著重討論第二部分。

第六步，柏拉圖指出，一些人說宇宙是一，我們需要從這些人獲知的是，「當他們說是的時候，他們是什麼意思？」他們會說，只是一。如此一來，他們就把是這個名字賦予了某種東西。這樣一來，就「用兩個名字表示同一個東西」。但是這樣就有問題了。因為一方面，「當斷定只是有一個東西的時候卻承認有兩個名字，這是相當荒唐的」。另一方面，「接受是乃適用於任何一個名字，同樣是荒唐的」。這是因為，「一個人斷定名字乃是與事物不同的，說的是有兩個事物」；而且，「如果他斷定名字乃是與事物相同的，他就不得不說，它不是任何事物的名字，或者如果他說這是某物的名字，那麼最終表明這個名字只是一個名字的名字，而不是其他任何事物的名字」。因此「一（個東西）可以是一個東西的名字並且也可以是這個名字的一（個東西）」。

第七步，整體與是一乃是相同的。在這種情況下，如果整體如同巴門尼德所說是像一個滾圓的球體，有中心和外展，那麼是乃如同巴門尼德描述的那樣，「具有一個中心和一些端點，而且由於有這些，（它）就一定有部分」。問題是，一事物若有一些部分，則可以「在其各個部分擁有統一性這種性質」，而且「處於這種條件的東西本身是一個絕對的整體」也不是沒有可能的。因此，「是乃是一和一個整體，因為它有一這種性質」。但是接受這一點也是很難的。因為「是由於有以某種方式是一這種性質，因而是與一顯然不是相同的」；此外，「是由於有是一這種性質，因而它不是一個整體，如果這樣並且又有整體，那麼就得出是缺少某種是的東西」。「因此根據這種推理，既然是缺失了是，那麼它就是（那）不是。」

　　我認為，這裡值得注意的有兩點。一點是柏拉圖的詢問：「當他們說是的時候，他們是什麼意思？」這無疑是對是的發問，因而把是的問題凸顯出來。另一點是他關於是乃是名字的說法。在他看來，在「宇宙是一」中，被表達的東西是宇宙，而「是」和「一」乃是用來表達它的兩個名字。因此是與一乃是不同的。由此也就有了第七步的論證，是與整體也是不同的。

　　在柏拉圖看來，以上兩步所論述的乃是比較嚴謹的關於是的論述。接下來他討論了一些不太嚴謹的學說，他認為，從下面這些學說的內容可以知道，「定義是的實質並不比定義不是的實質更容易」。這些學說又包含著兩種觀點，一種觀點是強調感知與物理世界的關係，另一種觀點則是主張觀念世界。

　　第八步，強調感知與物理世界的人，認為所有事物都是可看見的或可觸摸的等等。他們會同意存在著有死的動物這樣的東西，而且這樣一個東西是一個帶有靈魂的肉體。這樣，靈魂在是者中就有了位置。在這種情況下，他們會說，「一個靈魂是公正的，而另一個靈魂是不公正的，一個靈魂是聰明的，而另一個靈魂是愚蠢的」。他們會贊同，「每一個靈魂由於擁有公正和表現出公正而成為公正的，並由於擁有對立的情況和表現出對立的情況而變得對立的」；他們肯定會說，有「那種能夠變得出現或不出現的東西乃是實在的」。但是，雖然這樣的東西是實在的，比如公正、智慧、美德，但是他們會說，「它們都不是可看得見的」。此外，靈魂有物體，但是公正和其他一些這樣的性質卻沒有物體。這樣他們就有了問題。因為他們必須說明，「無形的東西和有形的東西同樣所固有的那種東西，以及當他們說它們是的時候他們所想到的那種東西，（究竟）是什麼」。這樣一來，他們就必須接受如下對是的定義：「它不過是一種力量。」

　　第九步，在論述主張觀念的人的學說的時候，柏拉圖談論了「分享」這一概念。在物體方面，借助感知，我們分享生成，而在靈魂方面，借助思想，我們

分享是。「是乃總是不變的和相同的，而生成在不同時候乃是不同的。」這裡，柏拉圖引入了「主動條件」和「被動條件」之說，確定「作用或被作用這種力量的出現」作為一種令人滿意的關於是的定義。然後他又討論到強調感知與物理世界的人的看法，他們會認為「靈魂認識和是乃是被認識的」；認識或被認識乃是主動或被動的條件，認識是主動的，而被認識是被動的。因此他們會認為它們互不分享，否則就會相互矛盾。所以，根據這些人的這種看法，鑒於是乃是被認識的，因此它乃是被理性所認識的，既然如此，是乃是被推動的，因為它是被作用的，而對於處在靜止狀態的東西，我們就不能這樣說。

第十步，必須退讓承認有被推動的東西和運動本身，因此如果沒有運動，也就不會有任何人想到任何地方的任何事物。但是，如果我們承認所有事物都是流動的和運動的，有一些東西我們就不會考慮或認識，因為「沒有靜止狀態，就不可能會有質量、實質或關係的相同性」。但是，「去除認識、理性、思考，然後對任何事物作出任何武斷的斷定」絕對是不行的。因此，注重這些東西的哲學家一定會拒絕接受主張「宇宙是靜止的」的人的理論，也不會聽信主張「宇宙是運動的」的人的觀點。哲學家必然會引用童謠，「所有事物動又不動」，他們一定會說，「是和宇宙就在於二者」（既在於運動，又不在於運動）。這樣，我們似乎終於得到關於是的一個相當好的定義，但是我們將會發現關於探究是的困難。

第十一步，人們說，「運動和靜止幾乎是直接相互對立的」。人們還對兩者同樣說是。但是這並不是說「它們都是運動的」，也不是說「它們是靜止的」。因此這裡考慮的乃是運動和靜止「這兩者之外的第三種東西」，而且由於認為「運動和靜止被是所包含」，因此「對它們說是」。因此，「是乃不是運動和靜止的組合，而是其他某種與它們不同的東西」。因此，「根據其自身的實質，是乃既不是靜止的，也不是運動的」。而且再也沒有其他情況，「因為如果一事物不是運動的，它必然是靜止的；而凡不是靜止的東西必然是運動的。但是我們現在發現，是出現在這兩類情況之外」。「再也不可能有比這更不可能的了。」

第十二步，「當人們問我們不是這個名稱應該應用於什麼的時候，我們處於最

大的困惑之中」，但是「現在我們關於是處於同樣的困惑之中」，「甚至更大」的困惑之中。「既然是與不是同樣分享這種困境，那麼最終就有希望認為，它們一方比較含糊或比較清楚地出現，那麼另一方也會同樣出現。然而，如果它們哪一方我們都不能看到，那麼我們無論如何也不能在它們兩者之間，盡可能令人信服地推進我們的討論。」

從第八步到第十二步，可以清楚看出這樣幾點。其一，柏拉圖區分了感知的世界和觀念的世界。感知與物體世界相關，觀念與思想相關，兩者是有區別的。其二，借助「分享」，我們既可以論述物體世界，也可以論述觀念世界。其三，運動和靜止是不同的，甚至是對立的。其四，有人認為宇宙是靜止的，而有人認為宇宙是運動的。其五，是乃是與運動和靜止不同的東西，是運動和靜止之外的東西。其六，由於有了這些結果，因此最初所說的關於不是的困惑也同樣適用於是。

在我看來，在柏拉圖的論述中，有兩點特別值得注意。一點是他所舉的例子。從前面第一到第五步的論述可以看出，他的論述是完全抽象的，沒有使用任何例子。而從八到十二步有了一些例子。使用例子無疑是為了更好地說明自己想要說明的問題，因此例子有助於我們對柏拉圖思想的理解。如果我們仔細分析一下，則可以看出，「靈魂是公正的」與「靈魂是不公正的」，「靈魂是聰明的」與「靈魂是愚蠢的」分別是對立的表述。而「宇宙是運動的」和「宇宙是靜止的」實際上也是對立的表述。也就是說，雖然它們的表述形式都是「S 是 P」，但是它們表達的具體意思卻是對立的。這樣似乎就會有這樣的看法或說法：宇宙既是運動的，又是靜止的。由於是與不是的對立，這裡實際上是說：宇宙既是運動的又不是運動的。所以，柏拉圖所給出的例子，可以幫助我們更好地理解他所說的關於是與不是的困惑。後面我們還會看到柏拉圖所使用的例子。那時我們還會再次論述到這一點。

另一點值得注意的是，這些論述基本上是對前人思想的概括。因此他的

論述比較簡單，許多地方只是點到為止。這些論述為我們理解柏拉圖之前關於宇宙的討論，關於是與不是的討論，是有幫助的。而且這裡也看出柏拉圖自己的一些看法。但是在這些論述中，柏拉圖最主要的還是指出前人論述中的問題，特別是說明，所謂關於不是的問題，其實最主要的還是關於是的問題，這樣就為他自己的論述奠定了基礎。也就是說，他的論述並不是憑空產生的，而是建立在前人的基礎之上。我們也確實看到，柏拉圖自己的論述同樣是從關於宇宙的論述出發，同樣是從運動和靜止出發，因此我們從柏拉圖的論述中可以了解到哲學思想的發展，從而了解到哲學本身的發展。

相同與相異

在上述關於運動和靜止的討論之後，柏拉圖有一段概括說明。這段說明大致分如下幾步：

第十三步，假定任何事物沒有任何力量與其他任何事物相連繫，那麼「運動和靜止將不會分享是」；如果它們各自不分享是，它們各自也不是。因此，前面那些關於運動和靜止的主張都被推翻了，「因為所有這些都用是作為一種性質。一派說宇宙是運動的，而另一派說它是靜止的」。其他一些說法也是沒有意義的，比如，一些事物此時是組合的，而彼時是分離的，或者，無窮多要素組合為一體，並從統一體中導出等等。

第十四步，假定所有事物都有相互分享的力量，那麼，如果運動和靜止能夠相互分享，則運動就會是靜止的，反過來靜止也會是運動的，而這是根本不可能的。

第十五步，「不是所有事物相互混合，就是任何事物不相互混合，否則就是一些事物相互混合，而另一些事物不相互混合」，而且這三種情況一定有一個是真的。由於已知前兩種情況是不可能的，因此要採納後一種情況。

十三和十四兩步顯然是總結，它們說明，一方面，既不能說運動是靜止的，也

不能說靜止是運動的，另一方面，運動和靜止都分享是。而且這兩步的目的似乎是為了第十五步的說明，即一些事物相互混合，而另一些事物不相互混合。這些論述比較清楚，應該沒有什麼理解的問題。但是我認為有三點是值得注意的。第一，第十三步說到「用是作為一種性質」，而所謂用是作為一種性質，不過是說「宇宙是運動的」，「宇宙是靜止的」等等。這樣的說法與前面提到的是乃是一個名字似乎有相似之處，比如「宇宙是一」。它們似乎表明，在「是」的使用中，它是有意義的；區別似乎只在於它後面是跟名詞，還是跟形容詞。由於柏拉圖在這一點上沒有展開，因此我們的理解暫時也只能到此為止。第二，說明中使用了「分享」這一概念。本著以比較清楚而確切的概念來說明不太清楚而確切的概念這一原則，「分享」這一概念應該是比運動和靜止更清楚和確切的概念。運動與靜止的區別正是透過「分享」而得到的，因為它們不能相互分享。第三，第十五步是一種非常抽象的說明。和十二步以前的討論對照一下就可以看出，把關於宇宙的探討概括為關於運動和靜止的討論無疑是一種抽象，但是第十五步的抽象程度更高。因為在這裡，它不再談論運動和靜止，而是脫離了具體的內容，上升到一般性的事物層面。也就是說，柏拉圖試圖從一般性的事物原理的角度來說明問題。我認為，看到這一點，對於理解柏拉圖的思想是非常重要的。接下來，柏拉圖有如下一段說明。

第十六步，字母表中的字母組合成詞，有些組合是合適的，而有些組合是不合適的，其中也有最主要的，比如元音。如果沒有元音，就不能組成一個詞。為了這樣的組合，就需要有技藝或科學，即語法。與此相似，類或屬也同樣相互混合或不混合，因此，要想說明「哪些類與哪些類是一致的，哪些類是相互排斥的」，「是否有一些要素延伸到所有事物並把它們聚集在一起，因而使它們能夠混合」，造成分離「是否有其他一些普遍的原因」，等等，就「需要有科學，甚至是最偉大的科學」。以類來劃分事物，避免相信此一個類是彼一個類，彼一個類是此一個類，這些「屬於辯論術科學」。而所謂以類來劃分事物，就是清晰地看到，「一種形式或觀念完全擴展到許多相互分離的個體，許多形式相互區別，但是包含在一個更大的形式之中，而且一種形式由許多整體

的聯合而發展，而許多形式則是完全分開和分離的。這就是以類來區別個體事物如何能夠或不能夠相互連繫起來的認識和能力」。這種辯論術技藝只能屬於「追求哲學的純粹性和正確性的人」。

直觀上看，這一步分為兩部分。一部分是關於語言的說明。另一部分是用語言來類比，說明自己想要說明的東西。比如，語言中有字母表，而字母表中有元音和輔音，這就是不同的類。元音和輔音之所以能組合成詞，是因為有語法，語法規定了哪些元音和輔音能夠組合，哪些元音和輔音不能組合，而這種語法就是一種關於語言的技藝或科學。與此相似，柏拉圖想說明的東西是普遍的類或屬，它們也有能夠組合或不能組合的問題，因此它們也需要有一門科學，柏拉圖甚至稱它為最偉大的科學。這種想法無疑是清楚的。問題是，語法是清楚的，也是成型的，但是柏拉圖所說的這種最偉大的科學是不是清楚？在我看來，這一點是不清楚的。但是儘管如此，我們卻可以看出，柏拉圖似乎是在努力說明這一點，並且認為這種技藝或科學屬於「追求哲學的純粹性和正確性的人」。我認為，這個問題是重要的，柏拉圖關於這個問題的看法也是重要的。後面我還要重新探討這個問題。但是這裡我們看柏拉圖接下來的論證。

第十七步，選擇一些「被看作是最重要的」形式或觀念來進行討論，這樣，「即使我們不能完全清楚地掌握是和不是，我們至少應該在目前的研究方法所允許的條件下，對它們作出令人滿意的說明，這樣我們可以看出，是不是可以允許我們斷定不是實際上乃是不是，並且沒有什麼危害」。如上所述，最重要的類乃是：是、靜止和運動。而且運動和靜止不能相互混合，但是，是能夠與它們混合，因為它們分別都是。因此就有三種情況，而且「其中各種情況與其他兩種情況是相異的，但是與自身是相同的」。

由於在說明這三種情況的時候使用了「相同」和「相異」這兩個詞，因此要問，這兩個詞是什麼意思？如果它們是兩個新的類，與前面三個類不同，則現

在就有五個類。因為有一個問題，這兩個類是不是與前三個類相混合？或者，說到「相同」和「相異」的時候，是不是無意識地說到那三個類之一？

第十八步，「運動和靜止肯定既不是相異的，也不是相同的」。比如，如果運動是相異的，它就會迫使這種相異的東西改變它的實質而變成與它對立的東西，即變成靜止，因為這樣它也就分享了與它對立的東西。靜止也會是同樣。這樣一來，運動和靜止就都會「分享相同和相異的東西」。所以「我們一定不能說運動是相同的或相異的，同樣也不能說靜止是相同或相異的」。

第十九步，「如果是和相同沒有意義區別，那麼當我們繼續說運動和靜止是的時候，我們就應該說它們都是相同的，因為它們是」；「但是這肯定是不可能的」；「因此，是和相同不可能是一」；所以「應該把相同看作是加在另外三個類之上的第四個類」。

第二十步，總有一些實體是絕對的，一些實體是相對的。「相異總是相對於其他東西的」。「如果是和相異不是完全不同的，就不會是這樣。如果相異和是一樣，也會分享絕對的和相對的是者，那麼在是的相異事物中，也會有另一個不與任何相異事物相對的相異事物；但是實際上，我們發現，凡是相異的，剛好是與其他某個相異的東西相對的」。因此，相異應該是第五個類。

第十七到二十步的論述至少有兩點是清楚的。第一，柏拉圖按照第十六步說，尋找最重要的類，這樣就找到運動、靜止和是。由於這三個類正是前面所討論過的，因此不僅理由非常充分，而且也不會有什麼理解的問題。第二，在說明運動、靜止和是的第十七步中，用到了「相同」和「相異」這兩個概念。由於要用這兩個概念來說明前三個概念，因此最重要的類就不是三個，而是五個，即是、運動、靜止、相同和相異。這樣，柏拉圖在其他所討論的三個類的基礎之上又增加了兩個類來進行討論。我們看到，由於有五個類，因此需要逐一論述它們。

第二十一步，運動不是靜止；但是，運動是，因為它分享是。運動不是相同，但是我們發現它是相同的，因為所有事物都分享相同性。「因此我們必須承認，運動是相同的又不是相同的，而且我們不必由此受到干擾；因為當我們說它是相同的又不是相同的時候，我們沒有在同樣的意義上使用這個詞」。稱它為相同的，乃是因為「它分享相當於它自身的相同」；而稱它為不是相同的，則是因為「它分享相異，由此它與相同分離開來並且變成不是相同的，而只是相異的」。因此，可以「正確地說」運動不是相同，說運動是靜止的，也「不會是荒唐的」。這就說明有的類是與其他類混合在一起的。

第二十二步，運動不是相異。它「在某種意義上不是相異，又是相異」。

第二十三步，已經說明，運動不是靜止，不是相同，也不是相異。還剩下的問題是，運動是不是是呢？我們幾乎可以大膽地說，運動不同於是。「顯然，運動既是不是，又是是，因為它分享是」；「因此，與運動相連繫，不是乃是必不可少的東西。而且這一點延伸到所有類；因為在所有這些類中，相異的本質所發揮的作用就是使每一事物不同於是，因而成為不是。所以，從這種觀點出發，我們可以對它們所有東西同樣說不是；而且，既然它們分享是，它們就是並且擁有是」。因此，「與各個類相連繫，是乃是多，不是則是無窮多」。所以，「是本身也必須被說成是與其他所有事物不同的」。

第二十四步，結論：「是者在所有是相異的情況下則不是；因為，由於是者不是相異的東西，因此儘管它本身是一事物，但是它與無窮多相異的東西處於不是的關係」。因此，「我們也不必受這一點的干擾，因為這些類從實質上說是相互分享的」。

第二十五步，「當我們說不是的時候，我們說的似乎不是某種與是對立的東西，而只是某種不同的東西」。比如，當說「一事物不是大的」的時候，這裡表達的既不是「這是小的」，也不是「這是中等的」。「因此，當我們被告知這個否定的東西表達對立的東西，我們就不應該承認它；我們將只承認，『不』這個前綴表示某種與跟在它後面的詞不同的東西，或者確切地說，表示某種與跟在這個否定後面的詞所指示的東西不同的東西」。

第二十六步，又比如，「這是漂亮的」。相異的東西有一部分是與漂亮的東西對立的；這有名字。因為「在各種情況下我們稱之為不漂亮的東西，肯定是與漂亮的東西的實質相異的東西，並且不是與其他任何東西相異的東西」。由此得出，「不漂亮的乃是某一類是者一個獨特的部分，而且同樣，也是與某類是者對立的」。因此，「不漂亮的乃是一種是與是的對照」。這樣，就根本不能說，「漂亮的乃是是的一部分，而不漂亮的不是是的一部分」。以此也可以類推「不大」和「不公正」等等。

第二十七步，對相異的東西也可以這樣說，「因為相異的實質被證明擁有是；而且如果它有是，我們就必須認為它的部分也同樣有是」。「如果將相異的部分的實質與是的實質相對照，那麼是本身是，相異的同樣也是，若我們可以這樣說的話，因為它並不表示與是對立的東西，而只是表示是的相異，而且僅僅如此」；而且，「顯然這乃是不是，而由於智者的緣故，這正是我們在尋找的東西」。因此我們可以說，「不是肯定有是並且有自己的實質」；而且，「正像我們發現大的東西是大的，漂亮的東西是漂亮的，不大的東西是不大的，不漂亮的東西是不漂亮的一樣」，我們同樣可以說，「不是過去乃是並且現在乃是不是，因而被看作是的許多類中的一類」。

第二十八步，由此得出對巴門尼德的不信任。因為他不信任「不是乃是」，並告誡我們遠離這條路。而「我們不僅已經指出不是者是，而且我們甚至已經表明，不是這種形式或類是什麼；因為我們已經指出，相異的實質是什麼，並且它細碎地遍布所有是者的相互關係之中，而且我們還冒險地說過，與是相對照的各相異部分，實際上乃是（那）不是」。

簡單地說，從第二十一到二十八步可以看出，柏拉圖透過討論運動與靜止、相同、相異這幾個概念的關係，最後達到關於運動與是的討論。並且他透過這樣的討論說明，巴門尼德反對不是乃是，這樣的觀點是有問題的。但是由於這裡有一些比較重要的結果，因此值得我們稍微多分析一下。

第一，柏拉圖引入了「相同」和「相異」這兩個概念。因此他的討論要

依賴於這兩個概念。這一點，不僅在關於運動與相同和相異的討論中是如此，在關於運動與是的討論中也是如此。比如，在第二十一步，說運動不是相同的，是因為「它分享相異，由此它與相同分離開來並且變成不是相同的，而只是相異的」。這表明，關於不相同的說明依賴於相異。由於柏拉圖沒有提出「不相同」和「不」作為最重要的類，因此這裡關於不相同的說明只能看作是關於相同的說明。又比如在第二十三步，「相異的本質所發揮的作用就是使每一事物不同於是，因而成為不是」這句話顯然是利用「相異」的含義來說明「不是」。同樣，我們也只能把它看作關於是的說明。當然，按照柏拉圖的想法，似乎說明了不相同，也就可以說明相同，同樣，似乎說明了不是，也就可以說明是。實際上是不是這樣姑且不論，但是在柏拉圖的論述中，相異這個概念的重要性卻是毋庸置疑的。

第二，柏拉圖討論的出發點是運動、靜止、相同和相異，落腳點卻在是，他的最終結果是對巴門尼德的觀點提出質疑。當然，他在談論是的時候，他在質疑巴門尼德的觀點的時候，自然也就談到了不是。由此可以看出，他的討論，包括他對相同和相異這兩個概念的選擇，都是有明確目的的，即都是為了說明是，進而說明是與不是的區別。

第三，柏拉圖之所以反駁了巴門尼德的觀點，是因為他得出了可以說「運動既是不是，又是是」（第二十三步）。與此相似的結論還有，「運動是相同的又不是相同的」（第二十一步），「運動不是相異，又是相異」（第二十二步）。對這些結論，柏拉圖也提供了解釋。比如對「運動是相同的又不是相同的」，他認為「沒有在同樣的意義上使用這個詞」；而對「運動既是不是，又是是」的解釋則依賴於對「相異」這個概念的理解。這裡，我暫時不想討論這些解釋是不是有道理，而只想指出，柏拉圖顯然是為差不多相同的結論提供了不同的解釋。

　　第四，柏拉圖在論述過程中舉了幾個例子。最主要的有兩個。一個是「一事物不是大的」，另一個是「這是漂亮的」。值得注意的是，在前一個例子中，柏拉圖提供了對「不」這個詞的解釋。另一個例子雖然沒有使用「不」這個詞，但是柏拉圖在解釋的時候卻用到它，因為他明確談到「不漂亮的東西」。由於有了前一個例子關於「不」這個詞的討論，因此這裡所說的「不漂亮的東西」中的「不」意思也是明確的。

　　第五，前面說過，柏拉圖在第二十三步利用「相異」來說明不是。從給出的上述兩個例子，或者說從第二十五到二十七這幾步則可以看出，不是與是乃是有區別的。特別是，是有實質，不是也有實質。柏拉圖的表述非常明確：「正像我們發現大的東西是大的，漂亮的東西是漂亮的，不大的東西是不大的，不漂亮的東西是不漂亮的一樣」，我們同樣可以說，「不是過去乃是並且現在乃是不是，因而被看作是的許多類中的一類」。在這裡，我們不僅看到明確的結論，而且再次看到柏拉圖從具體的例子到抽象的普遍層面的過渡。換句話說，柏拉圖所說的「是」，正是他所說的「大的東西是大的，漂亮的東西是漂亮的，不大的東西是不大的，不漂亮的東西是不漂亮的」這種意義上的「是」，而他所說的「不是」則會是「這東西不是大的，這東西不是漂亮的」等等這種意義上的「不是」。

　　不是與是無疑是有區別的，但是這樣的區別是不是足以證明它們是相互對立的？柏拉圖明確給予否定的回答。他說：

【引文 2】

不要讓任何人斷定，我們宣布不是乃是與是對立的東西，因而我們非常草率地說不是乃是。因為我們早就放棄談論任何對是對立的東西，無論它是或不是，無論它能夠或完全不能夠定義。但是，就我們目前對不是的定義而言，不是人們必須拒絕我們並說明我們是錯誤的，就是只要人們不能這樣做，他們就必須像我們做的那樣說，類相互混合，而且是和相異充斥所有事物，包括相互充

斥，而既然相異分享是，那麼根據這種分享，它就是，然而它不是它所分享的東西，而是相異，而且既然它與是乃是相異的，它就一定不可避免地乃是不是。但是反過來，是分享相異，因此它與其他類乃是相異的，而且，既然它與所有它們都是相異的，它就不是它們各自或其他全體，而只是它自身。因此毫無疑問，有成千上萬是的東西不是，因而也有所有相異的事物，包括個體的和集合的，它們在許多關係中是，並且在許多關係中不是。

這一段話看起來是柏拉圖的結論，說明了柏拉圖反對不是與是的對立。這段話表達得也比較明確，因此不用我們再多做分析，也不用再多說些什麼。但是在我看來，有兩點是必須要注意到的。第一，柏拉圖反對的無疑是把不是與是對立起來，但是在他的論述中，他似乎明確地用相異替代了不是。比如他說「是和相異充斥所有事物，包括相互充斥」；「是分享相異，因此它與其他類乃是相異的」；「有成千上萬是的東西不是，因而也有所有相異的事物，包括個體的和集合的，它們在許多關係中是，並且在許多關係中不是」等等。從這樣的論述可以清楚地看出，柏拉圖想說明「不是」，借助的則是「相異」。這樣，我們也就可以理解，為什麼他在探討運動的靜止的基礎上再增加「相同」和「相異」這兩個概念。第二，透過對不是的說明，即透過對相異的說明，似乎最終也說明是本身。比如，由於是與所有其他類是相異的，是就不能是其他東西，而只能是它自身。正是由於有這樣兩點認識，因此柏拉圖明確地說：

【引文3】

以某種方式說明相同的東西是相異的東西，而相異的東西是相同的東西，大的東西是小的，相似的東西是不相似的，並且總是很高興這樣在論證中提出對立的情況，所有這些都不是真正的反駁，而明顯是某種新產生的想法，這種想法剛剛開始接觸到實在的問題。

　　這裡，柏拉圖完全用相同和相異，表達和總結了自己的思想觀點，而且根本沒有使用、涉及是和不是。但是有了前面的理解，我們其實也可以看出這裡說的是什麼意思。所謂相異的東西大致相當於不是的東西，而相同的東西可以相當於是的東西。因此，在柏拉圖看來，把是的東西說成不是的東西，把不是的東西說成是的東西，把大的東西說成是不大的東西，把相似的東西說成是不相似的東西，等等，這些並不是真正的反駁。而只是說出一些不同的看法。這樣的情況正說明事物的各種性質是相互混合在一起的，用柏拉圖的話說，大概就是事物之間、類或觀念之間的相互融和。因此柏拉圖說：「試圖把所有事物與其他所有事物分離開，這不僅不得體，還說明了這個人是未受文明開化和沒有哲學頭腦的」，這是因為「把各事物與所有事物完全分離，乃是最終完全消除所有話語。因為我們的話語能力是從類或觀念的相互交織而產生出來的」。他特別強調，必須承認「一事物與另一事物相混合」。

　　最後還應該說明一點。柏拉圖不僅提出了自己的論證，而且對自己的論證似乎非常自信。他明確指出，如果有誰懷疑這些看法，就必須進行研究並提出比他更好的解釋。因此，我們有必要把他的論述當作論證來看。這也是我把他的論述分成一些步驟來論述的原因之一。前面我確實只做了理解他的論述的工作，後面我將對他的論證做出分析和評價。

真與假

　　在柏拉圖的論述中，與是和不是連繫得非常緊密的，除了相同和相異這兩個概念之外，還有「真」和「假」這兩個概念。如果說相同和相異這兩個概念是柏拉圖為了討論和論證而引入的，那麼真和假這兩個概念則不是。實際上，柏拉圖關於它們的論述是非常自然的。下面我們以與前面相同的方式，討論柏拉圖關於真和假的論述。

第二十九步，柏拉圖認為，一個真印象是這樣的，它是「某種與真事物相似的東西」，所謂這種與真事物相似的東西「不是一個絕對的真東西，而只是一個與真東西相似的東西」；而「不真的東西是與真東西對立的東西」；因此，「如果你說像是的東西不是真的，你就是說它實際上不是」；因此，像是的東西確實以某種方式是，「但不是真是」，「只不過它實際上是一種相似性」；因此，「我們稱之為一種相似性的東西，儘管實際上不是，實際上確實又是」。所以，「不是與是似乎確實這樣糾纏在一起，而且這是很荒唐的」。

第三十步，柏拉圖指出，智者的技藝誤導我們持一個假意見，而假意見是「思考與是的事物相對立的事物」；假意見是「思考不是的事物」；假意見「一定是認為不是的事物在某種意義上是」；它「也認為肯定是的事物根本就不是」。「因此，如果一個陳述聲稱是的事物不是，或者不是的事物是，它就同樣會被認為是假的」。

這兩步是柏拉圖在論述智者是印象的製造者時說的，目的是要區別什麼是實際上是，什麼是看上去是。按照柏拉圖論述的順序，它們在前面第五步和第六步之間。由此也可以看出，在這兩步論證之前，柏拉圖剛剛做出幾點論證：是與不是有明顯區別；不能把不是用於是；如果把是用於不是，就產生矛盾。而在這兩步論證之後，柏拉圖開始討論當前人「說是的時候，他們是什麼意思？」在這樣一種背景下考慮這兩步顯然可以看出，真和假與是與不是乃是有密切連繫的。

首先，有兩種是，一種乃是實際上是，另一種則是像是。其次，實際上是的東西乃是真是，而像是的東西只是以某種方式是，而不是真是。再次，真印象是與真事物相似的東西，而不是絕對的真東西。最後，假意見是思考不是的事物，假意見是思考與是的事物對立的事物。以上幾點從這兩步得到明確的論述，由此在上下文中則可以得出，由於智者是印象製造者，因此他們總是製造一些真印象，或者乾脆提出假意見。引人注意的是，柏拉圖在這

裡對真假的論述是比較清楚的，卻沒有展開。而且在隨後的論述中，這樣的考慮時隱時現，但是到了第二十八步以後，他開始試圖明確地從真假的角度來討論。

經過以上論述之後，柏拉圖得出自己的看法，不能簡單地說是者不是或不是者是，因為是與不是相互混合在一起。而根據他的論述，不是也屬於是，因為它分享是，因此不是也是一種是。但是他的論證還沒有完。接下來，他還有一些論證，這些論證就涉及真假。

第三十一步，「我們的目的是確立話語為關於是的類中的一類。因為如果剝奪我們的話語，就會剝奪我們的哲學，而這會是最嚴重的後果。此外，眼下我們必須對關於話語的實質達成一致看法，如果剝奪我們的話語，我們就再也不能有話說了；如果我們一致認為沒有任何事物與任何事物的混合，那麼就應該剝奪我們的話語」。

之所以眼下要達成關於話語實質的看法，乃是因為「我們發現，不是乃是是類之一，充斥於所有是者」。因此「下一件事情是要探討它是否與意見和言語混合在一起」。這是因為，「如果它不與它們混合在一起，那麼必然的結果是所有事物都是真的，但是如果它與它們混合在一起，那麼就會有假意見和假話語。因為在我看來，思考或說不是的東西，這就相當於在心靈或言語中產生假」。

第三十二步，如果有假，就有欺騙。而如果有欺騙，所有事物就一定因而充滿想像、相似和幻想。這裡智者會找到避難所，他們絕對否認假之是，「因為他們說，既然不是並不以任何方式分享是，不是就既不能被感覺到，也不能被說出」。「但是現在已經發現不是分享是，也許在這一點上他不會再堅持與我們爭執了。但是他可能會說，一些觀念分享不是，而一些觀念不分享不是，而且言語和意見處於那些不分享不是的觀念之中。因此他又會堅決主張，既然意見和言語不分享不是，就絕不會有我們指認他的那種製造想像和幻想的技藝，因為除非有這樣的分享，否則就不可能會有假。由於這個原因，我們必須首先研究語言、意見和現象的實質，為的是（當說明了它們的時候）以此我們可以感覺

到它們分享不是，因而能夠證明是假的，並由此可以抓住智者，如果不行，就讓他離開，我們再到其他類中搜尋他。」這表明，在智者的辯護中，不是乃是智者「首先準備好的一道防線」。也許還有其他防線，但是「我們必須證明假是與意見和言語相連繫的」。

因此要考慮言語和意見，「以便最終更清楚地理解不是是否觸及它們（言語和意見），或者它們是否都是完全真的，並且都從不是假的」。

這兩步與前面的論述有明顯區別，一是明確地論述了話語，二是明確地探討真假。第三十一步明確是關於話語的論述，因此也是關於語言的論述。由於柏拉圖把話語與是連繫在一起，因此他此前所有關於是的論述都可以看作與話語相關，因而與語言相關。而且，從這裡的論述來看，柏拉圖把話語突顯出來，甚至把它與能不能討論哲學連繫起來。

就真假的考慮而言，如果我們足夠仔細，其實可以看出，這兩步主要考慮的並不是真，而是假，包括假意見，假話語。而之所以考慮假，則是因為假與不是相關。正像柏拉圖指出的那樣，如果假不與意見和言語混合在一起，則必然所有事物都是真的，但是如果假與意見和言語混合在一起，就會有假意見和假話語。由此也可以看出，柏拉圖考慮的主要還是在於不是，並且指出，由於假導致欺騙、想像、幻想等等，因此為智者提供避難所，因此，不是乃是智者的防線。透過這樣的考慮，柏拉圖就把論證轉到意見和言語上來。

第三十三步，首先檢驗名字。一些詞相互連接，另一些詞不相互連接。「我們用來表示是的詞有兩類」，「一類叫做名字，另一類叫做動詞」。「我們以動詞指與動作相連繫的指示詞」；「我們稱應用於動作的言辭符號為名字」。光有名字無法形成話語，比如「獅鹿馬」，光有動詞也無法形成話語，比如「走跑睡」。「只有在動詞與名字混合起來以後，說出的詞才指示行為或非行為，或任何是的事物是或不是；這樣，言辭才能配合，而且它們最簡單的組合乃是最

簡單和最短的話語形式的句子」，比如「一個人獲知」。當一個人這樣說的時候，「他做出一個關於是、已經是或將要是的情況的陳述；他不是僅給出名詞，而是透過動詞與名詞的組合而達到一個結論」。

第三十四步，如果是一個句子，它就「必須有一個主語；沒有主語它是不可能的」。「而且它必須也有某種性質。」柏拉圖舉了如下兩個例子。

例 1，「泰阿泰德坐著」。

例 2，「泰阿泰德飛翔」。

這是兩個非常短的句子。它們都是關於泰阿泰德的，泰阿泰德是它們的主語。

每一個句子都必須有某種性質。例 1 是真的，而例 2 是假的。真句子「如同關於泰阿泰德所是的事實那樣陳述了事實」，而假句子「陳述的是與事實相異的情況」，即「談論不是的事情，就好像它們是」。因此，在談論事物的時候，「相異的事物被說成相同的，不是的事物被說成是的事物，當這樣形成名詞和動詞的一種組合的時候，似乎我們實際上真是有了假論述」。

第三十五步，「思想和言語是相同的；只不過思想是一種心靈與自身無聲的內在對話，被賦予了思想這個特殊的名稱」，而「透過嘴以言辭陳述從心靈流出來的內容，就有了言語這個名字」。

在言語中，有「肯定和否定」。當這樣一種東西以思想的方式在心靈中無聲地產生時，只能說它是意見。而當這樣一種條件透過感覺活動出現的時候，只能說它是「似乎是」。因此，「既然言語如跟我們發現的那樣是真的或假的，而且我們看到，思想是心靈與自身對話，意見是思想的最終結果，我們說『似乎是』時所意味的東西，乃是一種感覺與意見的混合物，那麼一定得出，既然這些都與言語同屬一類，它們中的一些就一定有時候是假的」。因此就有假意見和假論述。

這幾步之後，柏拉圖又回到關於智者的討論。因此這幾步是〈智者篇〉中這一大段比較獨特的論述的最後幾步。

第三十三步談論的顯然是句子形式，或者確切地說，是句子的構成形式。它旨在說明，一個句子不能只有名字，也不能只有動詞，而是必須由名

字和動詞的組合來構成的。這些講得十分清楚，不存在什麼理解上的問題。第三十四步旨在說明，一個句子有某種性質，因而就有真假。從上下文可以想到，泰阿泰德坐在說話者的對面，因此例1「泰阿泰德坐著」顯然是真的。但是，例2「泰阿泰德飛翔」顯然是假的，因為泰阿泰德既沒有在飛翔，也不具備這種能力。第三十五步試圖說明思想和言語的關係。需要注意的是這裡明確談到在言語中有肯定和否定。這無疑應該指句子的形式。只是柏拉圖指出了這樣的形式在言語中和在思想中所表現的不同方式。

從今天的眼光來看，這三步論述的東西是很清楚的。它們分別相應於句子的句法和句子的語義，大致說明了語言有一定的語法規則，這些規則決定了句子有構成部分，並且什麼樣的句子是合乎語法的，什麼樣的句子是不合乎語法的；而且句子的表述有肯定和否定的區分；還說明句子有真假，即一些句子是真的，一些句子是假的；而且同樣的句子，由於肯定和否定的差異，也會有真和假的區別。既然柏拉圖論述了這樣的東西，他肯定認識到了這樣的東西。區別只在於他論述的程度與我們所認識的程度是不同的。

普遍性與確定性

以上我們分三十五步介紹了柏拉圖在〈智者篇〉中的一大段論述。這些介紹有詳有略，但是我認為它們大致上反映了柏拉圖所討論的主要內容和思想。雖然我們在介紹的過程中也做了一些分析和說明，但是這些分析和說明主要是為了理解柏拉圖本人的論述，基本上只停留在字面上，既沒有展開，也沒有深入。不過，有了以上的介紹和分析說明，我們就獲得一個討論柏拉圖思想的基礎，這個基礎不僅以柏拉圖著作文本為依據，而且也有以上對這些文本的一些理解當做支持。下面，我試圖在這個基礎上進一步探討柏拉圖的思想。

　　從前面的論述來看，柏拉圖的這一段論述涉及四個部分：是與不是；運動、靜止和是；相同、相異和是；真與假。如果把相同和相異與運動和靜止看作是同一個部分（因為相同和相異是柏拉圖用來說明運動和靜止的），那麼這一段思想就只有三個部分。這樣來看，第一部分有五步，最後一部分有七步，而第二部分有二十三步。也就是說，第二部分柏拉圖討論得最多。若是從量的角度來考慮，則第二部分分量最重。直觀上看，這部分主要討論的是運動、靜止、相同、相異。因此這些內容似乎最為重要。我的問題是，應該如何理解和看待柏拉圖的這些討論。

　　在這第二部分中，我們確實可以看到許多涉及運動和靜止的論述，比如，運動和靜止是不同的，運動和靜止是對立的，宇宙是靜止的，宇宙是運動的等等。但是如果仔細分析一下，則可以看出，柏拉圖並沒有討論具體的運動和靜止，比如他沒有討論什麼是運動，什麼是靜止。在他的討論中，運動和靜止似乎是兩個自明的概念，它們具有對立的含義，而且它們是從前人討論中概括出來的東西。因此我們可以問：關於運動和靜止，柏拉圖在討論些什麼？

　　前面我們說過，運動和靜止是關於宇宙的討論。比如這裡再次提到的「宇宙是靜止的」，「宇宙是運動的」等等。因此似乎可以認為，柏拉圖是在談論宇宙，即透過運動和靜止來論述宇宙。但是我們看到，這樣的談論並不多，而且，這樣的論述給人的感覺都是作為自明的東西提出來的，也就是說，即使談到「宇宙是靜止的」，意思也是明確的，本身並沒有什麼理解的問題。因此我們仍然可以問：關於運動和靜止，柏拉圖討論的究竟是什麼？

　　在我看來，運動和靜止確實是柏拉圖談論比較多的東西，但是，我們一定要看到，這充其量只是一種表面現象，因為它們並不是柏拉圖所討論的最主要的東西。和它們在一起討論的，還有是，而這才是柏拉圖討論的主題。

換句話說，運動和靜止乃是用來討論是的，或者為討論是而服務的。這一點，在柏拉圖的論述中可以看得很清楚。比如在第六步一開始，也就是在即將進入關於運動和靜止的討論的時候，柏拉圖從前人的命題「宇宙是一」出發提問，「當他們說是的時候，他們是什麼意思？」顯然他要考慮是。而在隨後的討論中，他把前人的討論總結為運動和靜止，由此得出了是、運動和靜止這三個最抽象的類，這樣，他把討論集中在這三個類上，他希望借助運動和靜止來說明是。比如，是乃是與運動和靜止不同的東西，乃是運動和靜止之外的東西。在我看來，透過運動和靜止來說明是，無論是否可以成功，至少是可以嘗試的。但是在這樣的說明中，運動和靜止無疑應該是自明的，至少應該比是這個概念更是自明的。這是因為人們總是要以比較明確和明白的概念，來說明不太明確和明白的概念。所以我們可以理解，在柏拉圖的論述中，為什麼他不討論運動和靜止是什麼，而把它們作為不言自明的概念來使用。

前面提到，在關於運動和靜止的說明中，柏拉圖利用了「分享」這一概念，它被用來幫助說明運動和靜止的區別。運動不分享靜止，靜止不分享運動，但是它們都分享是。這裡所涉及的思想是，不能說運動是靜止，也不能說靜止是運動，但是卻可以分別說運動是或靜止是。

在關於運動和靜止的說明中，柏拉圖引入了相同和相異這兩個概念，因此對相同和相異也有許多論述。比如，利用相異這個概念可以說明不相同，也可以說明不是。而利用分享這一概念，透過相同和相異則可以進一步說明運動和靜止的區別，從而說明是與不是的區別。因此在我看來，柏拉圖關於相同和相異的討論與關於運動和靜止的討論屬於一體，前者不過是為了更好地說明後者。因此，這樣的討論說明，歸根究柢，還是為了說明是。

值得注意的是，在柏拉圖關於運動和靜止的討論與關於相同和相異的討論之間，有如下一段論述：

【引文 4】

當我們說到一個人的時候，我們給他許多附加的名稱 —— 我們賦予他膚色、胖瘦、高矮、缺點和優點，而且我們以所有這些陳述和無數其他陳述說，他不僅是一個「人」，而且也是「好的」，並且具有其他任何一些性質。對其他所有事物也是如此。我們把任何給定的事物看作一，但是把它說成多並以許多名稱談論它。

這段話插在第十二步與十三步之間。從內容來看，它舉例說明如何用許多名字來稱謂同一個事物，因此與運動和靜止似乎沒有什麼關係。按照柏拉圖的說法，從這個例子可以看出，很容易掌握「多不可能是一，一也不可能是多」，有些人願意說，「我們不必稱一個人為好的，但一定要稱好的東西為好的，並要稱一個人為人」。講了這個例子以後，柏拉圖又回到關於是、運動和靜止的討論。表面上看，這個例子與相同和相異似乎也沒有什麼關係。

但是，既然這段話出現在柏拉圖關於運動和靜止的討論與關於相同和相異的討論之間，就值得我們認真思考。即使它字面上與前後的討論沒有什麼關係，我們也不能簡單地把它忽略不計。在我看來，越是這樣，我們越應該考慮，為什麼會在這裡加入這樣一段話。

直觀上看，這段話本身確實沒有牽涉到運動和靜止，也沒有涉及相同和相異。它只是提供了一個例子。因此它的重要性似乎就在這個例子上。連繫柏拉圖的解釋，它說明「多不可能是一，一也不可能是多」。由此則可以看出，關於一和多的區分，恰恰是關於是的討論的一項重要內容，前面提到的「宇宙是一」即是一例。由於「宇宙是一」正是柏拉圖開始討論運動和靜止時所提到的命題，因而就不能說這段話與前面的討論絲毫沒有關係。再仔細分析一下，這裡所說的「許多附加的名稱」，「膚色、胖瘦、高矮、缺點和優點」等等，似乎是想說明，一事物不能簡單地表達為相同，而可以表達為相異，因此也就暗含著與後面的討論的連繫，更何況「高矮」本身就是後面會提到的例子。

認識到引文 4 與上下文的連繫是有意義的。但是在我看來，這裡的意義主要並不在於說明這段話既與運動和靜止相關，又與相同和相異有連繫。我更傾向於認為，引文 4 的意義主要就在於這個例子本身。這個例子說明，對於一個人，我們可以說：他是一個人，他是高的，他是矮的，他是漂亮的，他是難看的，他是白的，他是黑的，他是好的，他是壞的等等。「許多附加的名稱」是關於這些表述的解釋，「膚色、胖瘦、高矮、缺點和優點」也是對這些表述的說明，同樣，前面提到的一和多，後面所說的相同和相異，也是關於它們的說明。這些說明儘管明顯不同，但是它們所圍繞的東西，即這個例子所展現出來的最核心的東西，卻是共同的，這就是其中說到的那個「是」。看到這一點，也就可以明白，柏拉圖主要探討和說明的並不是運動和靜止，不是相同和相異，而是「是」。因此，這裡強調這個是，乃是有道理的。它似乎向我們表明，前面關於運動和靜止的討論，無非是為了說明它，而後面所要提出的關於相同和相異的討論也是為了它。

由於第二部分所占篇幅很大，因此關於它的理解就需要多說一些。但是一旦明確了它所討論的內容，再把它放在前後三部分中來考慮，就可以得到關於柏拉圖思想的理解。

連繫第一部分來考慮，柏拉圖的思路無疑是清楚的。第一部分的五步論述都是圍繞著是與不是來討論的。具體地說，柏拉圖從不是出發，說明不是與是的區別，並且最終說明要探討是這個概念。因此可以看出，在是這一點上，第一部分與第二部分的連繫是非常緊密的。

第三部分談論語言，而且具體地談論句子以及句子的構成形式。同時它還談論句子的真假。透過這兩方面的論述，這部分試圖說明句子的表述與真假的關係，從而說明思想和語言裡存在的一些問題。值得注意的是，這部分談到是，但是在具體說明句子真假時所給出的兩個例子卻與前面的例子不

同，因為它們不具備「S 是 P」這樣的句式。我認為，這一點是不應該忽略的。後面我還要專門談到這個問題。這裡我只想指出，雖然例 1 和例 2 中沒有「是」這個概念，但是在具體說明中，柏拉圖仍然談到是，比如他認為，真句子「如同關於泰阿泰德所是的事實那樣陳述了事實」，而假句子「陳述的是與事實相異的情況」，即「談論不是的事情，就好像它們是」。這顯然涉及是與真假的關係。此外，他還說到，如果相異的事物被說成相同的，不是的事物被說成是的事物，似乎就會有假論述。由於相同和相異都是用來說明是的，而且相異甚至相當於不是，因此這裡實際上也隱含著關於是與真假的論述，從而隱含著是與真假的關係。

綜上所述，在柏拉圖的論述中有一條主線，這就是是。他的所有論述，比如關於不是，關於運動和靜止，關於相同和相異，關於真假等等，都是圍繞著是展開的。因此，是乃是他論述的核心，因而是他思想中最主要的東西。

有了以上結論之後，人們自然會問：為什麼柏拉圖要論述是？我贊同這樣問。而且我還認為，這個問題是非常重要的。

直觀上說，巴門尼德的論題「不能證明不是乃是」非常出名，其中的核心則是「不是乃是」。從引文 1 可以看出，既然柏拉圖的考慮涉及這個論題，自然就會討論不是，因為至少字面上直接涉及這樣一個問題：「不是」究竟是什麼？或者，究竟什麼是「不是」？由於不是本身又牽涉到是，因此討論不是也要討論是，這樣就涉及是與不是的關係。所以，柏拉圖直接進入對不是的討論應該是不難理解的。當然，深入思考，則還會產生另一個問題：為什麼巴門尼德會考慮是與不是？這裡，我不想把對柏拉圖的討論轉到對巴門尼德的討論，而只想從柏拉圖的論述來探討他的思想，因此撇開這個問題。

從柏拉圖的論述來看，是與不是不僅是人們最基本的表達方式，而且也牽涉到真和假。我們看到，他論述到是或不是的時候，對它們沒有過多的解

釋，這就使我們可以相信，它們的使用本身乃是自然的，也是自明的。因此柏拉圖圍繞著是來考慮，實在是再自然不過了。但是這樣也會產生另一個問題：是和不是乃是基本的表達方式，為什麼柏拉圖就一定要考慮它們？是與不是涉及真和假，為什麼柏拉圖就一定要考慮它們？這個問題顯示了柏拉圖的討論的意義，因此是我探討的重點。而且，對這個問題的回答也可以回答上一個問題，即為什麼巴門尼德要考慮是與不是。即使不能完全回答它，至少可以在某種意義上回答它。

在我看來，柏拉圖之所以討論是與不是，主要是因為他在追求普遍性與確定性。由於是與不是乃是人們最基本的表達形式，而且直接涉及真假，因此有助於思考普遍性和確定性。下面我們分別來論述這兩個問題。

前面我們曾經提到，柏拉圖從「宇宙是一」出發，明確提出要知道當人們「說是的時候，他們是什麼意思？」這裡，他明確提出了對是的發問。「宇宙是一」無疑可以有多種理解，既可以是一個命題、一種信念或一種看法等等，也可以只是一個例子，即一句平常的話。但是柏拉圖在這裡的提問，當人們「說是的時候，他們是什麼意思？」卻絕不是一個例子，也絕不是僅僅對這個例子的發問。而是透過這個例子對是這種普遍的東西發問。具體地說，這個例子中有「是」這個詞或概念，在這個例子中它只是表示宇宙和一之間的一種連繫或關係。但是，由於這裡是以它為例，因此對其中「是」的發問就不是僅僅對這個例子中的這個「是」的發問，而是對以它為例所說明的所有這樣的句式中的「是」的發問。同樣，在柏拉圖的說明中還用了其他一些例子，比如「一個靈魂是公正的」，「一個靈魂是不公正的」，「一個靈魂是聰明的」，「一個靈魂是愚蠢的」等等。這些例子中也含有「是」。但是柏拉圖用它們並不是為了說明這些例子本身，而同樣是為了說明它們所展現的語言中的一種普遍情況。這些例子可以抽象地表達為「S 是 P」，這就

是它們的普遍句式。在這種句式中，「是」這種恆定的要素被揭示出來，被展現出來。對是的發問，實際上是對語言中這樣一種恆定要素的發問，是一種具有普遍性的發問。

與此相似，引文 4 也說明了這種特徵。它說的是一個具體的例子，即我們對一個人的表述，也給出了一些具體的表述，比如「他是一個人」，「他是好的」。但是它想說明的卻不是這個具體的例子，而是透過這個具體的例子來說明的東西。「膚色、胖瘦、高矮、缺點和優點」，「一」和「多」等等肯定是，比這裡給出的兩個例子更具有普遍性的東西，而且絕不會限於這兩個例子。比如「好的」無疑是一種優點，但是還有許多東西可以被稱為優點，儘管柏拉圖沒有說出來，比如「聰明的」、「公正的」、「富有同情心的」等等。而且引文 4 想說明的絕不是僅僅關於人的，而是「對其他所有事物也是如此」。因此這裡所說的「膚色、胖瘦、高矮、缺點和優點」，「一」和「多」等等，不僅在關於人這個具體的例子上具有一種普遍性，而且還具有超出人的、適用於其他事物的普遍性。

如果說以上解釋更多地依賴於我們自己的分析，那麼在前面第二十五到二十七這幾步，則可以看到柏拉圖自己的說明。在那裡，我們清楚地看到，柏拉圖從「大的東西是大的」、「漂亮的東西是漂亮的」、「不大的東西是不大的」、「不漂亮的東西是不漂亮的」一樣過渡到說明，「不是過去乃是，並且現在乃是不是，因而被看作是的許多類中的一類」。「不大的東西是不大的」，這顯然是一個具體的例子，而且僅僅是一個具體的例子。「不是乃是不是」雖然也可以用作一個例子，但是它本身又可以不是一個具體的例子，因為它可以作為一種句式，涵蓋所有像「不大的東西乃是不大的」那樣的具體的例子。所以，柏拉圖這裡的討論顯然是從具體的例子到抽象的普遍的層面的過渡。這就表示，從具體的例子到普遍的關於是與不是的考慮，確實是柏拉圖自己所做的工作。

　　前面在論述柏拉圖關於運動和靜止的討論時提到，把關於宇宙的探討概括為運動和靜止乃是一種抽象，但是柏拉圖並沒有滿足於這一點。他還要上升到一般性的事物層面，即上升到類的層面來探討。他認為最重要的類有五個：是、靜止和運動，加上相同和相異。這樣他就在這五個類的層面上探討問題，而不用陷於具體問題的討論之中。而且他還特別強調要在科學的意義上來探討。由此無疑可以看出，柏拉圖並不是想要探討具體的問題，而是在追求一種普遍性層面的東西，一種科學意義上的東西。不僅如此，他還明確地說明什麼叫做以類的方式來考慮問題，即「一種形式或觀念完全擴展到許多相互分離的個體，許多形式相互區別，但是包含在一個更大的形式之中，而且一種形式由許多整體的聯合來發展，而許多形式則是完全分開和分離的」。無論這樣的說明是不是有道理，它的普遍性傾向卻是清楚的。

　　從前面的討論可以看出，柏拉圖關於運動和靜止的討論，以及關於相同和相異的討論，其實並不是在討論運動和靜止，以及相同和相異本身，歸根究柢還是為了討論是與不是。由於是與不是本身乃是「S 是 P」這種句式中最基本的東西，因此透過對這樣的東西的探討，有望達到具有普遍意義的結果。運用運動和靜止、相同和相異這樣抽象的概念，實際上也是為了對這樣的句式所表達的含義進行探討，以此希望會得到關於是與不是的具有普遍意義的結果。因此，無論柏拉圖討論的結果如何，這種追求普遍性的意圖和做法卻是清楚的。

　　「他是一個人」，「他是聰明的」等等這樣的例子無疑有具體含義。而在「S 是 P」這種句式的意義上探討它們，顯然抽象掉了它們的具體含義。在柏拉圖那裡，我們還看到了關於真假的探討。而真假無疑也是一種抽象，它們是抽象掉句子的具體內容之後所能考慮的東西。因此，在句子意義的層面說，真假無疑是一種具有普遍性的東西。十分明顯的是，柏拉圖在說明中舉了一些例子，但是他從不討論這些句子的具體含義。相反他對真假進行了專

門討論，並且試圖從真假的角度得出對是與不是的說明。這就清楚地表明，柏拉圖關於真假的討論也是一種追求普遍性的說明，他試圖以此幫助說明他關於是與不是的考慮。

在第一節我曾說過，冗長的論述方式是柏拉圖對話中一種常見的方式，這是柏拉圖的一種論證方式。實際上，他是在努力透過這樣的論證方式來追求一種確定性。那裡雖然指出柏拉圖在追求確定性，然而說明卻是籠統的。現在，經過對柏拉圖思想比較詳細的論述，我們可以具體來談一談為什麼說柏拉圖是在追求確定性。

首先，從引文1可以看出，柏拉圖試圖區別「顯得像是」、「好像是」與「真是」，並且考慮到不要陷入自相矛盾。這裡他所針對的肯定是智者，而這種區別的目的，這種考慮的結果，就是要避免這樣似是而非的東西。因此，從他的出發點就可以清楚地看出，追求確定性甚至可以說是他的目的。

其次，柏拉圖的具體討論可以分為兩個方面。一個方面是關於是與不是的討論。他透過說明「不是」不能用於是，否則就會產生矛盾。但是他透過具體的論述又說明，在一定情況下，說「不是」的時候又隱含著是，因此不能完全接受巴門尼德的觀點。而所有這些都是為了說明，是這個詞的意思究竟是什麼？

在這一說明過程中，柏拉圖一開始把討論集中在運動和靜止這兩個概念，由此形成了他討論的主體。透過運動和靜止來討論是，這個想法是很出色的。因為這兩個概念不是柏拉圖創造的，而是被前人一直使用的。這樣一來，柏拉圖的討論就有了思想來源和基礎。此外，從字面上看，運動和靜止具有對立的性質，而是與不是字面上也具有對立的性質，因此用這樣一對概念來探討是，本身就隱含著關於不是的考慮。比如，「宇宙是運動的」與「宇宙是靜止的」顯然意思是不同的，而由於運動和靜止有對立的含義，因

此「宇宙是靜止的」本身也含有「宇宙不是運動的」的意思。因此他才能說運動不分享靜止，靜止也不分享運動。所以，用運動和靜止來討論是，字面意思裡已經隱含了是與不是，因而似乎可以用來討論是與不是，並最終說明是。

但是柏拉圖後來又引申出相同和相異這兩個概念，並利用這兩個概念來說明運動和靜止的同異，以此來說明是。字面上看，相同和相異本身也含有對立的意思，即相同的一定不是相異的。因此用這兩個概念來探討是，本身也隱含著關於不是的考慮。但是把這兩個概念與運動和靜止這兩個概念做一下比較，就可以看出，它們還是有一些差異的。一方面，運動和靜止儘管是關於宇宙的討論的抽象，但是本身依然有確切的含義，而且是對所描述事物的性質的說明，只不過柏拉圖把這樣的含義看作是自明的。比如說，「一事物是運動的」與「一事物是靜止的」這兩句話的意思明顯不同，這是因為其中運動和靜止這兩個概念本身的含義根本不同。而相同和相異只表示同異的區別，本身卻沒有任何具體的含義，比如說一事物是相同的，或一事物是相異的，只是就該事物自身來說，並沒有說明該事物究竟是什麼性質。因此可以看出，相同和相異這兩個概念比運動和靜止這兩個概念更抽象，因而也更具普遍性。此外，這兩個概念也是自然語言中常用的，意思也是自明的。也許正是由於這兩種性質，所以柏拉圖用它們來進一步說明運動、靜止和是。也就是說，也許正是由於相同和相異兩個概念的抽象性和自明性，所以柏拉圖會認為它們比運動和靜止更具有確定性，從而能夠更好地被用來說明是與不是。

第三，柏拉圖討論的另一個方面是真假。前面說過，從意義的角度說，對真與假的考慮具有普遍性，因為它抽象掉了具體的意義。但是，關於真與假的考慮還有另一層重要性，這就是關於確定性的考慮。追求真，排斥假，並且試圖提供這樣的說明和方法，無疑具有確定性的考慮在裡面。用柏拉圖自己的話說，他是要區別好像是與真是，因為好像是並不是真是。也可以

說，好像是乃是似是而非的東西，因此是不確定的，而真是才是確定的。無論柏拉圖對此是不是有非常明確的說明，關於真假的考慮肯定隱含著對確定性的追求。

特別應該看到的是，柏拉圖關於普遍性與確定性的追求不是分離的，而是密切地結合在一起。我認為，柏拉圖的這一實踐是非常重要的，給我們的啟示也是深刻的。這是因為，如果不在抽象的層面上進行思考，就會局限在具體的句子所表達的具體的思想內容。不是說不能這樣思考問題，也不能說這樣思考問題就沒有意義，但是這樣的思考充其量只是一個個具體的句子或例子，因而只是經驗層面的。這樣的考慮即使得到確定性，也只會適用於某個或某些情況，因而不具有普遍性。而不具有普遍性的確定性經不起檢驗，因此很難得到保證。柏拉圖顯然不是在追求這樣的確定性。他所做的不是考慮具體的個例，而是只考慮人們常說的「是」。他雖然也舉了一些例子，但是這些例子都是為說明他所要探討的那種具有普遍性的東西服務的。他把人們圍繞是的所有表述歸結為運動和靜止，但是他還不滿足局限於類似這樣的說明，而是又引入相同和相異，形成五個最高的類，以此來討論說明是與不是，希望最終能夠提供對是的確切說明。這也表明，他所追求的關於是的說明，不僅是一種關於確定性的說明，而且也是一種關於普遍性的說明，因此確定性與普遍性是密不可分的。

比較柏拉圖與亞里斯多德

綜上所述，柏拉圖的論述顯示出他對普遍性和確定性的追求。這種追求是在他關於是與不是的討論中充分展現出來的。他從詢問「不是」開始，進而探討「是」的含意，他試圖追求確定性，並且試圖得出具有普遍性的說明。我的問題是，柏拉圖達到他所追求的確定性了嗎？他的說明具有普遍性嗎？

在柏拉圖的論述中，我們可以看到一些明顯含糊帶過的說法。比如，他開始明確地說不是不能用於是，但是他在討論中卻認為巴門尼德反對不是乃是的觀點有問題；而且他的一些結論正好與此相反，比如他認為，「當我們說不是的時候，我們說的似乎不是某種與是對立的東西，而只是某種不同的東西」，「不要讓任何人斷定，我們宣布不是乃是與是對立的東西」等等。

在我的前作中論述巴門尼德思想一章的結尾處，我曾談到巴門尼德關於不是的理解：

> 應該承認，我這種理解也存在問題，最明顯的問題大概就是對巴門尼德談到的否定不太容易理解。直觀地說，如果巴門尼德在談論「是」的時候想到的是一種邏輯結構，他認為由此可以達到真，那麼他談論的「不是」就一定是指一種不符合「是」這樣的邏輯結構，因此他才會認為這條路不通。但是問題會不會就是這麼簡單？這裡涉及希臘人對肯定和否定的理解，還涉及希臘人關於表達和論證、語言和思維的認識，因此是一個比較複雜的問題。在這個問題上，巴門尼德本人確實沒有說清楚，這樣就對我們的理解造成了困難，也帶來了一些還可以討論的空間。還好西方的思想是有淵源的，也是有繼承的，因此我們可以帶著這個問題繼續往下走，看一看巴門尼德的這些思想後來是不是還有人論述，如果有，又是如何論述的。

這段話很明確，指出了巴門尼德關於「是」的考慮乃是一種與真相關的句法結構，同時也提到他關於「不是」的考慮所牽涉到的問題。我說了應該帶著這個問題繼續往下走，看一看後人是如何論述的，但是限於篇幅，我在那裡沒有論述柏拉圖，而是直接過渡到亞里斯多德。本書這一章的前幾節內容可以看作是對那裡所說的「繼續往下走」的補充，還需要說明的則是邏輯與哲學的關係。

柏拉圖的論述顯然是接著巴門尼德的思想說的，其中不僅包含著關於是與不是的考慮，而且牽涉到關於肯定和否定的理解，關於思想和語言、認識

與意見等等的說明。因此，不管與巴門尼德有什麼樣的區別，直觀上可以看出，柏拉圖的思想與巴門尼德的思想有許多相似之處。在我看來，他們最大的相似之處主要並不在於他們都在考慮是與不是，因而考慮了差不多相同的問題，而是在於那時邏輯還沒有形成，因而沒有作為一門學科或科學的邏輯。在這一點上，他們與亞里斯多德的考慮形成巨大的反差。亞里斯多德也考慮和論述了是，並且把是放到最突出的地位，因此可以說與他們所考慮的問題差不多是完全一樣的。但是由於亞里斯多德開創了邏輯，因而亞里斯多德在考慮這個問題的時候可以依靠自己所建立的邏輯。由此而形成的結果是，亞里斯多德關於是的討論與巴門尼德和柏拉圖是根本不同的。下面我們比較一下柏拉圖和亞里斯多德的相關論述，由此可能進一步說明柏拉圖的思想。在我看來，若是引申一步，由此也會有助於我們更好地理解巴門尼德的思想。不過，後者就不是本書所要討論的話題了。

前面在論述亞里斯多德的形上學的時候，我們曾經說過，他在第七卷討論是本身之前，首先在第四卷探討矛盾律。所謂矛盾律，指的是：一事物不能既是又不是。亞里斯多德經過論證，把這條規律作為論證的出發點，作為不能違反的原則。亞里斯多德之所以這樣明確，是因為他已經建立起邏輯，並依據邏輯來討論問題。而他的邏輯最基本的特徵就是外延的和二值的，因此必須遵守矛盾律，否則就會出問題。遵守矛盾律，可能會帶來其他方面的一些問題，但是卻不會出現矛盾。

比較一下，其實很容易看出柏拉圖與亞里斯多德的相似之處和區別。前面已經說明，柏拉圖的整個討論都是圍繞著是與不是進行的。而從引文１來看，他也想避免「自相矛盾的境地」。因此在這兩點上，他與亞里斯多德是一致的。但是，儘管他想避免矛盾，而且他也是圍繞著是來討論，並且在非常抽象的層面上，為了追求普遍性和確定性做了非常大的努力，但是他討論的結果卻沒能做到避免矛盾。在這一點上，他與亞里斯多德的區別則是非常

大的。比如，引文 3 告訴我們，「以某種方式說明相同的東西是相異的東西，而相異的東西是相同的東西，大的東西是小的，相似的東西是不相似的，並且總是很高興這樣在論證中提出對立的情況，所有這些都不是真正的反駁」。這裡，柏拉圖顯然想的是陳述與反駁。在這樣的表達中，是與不是無疑是最基本的方式。我們曾經說過，柏拉圖沒有直接論述不是，而是借助相異來說明不是，因此，這裡所說的對立的情況，應該指是與不是，或者，至少應該包含是與不是。但是柏拉圖似乎還考慮了更多的東西。比如引文 2 明白無誤地說，「有成千上萬是的東西不是，因而也有所有相異的事物，包括個體的和集合的，它們在許多關係中是，並且在許多關係中不是」。這裡除了對是與不是的考慮外，顯然還考慮了以是來表達的東西，以及所表達的關係。也許我們可以這樣說，這些論述說明，柏拉圖對是與不是的考慮，雖然抽象，但是還沒有抽象到亞里斯多德那樣的層次，即他還沒有從外延和真假的角度來考慮它們。

是與不是乃是一種抽象，是、運動和靜止也是一種抽象。前一種抽象需要提供對不是的具體說明，後一種抽象則是透過運動和靜止的對立含義來提供對是與不是的區別的說明，從而達到對不是的說明。這裡的差異是很大的。是與不是可以說僅僅是一種句法的抽象和考慮，也可以說是對所表達的東西的考慮，還可以說是兩者兼而有之的考慮。而運用運動和靜止，乃至運用相同和相異來考慮問題，雖然可以說是對所表達的東西的考慮，卻不是一種句法的抽象，因而不是對句法的考慮。這樣的考慮可以涵蓋語義的對立，比如「聰明的」和「愚蠢的」，而且以此說明的對立也是可以理解的，比如一個人如果是聰明的，就不能是愚蠢的。因此也可以說，這樣的考慮隱含著關於是與不是的考慮。但是問題在於由此得不到關於句法的考慮。得不到句法的考慮，就不會得到關於確定性和普遍性的最終說明。

　　剛剛提到了引文 2 所說的「個體的和集合的」事物，我認為這也是值得注意的東西。這不僅是陳述和反駁所要涉及的，而且說明柏拉圖對這樣的東西也有考慮。直觀上看，個體的和集合的，至少表明了一種分類。比如，「蘇格拉底是聰明的」是關於個體的表達，「人是聰明的」則是關於集合的表達。這顯然是不同的表達。直觀上看，這樣的表述在日常生活中司空見慣，而且不存在任何問題。但是在辯論中，在涉及陳述與反駁的時候，就會有問題。比如，「蘇格拉底是不聰明的」顯然構成了對「蘇格拉底是聰明的」的反駁，但是，「人是不聰明的」也構成對「人是聰明的」的反駁嗎？這裡顯然就有問題。同樣，「蘇格拉底是愚蠢的」構成對「蘇格拉底是聰明的」的反駁嗎？「人是愚蠢的」構成對「人是聰明的」的反駁嗎？這裡的問題顯然不是直觀上看起來那樣簡單，更不是憑想當然就可以回答的。柏拉圖的考慮無疑涵蓋了這些情況，他也想能夠對它們做出普遍而確定的說明。只是他最終沒能成功。

　　前面說過，柏拉圖關於真假的考慮，既是普遍性的追求，也是確定性的追求。他最初提出真這個問題，是為了區別好像是與實際上是，而且後來他專門探討了真假的問題。但是值得注意的是，在他考慮真假的過程中，尤其是他所給出的那兩個例子，卻不具備「是」與「不是」。從具體的論述來看，考慮例 1 和例 2 的真假是非常容易而直觀的，因為其中所論述的對象就在說話者的面前，而且其中所表達的性質也是兩個自明的性質。這樣一來，雖然柏拉圖有關於真假的考慮，也說到真句子「如同關於泰阿泰德所是的事實那樣陳述了事實」，而假句子「陳述的是與事實相異的情況」，因而說明了真假與事實是有關係的，但是由於這兩個例子本身不包含「是」與「不是」，因此他關於真假的論述與他前面關於是與不是的論述並沒有直接對應起來，也沒有直接連繫起來。用今天的話說，就是他的句法和語義考慮沒有對應和連繫起來。而這樣一來，他對確定性的說明最終也就落空了。

應該指出，探討邏輯，可以有語義方面的考慮，也可以有句法方面的考慮，而最好的方法就是把語義和句法的考慮結合起來。這種結合，是站在今天的角度說的，因為是區分清楚句法和語義之後而說的。而在邏輯發展的初期，句法和語義的考慮往往是不太被分開的，即使區分，也不是那麼清楚，因此可以說是一種混合。但是這兩方面的考慮無疑是存在的。我想指出的是，柏拉圖在這兩個方面無疑有類乎邏輯的思考，他的缺陷是沒有把這兩方面結合起來。關於這個問題，我們可以利用前面的例子說得更清楚一些。

「蘇格拉底是聰明的」與「蘇格拉底不是聰明的」構成矛盾。從句法的角度，可以從是與不是來考慮，而從語義的角度，則可以考慮它們的真假。兩者相結合，則可以說，前者是真的，那麼後者一定是假的，並且反之亦然。因此，結合語義，我們得到關於句法方面的確定性說明。同樣，借助句法，我們得到了語義方面的確定性說明。

「人是聰明的」與「人不是聰明的」卻無法構成矛盾。從句法和語義的角度，固然同樣可以從是與不是來考慮，也可以考慮真假。但是從兩者相結合，卻得不出，如果前者是真的，後者一定是假的。也就是說，結合語義，我們沒有得到關於句法方面的確定性說明。借助句法，我們也沒有得到關於語義方面的確定性說明。這就說明，這裡還有其他一些問題。

深入思考一下，則可以看出，這兩個例子在句法方面有相似之處，即其中的「是」與「不是」。但是它們也有不同之處。前一個例子的主語是一個專有名詞，而後一個例子的主語是一個類名。正是由於這種句法方面的區別，導致了前面相同的句法和語義解釋出現了問題。當然，這裡的進一步說明還要牽涉到量詞，因此要得到這樣的結果需要做許多工作。比如，亞里斯多德認為，一個命題與它相應的矛盾命題，必然一個真，一個假。[08] 這樣的

08　參見王路：《亞里斯多德的邏輯學說》，中國社會科學出版社 2005 年第 2 版，第 77 頁。

論述顯然包含著句法和語義的說明。其中「相應的」一詞則涵蓋了上述兩個例子以及其他更多句子的句法考慮。但是即使不再深入分析下去，也可以看出，探討邏輯，句法和語義可以不分，或者區分得不是那麼清楚，結合卻是必須的。在我看來，柏拉圖正是在句法和語義的結合上出了問題。他雖然考慮了真假，並且把真假與句子結合起來考慮，甚至考慮到句子的組成，比如名詞和動詞，還考慮到肯定和否定，但是他沒有把句子的句法清晰地刻劃出來。如前所述，雖然他把是突顯出來，但是由於缺乏句法方面的確切說明，只是停留在依賴於運動和靜止，以及相同和相異本身的含義來考慮。因此，雖然他有關於真假方面的考慮，並且也試圖結合句子來考慮真假，但是他的考慮缺乏明確的句法基礎，在他那裡，還沒有形成句法和語義的結合。因此他最終沒有形成邏輯的成果，也沒有達到確定性和普遍性。

　　我認為，柏拉圖的工作是非常值得重視的。雖然從邏輯的角度來看，他沒有成功，但是他的工作無疑是向著邏輯的方向努力的。他反覆考慮了後來亞里斯多德所考慮的最主要的問題，這就是關於是與不是、真與假的思考。而且，他的工作也是巴門尼德的思想的延續。由此可以確定的是，邏輯並不是在亞里斯多德那裡一下子就產生的，而是經過許多人，特別是像巴門尼德和柏拉圖這些傑出的哲學家的辛勤研究而產生的。而且，在邏輯產生的過程中，雖然邏輯有其獨特研究和思考，卻是與哲學一直緊密地結合在一起的。這樣的結合，不僅說明邏輯與哲學的關係，而且也說明邏輯在哲學中的作用。也就是說，邏輯對哲學的重要性，早在邏輯產生之前，人們就已經認識到或感覺到了。正因為這樣，才會有對那種後來稱之為邏輯的東西的追求，因而才會有從柏拉圖這樣類乎邏輯的考慮到亞里斯多德邏輯的建立。因此我認為，對於邏輯的重要性，柏拉圖的著作在某種意義上，提供了比邏輯學家自己所能提供的更為出色的說明。

第八章　邏輯的意義

我在本書一開始時指出，所謂邏輯分析，實際上指的是邏輯作為一門科學被應用於哲學之中。透過前面對亞里斯多德、康德、黑格爾、弗雷格、維根斯坦、達米特和戴維森，以及柏拉圖等人的思想的分析，具體地說明了本書的這一觀點。現在，我們可以在前面探討和說明的基礎上，進一步探討邏輯與哲學的關係。

對邏輯的追求

從哲學史來看，邏輯是隨著哲學的發展而產生的。從本書論述則可以看出，一方面，自亞里斯多德建立邏輯以來，邏輯成為哲學家們手中的工具，對哲學的發展產生了重要的作用；而且隨著現代邏輯的產生，不僅邏輯有了重大的發展，哲學也發生了很大的變化。另一方面，在亞里斯多德建立邏輯之前，就已經有了柏拉圖那樣類乎邏輯的思考，有了那種對類乎邏輯性質的追求。而且，透過對柏拉圖的研究，我們還知道，在他以前就已經有人進行過這樣的思考，這就是巴門尼德。這樣，我們至少看到三個層次的內容。其一，在邏輯尚未出現的時候，人們在哲學研究中追求後來被稱之為邏輯的東西，或類似於那樣的東西。其二，在邏輯出現之後，人們在哲學研究中明確地、有意識地運用邏輯的理論和方法。其三，在運用邏輯研究哲學的過程中，人們試圖不斷地努力發展邏輯。我認為，所有這些可以簡單地歸結為一點，這就是哲學家們對邏輯的追求。因此直觀上我們就會問：為什麼要追求邏輯呢？

邏輯是關於推理的科學。亞里斯多德說：

一個推理是一個論證，在這個論證中，有些東西被規定下來，由此必然地得出一些與此不同的東西。

這是亞里斯多德對邏輯的定義，也是最初的邏輯定義。它描述了從前提到結論的一種性質，這就是「必然地得出」。具體一些說，配合亞里斯多德

的三段論，這樣一種性質可以保證我們從真的前提一定得到真的結論。[01] 追求邏輯一定會與邏輯的性質有關。既然邏輯具有這樣一種十分明確的性質，我們就可以圍繞這種性質來探討為什麼哲學家們要追求邏輯。

哲學的一個顯著特徵是論證。無論是在它孕育著其他學科的古希臘，還是在諸多學科已經從它分離出去的今天，進行論證始終是哲學家們一項非常重要的工作。論證的目的大概有許多，但是在我看來，最主要的有兩個，一個是證明自己的觀點正確（或反駁別人的觀點），另一個是說服別人。這兩個目的可能是統一的，也可能不統一。一個人可能會證明自己的觀點正確，卻不一定說服別人。一個人可能會說服別人，但是他的觀點並不一定正確。當然，也有這樣一種可能性：一個人證明自己的觀點正確，同時也說服了別人。

論證的方式有很多種。一般來說，論證總是由前提和結論組成。這些前提和結論與人們的認識有關，牽涉到真假、對錯、好壞、有無道理等等判斷，因而也直接影響到人們的信念，而且這些前提和結論也形成一定的關係。為了達到論證的目的，人們可能會有許多要求，包括對前提的要求、對結論的要求，以及對前提與結論的關係的要求。這些要求可能會有不同，最主要的要求則是論證的可靠性，因為論證若是不可靠，就無法使人信賴。為了讓認識和信念令人信服，人們可能也會有一些標準，最主要的則是真。「是真的」是人們對認識的一種最直觀、最樸素的說明。從亞里斯多德對邏輯的說明來看，正好與這兩個方面有關。其一，它提供了一種對從前提到結論的說明，這就是「必然地得出」。「必然地」就一定不是任意的，因此可以滿足可靠性的要求。其二，它保證人們從真的前提一定得出真的結論，這樣就使邏輯的方法和人們的認識與信念直接連繫起來。因此，自亞里斯多德以後，人們明確了邏輯的性質，懂得了邏輯的作用，所以自覺地運用邏輯來從事哲學研究。

01　由於我在其他地方曾經詳細討論過這個問題，因此這裡不再重複（參見王路：《亞里斯多德的邏輯學說》、《邏輯的觀念》）。

　　柏拉圖的手中沒有邏輯，因此我們不能根據亞里斯多德這種明確的邏輯觀念來理解他的著作。但是從前面的分析可以看出，柏拉圖一直在進行論證，並且在論證中追求確定性。他不滿意智者派的做法，他要區別「好像真」與「實際真」，並且試圖在科學的意義上提供一種具有普遍性的說明。確定性與「必然地得出」當然是不同的。但是從常識的角度來說，確定的東西肯定比不確定的東西是更可靠的。因此追求確定性在某種意義上也是追求可靠性，因而直觀上似乎可以認為，確定性也是一種可靠性，或者至少是一種與可靠性相似的性質。尤其是，柏拉圖所追求的確定性與論證相關，與追求提供普遍性的說明相關，而且也與真假相關，因此，雖然他沒有亞里斯多德那樣的明確說明，也沒有得出亞里斯多德邏輯那樣的成果，但是他的努力反映出與亞里斯多德相似的東西。

　　自亞里斯多德以後，邏輯成為一門科學。它為人們明確了一種關於推理的認識，也提供了一種關於推理的方法，並使這樣一種認識和方法成為具體的、可以傳承的東西。因此，人們對邏輯的追求不再完全是摸索的、探討性的，而在某種程度上表現為對科學的追求。如前所述，康德（Kant）認為邏輯是成熟的學科，因而他從邏輯的框架出發建立自己的範疇框架，運用邏輯方法進行論證，所以，他是從邏輯的角度出發，論證形上學是不是可能與如何可能。黑格爾（Hegel）認為邏輯是純科學，因而從邏輯中尋找出發點，並以此建立自己的哲學體系。無論康德和黑格爾對亞里斯多德所說的「必然地得出」這樣的性質是否有明確的認識，不管他們追求的先驗邏輯或思辨邏輯是不是對邏輯的發展，他們的做法說明，他們把邏輯看作科學，看作是哲學研究的可靠基礎。因此，從邏輯出發，使用邏輯的理論與方法，在他們看來，都是有可靠性的。

　　按照現代邏輯的看法，邏輯研究有效性推理或推理的有效性，而所謂推理的有效性指的是從真的前提一定得出真的結論。這種看法與亞里斯多德的

說法差不多是一樣的，只不過是以有效性及其說明替代了「必然地得出」。但是，現代邏輯與亞里斯多德邏輯有一個明顯區別，這就是使用形式化的語言和建立演算。這樣就產生一個重要的結果：邏輯成為一門獨立的學科，並且從哲學獨立出來。不過這個結果並未妨礙邏輯依然是哲學的工具，依然為哲學家所用。實際上，正是由於使用現代邏輯，才產生了二十世紀哲學領域中的語言轉向，才形成了今天的分析哲學和語言哲學。

從柏拉圖對確定性的追求到亞里斯多德對「必然地得出」的說明，從亞里斯多德邏輯的建立到現代邏輯的產生和發展，我們可以看到西方哲學的一個顯著現象，這就是哲學家們對邏輯的追求。換句話說，我們看到了邏輯作為一門學科如何產生，並且如何在哲學中發揮作用。這就是為什麼我要強調要在學科的意義上理解邏輯。

但是，本書的研究也表明，柏拉圖本人並沒有形成邏輯，黑格爾也沒有發展邏輯，也就是說，對確定性的追求並不一定導致建立邏輯；把邏輯看作是一門科學並且努力想發展邏輯，最終並不一定就會發展邏輯。柏拉圖所討論的許多東西與亞里斯多德是一樣的，比如關於是與不是，比如關於真假，甚至關於人這樣的具體例子。但是柏拉圖沒有建立起邏輯，而亞里斯多德卻建立起邏輯。這說明邏輯有一些專門屬於自己的東西，邏輯的建立需要人們發現、掌握這種獨特的東西，並且把它挖掘出來。我曾把這種東西稱為邏輯的內在機制，並且明確地說過，「邏輯的內在機制就是指決定邏輯這門學科得以產生和發展的東西，而且這種東西在邏輯的產生和發展過程中必然是貫徹始終的；去掉這種東西，邏輯就會名存實亡」。[02] 設想一下，如果亞里斯多德沒有掌握住「必然地得出」，他又如何建立起邏輯來呢？所以，建立邏輯，一定要掌握邏輯的內在機制。同樣，如果弗雷格不是因循了「必然地得

02　王路：《邏輯的觀念》，第 2 頁。

出」，他又怎麼能夠建立現代邏輯，從而使邏輯真正發展起來呢？因此，發展邏輯也要因循邏輯的內在機制。黑格爾違背了邏輯的內在機制，雖然他想發展邏輯，甚至試圖從邏輯出發尋找初始概念並且建立演繹，但是他卻無法發展邏輯。這也是我為什麼強調要在學科的意義上理解邏輯的另一個原因。

　　我之所以強調要在學科的意義上理解邏輯，還有一個重要的原因是：「邏輯」這個詞使用得太過廣泛，因而人們對它的理解也十分廣泛，以致「邏輯」這個詞在實際使用中往往失去它學科上的含義。但是在我看來，一旦失去學科的意義，「邏輯」也就不成其為邏輯了。比如，在許多人的心中，邏輯就是語言分析。不能說這樣的認識沒有道理。在柏拉圖的論證中，有許多明確的關於語言的分析說明，在亞里斯多德的著作中也有不少這樣的分析。熟悉傳統邏輯的人都知道，它的體系是：概念、判斷、推理。而所謂「概念」部分就是論述概念的內涵和外延、劃分和定義等等。這樣的內容確實與語言分析非常相似。現代邏輯產生以後，雖然這樣的內容在邏輯中沒有了，但是哲學領域中發生的「語言轉向」，以及分析哲學的響亮口號——「哲學的根本任務就是對語言進行邏輯分析」，都使人們把目光集中到語言上來。而且，眾所周知，語言轉向和分析哲學的產生與現代邏輯具有十分密切的連繫，因此即使從字面上，人們似乎也可以理所當然地認為，所謂邏輯分析就是語言分析。但是我認為，邏輯分析與語言分析是有根本區別的。舉一個例子。有人認為，「要重視德育教育」這句話有邏輯錯誤。因為「德」指「思想品德」，「育」指「教育」，因此這句話的意思是「要重視思想品德教育教育」，這裡，「教育」一詞的重複表明了違反邏輯。[03] 這樣的分析也許有一些道理，但是這卻不是邏輯分析，而是語言分析，因為它與推理無關，也不牽涉到真假，而只涉及語言習慣和語詞的具體含義。進行這樣的分析，語

03　這不是我編造的例子，而是在一次討論會上一位代表發言中論證的。

言學家的能力肯定比邏輯學家強。也就是說，不學邏輯，不懂邏輯，也是可以做出這樣的分析的。因此，根據這樣的分析來認識或理解邏輯，依據這樣的分析來說明邏輯，是對邏輯這門學科的性質的極大誤解，也是對邏輯這門學科的作用的極大貶低。

對照這個例子，我們可以聯想一下前面說過的摹狀詞理論。根據羅素這一理論，一個摹狀詞是一個由定冠詞加形容詞詞組或名詞詞組組成的短語。這樣一個定冠詞的含義可以表達為兩個句子，而一個含有一個定冠詞的句子的含義則可以表達為三個句子。比如「《紅樓夢》的作者是曹雪芹」，其中的「《紅樓夢》的作者」是一個摹狀詞（中文表達可以沒有定冠詞），它的意思是：至少有一個人寫了《紅樓夢》，並且至多有一個人寫了《紅樓夢》。因此表達這個句子的意思就要在這兩個句子上再加一個句子：誰寫了《紅樓夢》，誰就是曹雪芹。字面上理解，這似乎是對一種叫「摹狀詞」的詞組進行分析而形成的理論，因此似乎可以認為它也是一種語言分析。比如關於摹狀詞的語言形式的描述，關於摹狀詞含義的分析等等，似乎確實都是語言分析。但是如果仔細閱讀羅素的著作，尤其是透過我們前面所進行的分析，其實可以發現，羅素確實是把一個摹狀詞組所表達的意思分析為由兩個句子來表達的，從而把一個含有摹狀詞的句子的含義分析為由三個句子所表達，但是這樣分析的基礎和方法正是一階邏輯。也就是說，如果不懂一階邏輯，不僅無法做出這樣的分析，即使理解它的意義也是有困難的。更為重要的是，羅素的這種方法是為了使我們可以把含有摹狀詞的句子，轉變為不含摹狀詞的句子，從而消除由於使用摹狀詞而為句子的真假帶來的問題。

舉以上這兩個例子是想說明，把邏輯僅僅理解為語言分析是不對的。這樣的理解離開了邏輯這門學科的具體內容，因此是一種曲解，是有很大的問題的。它可能會把不是邏輯分析的東西看作是邏輯分析，而把真正的邏輯分

析看作是非邏輯分析。口頭上說一說邏輯分析容易，而真正在哲學研究中運用邏輯分析，理解邏輯分析，則需要依據邏輯這門學科本身。一旦從邏輯這門學科出發，我們就會看到，亞里斯多德說的「必然地得出」，或者今天邏輯所說的推理的有效性，就是最核心的東西。正是這樣一種東西保證了為我們的哲學研究提供一種可靠的方法，而且這種方法是與哲學的論證，與真假十分緊密地連繫在一起的。

邏輯的觀念與技術

　　我強調作為學科的邏輯，這是因為在我看來，對於邏輯分析的理解一定是來自邏輯本身，而不是來自它的字面。如果不懂邏輯，如果不從作為學科的邏輯出發來理解和談論邏輯，就不會對邏輯分析有正確的看法，這樣也就不會對所謂的邏輯分析有正確的看法。我常常舉亞里斯多德的〈前分析篇〉（*Prior Analytics*）和黑格爾的《邏輯學》（*Wissenschaft der Logik*）為例來說明什麼是邏輯的問題。亞里斯多德的書談的是分析，它很少使用甚至沒有使用「邏輯」這個詞，但是人們把它看作是邏輯的奠基之作，並稱亞里斯多德為邏輯的創始人。黑格爾的書以「邏輯」來命名，但是儘管他的書非常出名，他本人在哲學史上的地位也很高，一般人們卻並不認為他是邏輯學家，也不認為他這本書是邏輯著作，甚至還認為它對邏輯的發展造成了嚴重的阻礙。可見是不是邏輯並不僅僅在於其名稱，而在於它的具體內容。同樣，理解還是不理解邏輯分析，並不在於能不能這樣說，而主要在於是不是真正理解邏輯。因此，談論邏輯分析，並不在於自稱是從邏輯出發，還是從先驗邏輯、辯證邏輯或認識論邏輯等等出發，而首先在於要從作為一門學科的邏輯出發。作為學科，我認為至少要有兩個條件：其一，它必須具備一門學科所具備的性質；其二，它必須是公認的，或者至少得到比較普遍的承認。在這種

意義上說，先驗邏輯、辯證邏輯等等都還不具有學科的性質。

對邏輯的理解可以有兩個層次。一個層次是邏輯的技術，另一個層次是邏輯的觀念。這是兩個不同的層次，卻是相互連繫的。邏輯的觀念與技術是相互交織在一起的，不可分離。我認為，邏輯的觀念是重要的，它使我們可以區分什麼是邏輯，什麼不是邏輯。邏輯的技術也是重要的，它支撐著邏輯的觀念。沒有邏輯的技術，邏輯的觀念就無從談起，因此，我們的邏輯觀念往往是透過邏輯的技術來掌握的。從邏輯史的角度探討這兩個層面的關係，也許是一個比較有意思的課題，比如，究竟是「必然地得出」導致形成了三段論，還是由於有了三段論，因而確立了「必然地得出」？我在這裡不想探討這個問題，而是僅僅指出，從邏輯這門學科出發來理解哲學中的邏輯分析，也可以有這樣兩個層次。下面我們分別舉例談一談這兩個層次的問題。

在西方哲學史上，範疇理論是一個非常重要的理論。這一理論的首創者是亞里斯多德，直到康德和黑格爾的著作中，它的探討方式也一直清晰可見。可以說，在現代邏輯產生之前，在很長的歷史時期內，範疇甚至是一種主要的討論哲學的方式。這裡我們僅簡要看一看亞里斯多德的有關論述。

在〈範疇篇〉（*Categories*）中，亞里斯多德區別出第一實體和第二實體，並且明確地說，第一實體是個體，第二實體是種和屬。而在《形上學》（*Metaphysics*）中，他也說，在實體的意義上「說一事物是」則表示「所是者」和「這東西」。這樣的論述顯然表現出個體與類在實體上的區別。連繫起來看，亞里斯多德的範疇理論似乎不僅明確地表達出個體與類的區別，而且也包含對個體和類的論述。基於這樣的理解，個體被看作是最根本、最首要和最基礎的實體。我們看到，在研究亞里斯多德的文獻中，關於如何理解亞里斯多德的範疇理論，如何理解他的實體概念，儘管爭論非常多，差異也非常大，但是長期以來，這樣的理解一直是一種支配觀點。

近年來，這樣的觀點有了根本的改變。人們看到，除了〈範疇篇〉，亞里斯多德在〈論辯篇〉（*Topics*）中也有關於範疇的論述，而且是與〈範疇篇〉不同的論述。在〈論辯篇〉中，範疇理論就是一種關於謂述的理論。根據這種理論，謂詞對主詞的表述表達為本質、質、量、關係等等。[04] 在這樣的表述中，由於第一個範疇是本質，而個體是不能定義的，因此這樣的範疇所表達的主語（或主體）不能是個體。這說明，亞里斯多德的範疇理論是一種關於類的理論。明白這一點應該沒有什麼問題。但是如果問為什麼它會是一種關於類的理論，就需要進行一些分析。這是因為亞里斯多德的這種分類基於他的四謂詞理論，而這是一種關於類的邏輯理論。舉一個最簡單的例子。對於一個具有「S 是 P」這樣形式的句子，如果 P 能夠與 S 互換謂述，並且表示 S 的本質，P 就是定義。這是邏輯的說明。而從哲學的角度說，所謂表達本質，就是說明一事物究竟是什麼，或者說，說明它的本質或「所是者」（ti esti）。表達個體的詞不能做謂詞，從而不能換位，因此從邏輯的角度排除了個體做主詞。在這種情況下，從哲學的角度出發來理解本質，同樣也只能考慮類，而不能考慮個體。

理解亞里斯多德的範疇理論，如果從邏輯出發只能提出關於〈論辯篇〉中的解釋，以及相應的關於類的解釋，而不能給出關於個體的解釋，則是不能令人滿意的。因為亞里斯多德在〈範疇篇〉和《形上學》中確實有非常明確的關於個體的表述。我認為，從邏輯的角度出發來理解這裡的問題，不僅不矛盾，而且可以澄清亞里斯多德注釋家們一直爭論的一些問題。邏輯有理論自身的部分，也有應用的部分。亞里斯多德的邏輯理論本身是關於類的，

04　關於亞里斯多德在〈論辯篇〉和〈範疇篇〉關於範疇的論述，尤其是關於第一個範疇的區別，最近幾十年有比較多的討論。過去人們對亞里斯多德範疇理論的理解主要基於〈範疇篇〉。近年來的研究成果則顯示，他的〈論辯篇〉的有關論述更多，而且更重要。我曾經比較詳細地討論兩者的區別，這裡就不詳細討論了。參見王路：《「是」與「真」──形而上學的基石》，第 159-165 頁。

但是這並不意味著亞里斯多德本人認為它只能用於類，而不能用於個體。也就是說，在他看來，邏輯是關於類的，但是也可以把它施用於個體。因此，在邏輯中探討的是類與類的關係，但是這並不妨礙在應用邏輯的時候，不僅能夠以類與類的關係來考慮問題，而且也可以在把邏輯應用到個體的意義上考慮個體與類的關係。比如，對於「S 是 P」這樣的類關係的表達，可以認為，如果 P 與 S 可以互換謂述，P 又表達 S 的本質，則 P 是定義；如果 P 與 S 可以互換謂述，但 P 不表達 S 的本質，則 P 是固有屬性；如果 P 與 S 不可以互換謂述，但 P 表達 S 的本質，則 P 是屬；如果 P 與 S 不可以互換謂述，P 也不表達 S 的本質，則 P 是偶性。而涉及個體的時候，則可以認為，如果個體分享 S，則個體也分享 P。因此，如果 S 適合於個體，則 P 也適合於個體。當然，由於亞里斯多德邏輯只提供了關於類與類的關係的說明，而沒有提供關於個體與類的關係的說明，因此即使亞里斯多德認為，甚至相信他的邏輯能夠適用於關於個體的說明，但是實際上它是不是適用，能不能適用於對個體的說明，乃是值得考慮的。此外，在進行這樣的說明中，有沒有什麼問題，也是值得考慮的。

在現代邏輯產生之後，人們一般不再以範疇理論的方式來討論哲學中的謂述問題，也不以第一實體和第二實體的方式來區別個體和類，尤其是不再以範疇理論的方式探討對象和概念。取而代之的方式很多，其中一種比較主要的方式是基於一階邏輯理論來考慮。如前所述，由於現代邏輯含有個體詞、謂詞和量詞，因而不僅刻劃了類與類之間的關係，而且也刻劃了個體與類之間的關係。應用這樣一種理論進行哲學分析，則會對個體和類進行比較深入的說明。在一般表述中，關於個體的表達是一類情況。在這類表達中，可以有一個對象處於一個概念之下的情況，比如像「亞里斯多德是哲學家」這樣的句子，其中的謂詞「是哲學家」表達的是一個帶有一個自變數的函

數「Fx」，而這句話正好以「亞里斯多德」對它做了補充說明，因此表達為「Fa」；也可以有多個對象處於一個概念之下的情況，比如像「亞里斯多德是柏拉圖的學生」這樣的句子，其中的謂詞「是……學生」表達的是一個帶有兩個自變數的函數「Rxy」，而這句話正好以「亞里斯多德」和「柏拉圖」對它做了補充說明，因此表達為「Rab」。關於類的表達是另一類情況，與關於個體的表達不同，比如「哲學家是思想家」，它表達的是概念與概念之間的關係。但是按照邏輯的分析，它也表達了一個函數與另一個函數之間的關係，即「$\forall x\,(Fx \to Gx)$」或「$\exists x\,(Fx \wedge Gx)$」，意思是說：「對任一事物，如果該事物是哲學家，那麼該事物是思想家」，或者「有一事物，該事物是哲學家並且該事物是思想家」。如前所述，這樣的分析用弗雷格的話則表達為：「邏輯的基本關係是一個對象處於一個概念之下的關係；概念之間的所有關係都可以化歸為這種關係。」當然，這裡的分析和說明涉及量詞這樣比較複雜的情況。

　　以上是從句法的角度進行的說明。我們也可以從語義的角度來說明這個問題。亞里斯多德圍繞著「S 是 P」這樣的句式建立了他的三段論系統。這樣的句式從句法上分為四種，即：「所有 S 是 P」，「所有 S 不是 P」，「有 S 是 P」和「有 S 不是 P」。對它們的語義解釋構成了傳統的對當方陣（Square of opposition），比如，如果「所有 S 是 P」是真的，那麼「所有 S 不是 P」是假的，「有 S 是 P」是真的，「有 S 不是 P」是假的，等等。這樣的語義說明是與句法結合在一起的。此外，我們都知道，亞里斯多德也有脫離句法的一般性的關於真的說明，比如，說是者是，就是真的，說是者不是，就是假的。在我看來，後一種說明比較直觀，似乎要依賴於前一種說明，但是我們看不到這樣的連繫，而前一種說明則是一種技術性的說明，因為它是建立在對句法和語義的分析的基礎之上的。

現代邏輯的語義說明是對句法的解釋。比如，「A → B」的意思是：如果「A → B」是真的，就不能 A 真而 B 假，也就是說，或者 A 是假的，或者 B 是真的。這樣就從真假的層面上對「A → B」提供了一種說明。又比如，「∀ xFx」的意思是：所有個體都滿足 F 這種性質，「∀ xFx」才會是真的。這樣就對具有「∀ xFx」這種形式的句子的真之條件提供了說明。這些語義說明都結合了句法和系統，因而是技術性的。此外，從塔斯基的真之定義我們也得到了一種關於真的說明，比如前面說到的 T 語句：

(T) x 是真的若且唯若 p。

T 語句看起來很直觀，沒有什麼理解的問題，實際上卻不是這麼簡單。如前所述，它的有效性依賴於塔斯基關於約定 T 的說明，因此依賴於邏輯技術性的方法。正因為有了邏輯的證明，因此我們可以把它看作一個公理模式，由此可以推出無窮多真句子，比如我們通常所說的：

「雪是白的」是真的若且唯若雪是白的。

這樣，我們就得到關於真的一種普遍性說明。也正因為這樣，戴維斯才能夠從 T 語句出發，把真作為一個初始的自明的概念，以此來探討意義。

以上例子分別說明如何運用邏輯的技術來從事哲學分析。其間可以明顯看出，亞里斯多德邏輯與現代邏輯是不同的，因此，同樣是對日常表達進行分析，運用不同的邏輯，所得出的結果也是不一樣的。但是，無論是運用傳統邏輯還是現代邏輯，邏輯的技術展現得是比較充分的，因為其中分析論證的方法是具體的，使用的邏輯技術也是具體的。與此相對，運用邏輯的觀念似乎是一個比較虛的說法。由於僅僅是一種觀念，顯然不像邏輯的技術那樣具體。這裡需要指出的是，邏輯的觀念不是來自日常語言中的「邏輯」一詞，也不是來自對邏輯的常識理解。我所說的邏輯的觀點是指對邏輯這門學

科的理解，是指在具備了邏輯的技術以後，以邏輯作為知識結構和背景，而產生的看問題的視角和思考方式。下面還是舉例來說明這一層面的問題。

以亞里斯多德邏輯為基礎而形成的傳統邏輯體系是「概念、判斷、推理」。人們相信，推理是邏輯的核心，但是推理是由判斷組成的，而判斷是由概念組成的，因此概念是邏輯的最基本的要素，也是最基礎的東西。基於這樣的邏輯，人們從事哲學研究，也形成了以概念為核心的認識模式。一般的認識是：世界是由個體的事物構成的，這樣的事物反映到我們的思想中就是概念；事物是有性質的，這樣的性質反映到我們的思想中就是判斷。根據這樣的看法，人類的認識被看作是一個從概念到判斷再到推理，這樣一個由低級到高級的過程。人們總是先認識個別的東西，由此形成概念。然後人們再認識個別的東西具有什麼性質，由此形成判斷，最後才會形成推理等等。這樣一種認識模式並不依據什麼邏輯的技術，但是在傳統邏輯的體系和框架下，從傳統邏輯的視野出發，卻是自然的，因為這樣的哲學體系與邏輯體系是一致的。

但是現代邏輯的體系卻不是這樣。現代邏輯的基礎是命題演算和謂詞演算。它突出了句子的核心地位，從而更加突出了邏輯研究推理的特徵。從現代邏輯的觀點出發，人們從事哲學研究，對世界的看法也發生了重要的變化。其中最主要就是對事實的認識。今天許多人認為，世界是由事實構成的。所謂事實不是指一個個具體的事物，而是指事物具有什麼樣的性質，以及事物之間具有什麼樣的關係。這樣的看法與傳統的看法是根本不同的。世界是由個體的事物構成的，比如日、月、水、火等等，相應於這樣的事物在我們的頭腦中就是名字。而世界是由事實構成的，比如太陽是自身發光的，月亮是反光的，水是流動的，火是灼熱的，等等，相應於這樣的事實在我們的頭腦中就是命題或句子。根據這樣的看法，人類的認識也是從事實開始的。即使是小孩子說的單個的詞，也是表達事實的省略句。比如當一個小孩

說「奶」的時候，他的意思是「我要喝奶」，而當他看到一條狗從面前經過而說「狗」的時候，他的意思是「這是一條狗」。這樣一種解釋與傳統的說法是根本不同的。它也沒有依據什麼現代邏輯的技術。但是，正是由於現代邏輯得到普遍的應用，它已經成為人們知識結構中的一種要素，因此在它的視野下，從句子出發看問題就是非常自然的。

再舉一個例子。黑格爾的追隨者很多，他們試圖在黑格爾邏輯的基礎之上建立辯證邏輯。學界也一直有一種觀點，認為形式邏輯是低級的，而辯證邏輯是高級的，這方面的爭論也很多。[05] 但是，如果我們認識到邏輯的性質是「必然地得出」或推理的有效性，那麼說明邏輯與辯證法的區別是很容易的。下面我以辯證法的三條基本規律為例，談一談辯證法的幾個特徵。

一個特徵是使用簡單列舉法。比如對於「對立統一規律」，列寧在說明它的時候舉的例子是數學中的正和負，微分和積分；力學中的作用和反作用；物理學中的陽電和陰電；化學中的原子的化合和分子的分解；社會科學中的階級鬥爭，等等。一些教科書中則除了舉以上例子外，還會增加更多的例子，比如，中國古代的陰陽；孫子兵法中的知己知彼，百戰不殆，置之死地而後生等；《三國演義》所說的分久必合，合久必分等等。這些例子幾乎都是常識，沒有什麼理解的問題，因此非常有助於說明什麼是對立統一。此外，由於這些例子往往不是一個兩個，而是一組，特別是，這樣的舉例還可以使人聯想到更多的例子，因此有助於說明對立統一的規律，而且也使這樣的說明顯得很有說服力。

另一個特徵是使用類比法。比如人們常舉水的變化這個例子來說明。在正常壓力下，到了 0℃以下，水變成冰；而到了 100℃，水變成蒸氣；在 0℃

05　「高級」、「低級」的比喻確實來自恩格斯（Engels），但是恩格斯在用這個比喻的時候使用的概念是「辯證法」，而不是「辯證邏輯」。這裡的區別是很大的。我曾經詳細討論過這個問題，參見王路：《邏輯的觀念》，第 173-183 頁。

到 100℃之間，水則保持液態。這個例子可以說明水變冷或變熱，在一定情況下還會發生形態的變化。由此說明，事物總是發展變化的，這種變化是在時間和空間中進行的，它們累積到一定的程度，會使事物本身產生根本性的變化。作為一種說明，水這個例子與其他例子一起使用，相當於簡單列舉法，而就這個例子本身來說，這是一種類比法，是以科學中的一種情況做說明，把它的一些性質類比到科學以外的事物上，由此得出一種普遍的結論。

　　還有一個特徵是使用比喻。比如對於「否定之否定規律」，人們常常舉如下的例子。比如，一粒麥粒落在土壤裡，發芽生長成一株植物。這時，它不再是原來的麥粒，由此形成第一次否定，即植物對麥粒的否定。這株植物開花，結穗，最後長出麥粒，麥粒成熟了，麥稭也枯萎了。這時，它不再是原來的植物，由此形成麥粒對植物的否定。最後，人們從最初的一粒麥粒得到了許多麥粒，而這許多麥粒就是對最初那一粒麥粒的否定之否定的結果。又比如，a 是數學中的一個數，從它可以得到 $-a$（負 a）。$-a$ 與 a 不同，因而是對 a 的否定。以 $-a$ 乘 $-a$，就得到 $+a^2$。$+a^2$ 與 $-a$ 不同，因而是對 $-a$ 的否定。這樣，人們從 a 得到了 $+a^2$，而這一整個過程是一個否定之否定的過程。除此之外，人們還會舉動物、地質、歷史、哲學等領域的許多例子，由此說明事物的發展要遵循「肯定 —— 否定 —— 否定之否定（新的肯定）」的規律。這樣的舉例無疑是簡單列舉法，而就單個例子來說，也存在類比的因素。問題是，即使這樣，對於否定之否定的說明也不是明確的，因為自然界麥粒的生長過程，與數學中從 a 到 $+a^2$ 的演變根本就不是一回事。所以，為了說明這樣的規律，人們往往還需要進一步的說明，比如說事物符合這條規律的發展，則是「直線型上升」、「上臺階」等等。[06] 而這樣的說法則顯然是比喻。比喻是形象而生動的，可以幫助人們更好地理解這條規律。

06　有人則認為，這條規律是「最難理解的」、「最有味道的」。

　　從以上三個主要特徵可以看出，辯證法的說明非常直觀，也容易理解和接受。但是從邏輯的角度看，這三個特徵有一種共同性，這就是沒有有效性。僅以水這個例子為例。這是根據科學理論而解釋的一個例子。由於科學是量化的，而在科學中對量也有明確的說明，因此 0℃、1℃、……100℃是清楚的。同樣，在科學中，對事物的形態也有明確的說明，因此固態、液態、氣態也是清楚的。這樣，結合量與形態而說明的標準也是清楚的。因此水這個例子是非常清楚的。根據這個例子來理解，或者，根據類似的科學中的例子來理解，形態變化規律也是清楚的，沒有什麼問題。問題是，當人們以類比的方式把由此得到的這條規律推廣到科學之外，從而把它看作是一條普遍規律，它還是不是有效？在科學之中可以有量化，但是在科學以外還可以有這樣的量化嗎？實際上，在非科學領域中，這樣的量化往往是很困難的，甚至是根本不可能的。這樣，量就不是很清楚的。由於量不清楚，那麼由量決定的標準或所謂累積到一定程度的這個「標準」也就不是那樣清楚。比如，一個人掉頭髮，每天掉幾根，越掉越多，掉的時間久了，成為禿頭。每天掉頭髮是數量變化，因為頭髮畢竟還是可以計算的，而成為禿頭則是形態改變。但是從什麼時候可以看作發生形態改變，這一點就不是特別清楚。也許，從醫學的角度可以對禿頭給出一個定義，但是從操作的角度上，確定什麼時候成為禿頭可能還是有困難的。其實，古希臘就有連鎖悖論（Sorites paradox）。它說明了大致相似的問題。同樣，a 與 +a2 是數學中的例子，數學中對數和運算規則都有明確的說明，因此說明從 a 與從 a 得出的 +a2 不是一回事乃是可以理解的。但是當把這作為對「否定之否定規律」的一種說明，並且推廣到數學以外的領域，數學中那些清楚的說明就不再是清楚的了。而且，對 a 與 +a2 的說明與對麥粒的說明本就不同，因為領域不同，道理也不相同，因此舉的例子再多，當超出這些例子本身而達到一種普遍的說

明的時候，所說明的那條規律就不是那樣清楚了。當一條規律本身就是不清楚的時候，透過一些比喻，確實可以增加人們對這條規律的理解。但是由於比喻既有字面的意思，又有字面背後和引申的意思，因而比喻本身就有不清楚的一面，所以這樣對規律的說明實際上不是非常清楚的。由此可見，透過舉例、類比、比喻等等這樣的方式來進行說明和論證，無論看上去多麼有道理，從邏輯的角度看，缺乏有效性則是顯而易見的。而且，看到這一點，只要有邏輯的觀念就夠了，並不需要使用什麼具體的邏輯技術。

　　以上我們分別從技術和觀念這兩個層面，論述了使用不同邏輯進行哲學分析所形成的差異。從技術的層面看，一方面，有邏輯的方法無疑比沒有邏輯的方法要強。運用邏輯的方法，就是從邏輯這門學科出發，從而使我們對哲學的思考超越常識而具有科學性。另一方面，運用現代邏輯肯定比運用亞里斯多德邏輯或傳統邏輯要強得多，因為現代邏輯的技術手段遠遠超過了傳統邏輯，它使我們可以區別出語言中一些不同的要素，以及語言中一些不同的層次，從而使我們能夠擺脫自然語言語法的束縛，分析許多非常複雜的問題。從觀念的層面看，雖然我們並不能說「世界是由事實構成的」這種看法就一定比「世界是由事物構成的」這種看法更好或更有道理，也不用詳細分析由此發展出來哪些新的理論和觀點，但是我們至少可以看到，這是一種與過去完全不同的看法。從事哲學研究，多一種邏輯的視野，因而多獲得一種解釋方式，多產生一種哲學觀點，對於哲學的發展總是好的。

　　同樣，從技術的層面說，邏輯為我們提供了一種可操作的方法，它使我們可以實現萊布尼茲（Leibniz）的理想，消除語言的歧義，並把推理轉變成演算，從而達到對思維中推理活動的精確刻劃和認識。而從觀念的層面說，邏輯使我們知道，在眾多的思維方式中，有一種方式是獨特的，它的主要特徵是有效性，它可以保證我們從真的前提一定得到真的結論，從而在這種意義上，可以使我們達到思維活動的確定性。從事哲學研究，我們可以採用各

式各樣的思維方式，但是我們應該知道，什麼樣的思維方式可以使我們達到確定性。如果說確定性也是有程度差別的，那麼我們應該知道，什麼樣的思維方式使我們達到的確定性是最可靠的。作為一種求真的學問，確定性是不是一定就比不確定性更好，乃是可以討論的，但是在我看來，對於哲學研究來說，有效性以及對有效性的認識不僅是重要的，而且是必不可少的。

分析的傳統與發展

由於現代邏輯的運用，二十世紀在哲學領域形成了語言轉向，分析哲學成為哲學的主流。對於這樣一種哲學，在學界中常常聽到如下一些評價：第一，分析哲學已經「終結了」，或者說「過時了」，「衰落了」，甚至「走向它的反面」；[07] 第二，分析哲學的方式是零碎敲打，分析得越來越繁瑣，只是在一些枝微末節的小問題上花功夫，缺乏對對象的整體說明，缺乏對哲學大問題的思考；[08] 第三，分析哲學運用邏輯分析的方法，努力把問題說清楚。這些評價可以簡單地分為兩類，一類是對分析哲學的批評，一類是對分析哲學的讚揚。

在我看來，學界對分析哲學的批評主要不是針對分析哲學的具體內容，而是針對分析哲學的方式和方法。應該說，這樣的批評並不是一點道理都沒有。在分析哲學中，尤其是在自然語言學派中，確實有一些人是在對語詞進行分析，而且分析得確實有些繁瑣。但是這些人並不是分析哲學的主體，並不代表分析哲學的主流。[09] 在我看來，從整體上說，或者從分析哲學的主流

07　葉秀山、王樹人：《西方哲學史》第 1 卷，鳳凰出版社、江蘇人民出版社 2005 年版，第 278 頁。

08　參見塗紀亮：《現代西方語言哲學比較研究》，第 36-38 頁；奧康諾主編：《批評的西方哲學史》，洪漢鼎等譯，東方出版社 2005 年版，第 1008 頁。

09　我曾比較詳細地探討過這個問題。在我看來，一些語言分析屬於「泛語言哲學」，與真正分析哲學的核心的語言哲學是有區別的。參見王路《走進分析哲學》，第 8-10 頁。

來說，這種批評實際上是對分析哲學的一種誤解，特別是對分析哲學的方法的一種誤解。正如本書論述的那樣，分析哲學所討論的問題，絕不是小問題，而且他們分析的方式也不是零敲碎打的，而是有理論體系的。比如，弗雷格從句法和語義的角度提供了一種哲學研究的方式，從而使我們能夠從語言出發來探討語言所表達的東西，並且使我們的探討能夠從思想進到真。維根斯坦（Wittgenstein）從事實出發提供了對世界的描述，他把事實與句子相對應，從而把世界與語言相對應，透過對語言的分析，得出對事實的說明，從而說明世界是由事實構成的，事實之間具有邏輯關係，這樣的關係構成了世界的框架。達米特和戴維森圍繞著真與句子探討了意義理論，從而把意義問題歸結到真上，運用邏輯成果，圍繞著真提供了關於意義的不同解釋。所有這些討論不僅是系統的，也是在哲學的主線上，而且無論是關於世界的構造，還是就真與意義來說，絕不是什麼小問題。

我同意人們贊同分析哲學的觀點，即它運用邏輯分析的方法，努力把問題說清楚。但是我認為，在一些人那裡，這並不是一種客觀評價，而是以此來批評傳統哲學，說它含糊不清，缺乏分析或邏輯分析等等。也有人以分析與綜合相對，由此而形成對分析哲學和傳統哲學（或其他哲學）的褒貶。比如讚揚分析哲學的分析，批評它缺乏綜合，而批評傳統哲學缺乏分析，但是讚揚它的綜合等等。這樣一來，好像分析哲學只有分析沒有綜合，而傳統哲學只有綜合沒有分析。正如有人指出的那樣，不能簡單地認為分析哲學家重視分析，而其他哲學家不重視分析，實際上分析和綜合始終結合在一起，在哲學史上，有些人著重於使用綜合的方法，有些人著重於使用分析的方法。[10]這無疑暗含著對上述後一種看法的批評，我認為這種觀點是非常正確的。[11]但是在我看來，前一種看法也是有問題的。

10　參見張慶雄主編：《二十世紀英美哲學》，人民出版社 2005 年版，第 4 頁。
11　我曾經討論過分析與思辨的方法問題，參加王路：《走進分析哲學》，第 300-303 頁。

　　運用邏輯分析的方法，努力把問題說清楚，這肯定是分析哲學的一個主要優點或主要特徵。以此為鑑，可以針對前面的看法提出兩個問題。一個問題是，說傳統哲學的概念含糊是絕對的，還是相對的？傳統哲學是不是不運用邏輯分析的方法，因而是不是不想或不能把問題說清楚？

　　在我看來，哲學是智慧之學，是對世界和與人相關的問題的思考，在這一點上，傳統哲學與分析哲學沒有什麼區別，同樣想把問題說清楚。這一點，從前面諸章可以看得非常清楚。在柏拉圖時代，邏輯還沒有成為一門科學，因此我們無法說柏拉圖有意識地運用了邏輯分析的方法。但是，柏拉圖從前人的討論提出「是」、「運動」和「靜止」這樣三個類，並在說明中加上「相同」和「相異」這兩個類，由此展開對「是」與「不是」的說明，正是想把問題說清楚，而且也是在努力地把問題說清楚。在他的說明中，不僅有推理和論證，而且有對推理和論證的分析，不僅有語言層面的思考，而且也有語言層面的分析，他所缺乏的只是邏輯分析，因為他沒有一個邏輯理論可以依循，因而沒有明確的邏輯方法，因此他的類乎邏輯的考慮往往是經驗層面上的。當然，他可能運用了其他方面的知識，比如語言學方面的，但是他肯定沒有辦法運用邏輯方面的。到了亞里斯多德那裡，邏輯成為一門學科，無疑就有了邏輯分析。比如亞里斯多德關於矛盾律的討論，關於實體的討論等等。這樣的分析當然是想把問題說清楚了，而且也確實使一些問題得到說明，比如關於範疇的說明。儘管人們認為本質或實體的意思是不清楚的，但是，「是」可以表達為本質或實體，也可以表達為質、量、關係等等，難道不是清楚的嗎？雖然在亞里斯多德的說明中仍然有一些沒有說清楚的東西，但是這並不意味著他沒有努力把問題說清楚，也不意味著他沒有把任何問題說清楚。再舉一個例子。黑格爾大概可以算是哲學史上思想含糊和論述不清的著名代表。但是透過前面對他的《邏輯學》的分析和論述可以清楚地看到，他試圖從邏輯中尋找出發點和初始概念，由此建立自己的哲學體

系。無論他的結果怎樣，他至少是努力從邏輯出發，利用邏輯的成果，建立起邏輯的演繹，這至少說明他希望把問題說清楚，而且他想使自己的哲學體系具有科學性，從而具有可靠性。由此我們看出，傳統哲學絕不是不想把問題說清楚，也絕不是不運用邏輯分析的方法。事實上，傳統哲學確實說清楚了不少問題。比如，亞里斯多德認為認識有不同的層次，最高的層次是說明一事物是什麼；我們可以認識一事物有什麼樣的質，有什麼樣的量，一事物與其他事物有什麼樣的關係，一事物處於什麼樣的狀態，但是只有當我們認識了一事物是什麼，我們才真正認識了這個事物。這所謂的是什麼，就是事物的本質。當然，後來關於本質人們又有了不同的看法，羅素就認為本質是哲學史上最含糊的概念之一。但是含糊歸含糊，有了亞里斯多德的說明，我們對認識的看法難道不比沒有這種說明的時候更清楚了嗎？

　　我認為，在西方哲學中，對邏輯的追求是一貫的，邏輯分析也是貫徹始終的，尤其是在邏輯產生之後。含糊只是相對的。關鍵在於，當現代邏輯產生之後，哲學中所產生的結果較之傳統有了根本性的變化。這是因為現代邏輯與傳統邏輯有了根本的不同，因此同樣是邏輯分析，所得的結果是完全不同的。應用現代邏輯的方法，人們看到了運用傳統邏輯所不能解決的許多問題，因此看到了傳統哲學中的許多含糊之處。但是，這並不是說，經過現代邏輯的分析之後，所有哲學問題都是清楚的，再也沒有含糊之處，當然更不能說所有問題都解決了。比如，維根斯坦提出世界是由事實構成的這一著名主張。在他的論述中使用了「圖像說」，與此相應，人們可以聯想到「鏡像說」、「反映論」。維根斯坦試圖以此說明事實與思想的關係，因而說明事實與句子的關係，從而可以透過對句子的分析來說明什麼是事實，什麼是事實所顯示出來的邏輯結構。那麼他的「圖像說」完全清楚嗎？或者，他的「圖像說」就沒有含糊之處嗎？又比如，塔斯基的真之語義學為我們探討真這個概念提供了基礎，也成為戴維森意義理論的依據，由此還形成了一些新

的理論，如緊縮論、極小論、去引號論等等。有些人認為它們與傳統的符合論不同，也有人認為它們在不同程度上是符合論的翻版或變形。這些理論和探討無疑極大地深化了人們對真這個概念的認識，但是能夠說關於真這個概念的認識完全清楚了嗎？能夠說圍繞它的認識絲毫也沒有含糊之處了嗎？[12]

　　從哲學史出發，關於邏輯分析至少有兩個問題是值得重視的。第一，我們應該看到，運用現代邏輯的方法，我們在一些重大的哲學問題上取得了進步。因此我們應該認識到，在這些問題上，我們的認識發展到了什麼程度。換句話說，我們應該知道，現有的哲學為我們提供了哪些成果，我們在哪些問題上比以前更清楚了，為什麼更清楚了。第二，在一些主要問題上，為什麼傳統哲學討論得不是那麼清楚，而分析哲學討論得比較清楚。這兩個問題或多或少會牽涉到傳統哲學與分析哲學的比較，因而牽涉到傳統邏輯與現代邏輯的比較。因此在這種意義上，認識到現代邏輯與傳統邏輯的區別，尤其是認識到現代邏輯的性質和意義，不僅對於理解什麼是邏輯分析乃是至關重要的，不僅對於理解分析哲學的方法及其主要特徵是有意義的，而且對於理解整個西方哲學，包括傳統哲學和現代哲學，也是至關重要的。理解了這一點，才會明白邏輯對於哲學的重要性，才會明白邏輯在哲學的發展和進步中所發揮的作用。只有這樣，我們才會理解，為什麼說西方哲學的主要特徵是邏輯分析。

　　不少人認為，西方哲學的研究一般有兩個傳統，一個傳統追溯到亞里斯多德，另一個傳統追溯到柏拉圖或前蘇格拉底哲學。亞里斯多德的傳統無疑是邏輯分析的，或者說應該是邏輯分析的，因為他創建了邏輯，並且出色地

12　本書在「意義理論」那章只論述了達米特和戴維森的主要思想，在下一章，也將只簡要談到幾種流行的真之理論。對於這裡所談到的幾種真之理論，比如緊縮論、極小論、去引號論等，以及對於這裡所沒有提到的一些問題等，包括真之載體的問題，本書沒有進行討論。應該指出，這些內容是當前意義理論討論的熱點，也是本書作者將另外研究的課題（參見 Lynch, M.P.: *The nature of truth*; Schantz, R.: *What is truth?*）。

運用邏輯這一工具開創了形上學的研究。忽視邏輯分析,對亞里斯多德的傳統不可能有正確的理解。柏拉圖的哲學傳統是什麼?無論怎麼看(比如,它是綜合的,還是分析的,是有學科分類的,還是沒有學科分類的,是邏輯的,還是非邏輯的,等等),而當把這種傳統與亞里斯多德傳統相對提出的時候,似乎不注重邏輯分析就是其最主要的特徵。我的看法是,正如本書多次強調的那樣,柏拉圖沒有邏輯,這是他與亞里斯多德最主要的區別。但是柏拉圖有類乎邏輯的思考,因為他在哲學探討中追求確定性,因此也可以說他與亞里斯多德有相似之處。在這種意義上,可以說柏拉圖傳統與亞里斯多德傳統有一致的東西,這就是對邏輯的追求。而且我認為,這一點並不局限於柏拉圖,對於前蘇格拉底哲學同樣是成立的,因為巴門尼德也有類似的考慮。看到這一點,也就應該認識到,在哲學史上,邏輯的產生是哲學的進步,而在哲學的傳統中,有邏輯是一種進步。當我們在邏輯的視野下看待柏拉圖以及前蘇格拉底時代,我們是在哲學傳統中,在哲學史的延續性上看待哲學的發展,認識哲學的性質,我們的視野更寬了,我們可以對那時的哲學有更為深入的認識。因此,不能認為柏拉圖傳統是不要邏輯分析的,除非認為這一傳統沒有邏輯的追求。

如果說分析的傳統展現了對邏輯的追求,那麼也可以說,邏輯的發展促進了分析的傳統的發展。在這一點上,亞里斯多德邏輯的貢獻是巨大的,它不僅為我們提供了邏輯的觀念,而且提供了邏輯的技術。現代邏輯的貢獻也是巨大的,它使我們更加明確了邏輯的觀念,並且使邏輯的技術得到根本的改觀。從亞里斯多德邏輯到現代邏輯,不僅邏輯本身獲得了巨大的發展,而且也促進了哲學分析的發展,因而促進了西方哲學中分析的傳統的發展。由於這一線索是清楚的,因此我們可以獲得對邏輯與哲學的關係比較清楚的認識。而且,正是由於邏輯的這一發展,今天人們非常強調現代邏輯。當然,

對現代邏輯也有不少批評。比如，有人認為現代邏輯使用形式語言，脫離自然語言，或者離自然語言太遠，解決不了日常語言中的問題。也有人認為現代邏輯是形式化的，而形式化方法是有局限性的，解決不了哲學的根本問題。不能說這樣的看法一點道理都沒有，但是我從來不願意這樣看問題。我認為，從哲學的角度出發，人們當然可以對邏輯說長道短，可以分析和研究哪些邏輯方法對哲學有用，哪些邏輯方法對哲學沒有用，哪些邏輯方法比較有用，哪些邏輯方法用處比較小。但是應該看到，邏輯是一門獨立的科學，它有自己研究的對象和理論。這一點從亞里斯多德邏輯到現代邏輯，已經有了很大的變化。在這種意義上，我更願意考慮，現代邏輯使我們能夠更好地處理日常語言中的哪些問題？現代邏輯使我們能夠更好地解決哲學中的哪些問題？這樣的比較不僅相對於亞里斯多德邏輯或傳統邏輯，而且也相對於不使用邏輯。在我看來，這樣考慮問題使我們不僅能夠站在哲學的主線上看到哲學的發展，而且能夠深刻認識到哲學發展的一些原因，從而使我們更加清楚應該如何進行哲學研究。

海德格有邏輯嗎？

　　海德格（Heidegger）是二十世紀最著名的哲學家之一。人們一般認為，他的哲學屬於歐陸哲學，與英美分析哲學形成鮮明對照。從海德格出發，人們大概會對以上論述提出一些質疑：海德格是現代哲學家，但是並沒有運用現代邏輯，這能夠說明現代邏輯對哲學的運用是必然的嗎？海德格提出對「是」的發問，並要求回到古希臘，回到前蘇格拉底哲學，這不正說明他要回到邏輯以前的傳統嗎？如果再從「存在」而不是從「是」來理解海德格的核心思想和觀念，即他反覆討論和強調的那個「Sein」，不是還可以看出海德格對邏輯的批評，甚至對邏輯的拋棄嗎？由於本書沒有專門論述海德格，

而對於本書的主要思想觀點來說，這些問題似乎又是很自然的，因此需要對它們做出回答。實際上，對這些問題的回答也是對本書觀點的更進一步的說明。

　　在海德格的時代，現代邏輯已經產生並且在不斷發展。不過海德格很少談論現代邏輯，也沒有運用現代邏輯的方法來探討哲學問題。幾乎可以肯定地說，現代邏輯對海德格的哲學沒有什麼影響。但是，海德格沒有使用現代邏輯，並不意味著他不使用邏輯，他沒有受到現代邏輯的影響，並不意味著他不處在邏輯的傳統之中。這是因為，海德格不僅學習和研究過亞里斯多德邏輯，而且這也是他早期的學習內容；海德格不僅常常談到邏輯，而且他早期的著作主要就是關於邏輯的。若是看到海德格在早期著作中有「哲學與邏輯」這樣的章節[13]，甚至還有專門探討邏輯基礎的著作[14]，那麼看到海德格在專門論述「是」的著作中提到邏輯，甚至在論述真的時候也提到邏輯[15]，也就沒有什麼好奇怪的了。儘管海德格在關於是的探討中對邏輯提出批評，比如他認為傳統邏輯的定義「不適用於是」[16]，儘管他還試圖為邏輯尋找形上學的基礎，但是他對傳統邏輯無疑是有把握的，對傳統邏輯這一部分資源也是充分利用的。最保守地說，他的哲學討論和認識不可能完全脫離傳統邏輯，也不可能絲毫不利用傳統邏輯，因此在他的思想中，仍然存在著邏輯與哲學的關係的問題。

　　在《邏輯的形上學基礎》一書的導論中，海德格有一段關於邏輯與哲學關係的說明：

13　參見 Heidegger, M.: *Fruehe Schriften*, Vittorio Klostermann Frankfurt am Main 1972, SS.69-71。

14　參見 Heidegger, M.: *Metaphysische Anfangsgruende der Logik*, Vittorio Klostermann GmbH. Frankfurt am Main 1978。

15　參見 Heidegger, M.: *Sein und Zeit*, Max Niemeyer Verlag 1986, S.214。

16　這裡也涉及一些與翻譯相關的問題和討論，參見王路：《「是」與「真」——形而上學的基石》，第 4-7 頁。

作為關於是者的思考這種規定性的思維，以一種獨特的方式使作為是者的是表達出來；這又以最基礎的形式表現為如下簡單命題：A 是 b。然而這個「是」不一定在語言上表現為必然的，它也在諸如「車開了」、「下雨了」（pluit）這樣的句子之中。這個在句子中直接出現的「是」將表現為系詞。所以這種規定性的思維以其基本形式如此直接地與這個「是」（ist），即是（Sein）融合在一起，這一點說明，思維與是之間一定有一種獨特的連繫；更不用說思維本身乃是一種是者並且作為這樣的是者指向是者。因此就形成這樣一個問題：這個作為系詞的是與概念、原因、真、規律性、自由是如何連繫的？[17]

　　海德格認為，哲學研究作為是者之是，但是邏輯不探討是，而是探討思維[18]，因此也就有了這段引文開始談到的區別。雖然邏輯不探討是，但是它幫助人們認識到哲學所思考的東西是如何表達出來的，並且使人們認識到這種表達在語言中所展現的最基本形式。海德格的目的是不僅要使人們認識到邏輯與哲學的區別，而且還要透過對這　區別的說明來理解哲學所要進一步討論和研究的問題。一方面是「A 是 b」這種思維形式，另一方面是概念、原因、真、規律性、自由等等。海德格所要考慮的就是前者的「是」與後者之間的連繫。無論他的看法是不是有道理，至少有幾點是比較清楚的。第一，他的討論涉及邏輯與哲學的區別。第二，「A 是 b」是最基本的形式。第三，他把所討論的「是」明確地說明為系詞。第四，「A 是 b」一定還表達了更多的東西。而從這幾點可以明顯地看出，他延續了亞里斯多德的邏輯和哲學傳統。正是由於有邏輯理論作為基礎，他才能夠這樣輕鬆自如地談論。特別是，把「A 是 b」作為最簡單的形式，不僅展現了邏輯思想的運用，而且表現出邏輯與哲學的統一，這既是邏輯所考慮的東西的形式，也是哲學所要考慮的東西的形式。前面我們曾經說過，在亞里斯多德那裡，邏輯的是與形上學

17　Heidegger, M.: *Metaphysische Anfangsgruende der Logik*, S.26.

18　同上書，S.23。

的是乃是統一的，在這裡我們不是同樣看到這樣的統一嗎？無論海德格透過這樣的論述是否對是說出了新的看法，或者是否對是說出了什麼新的東西，他處在亞里斯多德的傳統之中，他因循亞里斯多德的邏輯，這一點無疑是非常清楚的。

關於海德格是不是要回到前蘇格拉底，在海德格看來，回到前蘇格拉底是不是就不要邏輯，或不需要有邏輯的考慮，乃是需要深入探討的。限於篇幅，我在這裡不想探討這個問題。我想指出的是，看到海德格對邏輯的理解與運用，就應該知道，邏輯是他知識結構中的一部分。無論認為他會如何考慮問題，若要正確地理解和研究他的思想，不考慮這一部分內容是不可能的，也是不應該的。比如，即使他想不要邏輯，至少他就要說明，邏輯的思考如何有問題，而拋棄邏輯之後會是一種什麼樣子，這樣的思考會為我們帶來什麼樣的啟示。就我本人來說，我不認為海德格有這樣的想法，而且我也實在是看不出，海德格為什麼會這樣考慮問題。在我看來，海德格確實想從古希臘獲取更多的思想資源，他也確實想在語言文字上開發出一些新的意義，以此來發展哲學的解釋，因此他在這兩方面做好了準備。但是這些並不能說明他沒有因循邏輯的傳統或不在邏輯的傳統之中，也不能說明他會拋棄邏輯以及邏輯的傳統。海德格是在亞里斯多德邏輯傳統之中，這是十分清楚的。他只是沒有利用現代邏輯的資源，因此，他的哲學注定不會有分析哲學那樣的形態和結果。

追隨或喜歡海德格的人盛讚海德格哲學，包括他提出的問題和探討問題的方式，但是對分析哲學的問題與方式，尤其是對邏輯分析，他們卻提出質疑，甚至不屑一顧。在我看來，哲學研究有多種方式，回到古希臘的思想源頭，開拓語言自身的含義，是有道理的，也是可取的。問題是，在這樣研究的同時，為什麼就不能運用現代邏輯的成果呢？難道現代邏輯與這樣的研究是矛盾的嗎？換句話說，如果能夠運用現代邏輯，並且知道以此取得的成

果，那麼在這樣的研究基礎上，再更多地利用其他資源，難道不是更好嗎？實際上，分析哲學家也做了不少與海德格同樣的工作。比如，弗雷格關於間接引語的分析，關於「我」這個詞的分析，在對羅素摹狀詞理論的批評中，人們關於「當今」這個詞的分析，奎因關於分析與綜合的區別的分析。又比如，戴維森晚年探討真之理論的時候有許多關於柏拉圖的探討，尤其是關於「泰阿泰德坐著」和「泰阿泰德飛翔」這兩個句子的探討，從而把探討真與謂述的連繫一直追溯到柏拉圖。[19] 因此，很難說分析哲學家就不注重開發語言資源，分析哲學家就不重視古希臘傳統。有人甚至認為，「當今的英美分析哲學中出現了明顯回歸傳統的傾向」[20]。前面我曾指出，不要輕率地認為分析哲學家就不注重綜合，這裡還應該強調，不要輕率地認為分析哲學家就不注重古希臘思想的資源。前面我也說過，不要輕率地認為傳統哲學家就不要分析，這裡還應該強調，由於邏輯的發展，在認識哲學分析的時候，也應該看到傳統方式與現代方式的區別。這樣的認識與區別對於我們理解西方哲學一定是會有幫助的。

在西方哲學史上，我們看到柏拉圖這樣的哲學家，他們在沒有邏輯的時候努力追求類乎邏輯的東西。我們也看到亞里斯多德和弗雷格這樣的哲學家，他們建立起邏輯，並且努力研究邏輯和發展邏輯，從而為哲學的發展提供有力和有用的工具。此外，在邏輯的傳統下，我們看到康德和黑格爾這樣的哲學家，他們把邏輯視為科學，當作自己哲學研究的出發點，甚至試圖努力發展邏輯。我們也看到維根斯坦、達米特和戴維森這樣的哲學家，他們運用現代邏輯的理論成果來探討哲學問題，直接提出重大而新穎的哲學觀點和理論。當然我們還看到海德格這樣的哲學家，他們雖然依然在邏輯的傳統之中，但是卻沒有跟上邏輯的發展，因為他們沒有利用最新的邏輯成果，而只

19　參見 Davidson, D.: *Truth and Predication*, The Belknap Press of Harvard University Press, 2005。
20　江怡主編：《現代英美分析哲學》下卷，鳳凰出版社、江蘇人民出版社 2005 年版，第 972 頁。

停留在傳統邏輯的水準上。理論上可以說這些哲學家都是在邏輯分析的傳統之中，因此他們的哲學都與邏輯相關。但是實際上，由於他們對邏輯的看法不同，使用的邏輯不同，因而導致他們的哲學也是有差異的。在我看來，理解他們的哲學，評價他們的哲學，固然可以有多種角度和取向，但是邏輯的觀念是必不可少的，或者說可以是一個取向。從邏輯分析的角度出發，我們可以看到他們思想中一種一脈相承的東西，而且也可以看出，儘管他們都追求邏輯，都利用邏輯的資源，運用邏輯的方法，但是他們仍然是有區別的。尤其是，這樣一種視野可以使我們的思考集中在「是」和「真」的問題上，或者至少集中在與「是」與「真」相關的問題上。這樣，我們的研究是在哲學的主線上，因此是非常有意義的。

第九章　真與是

　　與西方思想文化相比，我們學科的建立比較落後，學科意識也不太發達。因此，我強調在學科的意義上理解邏輯，強調連繫邏輯來理解西方哲學。我認為，這裡也可以進一步說明：從學科的角度看問題是一種方法，因而具有方法論的意義。無論有什麼樣的不同觀點，這一討論至少有一個前提：「哲學」這一概念是外來引入的，因此它帶有一種本來的含義。由於哲學既是人們廣泛談論的東西，又是一門學科，因此對於這樣一種含義，當然可以做學科意義上的理解，也可以不做學科意義上的理解。而且，由於哲學這門學科本身也發生過很大的變化，因此即使是在學科的意義上來理解哲學，依然可以見仁見智。但是在我看來，不管怎樣理解，不論有什麼分歧，從學科出發，畢竟是一個考慮「哲學」的角度。最主要的是，從學科的角度出發，至少使我們有比較明確的可以依循的東西。在學科的基礎上，我們的討論至少不太容易流於形式，而且大概在學科的基礎上，我們的討論才會越來越深入。

　　探討邏輯與哲學的關係無疑可以有多種方式和途徑，而我則試圖從亞里斯多德邏輯和現代邏輯的區別出發。我在導論中闡述並強調了這一觀點，在書中也為這種觀點提供了具體的分析和論證。我認為，如果說西方哲學的主要特徵是邏輯分析，那麼這種特徵的集中展現就是關於「是」與「真」的討論。或者說，在西方哲學中有一條主線，這就是圍繞著「是」與「真」來進行思考。我們看到，一方面，亞里斯多德邏輯從日常語言出發，保留了系詞「是」作為邏輯常項，因此突現了它，而現代邏輯從人工語言出發，因而消除了這個「是」。另一方面，現代邏輯透過區別句法和語義，使「真」這個概念突現出來，並形成了重要的理論成果，而亞里斯多德邏輯雖然多次談到它，但是由於沒有句法和語義的明確區別，因而沒有使「真」這個概念完全突現出來。是與真，不僅是邏輯的核心概念，也是哲學的核心問題。從是到真，不僅反映出哲學的發展變化，也展現了不同邏輯方法的運用。因此，在哲學的這一主線上，邏輯與哲學的關係是非常密切的，邏輯對哲學的作用是巨大的。

研究西方哲學，少不了閱讀文本，思考問題，提出看法，說明論證等等。本書也大致反映了這些工作。但是這裡還有另一個層面的問題，這就是翻譯與理解。不是說前面的工作沒有涉及翻譯和理解，只是我想，經過前面的討論，現在我們應該專門論述一下這個問題。作為學者，當我們用自己的語言講述西方哲學的時候，無疑已經包含著翻譯，而翻譯首先就要基於理解。翻譯與理解有多層次、多方面的問題。圍繞著是與真，以前我談過不少，但主要是在語言的層面上談得多。在我看來，語言層面上的理解是基礎，至少是討論的基礎。但是僅有語言層面的討論是不夠的，必須還要有學科層面的考慮，而且學科層面的考慮會有助於我們更好地進行語言層面的理解。而就理解西方哲學來說，學科層面的理解無疑是比語言層面的理解更為重要的理解。

「是真的」與「真」

自從我提出應該以「真」，而不是以「真理」來翻譯西方哲學中的「truth」（或「Wahrheit」）以來[01]，引起了一些迴響。我所見到和聽到的不同意見主要有三種。一種意見認為，用「真」無法翻譯「truths」這樣的複數形式。另一種意見認為，西方哲學著作中也有「真理」，因此不應從西方哲學著作的翻譯中驅逐「真理」一詞。還有一種意見認為，邏輯學家談論真，而哲學家談論真理，兩者是不同的，不能用邏輯的「真」取代認識論的「真理」。這裡，首先需要考慮的問題是：這是翻譯的問題還是理解的問題？

從字面上說，是用「真」還是用「真理」來翻譯「truth」，當然是翻譯問題，而且，我最初的討論也是從分析一些譯文的合適與否入手的，因此這似乎首先也應該是翻譯的問題。但是，我討論這個問題的出發點卻一直不是翻譯本身，而是如何理解西方哲學。我在〈論「真」與「真理」〉一文的開

01　參見王路：〈論「真」與「真理」〉，《中國社會科學》1996 年第 6 期；載王路：《理性與智慧》，上海三聯書店 2000 年版。

始部分指出：「在關於『真理』的翻譯中實際上存在著十分嚴重的混亂，這種混亂造成我們對於西方哲學家關於『truth』或『Wahrheit』的論述產生嚴重的誤解，因而使我們在對西方哲學的研究和討論中，特別是在與『truth』或『Wahrheit』這一重要問題有關的討論中，存在著理解上的嚴重問題。」[02] 而在文章的最後我也承認，「即使是以『真』來翻譯西方人的『truth』（或『Wahrheit』），也可能會有一些差異，因為西方的這個詞本身也有『真句子』、『真命題』、『真判斷』、『是真的的東西』等含義，而這些含義是中文的『真』所沒有的。但是我認為，最重要的是我們應該明白，西方人說的『truth』（或『Wahrheit』）的本意乃是『真的』的意思。在這種意義上說，『真』畢竟離這個詞的意思最近，而且基本上不會造成我們的曲解」[03]。也就是說，我認為以「真理」來翻譯「truth」，會使我們對西方哲學中的這個概念以及相關問題造成誤解，而用「真」來翻譯，雖然也有一些問題，但不會使我們在這些問題上發生誤解。因此，我討論的實際上是如何理解西方哲學的問題。

　　按理說，翻譯與理解是連繫在一起的，因此人們可能會問，有沒有必要在這裡強調理解？我認為，是否強調這一點，還是有差別的。理解是翻譯的基礎，不理解，就無法翻譯。因此可以說，沒有理解，就沒有翻譯。但是理解本身卻可以不用考慮翻譯。比如我們自己在閱讀外文文獻的時候，或者我們與西方人一起用英語討論西方有關 truth 的問題的時候，大概就只有理解的問題，而沒有翻譯的問題。不同的是，同樣是討論西方哲學，到了中文語境中，由於語言的轉換，翻譯問題就變得好像比較明顯。在這種情況下，即使是談論如何理解西方哲學，不談論語言翻譯的問題似乎也是不可能的，更不用說沒有刻意明確地加以說明了。不過，探討如何理解西方哲學與探討如

02　王路：《理性與智慧》，第 453 頁。

03　同上書，第 475-476 頁。

何翻譯西方哲學，畢竟是不同的問題，即使僅僅局限在比如「真」這個概念上也是一樣。

由於主要著眼於如何理解西方哲學，因此我雖然談到翻譯，強調的卻是理解。我認為，在西方哲學中，「truth」一詞是「true」的名詞形式，其最根本的意思是「是真的」或「真的」。因此，我們應該主要在這種意義上理解這個概念以及與它相關的討論。正是在這種意義上，我不同意用「真理」來翻譯，因為我認為它無法展現「truth」的最根本的含義，以它來進行翻譯會對我們理解西方哲學造成很大的問題。

首先是字面上的理解問題。在西方哲學討論中，由於「是真的」（is true）是一種謂詞表述，因此西方哲學家非常自然地談論「真這個謂詞」〔或「真之謂詞」或「謂詞真」（the predicate truth）〕，意思也是非常清楚的。但是當我們把它翻譯為「真理謂詞」的時候，無論這樣的理解是不是自然，「是真的」這種含義卻不是那麼清楚了。與此相關，哲學家們談論命題或句子的真，或命題或句子的真之條件，也是自然而清楚的。但是當我們談論命題或句子的真理性和它們的真理性條件的時候，且不考慮這是不是自然而清楚，至少「是真的」這種含義是看不大清楚的。

其次是字面背後的理解問題。在西方哲學家的著作中，真這個概念常常與其他一些概念一起討論，比如，人們談論真、意義和語言規定；人們把真看作是話語的特性、言語行為的特性，或關於語句、時間和人的有序三元組的特性等等。[04] 在這樣的討論中，從字面上似乎看不出「是真的」這樣的含義，但是如果仔細分析一下，就可以看出，這樣的談論不僅是與意義、語言規定這樣的東西，或者與話語（句子）和言語行為（時間和人）等要素結合在一起，而且是與它們並列談論，因此就要結合這些要素來一起考慮。一旦

04　參見 Davidson, D.: *Inquiry into Truth and Interpretation*。

考慮這些東西，就可以看出，這裡談論的是語言和語言的表述，特別是句子的表述。正是圍繞著句子表述，才有真（是真的）、意義和語言規定的問題，才有句子表達所涉及的表達者、時間和內容的問題。因而在這樣談論的字面背後，仍然可以看到「是真的」的含義。假如我們把這裡的「真」理解為「真理」，大概就不太容易理解這裡字面背後的東西。

　　第三是一般關於真的討論。比如人們討論真之標準、思想規定的真、真與事實的關係[05]，甚至直接討論什麼是真等等。對於這樣的討論，如果理解為是關於真理的討論，大概除了思想規定的真理性有些不是那麼自然以外，其他的，比如真理的標準、真理與事實的關係等等，則不僅看上去自然，而且好像幾乎沒有任何理解的問題。問題是，西方哲學中這樣的討論都不是僅僅停留在抽象的層面上，而是有具體內容的。因此，理解這樣的討論也必須是具體的。所謂具體，就是要結合「真」這個詞的實際用法，即它的字面含義，還要結合它的那些背後的含義，這樣就必須把這些討論放在西方哲學甚至是西方哲學史的框架內或背景下來理解。一旦進入這樣的視野，就必須首先考慮「是真的」這種最根本的含義。比如，萊布尼茲區分出事實的真與推理的真，如果把這種區別理解為事實的真理與推理的真理（人們確實一直也是這樣理解的），我想，出入一定是非常大的。

　　由於圍繞真的討論是非常豐富而複雜的，因而如果仔細分析現有的翻譯文本，還可以看到許多理解方面的問題。但是我希望以上三個方面大致可以說明這裡的問題，至少可以說明其中的一些主要問題。所以我認為，談論「真」與「真理」的區別，主要是如何理解西方哲學的問題，而不是翻譯的問題，至少不是單純的翻譯問題。

05　參見 Hegel, G.W.F.: *Enzyklopaedie der philosophischen Wissenschaften im Grundrisse*, Suhr kamp Verlag Frankfurt am Main 1970。

　　在哲學文獻或其他文獻中可以看出一種現象，人們往往習慣於說邏輯學家怎樣怎樣，哲學家怎樣怎樣，因而在關於真這個具體的問題上，有人也認為，邏輯學家探討真，哲學家探討真理。這樣，真與真理就成為兩個不同的東西。在哲學界確實是這樣，因為確實有許多哲學家在討論真理，比如他們討論真理的客觀性，實踐是檢驗真理的唯一標準等等，而這些討論不僅與邏輯學家的討論不同，他們所討論的真理與邏輯學家討論的真也是不同的。由於我談論的是如何理解西方哲學，因此可以圍繞我談論的問題把這種看法看得更加具體一些，即應該問：是不是西方的邏輯學家討論真，而西方的哲學家討論真理？或者說，是不是應該把西方邏輯學家討論的理解為真，而把西方哲學家討論的理解為真理？

　　我之所以強調要在「是真的」的意義上來理解，是因為我認為這是「truth」的最根本的意義，而不是因為我認為這是邏輯學家的理解，不是哲學家的理解，也不是因為我認為邏輯學家的理解是哲學家理解的基礎或優先於哲學家的理解。更為重要的是，我認為，無論是邏輯學家還是哲學家，他們探討的「truth」都是同一個東西，即都是「是真的」那種意義上的東西。他們的區別只是在於他們對這同一個東西給出了不同的解釋。認識到這一點，不僅對於理解西方哲學本身，而且對於理解邏輯與哲學的關係，都具有十分重要的意義。

　　亞里斯多德是邏輯的創始人。在這種意義上，邏輯學家是從他才開始出現的，邏輯也是從他才開始成為一門學科或科學。因此直觀上說，如果認為邏輯學家談論真，而哲學家談論真理，那麼是不是可以認為在亞里斯多德以前，人們只談論真理而不談論真？而自亞里斯多德之後人們一方面談論真理，另一方面又談論真？如果是這樣，就會有許多問題值得思考。比如，是不是可以認為邏輯學家發現了真這個問題，而它與真理是不同的問題？由於真與真理是不同的東西，因此是不是可以問它們之間有什麼樣的關係？如果

它們有關係，那麼人們是不是會談論它們之間的關係？如此等等。但是，這樣思考問題只是純思辨的，它的可靠性需要有文本的支持和進一步的論證。而一旦進入文本，我們就會發現，亞里斯多德所探討的真與在他以前的哲學家，比如柏拉圖，所討論的是同一個問題，即都是「是真的」這種意義上的東西。也就是說，不是他們談論的東西不同，而是他們討論出來了不同的結果。特別是，在西方哲學文獻中，可以看到人們討論「truth」，無論我們把它理解為「真」還是「真理」，還是很難看到人們討論「真」與「真理」的關係。也就是說，如果把「truth」理解為「真」，我們看到的就是關於真的討論；如果把它理解為「真理」，我們看到的就是關於真理的討論。但是我們很難看到人們把它看作是兩種不同的東西，更難看到人們把它當作兩種不同的東西而討論它們之間的關係。因此儘管邏輯學家確實討論真，而許多哲學家確實是在討論真理，因而可以認為真與真理是不同的東西，也就可以討論它們之間的關係，如果我們確實想這樣討論的話。但是從理解西方哲學的角度來看，即使想這樣考慮，也是很有問題的，因為找不到這樣探討的可能性。

即便如此，這裡可能仍然會有一個問題。儘管邏輯學家和哲學家討論的是同一個問題，即都是「是真的」這種意義上的東西，但是會不會由於他們理解的不同，因而他們的討論也是不同的，比如邏輯學家理解的就是「真」，而哲學家理解的就是「真理」？確實有人就質問：難道「黑格爾沒有權利談論『真理』嗎？」[06]，而且有人確實認為黑格爾「這裡的『真的』東西就是真理」[07]。我認為，這裡至少有幾點是需要區別清楚的。

簡單地僅僅圍繞這個例子來說，黑格爾說什麼都是有權利的。問題是，我們不是在討論他是不是有權利談論「真理」，而是在討論他所談論的是不是「真理」。更深入一些，還可以看到，既然承認黑格爾談論的是「真的」

06　張桂權：〈「真」能代替「真理」嗎？〉，《世界哲學》2003 年第 1 期，第 102 頁。

07　同上，第 103 頁。

這種意義上的東西，問題也就成為：這種「真的」意義上的東西究竟是「真理」還是「真」？

以這個例子來說，一位邏輯學家無疑可以同時就是一位哲學家，比如亞里斯多德、奧坎、萊布尼茲等等。一位哲學家是不是同時就是一位邏輯學家，可能會有爭議。但是，有的哲學家除了有哲學著作外，可能也會有專門的邏輯著作，比如康德，而有的哲學家甚至可能會以邏輯命名自己的哲學著作，比如黑格爾。在這種情況下，難道我們應該認為他們在邏輯著作中談論「真」，而在哲學著作中談論「真理」嗎？假如我們也承認他們所談的都是「是真的」這種意義上的東西，難道我們應該認為他們在邏輯著作中談論的「是真的」乃是「真」，而在哲學著作中談論的「是真的」乃是「真理」嗎？

更抽象地說，大多數西方哲學家既不是邏輯學家，也沒有寫過邏輯著作，更沒有用邏輯命名他們的著作。對於這些人的著作，難道我們就認為他們談論的「是真的」這種意義上的東西都是「真理」嗎？難道這些人沒有學過邏輯嗎？如果他們學過邏輯（而且我們知道，西方哲學家一般都學過邏輯），那麼他們的邏輯理解與他們的哲學理解就一點關係也沒有嗎？或者，他們的邏輯的理解對他們的哲學的理解就沒有任何作用嗎？如果說有，那麼我們又該如何區別他們思想中那些對「是真的」這種意義上的東西的理解呢？也就是說，哪些理解是邏輯的，哪些理解又是哲學的，即哪些是「真」，哪些又是「真理」呢？

其實，人們在理解傳統西方哲學的時候，往往不太考慮邏輯學家與哲學家的區別，也不太考慮邏輯著作與哲學著作的區別。關注邏輯與哲學的關係，大致是在現代邏輯產生以後，因為隨著現代邏輯的發展，邏輯成為一門獨立的科學，從哲學中分離出來。特別是分析哲學的形成和發展，使人們認識到邏輯對哲學的重要作用。也許正是由於這種分離，人們更加清楚地認識到邏輯與哲學有什麼不同，邏輯對哲學具有什麼樣的重要意義。在這種背景

下，那些認為「真理」不同於「真」的人似乎就可以問，即使過去邏輯與哲學融合在一起，因而不太容易區分清楚哪些是邏輯思考，哪些是哲學思考，但是邏輯的思考與哲學的思考確實就是無法區別的嗎？不太容易區別與無法區別畢竟是不同的。而一旦可以進行這樣的區別，不是就可以一方面根據所謂邏輯的理解而認為此處談論的是「真」，另一方面根據所謂哲學的理解而認為另一處談論的是「真理」了嗎？

如果這樣看問題，我認為也不是完全沒有道理的，因為它至少理論上似乎是可行的。但是根據這種觀點，本書的分析與思考就成為決定性的，因為必須要「進行這樣的區別」。這樣就又回到我所說的對文本的理解。因此我非常注重和強調對文本的分析與思考。我認為這是我們理解西方哲學的最基本的工作。正是透過對西方哲學文本的分析，我發現，區別出「真」與「真理」兩個不同的東西是非常困難的，至少我認為我是區別不出來的。比如上述例子，黑格爾的著作名稱就是「邏輯學」，在這樣一種背景下，我們又怎麼能夠認為他所說的東西在他看來不是出自邏輯上的思考呢？

在西方哲學中，真是一個十分重要的概念。不僅許多人討論它，而且圍繞它還形成許多不同的重要理論。真之符合論認為，真就在於命題與事實相符合。真之融貫論認為，真不在於命題與事實之間的關係，而在於一系列命題和信念之間的融貫關係。真之語義論認為，「是真的」與它所說明的對象不在同一個層次上，因此它的含義不能在它所說明的對象中表述出來。真之冗餘論認為，消除「是真的」可以無損於句子的表述。真之實用論則認為，真乃是一種有用的方向和功用，是研究的結果。還有其他一些真之理論，比如真之緊縮論、真之還原論等等。限於本書的目的，我們只討論以上五種。

從字面上看，真之語義論和真之冗餘論似乎就是關於真這一概念的，因為在以上簡短說明中已經明確說到了「是真的」。為了更清楚地說明它們，

我們當然還可以做進一步的說明。真之語義論的開創者是塔斯基，它的基礎文獻是塔斯基的論文〈形式語言中的真這一概念〉。在這一篇論文的一開始，塔斯基明確地說，他要討論「關於真的定義」，他要參照一種確定的語言，「為『真句子』這個術語建立一個實質適當和形式正確的定義」[08]。他的研究為語義學的形成和發展奠定了基礎。後來圍繞他的理論，人們形成許多討論和發展，其中有兩種最簡單的表述，一種表述直接來自他的約定 T，即：x 是真的若且唯若 p；另一種表述間接來自他的約定 T，即：真即去括號，它的意思是說：「雪是白的」是真的，若且唯若，雪是白的。所以，無論是從塔斯基本人的論述還是從後來由此發展起來的理論來看，這裡所討論的東西顯然是「是真的」這種意義上的東西。

持真之冗餘論的人很多，弗雷格對它就做過十分明確而具體的闡述。根據弗雷格的看法，真就在斷定句的形式之中。「每當表示出某種東西時，它（真）總被連帶地表示出來」，「當我斷定 2 加 3 之和是 5 時，我同時也斷定 2 加 3 得 5 是真的。當我斷定我關於科隆教堂的想像與現實一致時，我也斷定，我關於科隆教堂的想像與現實一致，這是真的。因此斷定句的形式實際上是我們藉以表達真的東西，而且它不需要『真』這個詞」[09]。這種觀點實際上是把真看作是初始的，不可定義的。無論它的理由是不是充分，它所談論的顯然也是「是真的」這種意義上的東西。

除了這兩種真之理論外，其他三種真之理論似乎並不是明顯與真有關。因此應該問，把它們理解為有關真理的理論行不行？比如說，真理符合論認為，真理就在於命題與事實相符合。真理融貫論認為，真理不在於命題與事實之間的關係，而在於一系列命題和信念之間的融貫關係。真理實用論則認

08　Tarski, A.: he *Concept of Truth in Formalized Languages*, in *Logic, Semantics, Mathematics*, Oxford at The Clarendon Press 1956, p.158.

09　弗雷格：《弗雷格哲學論著選輯》，王路譯，王炳文校，商務印書館 1994 年版，第 183 頁。

為，真理乃是一種有用的方向和功用，真理是研究的結果。這樣的理解似乎至少在字面上不是說不通的。但是如果我們對文本做詳細考察，就會發現其中的問題。

亞里斯多德是真之符合論的主要代表人物。他認為，「說是者不是或者說不是者是，就是假的，而說是者是或者說不是者不是，就是真的；因而任何關於任何事物是或不是的判斷，都陳述了不是真的東西就是假的的東西」[10]。這大概也是關於真之符合論的最古老的表述。後來我們看到的真之符合論與亞里斯多德的這種表述有一些各式各樣的出入，但是意思基本相符。此外，許多哲學家和邏輯學家（比如康德、黑格爾、塔斯基等）都直接或間接提到亞里斯多德的這一論述，以此表達真之理論。因此，依據亞里斯多德的論述來理解真之符合論，應該是不會有太大偏差的。而從這裡的論述來看，他所說的顯然是「是真的」那種意義上的東西。

由於實用主義的代表人物有好幾位，真之實用論的觀點表述得既不是完全一致，有時候似乎也不是那麼清楚。為了這裡的討論，讓我們僅以詹姆斯（James）為例。他在《真之意義》（*The Meaning of Truth*）一書的「真這個詞的意義」這一章中一開始就說：「我對真的描述是實在論的，而且我遵循具有常識的二元論認識。假如我對你說『這東西存在』，那麼這是不是真的呢？你能怎麼說呢？只有在我陳述的意義進一步展開以後，才能確定它是真的或假的，或者與現實完全不相干的。但是，現在如果你問『什麼東西？』而我回答『一張桌子』；如果你問『在哪裡？』而我指向一個地方；……而且我還說『我的意思是那張桌子』，然後按住並晃動一張桌子，而你剛好看到它如跟我所描述的一樣，那麼你就願意稱我的陳述為真的。」[11] 從這裡的論述可以看得非常清楚，詹姆斯所說也是「是真的」這種意義上的東西。

10　Aristotle: *The Works of Aristotle*, vol. Ⅷ, 1011b24-28.

11　James, W.: *Pragmatism and The Meaning of Truth*, Harvard University Press, 1998, p.283.

　　真之融貫論認為，一個判斷（命題）是真的，若且唯若它構成一個融貫的判斷（命題）集的一部分。根據這種理論，一個真的命題集沒有意義，但是作為該命題集的分子的命題卻有意義。因此這種理論不僅要提出真的定義，而且要提出真的標準。最小的融貫關係是一種不矛盾關係，即一個判斷（命題）不能既是真的又是假的。最低的要求則是該融貫的判斷（命題）集必須足夠大。[12] 這些論述顯示，真之融貫論所考慮的也是「是真的」這種意義上的東西。

　　綜上所述，對於西方這些真之理論，如果我們仔細閱讀文本，就會看出，它們所談論的實際上都是關於「是真的」那種意義上的東西，因此都是關於「真」的理論。若是把一些理論僅僅看作是關於「真理」的抽象討論，表面上似乎也是可以理解的。但是一旦進入具體的討論，即仔細閱讀文本，我們就會發現這樣的理解是有問題的。

　　透過以上說明和分析，我們還可以看出，這些真之理論不是邏輯理論，而是哲學理論。但是它們的探討在很大程度上卻與邏輯相關，比如，有的理論的代表人物就是邏輯學家，例如真之符合論的代表人物是亞里斯多德，有的理論的基礎就是邏輯，例如真之語義論。這就說明，在西方哲學中，邏輯與哲學的關係十分密切。如果我們仔細分析，大概還可以說明，邏輯是如何促進了哲學討論的深入和發展的。由於邏輯與哲學是不同的學科，因而區別邏輯與哲學大概比較容易，但是若想在哲學討論中把什麼是邏輯的思考、什麼是哲學的思考清楚地區分開來，大概並不是一件容易的事情。至於把同樣對於「是真的」這種意義上的東西的考慮，哪些理解為「真」，哪些理解為「真理」，大概就更不是一件容易的事情了。

12　參見 Engel, P.: *The Norm of Truth- An introduction to the philosophy of logic*, University of Toronto Press, 1991, p.98-99。

　　我強調要區別「真」與「真理」，是因為（中文的）字面上它們是兩個不同的概念，具有不同的含義。我強調要用「真」而不是用「真理」來理解西方哲學中的「truth」，一是因為我認為它的字面意思主要是「是真的」這種意義上的東西，二是因為我認為西方邏輯學家和哲學家所談論的是同一個東西，而不是不同的東西，他們的區別只是在於理解和解釋的不同。除此之外，還有一個非常重要的原因，就是我認為，西方哲學家所關注的最重要的少數幾個核心問題之一。西方哲學中最重要的少數幾個核心概念之一，乃是「是真的」這種意義上的東西，而不是「真理」。這裡實際上也存在著中西哲學的重大差異的問題。「真」可以是西方人討論的主要哲學概念之一，卻不是中國哲學的主要概念之一。雖然我們也討論「真善美」，但是這裡的「真」只是一種與「善」和「美」不同的倫理層面，而不是西方哲學中所說的「是真的」那種意義上的東西。「真理」強調的是「理」，而不是「真」。它可以是我們討論的主要哲學概念之一，卻不是西方哲學的主要概念之一。理解和討論西方哲學，有對應的概念可以使用固然不錯，沒有對應的概念也沒有什麼關係。關鍵的問題在於如何理解西方哲學。絕不能不假思索地以我們使用的概念來理解人家的概念，也不能想當然地認為我們討論什麼，人家也討論什麼，更不能認為人家有的概念和思想我們也會有。當然，我探討的是如何理解西方哲學，而不是中西哲學的比較。因此我的探討是單向的。不過，即使是進行雙向的比較研究，這種單向的理解應該是更為基礎的東西。

系詞

　　近年來，學界有關「是」與「存在」的討論比較熱烈，文獻也比較多。我從 1998 年發表相關論文，到 2003 年出版專著，可以說是這一討論的積極參與者。人們談到一種「從古到今，一『是』到底」的觀點[13]，這即使不是完全指我，大概也與我的觀點有很大關係。我主張用「是」來翻譯和理解西方哲學的核心概念「being」，批評把它翻譯為「存在」或「有」。特別是，我強調西方哲學中在 being 這個問題上一脈相承的思想與連繫，反對從中文字面上閹割對它及其思想傳承的理解。而且，即使是在主張應該把它翻譯為「是」的人中，我的觀點與許多人也還是有差別的。其中一個比較主要的區別是，我不太注重中文「是」這個詞是不是有「存在」的含義，也從不論證它的這種含義[14]，儘管我說過它有這種含義[15]；另一個比較主要的區別是，我沒有以「是」為核心和思路來探討一種「是」本身的哲學[16]。我所努力做的主要是圍繞著如何理解西方哲學。因此，對我來說，最重要的是理解，其他則不那麼重要。正因為這樣，我才在西方文獻上花費了大量的精力，因為理解乃是以文本為基礎的。這一點大概也是我與其他人的另一個區別。

　　我主張用「是」來翻譯 being，因為它展現的乃是「S 是 P」中的那個是。在「S 是 P」這樣一個句式中，「是」無疑是系詞。因此，「是」的理解首先就與系詞相關。

13　參見趙敦華：〈中國的西方哲學研究中的十個誤解 —— 從 Being 的意義談起〉，《哲學動態》2004 年第 10 期，第 8 頁。

14　比如，王太慶先生就非常重視論證中文「是」這個概念中表示「存在」的含義，他似乎是要以此論證用「是」來翻譯「being」的合法性。參見王太慶：〈我們怎樣認識西方人的「是」？〉，《學人》第四輯，江蘇文藝出版社 1993 年版。

15　參見王路：〈「是」的邏輯研究〉，《哲學研究》1992 年第 3 期；載王路：《理性與智慧》，上海三聯書店 2000 年版，第 351 頁。

16　例如，蕭詩美在這方面做了許多努力。參見蕭詩美：《是的哲學研究》，武漢大學出版社 2003 年版。

在理解 being 的過程中，我曾介紹並強調卡恩（Kahn）對古希臘語中「einai」的研究成果，即在其系詞、存在和斷真這三種用法中，最主要的是系詞用法，這一用法的比例占他統計該詞用法的 80% 或 85% 以上。[17] 我認為這一成果很重要，對於我們理解 being 很有幫助。根據這一點，我們應該把 einai 翻譯為「是」，並根據「是」來理解它。

對於我的這種看法，一些人提出了不同看法或評論。比如，有人認為我對卡恩的成果介紹得有問題，而卡恩的結論並不是我所介紹的那樣的系詞、存在和判斷真的方法[18]；有人認為，我對卡恩的介紹不全面，因為卡恩的研究主要是為了「闡明希臘文動詞 be 的日常用法和意義，為解讀希臘文動詞 be 的哲學用法奠定語言基礎，所以對西方哲學的 ontology 的歷史性考察不屬於他的研究範圍」[19]。有人則乾脆質疑這種統計結果，質問：「哪怕我們統計出在古希臘文中，這個詞的系詞用法超過 95% 乃至更高，能夠排除這個詞在使用中實際存在的多義性嗎？」[20]

以上三種批評各有不同，但是有一點是共同的，即它們都不太重視我特別強調的卡恩所得出的 einai 這個詞的系詞用法。正是這一點，在我看來是最重要的。在西方語言中，being 這個詞無疑有多種含義，卡恩所說的系詞、存在和判斷真的方法不就是指出了它的三種不同含義嗎？問題是，在它那眾多含義中，有沒有一種最主要的或比較主要的含義？如果有，那麼當我們理解這個詞的時候，或者說理解由這個詞所表達的概念的時候，我們是首

17　參見王路：〈關於希臘文動詞「einai」的理解〉，《中國學術》商務印書館 2001 年第 1 輯。

18　參見陳村富：〈Eimi 與卡恩 —— 兼評中國關於「是」與「存在」的若干論文〉，載《Being 與西方哲學傳統》上卷，宋繼傑編，河北大學出版社 2002 年版，第 257-268 頁。

19　王曉朝：〈eimi —— 卡恩的希臘 ontology 的語言學導論 —— 與王路教授商榷〉，《學術月刊》2004 年第 6 期，第 10 頁。

20　楊學功：〈從 ontology 的譯名之爭看哲學術語的翻譯原則〉，載《Being 與西方哲學傳統》上卷，宋繼傑編，第 299 頁。

先應該理解它那種最主要的或比較主要的含義，還是應該理解它那些次要的或比較次要的含義？即使說卡恩所分析的那些是自然語言的含義而不是哲學領域中的含義，難道當自然語言中的一個概念成為哲學探討的概念時，它那些自然語言中的含義就消失了嗎？即使說哲學討論有特殊性，因而會使自然語言中的一些含義消失，但是難道會使一個概念最主要的含義消失，而保留它的一些次要的含義嗎？特別是，難道哲學討論的方式是像有的批評者描述的那樣，即可以完全不顧日常語言的最基本（哪怕是 95% 以上的）含義，而把非常小的一部分（甚至是不足 5% 的）含義當作最主要的含義來考慮嗎？正是在對這些不同的含義的思考上，存在著理解的問題。

我認為卡恩的研究成果非常重要，乃是因為它不僅為西方哲學家，而且為我們這些哲學家理解 being 的含義提供了一個基礎，這就是系詞用法。西方哲學家一般認為，「是」乃是哲學的核心問題；「是」主要有兩種含義，一種是存在含義，另一種是系詞含義。有一些哲學家則認為，在這兩種含義中，存在含義先於系詞含義。因此，同樣是談論存在，我們與西方哲學家的理解也是有很大差異的：他們認為核心問題乃是「是」，「存在」乃是「是」的一種含義，儘管有一些人認為這種含義是優先的和主要的，而我們則一般認為「存在」本身就是西方哲學的核心問題。卡恩的研究則表明，「是什麼」是古希臘語日常表達最基本的用法，這種最基本的用法說明，being 的最主要含義是系詞，而不是「存在」，而且「存在」用法是從系詞用法演變而來的，因此沒有理由說它優先於系詞用法。卡恩研究的是動詞 to be 在古希臘語中的表現形式，他的結果是這個詞的最主要的用法是系詞。他以自己的研究結果反駁了 to be 這個詞的存在 —— 系詞兩分的看法，也反駁了存在含義優先的看法。在我看來，他的成果也為我們理解西方哲學中這個核心概念提供了重要的依據。

　　我們學習西方哲學多年，都知道「是什麼」是古希臘人探討世界的本源和與人自身相關的問題的最基本的表達方式，它既是提問的方式，也是回答的方式。卡恩的結果使我們可以看到，這種最基本的表達方式並不是哲學家獨有的，而且也是古希臘日常表達中最普遍的方式，因而也是日常表達的最基本的方式。因此，哲學家與常人一樣，他們探討問題的表達方式與日常表達方式是一致和相通的。不同的只是哲學家從反映了日常認識的日常表達中一些看似平凡的東西提出了問題，並且透過自己的討論而得出各式各樣並不簡單的結果。因此，哲學的一些主要概念和核心問題，如「是」、「存在」、「真」、「必然」、「可能」等等，恰恰也是日常表達中最基本、最常用的一些概念。正是由於哲學與日常認識有著這樣的一致與不一致，它才會對日常認識有意義，因而它才會有自身的意義。大概沒有什麼人會以為，哲學概念是哲學家憑空造出來的，哲學是哲學家自己關在屋子裡瞎想出來的。因此我認為，卡恩為我們提供的古希臘語的分析結果，不僅可以是我們理解古希臘語日常表達中「是」的含義的根據，而且也可以是我們理解古希臘哲學中這個概念的含義的根據。比如對於亞里斯多德所說的哲學研究的「是本身」，即使我們不認為它就是日常表達中的這種「是」，至少也不能說它與日常表達中的這種「是」沒有任何關係。

　　一個詞在日常表達中有多種含義乃是正常的，在哲學討論中有多種含義也是正常的。問題是，在一個詞的眾多含義中，哪一種是最主要的？因為這將直接導致對這個詞所表達的概念的理解。西方哲學家中關於「being」的系詞含義和存在含義的討論，乃是對 being 這個概念的討論，是為了更好地理解這個概念。我們今天討論應該把它理解為「是」還是應該理解為「存在」，也是為了更好地理解這個概念。正是在這種意義上，我認為卡恩的結果為我們的理解提供了很好的依據。因為它說明，系詞用法是這個詞最主要的用法。我們無法相信，理解這個詞的含義可以不考慮它的這種最主要的用

法。而一旦考慮系詞用法，我們就一定會想到「S 是 P」這種句式。這樣一來，我們所討論的這個概念就一定要能夠反映出這樣的句式，即它應該使我們可以看到或者至少可以想到這樣的句式。

我強調對「是」的系詞含義的理解，在很大程度上來自對卡恩研究結果的學習，但也不是僅僅局限於這裡。認真閱讀哲學文獻，其實不難發現，對系詞含義的探討，實際上在許多哲學家的著作中都是存在的。比如在亞里斯多德、康德、黑格爾、海德格等人的著作中，雖然看不到他們像卡恩那樣系統性地分析論述日常語言中的系詞含義，但是我們確實可以看到他們在探討 being 的時候，非常明確地論述系詞含義。這至少說明，他們對系詞含義是清楚的，而且也是重視的。因此非常保守地說，我們至少不能認為他們對於 being 的討論排除了對系詞的考慮，而卡恩的研究結果則可以使我們非常肯定地把系詞的考慮放在理解這個概念的首位。

Being 的系詞含義主要來自它的句法作用，即「S 是 P」中它連繫主語和謂語的作用。換句話說，「是」的含義是透過它在句子中的作用展現的。也可以說，這樣一種句法作用本身其實沒有任何具體的意義。因此，理解西方哲學，對於我們具有不同語言文化背景的人來說，確實存在一些問題。但是我認為，我們可以直觀上不明白為什麼西方人要討論這個「是」，也可以不明白他們討論的這個「是」乃是什麼意思？但是我們不能首先從字面上閹割這種理解的可能性，也不能以閹割這種理解的可能性為代價而自以為理解了西方哲學。因此，保留系詞含義的字面特徵，乃是理解的前提。

「是」與「存在」

「存在」的理解已經形成傳統，「是」的理解與「存在」的理解無疑是衝突的，因此這實際上也是對傳統理解的質疑。因此，這裡有必要說明，西方哲學中的 being，為什麼是「是」，而不是「存在」？

為了討論的方便，我們可以把問題簡單地歸為一點：西方哲學中的「being」，究竟是「是」還是「存在」？顯然，「是」和「存在」是兩個不同的詞和概念。但是在我看來，從理解西方哲學的角度出發，這個問題卻沒有那麼簡單。它至少可以區分出兩個層次。一方面可以問：「是」和「存在」是 being 的兩種不同含義嗎？另一方面也可以問，「是」和「存在」本身是兩個不同的詞和概念嗎？直觀上說，如果它們是不同的詞和概念，似乎問題就比較簡單了。因為中文的「是」和「存在」就是兩個不同的詞和概念，正好可以對應使用。但是如果它們是 being 這同一個詞的兩種不同含義，問題就會有些複雜。因為在這種情況下，人們把 being 的一些用法解釋為「是」，而把 being 的另一些用法解釋為「存在」。即便如此，人們也已經有了一個表示「存在」含義的詞，並且用它來解釋過去人們用 being 所表示的含義。這樣自然也就產生另一個問題：「存在」與「是」有什麼關係？作為詞，它們之間有什麼關係？作為概念，它們之間又有什麼關係？我認為，這樣的考慮是有意義的，因為在沒有「存在」這個詞和概念的條件下用「being」來表示存在，與有「存在」這個詞和概念並用它來直接表示存在，乃是根本不同的。

從西方文獻來看，existence 這個詞是表示「存在」的。這樣，being 和 existence 之間就有我們以上所提出的問題。從中文翻譯來看，由於一些人認為應該把 being 翻譯為存在，為了區別，他們把 existence 翻譯為「實存」。這樣，從理解西方哲學的角度出發，不僅有以上那些問題，而且還有

「存在」與「實存」的關係問題。在這種情況下，至少在字面上，「是」與「實存」是有一定距離的。這就為我們理解西方哲學帶來許多問題。不過，我不考慮這個問題，而只集中考慮「是」與「存在」的問題。

首先我想談一談 being 的「存在」含義。「存在」這一概念是我們今天都有的，因為有了「存在」這個詞，當然就可以表達這個概念。尤其是當我們研究古希臘哲學的時候，我們發現，其中 being 的一些用法就相當於我們今天所說的「存在」，因此可以說，being 這個詞有存在用法。比如，卡恩認為，古希臘動詞 einai 的主要用法是系詞，即「S 是 P」中的「是」，它連繫句子中的主語和表語。但是它也有另一種用法，就是這個動詞前移至句首，由此引出它所要說明的名詞，即「是 SP」。這樣使用的「是」乃是對主語的修飾和強調，具有一種表示存在的力量。比如，「一個人是在門邊」是一般的表達，而「是」前移到句首之後，字面的意思是「是一個人在門邊」，由於「是」的強調作用，即強調由它所引出的那個詞，即「一個人」，這裡的實際表達的意思是「有一個人在門邊」，即表示存在。在這樣的表達中，跟在名詞後面的一般是表達位置的詞和短語，但是後來在特定情況下，這些表達位置的詞和短語有時候可以省略，出現了「是神」這樣的表達，表示存在，即「有神」。[21]

這個例子可以非常清楚地說明，「是」和「存在」是 being 的兩種不同的含義。因為它們主要說明，「being」有一些特殊用法，而這些特殊的用法與它通常的系詞的用法不同，表達的意思是「存在」。但是這些不同乃是這個詞的用法的不同，因此是它的含義上的區別，字面上卻是相同的，即都是「是」。尤其是根據卡恩的解釋，einai 的存在用法最初只不過是系詞前移，即它只是由「S 是 P」變為「是 SP」，這使我們可以看得非常清楚，在這一變

21　我曾比較詳細地介紹過卡恩關於 einai 的存在用法的說明。參見王路：《「是」與「真」──形而上學的基石》，第 53-70 頁。

化中，不僅 esti 這個動詞本身沒有變化，而且它所展現的這個句子的主謂結構都沒有變。正是 esti 在句子中這種位置的變化，導致了它所表達的意思的變化。相應的英文表達則是「there is」，英文不能把 is 放在陳述句的句首，因此要在這個動詞的前面加上「there」這個詞。這個短語的意思無疑是「存在」。但是儘管如此，「is」依然在那裡。只不過人們認為，這裡的「那裡是」（there is）表達的是「有」或「存在」。

又比如，在亞里斯多德的著作中，除了主要討論「S 是 P」這樣的句式以外，他有時候也談到「人是」、「荷馬是」這樣的句子。由於這樣的表達中「是」後面沒有跟任何東西，因此有人認為，亞里斯多德這裡所說的「是」表達的意思是存在。[22]

這個例子也可以說明，「是」和「存在」是兩種不同的東西。顯然，亞里斯多德只使用了一個詞，即他說的「S 是 P」中的「是」和「人是」（或「荷馬是」）中的「是」乃是同一個詞。如果我們仔細看亞里斯多德的論述，就會發現他對這種區別是有認識的，比如他區別出「純粹的是」和「是如此這樣的」；但是他也認為，「是」與「是某物」區別很小，以致它們好像沒有什麼區別。[23] 由此可以更加清楚地看出，亞里斯多德使用和探討的是同一個詞，他在這同一個詞區別出兩種不同的用法，而且，即使在他的區別中，「是」這個詞本身並沒有變，他是透過對它的修飾來說明它的不同用法的差異的。

確實有一些人認為，「荷馬是」表達的意思是「荷馬存在」。因此可以認為，亞里斯多德所說的這種「純粹的是」，即「是」後面不跟任何東西的用法，表達的是「存在」。但是，人們這是在用「存在」這一概念，來理解亞里斯多德所說的「是」這個詞的一種用法。在這種情況下，人們一定首先

22　我也曾比較詳細地討論過這個問題。參見王路：《「是」與「真」——形而上學的基石》，第 148-158 頁。

23　參見王路：《「是」與「真」——形而上學的基石》，第 439-440 頁、第 155 頁。

有了「存在」這個詞，它表達存在的概念，並且人們認為它就是亞里斯多德所說的「荷馬是」中的「是」所表達的意思。因此，亞里斯多德的論述中的用語是一回事，人們的解釋中的用語是另一回事。兩者之間的差異是顯而易見的。對於西方學者來說，這裡也有一個如何理解古人的問題，而對於我們來說，這裡不僅有如何理解古人的問題，還有一個如何理解西方哲學的問題。因此這裡語言的層次和語言所表達的意思的層次，無論如何是不能混淆的。

其次，我想談一談「存在」（existence）這個概念。今天，人們毫不猶豫、非常明確地使用「存在」這個概念，因為我們有這個概念，而且人們都知道它是什麼意思。比如，除了「上帝存在」這個命題以外，人們探討一種東西是不是存在，還談論「存在主義」，等等。因此很明顯，「存在」與「是」乃是兩個不同的概念。可以肯定地說，這個詞和概念的使用沒有什麼問題。但是，當人們用「存在」來理解「是」的時候，卻會有一些問題。在我看來，最主要的問題不在於用「存在」解釋「是」，而在於用「存在」翻譯「是」，從而導致一種看法，好像西方哲學中一直就有「存在」並且一直探討的就是「存在」。

一個直觀的問題是，「存在」是不是一直是西方哲學中的核心概念？前面說過，根據卡恩的研究，einai 的最主要用法是系詞，應該在系詞的意義上理解這個詞，因此它表達的乃是「是」。也就是說，從古希臘以來，西方哲學中的核心概念應該是「是」，而不是存在。這樣我們就得到了對上述問題的否定的回答。但是同樣根據卡恩的研究，「是」有不同的用法，其中一種用法表示存在，難道不能認為當以這個詞為核心概念的時候，已經考慮了「存在」的含義了嗎？我不反對可以根據「是」的存在用法認為它也有存在的意思，但是我要問的是：含有存在意思的「是」本身與「存在」本身是不是就是一回事？也就是說，有一個明確的概念「是」並以它來涵蓋存在的意思，與有一個明確的「存在」概念是不是一回事？我認為，這裡的區別是非常大的。

　　哲學是以概念思維的方式進行的。所謂概念思維，簡單地說，就是抽象。具體地說，人們從日常思維活動中一些最普通常見的表達發現問題，把它們抽象到概念的層面，進行理論探討。而這種抽象過程的主要展現之一就是形成概念。因此，一個概念的形成在某種程度上往往反映了哲學的進步，比如關於「是」的問題。古希臘哲學家們從日常最普遍、最常見的問答「是什麼」和「是如此的」，抽象出其最核心的東西「是」，形成一個概念，並在概念的層面上進行探討。亞里斯多德在這樣的基礎上把它提高到最普遍概念的層次，涵蓋一切學科，成為哲學的核心概念，展現了哲學的進步和發展。因此，有一個概念與沒有一個概念乃是根本不同的。又比如關於「存在」的問題。古希臘哲學家們一直探討「是」，由於它有各種用法，因而可以有各種含義。其中有一種用法與通常所說的「S 是 P」中的「是」的用法不同，因此含義也不太一樣。後來人們發現，可以把這種含義抽象表達為「存在」，因而不僅形成一個新概念，而且透過這一新概念，把「是」的這種含義具體化。由於有了「存在」這一概念，人們不僅可以用它來解釋「是」的一部分含義，而且還可以圍繞「存在」本身來進行討論，並且形成關於「存在」的理論，這樣又形成哲學的發展和進步。因此，有一個概念與沒有一個概念確實是根本不同的。

　　實際上，從理解西方哲學的角度出發，這裡還有更為複雜的問題。由於「存在」這一概念的產生與中世紀宗教神學討論「上帝是」有很大的關係，[24]因此如果不區別「是」與「存在」這兩個不同的概念，把「存在」這個概念與「是」的存在含義混淆在一起，就無法釐清西方哲學和文化中許多重要的問題。比如，為什麼在古希臘「是」有存在的含義，人們卻沒有用一個不同的概念，比如用「存在」這個概念來表達它？為什麼「存在」這一概念在古

24　我曾比較詳細地討論過這個問題。參見王路：《「是」與「真」─形而上學的基石》，第 184-223 頁。

希臘沒有出現，而在探討上帝的過程中卻產生了？為什麼「存在」這一概念儘管是在探討上帝的過程中產生的，卻依然與「是」這個概念連繫在一起？既然「存在」與「是」是有連繫的，它們的區別究竟是什麼？當然，由此還可以進一步產生一些問題，比如有關宗教與哲學的關係問題等等。因此，區別還是不區別「存在」與「是」這個概念，會涉及非常複雜的問題，而且這些問題與理解西方哲學都會有直接和間接的關係。

最後我想談一談「是」與「存在」的關係。在以上討論中，有幾點可以看得非常清楚。一點是，「是」與「存在」乃是兩個不同的概念。另一點是，「是」與「存在」乃是在不同時期形成的概念。還有一點是，「是」也有「存在」的意思，或者，「存在」可以表達「是」的一部分含義。從這幾點出發，顯然可以問：「是」與「存在」有什麼樣的關係？

我認為，「是」與「存在」的關係是一個比較有意思的問題。且不論從哲學本身可以如何討論這個問題，從理解西方哲學的角度出發，至少可以考慮如下幾個問題。其一，西方哲學家一直在探討「是」（einai、esse、to be、Sein 等等），但是由於它也有存在的含義，而且後來也有了明確的「存在」概念，那麼西方哲學從古到今的核心概念究竟是「是」，還是「存在」？其二，儘管古希臘只有「是」而沒有「存在」這個概念，但是由於「是」這個概念也有存在的含義，那麼古希臘哲學的核心概念究竟是「是」還是「存在」？其三，由於中世紀以後有了「存在」的概念，因此人們不僅知道這個概念，而且它使古希臘哲學中「是」的存在含義具體化了，在這種情況下，當人們談論「是」的時候，人們考慮的究竟是「是」還是「存在」？

我認為，思考這些問題是有意義的。比如，學界中就有一種觀點認為，應該按照不同的語境來理解西方哲學，根據不同的語境而採取不同的譯名。[25]

25　例如參見王曉朝：〈讀關於「存在」和「是」一文的幾點意見〉，載《Being 與西方哲學傳統》上卷，宋繼傑編，第 48-54 頁。

而按照這樣的理解，有些地方就應該把 being 翻譯為「是」，有些地方就應該把being 翻譯為「存在」；也有人認為，亞里斯多德的理論應該用「是」，黑格爾的理論應該用「有」，而海德格的理論應該用「存在」。[26] 我同意應該認真分析思考不同的語境，因為這是理解西方哲學的基礎。問題是分析思考不同的語境是不是能夠得出以上結論。這裡當然需要認真地、具體地分析，而不能只是停留在討論。[27] 但是直觀上就可以看出這裡會有一個十分明顯的問題：由於語境的不同，難道西方哲學家討論的是不同的東西嗎？具體地說，比如，亞里斯多德、黑格爾和海德格所談的難道是不同的東西嗎？而如果依據我們前面的討論，則可以問：亞里斯多德、黑格爾和海德格的區別，究竟在於他們談的本來就是不同的東西，即「是」、「有」和「存在」呢？還是在於他們是在不同的意義上談論同一個東西？如果是前一種情況，則看不到西方哲學在「是」這個問題上一脈相承的延續和發展。如果是後一種情況，則可以看到他們所談論的乃是相同的東西，只是他們談出了不同的意義，這樣就可以看到「是」這個問題在西方哲學中貫徹始終的特徵，因而體會到它的核心地位和重要性。

所以我認為，「是」與「存在」之間的關係是：在語言層面上，它們是兩個不同的詞；在概念層面上，它們是兩個不同的概念。相比之下，「是」乃是先出的詞，而且也是更為基礎和根本的概念，它在某種程度上可以涵蓋「存在」的含義，比如卡恩所說的它的存在用法。「存在」則是後出的詞，而且是從「是」派生出來的概念，但是也已經發展成為一個獨立的概念。它可以解釋「是」的一部分意義，但是不能說明「是」的最主要的意義，尤其

26　參見趙敦華：〈「是」、「在」、「有」的形上學之辨〉，《學人》第 4 輯，江蘇文藝出版社 1993 年版。

27　我認為得不出這樣的結論，而且我也曾比較詳細地討論過黑格爾和海德格的思想。參見王路：《「是」與「真」── 形而上學的基石》，第 280-315 頁、第 316-369 頁。又見前面關於黑格爾一章的討論。

是不能說明「是」的系詞含義。在西方哲學史上，當人們談論「是」的時候，有時候可能會考慮到存在的含義，有時候可能不會考慮到存在的含義。這樣的認識需要我們在具體的語境中去分析和掌握。而且這樣的認識和掌握，在「存在」這個概念出現之前和產生以後，區別是很大的。因為在沒有這個概念的時候，我們只能從哲學家們對「是」的論述來體會其中的存在含義，而在有了這個概念之後，雖然有時候仍然需要這樣的體會，但是更多的時候，我們可以看到哲學家們明確地用「存在」對「是」進行說明，甚至還可以看到邏輯學家在邏輯著作中這樣的定義。[28]

邏輯的「是」與形上學的「是」

人們一般認為邏輯學家和哲學家是不一樣的，他們討論的東西以及他們討論的方式也是不一樣的。基於這種認識，有人認為，用「是」這個譯名會有一個嚴重的後果，「易於把形上學的思辨理解為純邏輯的分析」；「是」可以表達命題中主詞和謂詞之間的關係，但是「是」的解釋「有過於濃重的邏輯學傾向，而我們顯然不能把哲學僅僅歸結為邏輯學或語言學」。[29] 有人甚至認為，「是」的這種翻譯隱藏著一種傾向，這就是把「existence」（存在）從「being」（是）徹底割裂出去，從而完全從知識論甚或邏輯學的角度去理解哲學。[30] 根據這樣的認識，似乎邏輯討論的乃是「是」，哲學討論的則是「存在」，兩者不同，因而「是」不僅無助於理解「存在」，而且會消除有關「存在」的理解。對於這樣的看法，我是無法贊同的。

毫無疑問，邏輯與哲學不同，它們討論的東西不同，它們討論東西的方

---

28 參見王路：《「是」與「真」——形而上學的基石》，第 205-213 頁。

29 周邁〈論亞里斯多德哲學中的存在（是）「on」〉，載《Being 與西方哲學傳統》下卷，宋繼傑編，第 809-810 頁。

30 參見宋繼傑編：《Being 與西方哲學傳統》下卷，第 1172 頁。

式也不同。尤其是現代邏輯產生之後，人們清楚地認識到，邏輯是與哲學完全獨立的學科。但是，由於邏輯一直是哲學的一種方法，而且是哲學一種比較主要的方法，因此邏輯與哲學有著千絲萬縷的連繫。探討以上看法，無疑涉及邏輯與哲學的關係這一非常複雜的問題。限於篇幅，下面我的討論僅限於如何理解西方哲學。

　　西方哲學家大致可以分為三類。有一類哲學家同時也是邏輯學家，比如亞里斯多德、奧坎、萊布尼茲等等。他們不僅有邏輯著作，而且對邏輯的發展做出重要貢獻。另一類哲學家雖然有邏輯著作，但是並不為邏輯學家所重視，甚至不予承認。比如康德有專門的邏輯著作，但是他在邏輯史上的地位不高。又比如黑格爾也有邏輯著作，因為他以「邏輯」命名他自己的著作，但是幾乎沒有人認為他是邏輯學家。還有一類哲學家不是邏輯學家，也沒有邏輯著作。我的問題是，按照以上觀點，對於這些不同的哲學家的著作，我們該如何理解？我們能說第一類哲學家在邏輯著作中討論「是」，而在哲學著作中討論「存在」嗎？我們能說第三類哲學家討論的都是「存在」嗎？即使這兩個問題不存在，即根據以上觀點我們可以得到肯定的回答，那麼對第二類哲學家的著作又該如何理解呢？比如對於黑格爾的《邏輯學》。如果認為他討論的是哲學，似乎就應該認為他裡面說的乃是「存在」，但是他自己就命名他的著作為「邏輯」。如果認為他討論的是邏輯，似乎就應該認為他裡面說的乃是「是」，但是人們又不認為他是哲學家。因此，似乎無論怎樣論斷都是有問題的。

　　實際上，問題絕不是這麼簡單。我們知道，邏輯自產生之日起，就一直是哲學的工具。亞里斯多德就認為，邏輯是從事哲學研究必須具備的修養。問題是，一個集邏輯和哲學於一身的思想家，能夠研究邏輯就是研究邏輯，研究哲學就是研究哲學，而他的邏輯與他的哲學沒有任何關係，他的邏輯思

想對他的哲學思想沒有任何影響，不產生任何作用嗎？我們還知道，邏輯自形成一門學科以來，就一直是從事哲學研究的人的必修課。一般來說，西方哲學家都學過邏輯。因此，即使一個哲學家不是邏輯學家，他也學過邏輯。問題是，他學的邏輯對他的哲學研究就沒有任何影響嗎？他學的邏輯在他的哲學研究中就不產生任何作用嗎？對於這樣的問題，人們大概很難給予否定的回答。然而，只要是承認邏輯與哲學有關係，邏輯在哲學中產生作用，對哲學有影響，我們就會面臨著一個困難，我們如何能夠認為這些哲學家所討論的不是「是」，而是「存在」呢？即便可以認為他們討論的是「存在」，我們又如何區別其中那發揮作用和產生影響的「是」呢？也就是說，哪些語境中是「是」，哪些語境中又是「存在」呢？

以上問題雖然存在，但是畢竟還停留在思辨的階段。其實，有了前兩節討論的基礎，我們在這個問題上可以討論得更具體一些。

根據卡恩的研究，einai 最主要的含義是系詞用法。正如前面所說，有人認為這只是一種日常表達和語言學的研究結果。我的問題是，當哲學家把這樣一個概念當作研究的對象，是不是會背離它最初的含義？對於邏輯學家我們也可以問同樣的問題：即當他把這樣一個概念作為研究的對象，是不是會背離它最初的含義？換句話說，哲學家和邏輯學家的問題是從日常思維活動來的，還是自己憑空想出來的？我們前面已經指出，哲學家的問題絕不是自己憑空想出來的，而是來自日常思維活動。這裡則還需要指出，邏輯學家也是同樣。因此邏輯學家和哲學家所談論的「是」就是日常所說的「是」。正因為這樣，我們才會在他們的著作中看到我們非常熟悉的日常表達。比如亞里斯多德說的「人是白淨的」，「人是理性動物」和海德格說的「天空是藍色的」，「我是高興的」等等。[31] 而且我們還會發現，西方哲學中所討論

31　我曾經指出，理解「是」的問題，應該特別注意給出的例子。這是因為在我看來，例子來自日常表達，意思是顯然的，使用例子為的是使聽者或讀者更好地理解自己所探討的東西；而且這些例子雖

的概念非常抽象，例子則是具體的，作者使用這些具體的例子，目的是為了有助於我們理解那些抽象的討論。這樣的討論可以使我們非常清楚地看到，哲學和邏輯所討論的「是」與日常表達的「是」乃是一回事。由此也就可以說明，邏輯學家所討論的「是」與哲學家所討論的「是」乃是同一個東西。

　　雖然邏輯學家和哲學家所討論的是同一個東西，即都是日常表達的那個「是」，但是由於邏輯學家和哲學家的不同，因此他們所討論出來的結果是不同的。比如，邏輯學家把日常表達中的這個「是」看作是語言中恆定的要素，試圖圍繞它揭示出句子的邏輯結構，即「S 是 P」，並在這樣一種基本句式的基礎上建立起邏輯體系。而哲學家把日常表達中的這個「是」看作是最普遍的東西，試圖圍繞它探討最具普遍性的東西，即不是屬於某一學科、某一領域的東西及其性質，而是超越一切學科和領域的東西。無論這樣的研究得出什麼樣的結果，是不是有道理，它們確實是不同的，而且是向著不同的方向發展的。但是正由於「是」既是傳統邏輯研究的出發點，也是傳統哲學的核心概念，因此使我們在這樣兩種完全不同的學科和範圍可以看到一些共同的東西。而且鑒於哲學家本身邏輯水平和修養的差異，這種共同性的展現也會有所不同。以亞里斯多德為例子。由於他既是邏輯的創始人，也是形上學的開拓者，因此這種共同性在他的身上展現得最為明顯。他的邏輯是一種以「是」為核心的主謂邏輯，他的形上學則是以「是本身」為核心對象。這樣一來，邏輯和哲學似乎在「是」這個問題上得到了完美的統一。因為邏輯是最抽象的，形上學則是最高層次的。以邏輯和形上學這樣兩種不同的方式相結合來研究一個最普遍的問題，正好展現了第一哲學的本性。

　　亞里斯多德邏輯中的「是」乃是顯然的，他的形上學中的「是」也是顯然的。在這種情況下，即使字面上兩者的結合不是顯然的，大概我們理解亞

然不多，卻往往出現在比較關鍵的地方，因此對於我們的理解就特別重要。參見王路：《「是」與「真」──形而上學的基石》，第 317-322 頁。

里斯多德哲學也不能不考慮他的邏輯。而只要理解他的邏輯，「是」就更顯特殊，更不用說在古希臘還沒有一個表示「存在」的詞。因此，假如「是」有「存在」的含義，那麼關於「是」的思考為什麼會無助於我們理解「存在」呢？

傳統邏輯是在亞里斯多德邏輯基礎上形成的，其中「是」的核心地位也是顯然的。傳統哲學，尤其是形上學，是在亞里斯多德的形上學的基礎上發展的，因而不僅其核心概念「是」承襲亞里斯多德，而且其討論的許多問題以及使用的術語，如本質、偶性、形式、質料等等，也基本來自亞里斯多德。理解這樣的哲學著作，即使不是邏輯學家的哲學著作，不將其邏輯納入考慮大概也是不應該的。但是，一旦我們串起他們所使用的邏輯或在他們文字背後所產生作用的邏輯，也會看到邏輯的「是」和形上學的「是」的重合。我不明白，看到這種重合，從而意識到邏輯和哲學的關係，並了解到邏輯在哲學中所產生的作用，怎麼會消除「存在」的含義，而使哲學研究僅僅成為邏輯學和語言學的考慮呢？

當「存在」作為一個正式的哲學術語出現之後，人們可以用它表示「是」的含義，而且有時候也可能會用「是」來表示它。[32] 因此哲學中有了「是」與「存在」之間關係的討論，黑格爾和海德格可以說是這方面比較典型的代表人物。但是由於在亞里斯多德邏輯中，以及在基於亞里斯多德邏輯的傳統邏輯中，沒有「存在」這樣一個邏輯常項，因而沒有關於「存在」的探討，因此我們也就可以理解，為什麼人們在討論中主要圍繞和重視的依然是「是」，而不是「存在」，儘管人們必須在這樣的探討中涵蓋存在的含義，無論這個概念出現還是不出現。比如黑格爾在論述他的哲學體系的時候，闡述了其初始概念「是」：「是首先乃是針對別的東西而被規定的；

32　比如笛卡爾（Descartes）甚至把 exist 作為 is 的同位語並列使用，參見王路：《「是」與「真」——形而上學的基石》，第 226-237 頁。

其次它是在自己內部發揮規定作用的」[33]，然後他從「是」的這兩種具體的含義過渡到它的純粹抽象的含義，由此得到了他的體系的第一個初始概念「是」。前一種含義顯然是「是」的系詞含義，而後一種含義則相當於「存在」。[34]這裡，「是」的理解難道不正好有助於我們更加深入細緻地理解黑格爾的哲學思想嗎？

　　對照分析哲學，也許可以更好地理解關於「是」和「存在」的探討。分析哲學與傳統哲學有許多區別，其中最重大的區別之一，也許可以說「是」不再是討論的核心問題。表面上說，分析哲學家們反對傳統形上學那種討論方式，反對把「是」和「不」這樣的東西當作討論的對象，因為這樣的討論導致形上學的命題都是沒有意義的。不論這種觀點有沒有道理，產生這種觀點的原因與分析哲學家使用的邏輯卻有十分密切的連繫。因為他們使用現代邏輯，而在現代邏輯中，「是」不再是一個邏輯常項，甚至根本就不出現了。因此當使用這樣一種邏輯為根據來進行哲學研究的時候，突出的依然是邏輯分析，突出的依然是與邏輯相關的東西，對句子中的「是」依然可以進行分析，比如「亞里斯多德是哲學家」中的「是」表達的是個體與類的關係，而「晨星是昏星」中的「是」表達的是個體與個體的關係，但是無論如何再也無法把「是」作為哲學的核心概念加以突出了。相比之下，分析哲學對「存在」的討論卻非常多，以致「存在」反而成為哲學討論中的一個重要概念。這是因為，人們認為現代邏輯中的存在量詞描述了「存在」這一概念的性質，依據這一理論來探討存在，可以比較深刻地揭示它的哲學含義。在這種意義上，「是」的理解有助於我們理解傳統邏輯和現代邏輯的區別，因而有助於我們理解不同的邏輯對形成不同的哲學所產生的不同作用，從而有助於我們更加深刻地理解西方哲學。

33　Hegel, G.W.F.: *Wissenschaft der Logik*, I., S.79.

34　參見王路：《「是」與「真」——形而上學的基石》，第 281-285 頁。

一般人們知道，運用邏輯方法來從事哲學研究是西方哲學的一個主要特徵。因此綜上所述，認識到邏輯的「是」與「形上學」的「是」乃是相同的東西，並由此出發來理解西方哲學，則可以比較好地看到邏輯與哲學的關聯，認識邏輯與哲學關係，從而可以依循邏輯分析這一西方哲學的主要特徵來理解西方哲學。

翻譯與理解

有了以上討論，最後可以從翻譯與理解再說幾句。

我們學習和研究西方哲學的人，大致也可分為兩類。一類是以閱讀外文文獻為主。另一類以閱讀中文翻譯為主。

對於可以閱讀外文文獻的人來說，理解是最為重要的，因為可以不翻譯，因而根本就沒有翻譯的問題。我們閱讀西方文獻，或者與西方學者用西方語言討論，沒有翻譯的問題，但是肯定有理解的問題。而且，這裡的理解也是有層次的。比如，我們讀到關於 being 的討論，我們可以從字面理解，即理解為 being，也可以當系詞理解，比如 is，還可以當存在理解，即 existence 或 exist。但是我們看到的一定是 being。這樣一來，當我們與外國學者交流的時候，無論怎樣理解，我們說的都是 being，而且我們之間似乎不會有理解的困難。即使我們之間有可能一方主張的乃是系詞的理解，即 is，而另一方主張的乃是存在的理解，即 exist，至少我們在字面上是一致的，我們談論的都是 being。除非進入細節討論，我們大概不會發現雙方對 being 的理解的區別。但是一旦用中文討論，翻譯的問題立即出現了。由於不同的理解，可能會把 being 翻譯為不同的詞，比如「是」和「存在」。也就是說，不同的理解直接影響到我們的翻譯，從而直接影響到我們關於 being 的討論。因此我認為，理解是最重要的。

　　對於主要閱讀中文翻譯的人來說，翻譯則是理解的基礎，因為這些人對西方哲學的理解是直接從中文翻譯進入的。具體地說，字面上看到「是」，就要做「是」的理解，字面上看到「存在」，就要做「存在」的理解。在這種意義上說，從事翻譯工作的人對於西方哲學的理解，不僅會影響到自己的翻譯，而且會透過自己的翻譯來影響讀者。因此說到底，理解仍然是最為重要的。

　　其實誰都知道而且也承認，不同語言文化的差異是存在的。因此理解上有問題，翻譯中有問題，都是自然而正常的。但是，由於「being」是西方哲學的核心概念，它不是出現在某一歷史時期、某一個哲學家的著作中，而是西方哲學史上貫徹始終的東西，因此對於它的理解不僅涉及對這個問題本身以及相關問題的理解，而且會直接影響到我們對整個西方哲學的根本性質和特徵的理解，因而是「牽一髮而動全身的」[35]。在這種意義上，對於我們來說，無論屬於上述哪一類，翻譯和理解都是不應該忽視的問題。只是我認為在有關翻譯與理解的討論中，最重要的依然是理解。

　　比如，有人說「不少人建議用『是』來強行翻譯 Being 一詞」[36]。這裡說的是「翻譯」，實質卻是理解的問題。為什麼用「是」就是「強行」翻譯而不是自然的翻譯呢？難道反映出 85% 的系詞用法是「強行」翻譯嗎？難道反映出邏輯的考慮是「強行」的翻譯嗎？難道反映出邏輯與哲學的統一性是「強行」的考慮嗎？反之，雖然大多數人已經習慣了「存在」的翻譯和用法，但是如果我們認真思考，尤其是從文獻出發認真地思考，「存在」是不是反映出 85% 的系詞用法，它是不是反映出對邏輯的考慮，它是不是反映出邏輯與哲學的統一性，等等，難道我們還會認為「是」乃是一種「強行」的翻譯嗎？所以我說，理解是基礎，理解是最重要的。

35　參見梁志學：《邏輯學》（黑格爾著）「譯後記」，人民出版社 2002 年版，第 407-408 頁。

36　鄧曉芒：〈Being 的雙重含義探源〉，載《Being 與西方哲學傳統》上卷，宋繼傑編，第 287 頁。

　　我以前認為，現在依然認為，在理解西方作品的過程中，有些詞語和概念的翻譯對錯，對於理解作品影響不是非常大。但是對於哲學中一些根本性的概念，翻譯則是至關重要的。「bcing」就是這樣一個的概念。「存在」作為一個名詞，雖然在中文字面上可以自圓其說，而且作為「being」的翻譯似乎有些約定俗成，但是這充其量也僅僅是中文翻譯的約定俗成，而不是西方哲學中這個概念本身的約定俗成。即使可以說它是對「being」這個概念的理解的約定俗成，也僅僅是一種現有的理解，而不是最終的理解。正是對西方哲學的理解，可以使我們對這個概念已有的翻譯重新進行思考，因而對這種翻譯的理解重新進行思考。而這樣的思考無疑有助於我們更加深入地理解西方哲學。隨著我們對西方哲學理解的加深，術語的表述肯定也會越來越恰當，越來越準確。在我看來，對於「being」這個概念，由於不同語言文化的差異，如果我們能夠找到一個詞可以準確地表達它的含義，當然是非常理想的。但是如果我們不能找到一個這樣的詞，我們至少應該找一個能夠反映和展現它的最主要含義的詞。在這種意義上說，系詞的理解無疑是一條比較重要而可靠的途徑。

　　最後還有一點應該說明，應該結合「真」來理解「是」。僅從字面上說，「是」與「真」的連繫就是非常直觀的，也是容易看到的，因為在傳統的西方哲學文獻中，談論「是」的時候幾乎都談到「真」，而且談論「真」的時候也往往會談到「是」。比如早在古希臘，巴門尼德談論的「真之路」就是以「是」為標誌的；柏拉圖論述是與不是，也少不了探討真與假，而且他的目的就是要區別「好像是」與「實際是」；亞里斯多德則一方面說哲學研究「是本身」，另一方面說「把哲學稱為關於真的知識也是正確的」[37]，這似乎是從哲學研究的對象的角度說明了「是」與「真」的關係。

37　Aristoteles: *[Aristoteles] Metaphysik*, BuecherI（A）- VI（E），S.73.

可見「是」與「真」的連繫在西方哲學中是有傳統的。在現代哲學家中，一方面，沿襲這種傳統的依然大有人在。比如在海德格那裡，不僅可以看到他在論述「是」的著作中有專門關於「真」的論述，而且可以看到他在論述「真」的著作中也有專門關於「是」的論述。如果說這樣的連繫只是表面的，那麼他說的「是與真『是』同樣最初的」[38]，以及許多有關兩者關係的論述，則十分具體地展現了「是」與「真」的連繫。另一方面，也有人似乎背離了這種傳統，比如本書談到的分析哲學家，他們主要談論「真」，而不談論「是」。如前所述，分析哲學的發展突顯「真」，而淡化「是」，乃是其所使用的邏輯方法所致。相比之下，我們也可以看出，海德格所依循的依然是亞里斯多德邏輯或傳統邏輯，因此仍然在談「是」與「真」。

　　在我看來，是與真的連繫不僅是語言和思想層面的，而且也是學科層面的。這是我們在理解西方哲學時絕不能忽略的內容。如果把「是真的」這種意義上的東西理解為「真理」，大概從字面上就不太容易理解「真理」與「是」有什麼關係。當然，如果把「being」（是）理解為「存在」，也許從字面上就更不會想到「存在」與「真理」有什麼關係。字面上的理解尚且如此，對於那些字面背後的東西的理解又當如何呢？

38　關於海德格對這個問題的討論，參見王路：《「是」與「真」——形而上學的基石》，第350-356頁。

參考文獻

【以下文獻均為書中引用文獻，沒有引用的文獻不在其列】

· Ackrill, J. L.: *Plato and the Copula: Sophist 251-259, in Plato*: A Collection of Critical Essays, ed. by Vlastos, G., University of Notre Dame Press, 1978.

· Apelt, O.: *Platons Dialog: Sophistes*, Verlag von Felix Meiner, Leipzig, 1914.

· Aristotle: *The Works of Aristotle*, vol. Ⅰ, ed. by Ross, W. D., Oxford, 1971.

· Aristotle: *The Works of Aristotle*, vol. Ⅷ, by Ross, W. D., Oxford, 1954.

· Aristoteles: *Metaphysik*, Buecher Ⅰ- Ⅵ, griech. -dt., in d. uebers. von Bonitz, H.; Neu bearb., mit Einl. u. Kommentar hrsg. Von Seidl, H., Felix Meiner Verlag, 1982.

· Aristoteles: *Metaphysik*, Buecher Ⅶ-Ⅻ, griech. -dt., in d. uebers. von Bonitz, H.; Neu bearb., mit Einl. u. Kommentar hrsg. von Seidl, H., Felix Meiner Verlag, 1982.

· Bochenski, I. M.: *A History of Formal Logic*, University of Notre Dame Press, 1961.

· Cornford, F. M.: *Plato's Theory of Knowledge*, Routledge&Kegan Paul LTD, London, 1957.

· Davidson, D.: *Reality Without Reference*, in *Inquiries into Truth and Interpretation*, Oxford, 1991.

· Davidson, D.: *Truth and Predication*, The Belknap Press of Harvard University Press, 2005.

· Dumitriu, A.: *History of Logic*, tr. by Zamfirescu, D. Giuraneanu, D. Doneaud, D., Abacus Press, 1977.

· Dummett, M.: Frege: *Philosophy of Language*, Harvard University Press, 1981.

· Dummett, M.: *What is a theory of meaning?* (Ⅱ), in *Truth and Meaning*, ed. By G. Evans and J. McDowell, Oxford University Press, 1976.

· Dummett, M.: *The Seas of Language*, Clarendon Press, oxford, 1993.

· Dummett, M.: *Origins of Analytical Philosophy*, Harvard Univesity Press, 1993.

· Engel, P.: *The Norm of Truth — An introduction to the philosophy of logic*, University of Toronto Press, 1991.

· Frede, M.: *Praedication und Existenzaussage*, Vandenhoeck&Ruprecht in

Goettingen, 1967.

· Frede, M. /Patzig, G., C. H.: *Aristoteles "Metaphysik Z," Text, Uebers. u. Kommentar*, Beck sche Verlagsbuchhandlung, Muenchen, 1988, Band II .

· Frege, G.: *Nachgelassene Schriften*, hg. von Hermes, H. /Kambartel, F. /Kaulbach, F, Felix Meiner Verlag Hamburg, 1969.

· Geach, P. T.: *Logical Matters*, University of California Press, 1980.

· Hegel, G.W.F.: *Enzyklopaedie der philosophischen Wissenschaften im Grundrisse*, Suhr kamp Verlag Frankfurt am Main, 1970.

· Hegel, G.W.F.: *Wissenschaft der Logik*, I , Suhrkamp Taschenbuch Verlag, 1993.

· Hegel, G.W.F.: *Wissenschaft der Logik*, II , Suhrkamp Taschenbuch Verlag, 1993.

· Heidegger, M.: *Sein und Zeit*, Max Niemeyer Verlag, 1986.

· Heidegger, M.: *Fruehe Schriften*, Vittorio Klostermann Frankfurt am Main, 1972.

· Heidegger, M.: *Metaphysische Anfangsgruende der Logik*, Vittorio Klostermann GmbH. Frankfurt am Main, 1978.

· James, W.: *Pragmatism and The Meaning of Truth*, Harvard University Press, 1998.

· Kant, I.: *Kritik der reinen Vernunft*, Suhrkamp Verlag, 1974.

· Kant, I.: *Kant's gesammelte Schriften, Band XXIV, erste haelfte*, Walter de Gruyter&Co., Berlin, 1966.

· Kant, I.: K*ant's gesammelte Schriften, Band XXIV, zweite haefte*, Walter de Gruyter&Co., Berlin, 1966.

· Kirwan, C.: *Aristotle's ‹Metaphysics›, books Γ, Δ, and E*, tr. with notes, Oxford University Press, 1971.

· Kuenne, W.: *Conceptions of Truth*, Clarendon Press, Oxford, 2003.

· Lukasiewicz, J.: *Ueber den Satz des Widerspruchs bei Aristoteles*, uebersetzt von Barski, J., in *Zur modernen Deutung der Aristotelischen Logik*, herausgegeben von Oeffenberger, N., Band V., Georg Olms Verlag, 1993.

· Lynch, M. P.: *The nature of truth*, Cambridge, MA:MIT Press, 2001.

· Owen, G. E. L.: *Plato on Not-Being*, in *Plato*: A Collection of Critical Essays, ed. by Vlastos, G., University of Notre Dame Press, 1978.

· Page, T. E.: *Plato*, II , Greek-English text, trans. by Fowler, H. N., Harvard University Press, 1952.

· Ross, W. D.: *Aristotle's Metaphysics, A Revised Text with Introduction and Commentary*, vol. Ⅰ, Oxford 1924.

· Schantz, R.: *What is truth?* Berlin: de Gruyter, 2002.

· Strawson, P. F.: *On Referring*, in *Logical-Linguistic Papers*, Methuen and CO LTD, 1971.

· Tarski, A.: *The Concept of Truthin Formalized Languages*, in *Logic, Semantics, Metamathematics*, Oxford at The Clarendon Press, 1956.

· Vlasto, G.: *The Third Man Argument in Plato's Parmennides*, in *Plato:Critical Assessments*, vol. Ⅳ, ed. by Smith, N. D., Routledge, London and New York, 1998.

· Wiggins, D.: *Sentence Meaning, Negation, and Plato's Problem of Non-Being*, in *Plato:A Collection of Critical Essays*, ed. by Vlastos, G., University of Notre Dame Press, 1978.

· Wittgenstein, L.: *Tractatus logico-philosophicus*, Suhrkamp Verlag, 1984.

· Wittgenstein, L.: *Tractatus logico-philosophicus/ Philosophical Investigations*，中國社會科學出版社 1999 年版。

· Ackrill, J. L.: *Plato and the Copula: Sophist 251-259*, in *Plato: A Collection of Critical Essays*, ed. by Vlastos, G., University of Notre Dame Press, 1978.

· Apelt, O.: *Platons Dialog: Sophistes*, Verlag von Felix Meiner, Leipzig, 1914.

· Aristotle: *The Works of Aristotle*, vol. Ⅰ, ed. by Ross, W. D., Oxford, 1971.

· Aristotle: *The Works of Aristotle*, vol. Ⅷ, by Ross, W. D., Oxford, 1954.

· Aristoteles: *Metaphysik*, Buecher Ⅰ - Ⅵ, griech. -dt., in d. uebers. von Bonitz, H.; Neu bearb., mit Einl. u. Kommentar hrsg. Von Seidl, H., Felix Meiner Verlag, 1982.

· Aristoteles: *Metaphysik*, Buecher Ⅶ -ⅩⅣ, griech. -dt., in d. uebers. von Bonitz, H.; Neu bearb., mit Einl. u. Kommentar hrsg. von Seidl, H., Felix Meiner Verlag, 1982.

· Bochenski, I. M.: *A History of Formal Logic*, University of Notre Dame Press, 1961.

· Cornford, F. M.: *Plato's Theory of Knowledge*, Routledge&Kegan Paul LTD, London, 1957.

· Davidson, D.: *Reality Without Reference*, in *Inquiries into Truth and Interpretation*, Oxford, 1991.

· Davidson, D.: *Truth and Predication*, The Belknap Press of Harvard University Press, 2005.

· Dumitriu, A.: *History of Logic*, tr. by Zamfirescu, D. Giuraneanu, D. Doneaud, D., Abacus Press, 1977.

· Dummett, M.: Frege: *Philosophy of Language*, Harvard University Press, 1981.

· Dummett, M.: *What is a theory of meaning?* (II), in *Truth and Meaning*, ed. By G. Evans and J. McDowell, Oxford University Press, 1976.

· Dummett, M.: *The Seas of Language*, Clarendon Press, oxford, 1993.

· Dummett, M.: *Origins of Analytical Philosophy*, Harvard Univesity Press, 1993.

· Engel, P.: *The Norm of Truth — An introduction to the philosophy of logic*, University of Toronto Press, 1991.

· Frede, M.: *Praedication und Existenzaussage*, Vandenhoeck&Ruprecht in Goettingen, 1967.

· Frede, M. /Patzig, G., C. H.: *Aristoteles "Metaphysik Z," Text*, Uebers. u. Kommentar, Beck sche Verlagsbuchhandlung, Muenchen, 1988, Band II .

· Frege, G.: *Nachgelassene Schriften*, hg. von Hermes, H. /Kambartel, F. /Kaulbach, F, Felix Meiner Verlag Hamburg, 1969.

· Geach, P. T.: *Logical Matters*, University of California Press, 1980.

· Hegel, G.W.F.: *Enzyklopaedie der philosophischen Wissenschaften im Grundrisse*, Suhr kamp Verlag Frankfurt am Main, 1970.

· Hegel, G.W.F.: *Wissenschaft der Logik*, I , Suhrkamp Taschenbuch Verlag, 1993.

· Hegel, G.W.F.: *Wissenschaft der Logik*, II , Suhrkamp Taschenbuch Verlag, 1993.

· Heidegger, M.: *Sein und Zeit*, Max Niemeyer Verlag, 1986.

· Heidegger, M.: F*ruehe Schriften*, Vittorio Klostermann Frankfurt am Main, 1972.

· Heidegger, M.: *Metaphysische Anfangsgruende der Logik*, Vittorio Klostermann GmbH. Frankfurt am Main, 1978.

· James, W.: *Pragmatism and The Meaning of Truth*, Harvard University Press, 1998.

· Kant, I.: *Kritik der reinen Vernunft*, Suhrkamp Verlag, 1974.

· Kant, I.: *Kant's gesammelte Schriften, Band XXIV, erste haelfte*, Walter de Gruyter&Co., Berlin, 1966.

· Kant, I.: K*ant's gesammelte Schriften, Band XXIV, zweite haefte*, Walter de Gruyter&Co., Berlin, 1966.

· Kirwan, C.: *Aristotle's ‹Metaphysics›, books Γ, Δ, and E*, tr. with notes, Oxford University Press, 1971.

· Kuenne, W.: *Conceptions of Truth*, Clarendon Press, Oxford, 2003.

· Lukasiewicz, J.: *Ueber den Satz des Widerspruchs bei Aristoteles*, uebersetzt von Barski, J., in *Zur modernen Deutung der Aristotelischen Logik*, herausgegeben von Oeffenberger, N., Band V., Georg Olms Verlag, 1993.

· Lynch, M. P.: *The nature of truth*, Cambridge, MA:MIT Press, 2001.

· Owen, G. E. L.: *Plato on Not-Being*, in *Plato: A Collection of Critical Essays*, ed. by Vlastos, G., University of Notre Dame Press, 1978.

· Page, T. E.: *Plato*, Ⅱ, Greek-English text, trans. by Fowler, H. N., Harvard University Press, 1952.

· Ross, W. D.: *Aristotle's Metaphysics, A Revised Text with Introduction and Commentary*, vol. Ⅰ, Oxford 1924.

· Schantz, R.: *What is truth?* Berlin: de Gruyter, 2002.

· Strawson, P. F.: *On Referring*, in *Logical-Linguistic Papers*, Methuen and CO LTD, 1971.

· Tarski, A.: *The Concept of Truthin Formalized Languages*, in *Logic, Semantics, Metamathematics*, Oxford at The Clarendon Press, 1956.

· Vlasto, G.: *The Third Man Argument in Plato's Parmennides*, in *Plato:Critical Assessments*, vol. Ⅳ, ed. by Smith, N. D., Routledge, London and New York, 1998.

· Wiggins, D.: *Sentence Meaning, Negation, and Plato's Problem of Non-Being*, in *Plato:A Collection of Critical Essays*, ed. by Vlastos, G., University of Notre Dame Press, 1978.

· Wittgenstein, L.: *Tractatus logico-philosophicus*, Suhrkamp Verlag, 1984.

· Wittgenstein, L.: *Tractatus logico-philosophicus/ Philosophical Investigations*，中國社會科學出版社 1999 年版。

邏輯與哲學：
雞蛋問題 × 不可說的倫理 × 電車難題，你其實沒你想像的那麼有邏輯！

作　　　者：王路

封面設計：康學恩

發 行 人：黃振庭

出 版 者：崧燁文化事業有限公司

發 行 者：崧燁文化事業有限公司

E - m a i l：sonbookservice@gmail.com

粉 絲 頁：https://www.facebook.com/
　　　　　　sonbookss/

網　　　址：https://sonbook.net/

地　　　址：台北市中正區重慶南路一段六十一號八
　　　　　　樓 815 室

Rm. 815, 8F., No.61, Sec. 1, Chongqing S. Rd.,
Zhongzheng Dist., Taipei City 100, Taiwan

電　　　話：(02)2370-3310

傳　　　真：(02) 2388-1990

印　　　刷：京峯彩色印刷有限公司（京峰數位）

律師顧問：廣華律師事務所 張珮琦律師

國家圖書館出版品預行編目資料

邏輯與哲學：雞蛋問題 × 不可說的
倫理 × 電車難題，你其實沒你想像
的那麼有邏輯！/ 王路著 . -- 第一版 .
-- 臺北市：崧燁文化事業有限公司，
2022.07
　　面；　　公分
POD 版
ISBN 978-626-332-475-6(平裝)
1.CST: 邏輯
150　　　111009374

電子書購買

臉書

定　　　價：480 元

發行日期：2022 年 07 月第一版

◎本書以 POD 印製